Of Bridges & Borders vol. II

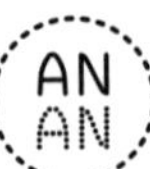
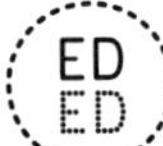
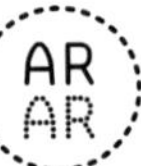
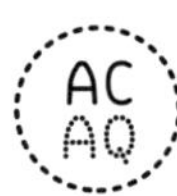
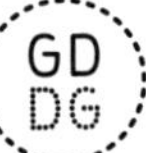

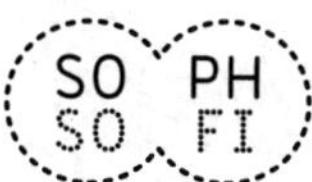
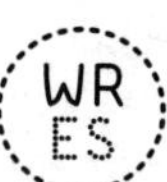
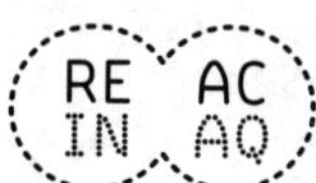
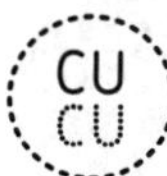

To / Para
Mila & Lupe

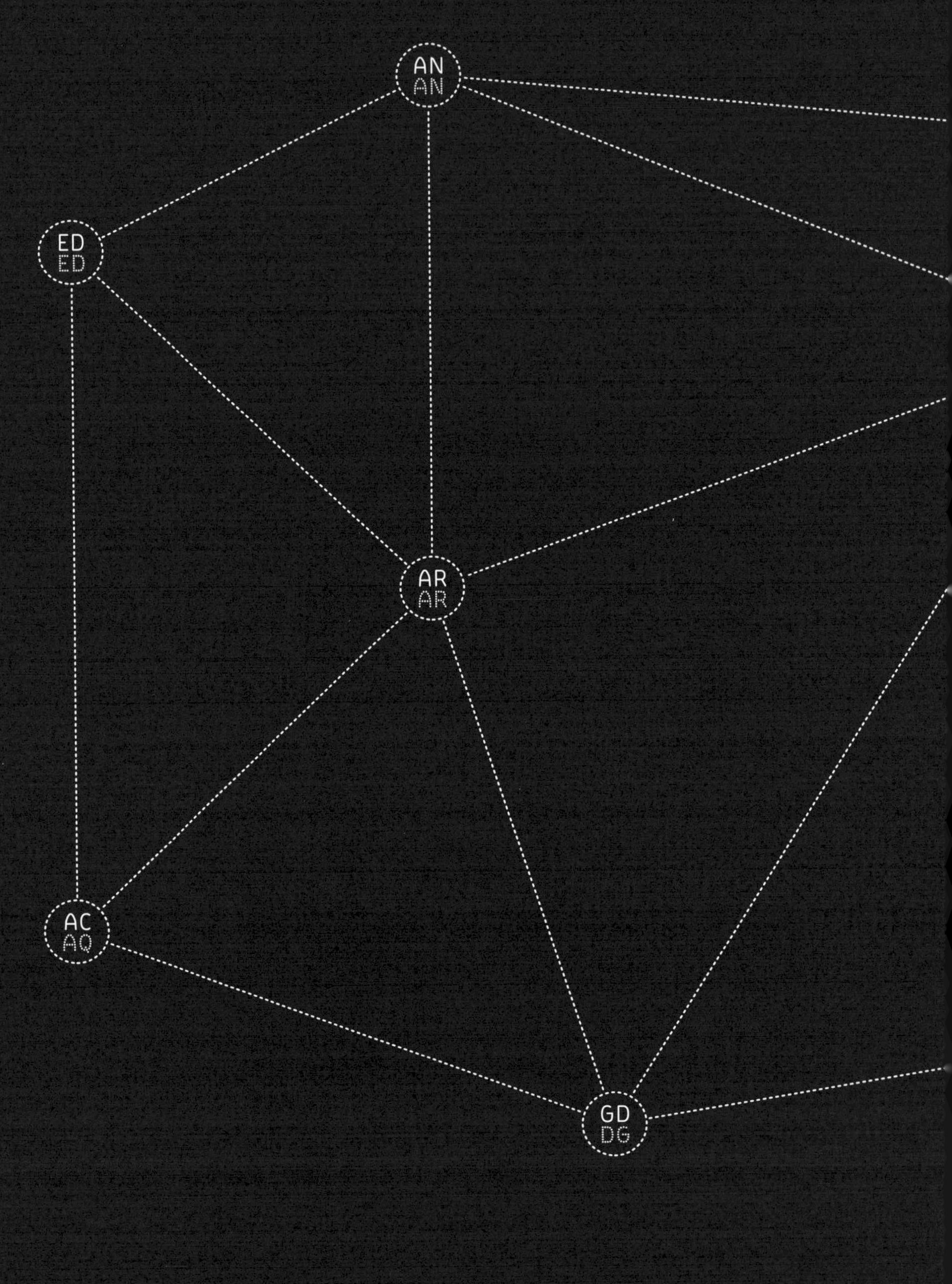

AN
AN
ED
ED
AR
AR
AC
AQ
GD
DG

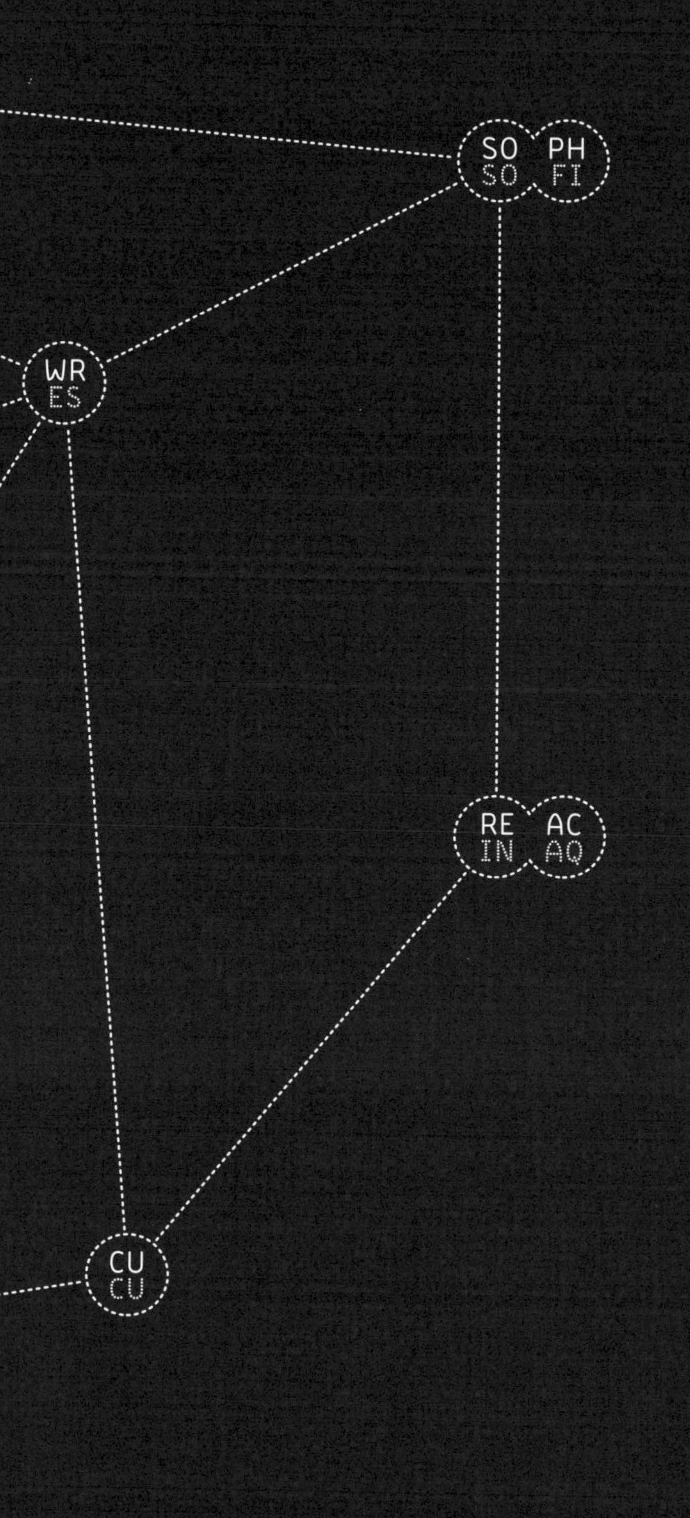

SO
SO
PH
FI
WR
ES
RE
IN
AC
AQ
CU
CU

# of Bridges & Borders vol. II

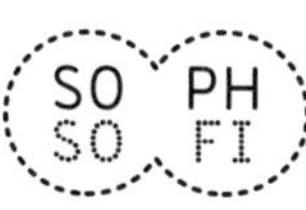

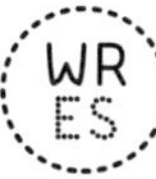

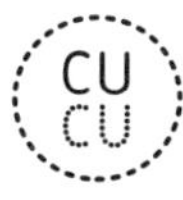

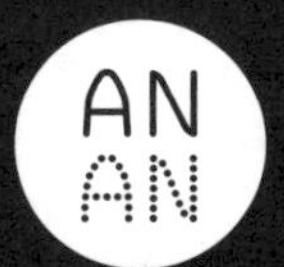

ANTHROPOLOGISTS
ANTROPÓLOGOS
Marc Augé (FR)
The Symbolism of the Border
Simbólica de la frontera

9

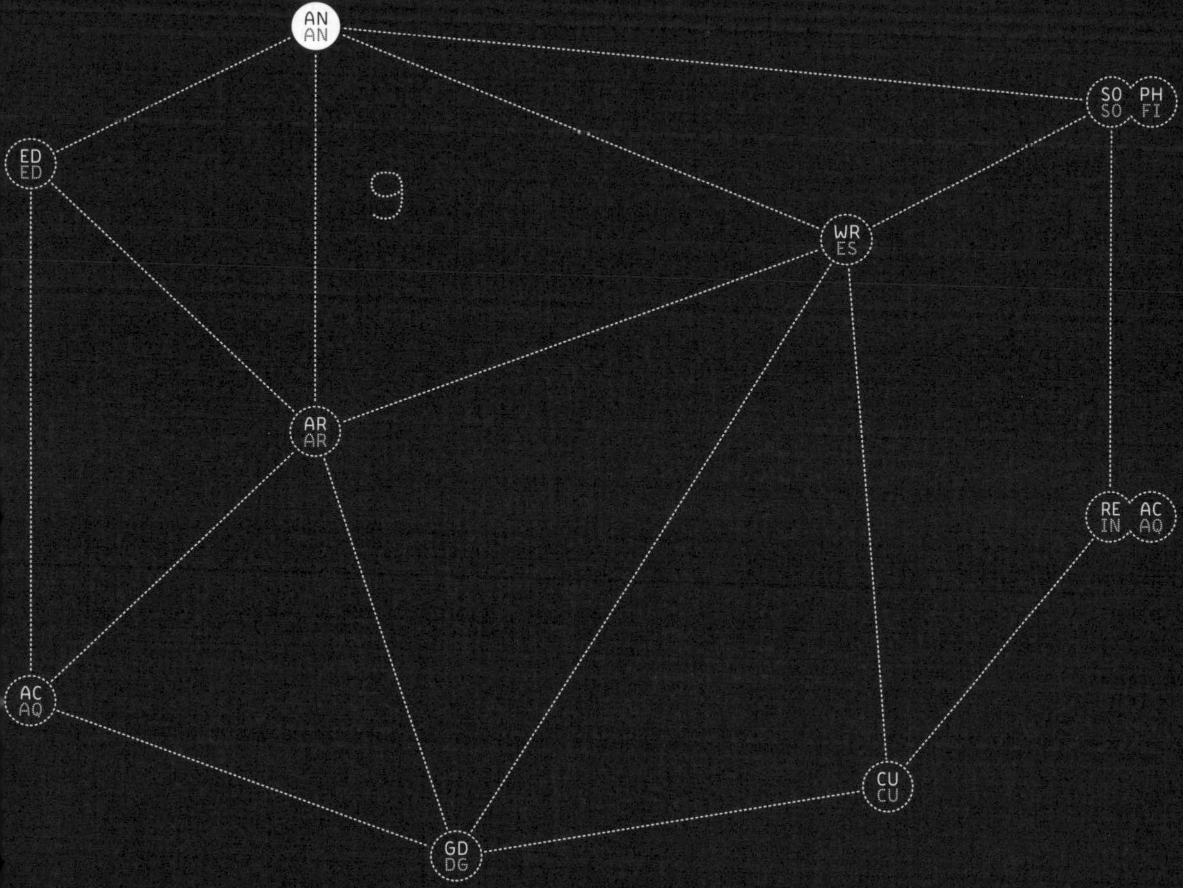

The Symbolism of the Border

The idea of the border is fundamentally ambiguous. It refers to both obstacle (we speak of "natural" borders, such as mountains, seas or rivers) and crossway (natural passages, such as hills, or constructed passages, such as bridges).

Bridges are the perfect border: they are a strong visual marker that embodies and humanizes the boundary, allowing it to be crossed to reach the opposite bank. Everyday language and military strategy agree on this point; "burning one's bridges" means a breakdown in existing social relationships or friendships, as well as an interruption in the advance of an enemy.

The bridge is therefore a work of art and a strong symbol: it turns a natural barrier into a means of communication; it is a pragmatic and concrete illustration of nature transitioning into culture. The bridge is the antithesis of the wall, which is built for defense. A bridge can take on Promethean dimensions when it links banks that are very far from one another, an island to a continent, like the Île de Ré Bridge, or the Channel Tunnel, which is a sort of underground

Simbólica de la frontera

La noción de frontera es esencialmente ambigua: se refiere al mismo tiempo a aquello que plantea un obstáculo (hablamos de fronteras «naturales» como las montañas, los mares o los ríos) y a aquello que permite pasar a otra parte, un paso (ya sea natural, como una quebrada o bien artificial, como un puente).

Los puentes son la perfección de la frontera: forman un punto visual destacado que materializa y humaniza la frontera al permitir atravesarla y pasar a la otra orilla. El lenguaje corriente y la estrategia militar coinciden en este punto: basta con «cortar los puentes» para romper una relación social preexistente, es decir, de amistad, o bien para detener por un momento el avance del enemigo.

Por lo tanto, el puente es al mismo tiempo obra de arte y poderoso símbolo que permite transformar un obstáculo natural en un medio de relación: una ilustración pragmática y concreta del paso de la naturaleza a la cultura. Es lo contrario y lo opuesto a los muros que siguen siendo levantados sobre la tierra con fines defensivos. Por otra parte, el puente puede adquirir una dimensión prometeica cada vez que busca enlazar dos lados u orillas demasiado alejadas entre sí, ya sea el continente con una isla,

bridge linking the territories of France and Great Britain.

The existence of the bridge allows us to debate the meaning of the border, which is in turn the antithesis of the barrier. We sometimes speak of the language barrier, but language is a border, rather than a barrier. All you have to do is learn a language in order to create new relationships. Though that may be difficult, it's never impossible: no language is absolutely alien to all others. If, as Lévi-Strauss says, it is "at the emergence of language that the universe becomes significant," no symbolic construction is totally insurmountable. It just requires time to study and unravel its logic.

Geographical, political and anthropological considerations are necessarily bound here. Sometimes invaders violate the borders of countries and invade with a one-way movement, precluding reciprocity. But within a society walls are built between classes, generations and sexes. These walls demonstrate a failure to recognize individual borders, which results in the silencing of subjects by means of totalitarian law that keeps them from escaping.

The idea of the border is precious; it must be defended, we must show that the border is the antithesis of the barrier. We should dream not of a world without borders, but of a world where all borders are respected and unobstructed. What is education if not the bridge that allows one to truly connect to others while holding on to a sense of personal identity?

11

como en el caso del puente de la isla de Ré o, incluso el territorio de Francia con Inglaterra, como en el caso del túnel de la Mancha, que es una suerte de puente subterráneo.

La existencia de los puentes permite preguntarse sobre el significado de la frontera que es, en sí misma, lo contrario de una barrera. A veces hablamos de la barrera de la lengua aunque la lengua no es una barrera, sino una frontera: basta con aprenderla para crear nuevos vínculos. El aprendizaje de una lengua puede ser algo difícil pero nunca imposible: ninguna lengua es del todo extranjera a las restantes. Por lo mismo, si es cierto que, como dice Lévi-Strauss, «desde la aparición del lenguaje ha sido preciso que el universo adquiriese significado», ninguna construcción simbólica es totalmente opaca a los hombres que la descubren, por muy escaso que sea el tiempo que dedican a redescubrir y estudiar su lógica.

No podemos dejar completamente de lado las consideraciones geográficas, políticas y antropológicas. A veces los invasores violan las fronteras de un país para invadirlo como resultado de un movimiento de un sólo sentido que prohibe cualquier reciprocidad. De igual modo, ocurre que al interior de una misma sociedad los muros se erigen entre las distintas clases, generaciones y entre los sexos. La edificación de estos muros va acompañada de un no reconocimiento de las fronteras individuales que condenan al silencio a todos aquellos que, bajo una ley totalitaria, quedan sometidos a una condición de la que no pueden escapar.

La noción de frontera es, por ende, algo precioso: es necesario defenderla, una vez que se demuestra que es todo lo contrario a una barrera. Más que soñar con un mundo sin fronteras, se puede pensar en un mundo donde todas las fronteras son respetadas y traspasables. ¿Qué otra cosa es la propia educación sino un puente que permite vincularse efectivamente con los otros salvaguardando, a la vez, la identidad personal?

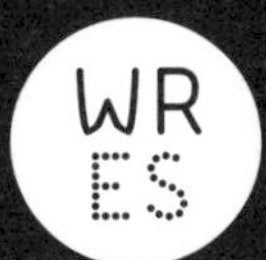

WRITERS
ESCRITORES
Graciela Speranza (AR)
Variations on the "In-Between."
Three Episodes in Latin American Art
Variaciones sobre el «entre dos».
Tres episodios del arte latinoamericano

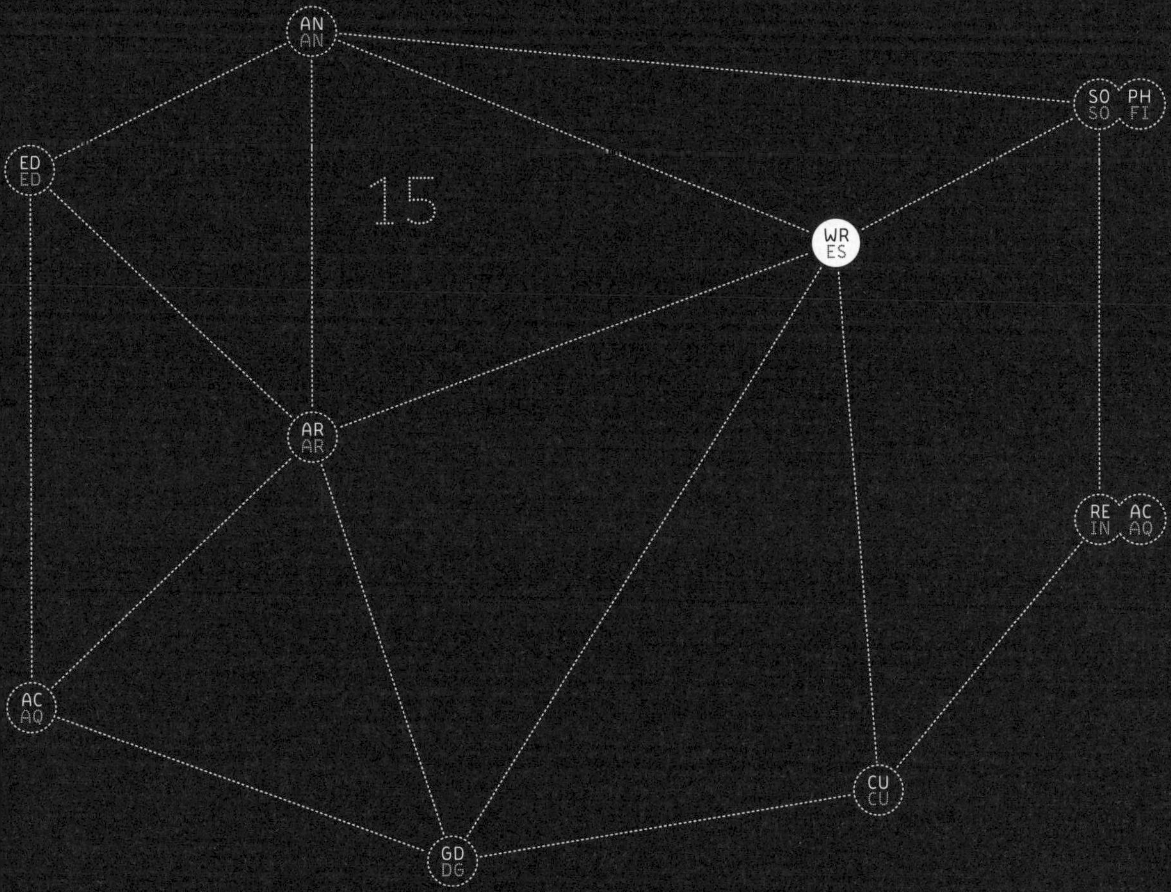

15

Variations on the "In-Between." Three Episodes in Latin American Art[1]

In the field of knowledge as problem, thinking is first of all seeing and speaking, but thinking is carried out in the space between the two, in the interstice or disjunction between seeing and speaking. On each occasion it invents the interlocking, firing an arrow from the one towards the target of the other, creating a flash of light in the midst of words, or unleashing a cry in the midst of visible things. Thinking makes both seeing and speaking attain their individual limits, such that the two are the common limit that both separates and links them.
Gilles Deleuze[2]

Variaciones sobre el «entre dos». Tres episodios del arte latinoamericano[1]

Según el saber como problema, pensar es ver y es hablar, pero pensar se hace en el «entre dos», en el intersticio o la disyunción del ver y del hablar. Pensar es inventar cada vez el entrelazamiento, lanzar cada vez una flecha desde uno mismo al blanco que es el otro, hacer que brille un rayo de luz en las palabras, hacer que se oiga un grito en las cosas visibles. Pensar es lograr que ver alcance su propio límite, y hablar, el suyo, de tal manera que los dos sean el límite común que los pone en relación.
Gilles Deleuze[2]

Los campos cercados son para el ganado; las pasiones en movimiento son privilegio de la mente humana.
George Steiner[3]

Logos

In the most celebrated version of the tensions that lie in the "in-between," there is a carefully drawn pipe under which is a phrase written in French in even hand: *Ceci n'est pas une pipe* ("This is not a pipe"). This paradox has vexed viewers since 1929, but Magritte himself was the first to point out that between the unmistakable image of the pipe that he painted on the canvas and the categorical phrase that he placed at its foot there is not in fact any contradiction. "Who could smoke the pipe in my picture?" he wrote. "Nobody. Therefore IT IS NOT A PIPE."[4] In the work, it's true, the real pipe is a glaring absence; there is only a figure that represents it and a group of words that name it. But the "this" that opens the sentence suffices to reveal an even more disturbing—and complex—crisscrossing, a nebulous space that divides what is seen from what is said while also linking them. "Between the figure and the text," concludes Foucault in his essay on Magritte entitled *This Is Not a Pipe,* "we must admit a whole series of crisscrossings, or rather between the one and the other attacks are launched and arrows fly against the enemy target, campaigns designed to undermine and destroy, wounds and blows from the lance, a battle… avalanches of images into the milieu

[1] This essay was originally written for this volume in February 2012 and later included in my *Atlas portátil de América. Arte y ficciones errantes,* Barcelona: Anagrama, 2012.

[2] Deleuze, Gilles, *Foucault,* Barcelona: Paidós, 1987, pp. 151–152.

[3] Steiner, George, *Errata: An Examined Life,* London: Weidenfeld & Nicolson, 1997, p. 155.

[4] Magritte, René, *Écrits,* p. 250, cited in Michel Foucault, *Esto no es una pipa. Ensayo sobre Magritte,* Barcelona: Anagrama, 1981, p. 18. (English title: *This Is Not a Pipe.*)

17

Logos

En la versión más célebre del entredicho, hay una pipa dibujada con esmero y debajo una frase en francés, escrita a mano con letra regular: *Ceci n'est pas une pipe* («Esto no es una pipa»). La paradoja turba al espectador desde 1929, pero fue el propio Magritte el primero en señalar que entre la imagen inconfundible de la pipa que pintó en la tela y la frase categórica que colocó al pie no hay, a decir verdad, ninguna contradicción. «¿Quién podría fumar la pipa de uno de mis cuadros?», escribió. «Nadie. Por consiguiente NO ES UNA PIPA.»[4] En la obra, es cierto, la pipa real brilla por su ausencia; sólo hay una figura que la representa y una serie de palabras que la nombran. Pero basta atender al «esto» que abre la frase, para descubrir un entrecruzamiento más inquietante y más rico, un espacio nebuloso que separa lo que se ve de lo que se enuncia y al mismo tiempo los pone en relación. «Entre la figura y el texto», concluyó Foucault en su *Ensayo sobre Magritte,* «hay que admitir toda una serie de entre-cruzamientos, o más bien ataques, lanzados de una a otra, fle-chas dirigidas contra el blanco adverso, labores de zapa y de destrucción, lanzazos y heridas, una batalla… Cataratas de imá-genes en medio de las palabras, relámpagos verbales que jalo-nan los dibujos…».[5]

   Setenta años más tarde, en la misma arena incierta del «entre dos», el chileno Alfredo Jaar compuso una versión más insidiosa de la paradoja, reapropiada desde América Latina para interpelar al espectador con las tácticas de la comunicación de masas y las

[1] Este ensayo fue compuesto originalmente para este volumen en febrero de 2012 y posteriormente incluido en mi *Atlas portátil de América. Arte y ficciones errantes,* Barcelona, Anagrama, 2012.

[2] Deleuze, Gilles, *Foucault,* Barcelona, Paidós, 1987, pp. 151-152.

[3] Steiner, George, *Errata: An Examined Life,* Londres, Weidenfeld & Nicolson, 1997, p. 155.

[4] Magritte, René, *Écrits,* p. 250, citado en Foucault, Michel, *Esto no es una pipa. Ensayo sobre Magritte,* Barcelona, Anagrama, 1981, p. 18.

[5] Foucault, Michel, *Esto no es una pipa. Ensayo sobre Magritte,* citado en Deleuze, Gilles, *op. cit.,* p. 95.

of words, and verbal lightening flashes that streak and shatter the drawings..."[5]

Seventy years later, in the same uncertain realm of "in-between," Chilean artist Alfredo Jaar composed a more insidious version of this paradox, re-appropriated from Latin America in order to question viewers by means of the tactics of the mass media and the immaterial forms of contemporary art. A clear and luminous image of the map of the United States suddenly appeared amidst the advertisements on the most celebrated billboard in Times Square, Manhattan. The map quickly emptied out, leaving only an outline in which the phrase "This is not America" appeared, this time in English. Seconds later, the announcement was made more complex by another image, the flag of the United States, and another phrase "This is not America's flag." Soon a third image came along to clear things up: the "R" in the word "America" turned into a map of the entire American continent, spinning like a top in the middle of the billboard until forming part of the text. Every six minutes for a month *A Logo for America* (1987) startled New Yorkers walking down Broadway, shaking them up in the same way that Magritte's painting had, this time with an unexpected geopolitical twist. "The United States of North America is not 'America'" is what Jaar had to come to say in forty-five seconds. "'America' is the name of a whole continent."

The "endless play of likenesses" that inspired *This Is Not a Pipe* and kept Foucault up at night is more complex in Jaar's version, with its new

[5] Foucault, Michel, *Esto no es una pipa. Ensayo sobre Magritte,* cited in Deleuze, Gilles, op. cit., p. 95.

18   Graciela Speranza/Variations on the "In-Between." Three Episodes…

formas inmateriales del arte contemporáneo. La figura luminosa y neta de un mapa de los Estados Unidos aparecía de pronto entre los avisos del letrero más célebre de Times Square, en Manhattan, para vaciarse de inmediato en una silueta y alojar una frase, esta vez en inglés: *This is not America* («Esto no es América»). El anuncio se complicaba unos segundos más tarde con otra imagen, la bandera de los Estados Unidos, y otra frase, *This is not America's flag* («Esto no es la bandera americana»), aunque una tercera figura venía muy pronto a zanjar el entredicho: la «R» de «*America*» se transmutaba en el mapa completo del continente americano, que giraba como un trompo en el centro del letrero hasta amalgamarse con el texto. Cada seis minutos, durante un mes, *Un logo para América* (1987) sorprendió a los neoyorquinos que caminaban por Broadway para propinarles una sacudida análoga a la del cuadro de Magritte, potenciada por una inesperada inflexión geopolítica. «Los Estados Unidos de Norteamérica no son "América"», venía a decir Jaar en cuarenta y cinco segundos, «"América" es el nombre de todo un continente».

El «juego infinito de las semejanzas» que inspiró *Esto no es una pipa* y desveló a Foucault se complicaba en la versión de Jaar con nuevas mediaciones y sutiles pliegues visuales, lingüísticos, culturales y políticos. La imagen, para empezar, no era ya una figura dibujada con esmero para acercarse a la cosa real, sino un mapa, la representación gráfica convencional de los Estados Unidos, doblemente distanciada del «original» en la simplificación grosera del cartel luminoso, y, por lo tanto, el «Esto no es

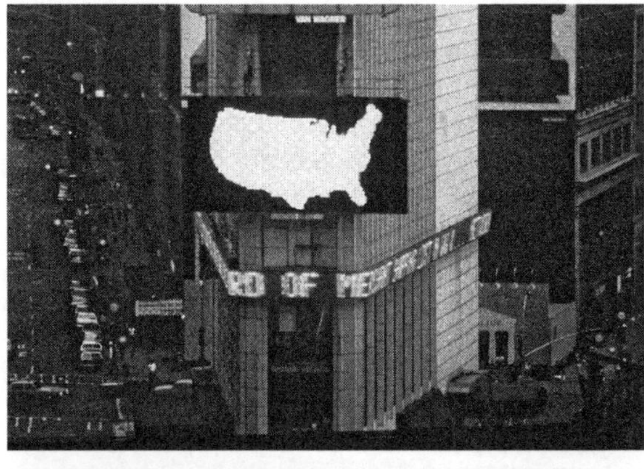

VAN WAGNER
RD OF ME

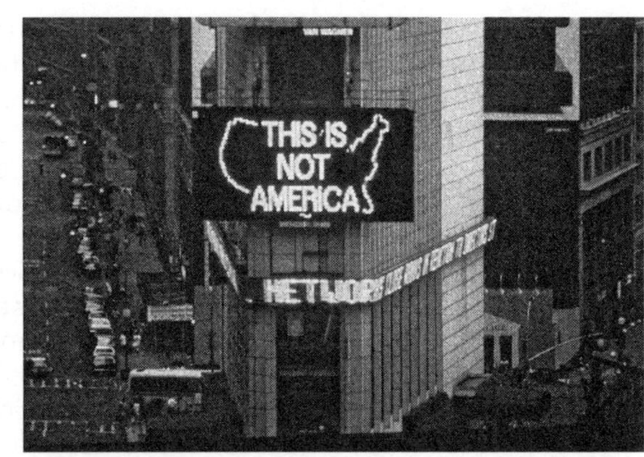

VAN WAGNER
THIS·IS
NOT
AMERICA
NETWORK

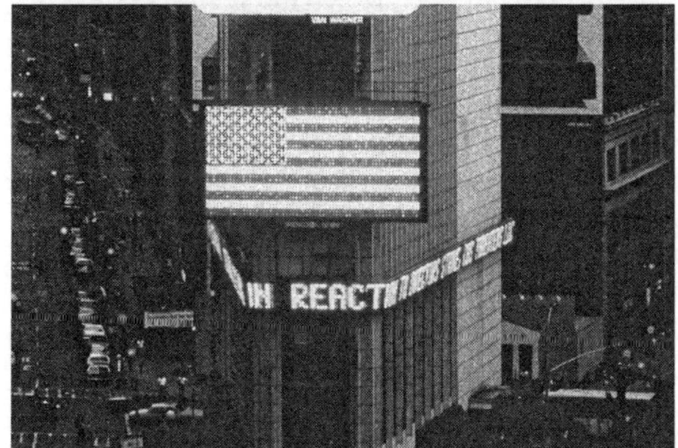

VAN WAGNER
IN REACT

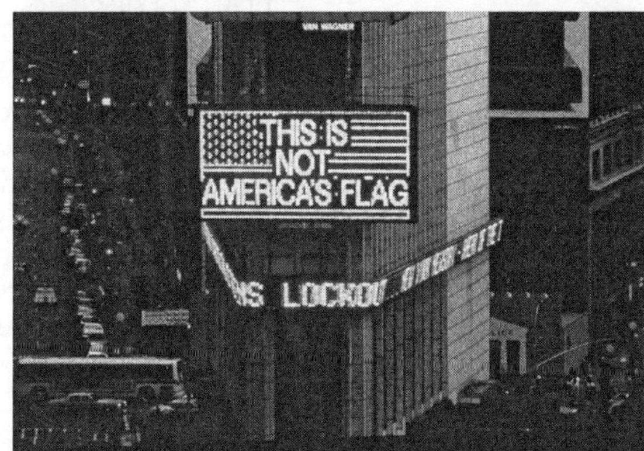

VAN WAGNER
THIS·IS
NOT
AMERICA'S·FLAG
IS LOCKOUT

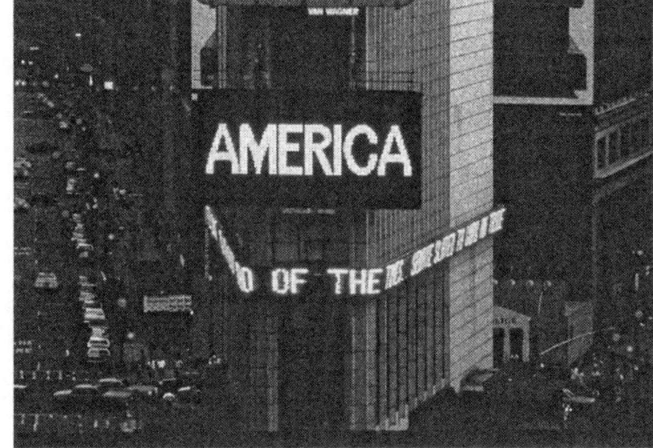

VAN WAGNER
AMERICA
OF THE

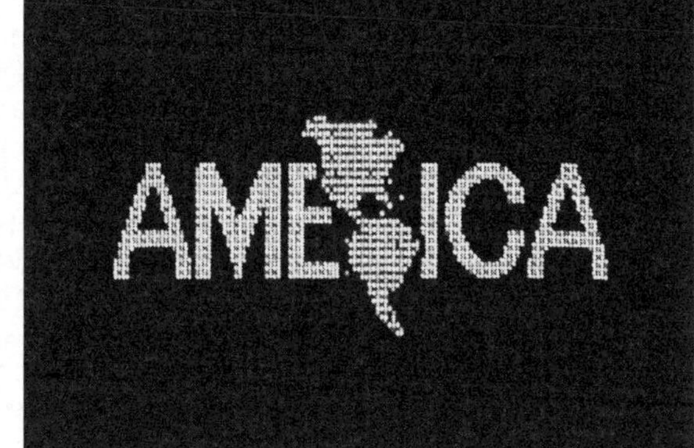

AMERICA

mediations and visual, linguistic, cultural and political nuances. The image, to start, was no longer a figure carefully drawn to resemble the real thing, but a map, the conventional graphic representation of the United States, doubly removed from "the original" in the gross simplification of the billboard. The words "This is not America," therefore, seemed to address the unique nature of maps as the abstract double of the world. Except in Borges's fantastic map of an empire that perfectly coincides with the empire itself, cartographic representation is an irreducible abstraction of its geographic referent; the map of the United States is obviously not the United States. But the "battle" waged in *A Logo for America* actually begins with the phrase or, rather, the proper noun "America" that the "this" craftily linked to the map. Unlike a common noun that names all pipes in a pipe, the proper noun (the "prince of signifiers," according to Barthes, which must always be interrogated "with care"[6]) designates only one referent and is, therefore, a sign pregnant with a dense texture that no use can ever diminish or abate. All the more so if that proper noun names the largest world power, and it does so with an "apocope" naturalized by use that is also the name of a whole continent. For the sake of convenience, or out of laziness or boastfulness, "the United States of America" came to be simply "America" for the inhabitants of the United States, a synecdoche abusive of the entire continent that Jaar's phrase linked not only to the map of the United States but also to its agenda of expansion, abeyant in its

[6] Barthes, Roland, *La aventura semiológica*, Barcelona: Paidós, 2009, p. 429. See also "Proust y los nombres," in Barthes, Roland, *El grado cero de la escritura seguido de nuevos ensayos críticos*, Mexico: Siglo XXI Editores, 1973, pp. 176–178. (English titles: *The Semiological Adventure; Proust and Names; Writing Degree Zero.*)

Graciela Speranza/Variations on the "In-Between." Three Episodes…

América» parecía apuntar a la naturaleza singular del mapa como doble abstracto del mundo. Salvo en el mapa fantástico borgiano de un imperio que coincide puntualmente con el imperio, la representación cartográfica es una abstracción irreductible a su referente geográfico y está claro que el mapa de los Estados Unidos no es los Estados Unidos. Pero la «batalla» de *Un logo para América* se libraba en realidad desde la frase; más precisamente, desde el nombre propio, «América», que el «esto» enlazaba arteramente con el mapa. A diferencia del nombre común que nombra en una pipa a todas las pipas, el nombre propio («príncipe de los significantes», según Barthes, que debe ser interrogado siempre «con cuidado»[6]) no designa más que a un referente y es por lo tanto un signo cargado de un espesor que ningún uso puede reducir ni atenuar. Tanto más si nombra a la primera potencia mundial y lo hace con un «apócope» naturalizado por el uso, que coincide con el nombre de todo un continente. Por comodidad, desidia o jactancia, «United States of America» pasó a ser sencillamente «America» para los estadounidenses, sinécdoque abusiva del continente completo que la frase enlazaba no sólo con el mapa de los Estados Unidos sino con su proyecto expansivo, larvado en su mito fundacional de joven nación consagrada a encarnar un futuro de salvación para todo el mundo y a reformarlo a su imagen y semejanza. También el «sueño americano», acuñado con la misma sinécdoque, fue exportado al mundo entero y desmentido irónicamente en el célebre lema de la doctrina Monroe, igualmente equívoco, «América para los ameri-

[6] Barthes, Roland, *La aventura semiológica*, Barcelona, Paidós, 2009, p. 429. Véase también «Proust y los nombres», en Barthes, Roland, *El grado cero de la escritura seguido de nuevos ensayos críticos*, México, Siglo XXI Editores, 1973, pp. 176-178.

foundational myth of a young nation destined to embody a future of salvation for the whole world which it would make over in its image and likeness. The "American Dream," a term that effects that same synecdoche, was exported to the entire world and ironically belied in the celebrated—and equally mistaken—slogan of the Monroe Doctrine "America for Americans." Encoded in a minute sign, a more covert cultural battle was also waged between "America" and "*América*," written with the accent mark in Spanish, the language spoken by four hundred million people in nineteen countries on the continent and by forty-five million inhabitants of the United States.

The outrage that Jarr's work incited in many viewers in Times Square attests to the alienating power of language which, as Barthes observed, is "neither reactionary nor progressive" in what it silences and what it makes speak, "but quite simply fascist."[7] The upset of logic before Magritte's paradox ("What do you mean that this is not a pipe?") became, in Jaar's version, a "matter of state" ("What do you mean that this is not 'America'?"). And so, to undermine the authority of language and the arrogance of entrenched uses, Jaar would turn to the labile space of the "in-between," whirling signs at the very heart of the proper noun with a new figure made of images and words. With the economy of an advertising logo (and, hopefully, with its subliminal effects as well), he stole a letter from the word to restore the full image of the continent. Thus, in his own way, he made the impossible dream of isomorphism

[7] See Bui, Phong; Ashton, Dore, and Levi Strauss, David, "Alfredo Jaar in Conversation," in *The Brooklyn Rail,* April 2009, and Barthes, Roland, *El placer del texto y Lección inaugural de la cátedra de semiología literaria del Collège de France,* Mexico: Siglo XXI Editores, 1982, p. 120. (English title: *The Pleasure of the Text.*)

canos». Cifrada en un signo mínimo, una batalla cultural más solapada se libraba al mismo tiempo entre «America» y «América», escrita así con acento en español, la lengua que hablan cuatrocientos millones de habitantes en diecinueve países del continente y cuarenta cinco millones de habitantes de los Estados Unidos.

La reacción indignada de muchos espectadores en Times Square ilustraba bien el poder alienante de la lengua, «ni reaccionaria ni progresista» en lo que calla y en lo que obliga a decir, como también observó Barthes, «sino simplemente fascista»).[7] El azoramiento lógico frente a la paradoja de Magritte («¿Cómo que esto no es una pipa?») se convertía en «cuestión de Estado» frente a la versión de Jaar («¿Cómo que esto no es "América"?»). De ahí que, para minar la autoridad de la lengua y la prepotencia de los usos cristalizados, Jaar recurriera al espacio lábil del «entre dos», arremolinando los signos en el centro mismo del nombre propio, con una nueva figura hecha de imágenes y palabras. Con la economía publicitaria de un logo (y, con suerte, sus efectos subliminales), le robó una letra a la palabra para restituir la imagen completa del continente. Realizaba a su manera el sueño imposible de isomorfismo entre dos formas irreductibles y anticipaba una inesperada reconfiguración geopolítica. En el siglo XXI, la hegemonía declinante de los Estados Unidos en el nuevo orden global y el desarrollo acelerado de algunos países de América Latina parecen estar devolviéndole a «América» la dimensión real del referente.

[7] Véanse Bui, Phong; Ashton, Dore, y Levi Strauss, David, «Alfredo Jaar in Conversation», en *The Brooklyn Rail,* abril de 2009, y Barthes, Roland, *El placer del texto y Lección inaugural de la cátedra de semiología literaria del Collège de France,* México, Siglo XXI Editores, 1982, p. 120.

between two irreducible forms come true and foretold an unexpected geopolitical reconfiguration. In the 21st century, the declining hegemony of the United States in the new global order and the rapid growth of some Latin American countries would seem to be restoring *"América"* to the real dimension of its referent.

Passwords

In October 2007, Colombian artist Doris Salcedo erupted in the secular cathedral of contemporary art with a work that bore the enigmatic title of *Shibboleth*. The first Latin American invited to participate in the series that Unilever sponsors at the Tate Modern, she met the challenge with an austere and initially imperceptible intervention that nevertheless transformed the colossal space of the old Turbine Hall—with its 3,400 square meters and 35-meter high ceilings—by literally fracturing the industrial solidity of the power station built in 1947 and recycled to house London's museum of modern art in the new millennium. As if due to an earthquake, an uneven crack split the 167-meter hall in two, forcing visitors to jump to get to the other side and inviting them to peek in to try to reveal the mystery of a cataclysm as unfathomable as the crack in the floor.

Rather than clearing up the enigma, the title—password for other encoded references in a foreign word whose meaning in English is itself "password"—furthered it. Though in Hebrew *shibboleth* means "ear of

Graciela Speranza/Variations on the "In-Between." Three Episodes…

Contraseñas

En octubre de 2007, la colombiana Doris Salcedo irrumpió en la catedral laica del arte contemporáneo con una obra de título enigmático: *Shibboleth*. Primera latinoamericana invitada a participar en la serie que Unilever auspicia en la Tate Modern, respondió al desafío con una intervención austera, imperceptible a primera vista, que sin embargo transformaba el espacio colosal de la antigua Sala de Turbinas —tres mil cuatrocientos metros cuadrados de superficie y treinta y cinco metros de altura—, fracturando literalmente la solidez industrial de la central eléctrica de 1947, reciclada para alojar al Museo de Arte Moderno de Londres en el nuevo milenio. Como por efecto de un sismo, una grieta irregular partía los ciento sesenta y siete metros de la sala en dos, obligaba a los visitantes a saltarla para pasar al otro lado y los invitaba a asomarse para intentar develar el misterio del cataclismo, insondable como la misma hendidura en el piso.

Más que resolverse, el enigma se amplificaba en el título, contraseña de otras referencias cifradas en la palabra extranjera, vuelta sobre sí misma en su significado primero en inglés, «contraseña». Aunque *shibboleth* significa «espiga» en hebreo, se cuenta en un pasaje bíblico (*Libro de los Jueces* 12: 5-6) que la dificultad para pronunciar la palabra correctamente la convirtió para el pueblo judío en seña de pertenencia a una comunidad. Pero *Shibboleth* es también el título de un poema de Paul Celan, figura clave para el arte de Salcedo, que inspiró otros

grain," a passage in the Bible (Judges 12:5-6) tells how, because the word was difficult to pronounce, it became, for the Jewish people, a sign of belonging to a community. But *Shibboleth* is also the title of a poem by Paul Celan, a key figure in Salcedo's art who has inspired other titles and works of hers: somber sculptures of everyday objects infused by Colombia's tragedies. The poem is brief and doleful:

> Together with my stones
> grown big with weeping
> behind the bars,
>
> they dragged me out into
> the middle of the market,
> that place
> where the flag unfurls to which
> I swore no kind of allegiance.
>
> Flute,
> double flute of night:
> remember the dark
> twin redness
> of Vienna and Madrid.
> Set your flag at half-mast,

23

títulos y otras obras suyas, esculturas sombrías de objetos cotidianos marcados por las tragedias de Colombia. El poema es breve y dolido:

> Junto con mis piedras,
> crecidas en el llanto
> detrás de las rejas,
>
> me arrastraron
> al centro del mercado,
> allí
> donde se despliega la bandera, a la que
> no presté juramento.
>
> Flauta,
> flauta doble de la noche:
> piensa en la oscura
> aurora gemela
> en Viena y Madrid.
>
> Pon tu bandera a media asta,
> memoria.
> A media asta
> hoy para siempre.

memory.
At half-mast
today and forever.

Heart:
here too reveal what you are,
here in the midst of the market.
Call the shibboleth, call it out
into your alien homeland:
February, *no pasarán*.

Unicorn:
you know about the stones,
you know about the water;
come,
I shall lead you away
to the voices
of Extremadura.[8]

[8] Celan, Paul, *Obras completas*, trad. José Luis Reina Palazón, Madrid: Editorial Trotta, pp. 106–107. (English title: *Collected Works*.)

Elliptical and elusive like all of Celan's poetry, this poem resonates in its way in Salcedo's *Shibboleth*. It's as if the images of the crack fleetingly shed light on the nouns in the poem—*stone, bars, market, night, memory, flag*—and the nouns in the poem shed light on the crack with lightening

24

Corazón:
date a conocer también
aquí, en medio del mercado.
Di a voces el shibbolét
en lo extranjero de la patria:
Febrero, no pasarán.

Einhorn:
tú sabes de las piedras,
tú sabes de las aguas,
ven,
yo te llevaré lejos,
a las voces
de Extremadura.[8]

Elíptico, esquivo al sentido como el resto de su poesía, el poema de Celan resuena a su manera en el *Shibboleth* de Salcedo, como si las imágenes de la grieta alumbraran fugazmente los nombres del poema —*piedra, rejas, mercado, noche, memoria, bandera*— y los nombres del poema iluminaran la grieta con relámpagos de palabras de significado incierto. Resuena también el grito de la guerra civil española, «No pasarán», escrito en español en el original en alemán, como si una voz, sorteando la distancia de las lenguas y la historia, reuniera a Celan y a Salcedo en el poema.

[8] Celan, Paul, *Obras completas*, trad. José Luis Reina Palazón, Madrid, Editorial Trotta, pp. 106-107.

flashes of words of uncertain meaning. The cry of the Spanish Civil War also resonates: *"No pasarán,"* written in Spanish in the original German version of the poem, as if a voice, bridging the distance of languages and history, brought Celan and Salcedo together in the poem.

But it was by no means necessary for visitors to the Tate to grasp the title's references. Intrigued by the enigma of the project's material and its strange medium, they could simply give themselves over to the experience of the work's pure shapeless shape. What, after all, was that rough, uneven and open slash in the museum's floor? A real crack, an assisted readymade, a simulacrum? "Intervention"—that vague genre—best describes it, but what kind of intervention is a work that neither constructs nor adds, but destroys and subtracts? Is it sculpture? Architecture? Anti-architecture? The broken line on the floor evoked images found in nature and the city—cracks in dry land, aftereffects of an earthquake, an explosion, an avalanche—as well as works of 20th-century art, from the cracks in *The Large Glass* and Fontana's slashes to Gordon Matta-Clark's building cuts. The inside of the crack, on the other hand, carefully safeguarded the mystery of its origin, as if pretending to be the product of dark underground forces wholly removed from art and its intentions. No matter how far in the visitor peered, all he or she could see was a metal mesh incrusted in the fractured slabs of stone at some points up to thirty centimeters apart, making it necessary to take a minimal risk if you wanted to get to the other side. Arid, terse and

Pero los visitantes de la Tate bien podían prescindir de las referencias del título y entregarse a la experiencia de la obra en su pura forma informe, intrigados por el enigma de la empresa material y la naturaleza extraña del medio. Porque, ¿qué era ese tajo tosco, irregular, abierto en el suelo del museo? ¿Una grieta real, un *ready-made* asistido, un simulacro? El genérico vago de «intervención» la describía mejor, pero ¿qué clase de intervención es una obra que no construye ni agrega, sino que destruye y sustrae? ¿Escultura? ¿Arquitectura? ¿Antiarquitectura? La línea quebrada en el piso evocaba imágenes familiares del entorno natural y urbano —grietas en la tierra reseca, secuelas de un terremoto, una explosión, un derrumbe— y traía ecos del arte del siglo XX, desde la rajaduras del *Gran Vidrio* y los tajos de Fontana a los edificios seccionados de Gordon Matta-Clark. El interior, en cambio, guardaba celosamente el misterio de su origen, como simulando ser producto de oscuras fuerzas subterráneas, ajenas a la deliberación del arte. Por mucho que el visitante se asomara, sólo alcanzaba a ver una malla metálica incrustada en los bloques de piedra fracturados, separados por unos treinta centímetros en algunos trechos, que daban a la experiencia un módico riesgo que era preciso correr para pasar al otro lado. Adusta, parca, levemente amenazante, la obra respondía al desafío de intervenir un espacio central del arte contemporáneo con una «ficción deconstruccionista» (así la caracterizó José Luis Brea), que doblegaba la entereza sublime de la sala y la monumentalidad espectacular de la serie Unilever con la antiarquitectura sombría de

slightly threatening, the work met the challenge of intervening in a central space of contemporary art with a "deconstructionist fiction," as José Luis Brea described it, that used the somber anti-architecture of a *fault* to subjugate the sublime integrity of the hall and the spectacular monumentality of the Unilever series while also undermining its supposedly ephemeral fate with the "scar" it would leave on the museum after the crack had been sealed.[9] And though Salcedo refused to reveal the technical details of the work's making to protect its mystery, it came out that it was carved in slabs of stone with the help of a team of architects in Colombia, then incrusted in the hall with obsessive hyperrealist care as well as subtle touches of a more cryptic realism, for instance in the metal mesh that separated the slabs, inspired on the bars in the gates of Ceuta and Melilla. Ominous in the bare hall, the work, with its extreme material and conceptual economy, was open to a whole range of associations, from the quagmire of a Colombia unhinged by decades of violence to the traumatic effects of any passage and the intimate experience of any rupture. Powerful topological metaphor, the work visually condensed the dramatic perception of boundary, border or frontier as catastrophe. If for mathematics any discontinuity in a space or a phenomenon can be a catastrophe, any boundary, border or frontier can be an end and a drama: the drama of no even passage from one place to another, the end of continuity and the possibility of drifting.[10]

[9] Brea, José Luis, "Temporada 09-10: Nuevas economías del entretenimiento: el 'efecto Tate'," *salonkritik.net*, April 11, 2010 (http://tinyurl.com/k6wxywt).
[10] Malabou, Catherine and Derrida, Jacques, *Counterpath. Traveling with Jacques Derrida*, Stanford, CA: Stanford University Press, 2004, p. 12.

26

una *falla*, al tiempo que burlaba su destino efímero con la «cicatriz» que dejaría en el museo, cuando la grieta se sellara.[9] Y aunque Salcedo se negó a revelar detalles técnicos para preservar su misterio, se supo que fue tallada en bloques de piedra con un equipo de arquitectos en Colombia, incrustada después en la sala con celo hiperrealista obsesivo y toques sutiles de un realismo más críptico, como la malla metálica que separaba los bloques, inspirada en las rejas de cerramiento de Ceuta y Melilla. Con economía material y conceptual extrema, ominosa en la sala desnuda, la obra abría el sentido a todo tipo de asociaciones, desde el tembladeral de Colombia sacudida por décadas de violencia interna, a los efectos traumáticos de cualquier pasaje y la experiencia íntima de cualquier ruptura. Gran metáfora topológica, condensaba visualmente la percepción dramática del límite, el borde o la frontera como catástrofe. Si para las matemáticas cualquier discontinuidad en un espacio o un fenómeno puede ser una catástrofe, todo límite, borde o frontera puede ser un fin y un drama: el drama de la ausencia de un pasaje regular de un lugar a otro, el fin de la continuidad y la posibilidad de deriva.[10]

La Tate Modern, sin embargo, creyó mejor dejar las cosas más claras, atenuar las sospechas que todavía pesan sobre el arte contemporáneo y atemperar el desconcierto de los visitantes con una lectura ceñida, que no sólo fijaba el sentido de la obra sino que insistía en señalarla como intervención crítica de una artista latinoamericana. Salcedo respondía a la convocatoria de una institución artística europea con una obra que

[9] Brea, José Luis, «Temporada 09-10: Nuevas economías del entretenimiento: el "efecto Tate"», *salonkritik.net*, 11 de abril de 2010 (http://tinyurl.com/k6wxywt).
[10] Malabou, Catherine, y Derrida, Jacques, *Counterpath. Traveling with Jacques Derrida*, Stanford, California, Stanford University Press, 2004, p. 12.

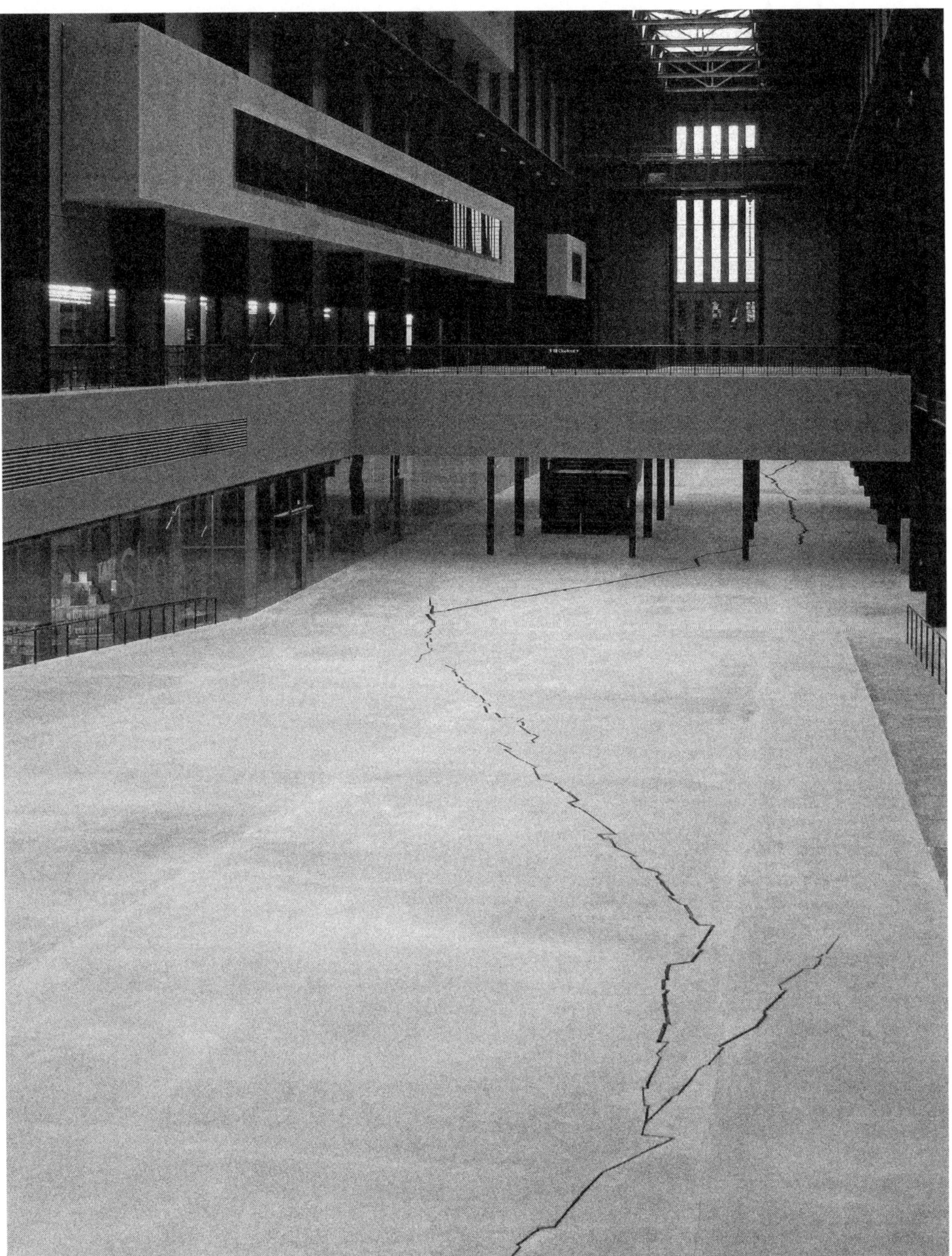

The Tate Modern, though, thought it best to make things clearer, to mitigate the suspicions that still burden contemporary art and to ease the disconcertedness experienced by visitors by means of a pat reading that not only settled the meaning of the work but also insisted on identifying it as a critical intervention by a Latin American artist. Salcedo responded to the invitation from a European art institution with a work that ruptured that institution both materially and metaphorically. Her work was a political vindication and a vindication of identity, a sort of permitted assault that the museum rendered explicit and hence subject to political appropriation. "*Shibboleth*," explained the Tate's introduction, "asks questions about the interaction of sculpture and space, about architecture and the values it enshrines, and about the shaky ideological foundations on which Western notions of modernity are built. In particular, Salcedo is addressing a long legacy of racism and colonialism that underlies the modern world."[11] Salcedo was even more emphatic: "The work refers to borders, to the experience of immigrants and segregation," "to people who have been exposed to the extreme experience of racial hatred and subjected to inhuman conditions in the first world."[12]

It was not long before this overload of interpretation awakened controversy. From the theoretical eclecticism with which Salcedo legitimized in discourse the critical power of the work to its virtual collusion with the institutional logic that it set out to subvert (heightened by the

[11] http://tinyurl.com/kvee6nc.
[12] Alberge, Dalya, "Welcome to Tate Modern's floor show—it's 167 m long and is called *Shibboleth*," *The Times*, October 9, 2007, and *Tate Channel: Tate Shots: Doris Salcedo* (http://tinyurl.com/lndym53).

Graciela Speranza/Variations on the "In-Between." Three Episodes…

conseguía fracturarla, material y metafóricamente, en una reivindicación identitaria y política, un atentado consentido, si se quiere, que el museo volvía explícito y por lo tanto políticamente apropiable. *«Shibboleth»*, explicaba el texto introductorio de la Tate, «abre interrogantes sobre la interacción de la escultura y el espacio, sobre la arquitectura y los valores que venera y sobre los endebles fundamentos ideológicos que sostienen las nociones occidentales de modernidad. En particular, Salcedo interpela una larga historia de racismo y colonialismo que subyace en el mundo moderno».[11] Salcedo era aún más taxativa: «La obra habla de los límites, de la experiencia de los inmigrantes y la segregación», «de personas expuestas a la experiencia extrema del odio racial y sometidas a condiciones inhumanas en el primer mundo».[12]

La sobrecarga interpretativa no tardó en despertar polémica. Desde el eclecticismo teórico con que Salcedo legitimaba discursivamente el potencial crítico de la obra, a su virtual connivencia con la lógica institucional que pretendía subvertir (agudizada por la ética dudosa de la empresa multinacional Unilever que auspiciaba la serie), las objeciones críticas apuntaban al grado real de antagonismo de una obra pretendidamente política, sofocada y hasta celebrada por la maquinaria institucional del arte: una vieja discusión sobre las relaciones entre el arte, la historia y la política que la visibilidad ampliada de la obra de una artista latinoamericana en la Tate Modern volvía a poner en entredicho. Pero mirada en perspectiva, la polémica parece des-

[11] http://tinyurl.com/kvee6nc.
[12] Alberge, Dalya, «Welcome to Tate Modern's floor show— it's 167m long and is called *Shibboleth*», *The Times*, 9 de octubre de 2007, y *Tate Channel: Tate Shots: Doris Salcedo* (http://tinyurl.com/lndym53).

dubious ethics of Unilever, the multinational company that sponsored the series), critics questioned how antagonistic a supposedly political work smothered insofar as celebrated by the institutional machinery of art actually was: an old debate on the relationships between art, history and politics that the broad visibility of a work by a Latin American artist at the Tate Modern reopened. But put in perspective, the controversy seems misguided. More concerned with what was said by the Tate Modern and Salcedo than with the work itself, the arguments brought the visible and the discursive together at the wrong place. If it is a question of considering the relationship between words and things, between art and politics, Celan's poetry, which has been an inspiration for Salcedo for some time, has more to say about the mute eloquence of the crack than the poem's title or the comments on the work. It sheds light on the poetics of silence that gives it form in a negative space, the untranslatable mystery that gives it aesthetic power, and the more oblique relationship between art and politics that makes the work critical, without the prop of interpretation.

Romanian by birth and a translator of many languages, Celan wrote his entire body of work in German, the language of the horror of the Holocaust that killed his parents and marked all of his poetry from that moment on. To be able to keep writing in German after Auschwitz required disappropriating the language and translating oneself into a new estranged language ("All of Celan's poetry is a translation into German,"

encaminada. Más atentos a los dichos de la Tate y de Salcedo que a la obra misma, los argumentos reunían lo visible y lo enunciable en el lugar errado. Si se trata de pensar la relación entre las palabras y las cosas, entre el arte y la política, la poesía de Celan que inspira a Salcedo desde hace tiempo dice más sobre la elocuencia muda de la grieta que el poema del título y las glosas. Ilumina la poética de silencio que la informa en un espacio negativo, el misterio intraducible que le da potencia estética, y la relación más sesgada entre arte y política que la vuelve crítica, sin auxilio de prótesis interpretativas.

Rumano de origen, traductor de muchas lenguas, Celan escribió toda su obra en alemán, la lengua que signó el horror del Holocausto en que murieron sus padres y marcó desde entonces toda su poesía. Para poder seguir escribiendo en alemán después de Auschwitz era preciso desapropiarse de la lengua y autotraducirse a una nueva lengua extrañada («Toda la poesía de Celan es traducción al alemán», escribió George Steiner), con un «cambio de aliento» capaz de recrearla.[13] Es ésa la «contraseña» que pide el poema, una singularidad cifrada que habla para el que acude al encuentro y dice algo que el otro no puede comprender del todo, con un lenguaje incapaz de decir lo inexpresable, un silencio que habla. El poeta no confía en la capacidad del poema para representar el mundo con la lengua mancillada («Cada palabra ha sido escrita, créanme, en relación directa con la realidad», dice Celan, «Pero no, esto no se entiende») y tensa el lenguaje con yuxtaposiciones, quiebres de la linealidad

[13] Citado en Ortega, Carlos, «Prólogo. Que nadie testifique por el testigo», en Celan, Paul, *op. cit.*, p. 25.

wrote George Steiner) with a "change of breath" capable of recreating it.[13] That is the "password" that the poem bids, an encoded singularity that addresses one who turns up at the encounter and says something that the other cannot fully grasp in a language incapable of saying what cannot be expressed, a silence that speaks. The poet does not trust the ability of the poem to represent the world with tainted tongue ("Believe me, every word has been written in direct relation to reality," says Celan, "But no, it cannot be understood") and he strains language with juxtapositions, breaks in syntactic and semantic linearity through blank spaces, paradoxical turns, abrupt oppositions, compound nouns, repetitions, babblings, voids that are neither pauses nor lacks but rather, according to Blanchot's extremely accurate description, "a void saturated by void."[14] This is not out of an attempt to be obscure or hermetic, but rather a desire for an encounter in the silence that links Celan to Heidegger. "Any authentic attempt at thought can only occur on the path of silence," underlines Celan in a book by Heidegger. And underlined twice in his copy of *Overcoming Metaphysics*, "poetry and thought only meet when each preserves its different being."[15] Like a metal mesh, a "bar of language," the password of the poem, which cannot be reduced to a concept, a piece of knowledge or a message, is frontier as well as passage.

Salcedo's *Shibboleth* also encodes a visual password in the mute mystery of the crack made from ruptures, absences and saturated

[13] Cited in Ortega, Carlos, "Prólogo. Que nadie testifique por el testigo," in Celan, Paul, op. cit., p. 25.

[14] See Perloff, Marjorie, "'Sound Scraps, Vision Scraps': Paul Celan's Poetic Practices," in Wolfson, Susan J. and Brown, Marshall (eds.), *Reading for Form*, Seattle: University of Washington Press, 2006, pp. 177–202; Vélez Beromeu, Fabio, "Paul Celan y la 'elección de la lengua'," in *Tonos, Revista electrónica de estudios filológicos*, no. XIII (http://tinyurl.com/k57qr7s), and Blanchot, Maurice, "The Last One to Speak," in Hollander, Benjamin (ed.), *Translating Tradition: Paul Celan in France*, San Francisco: ACTS: A Journal of New Writing, 1988. The Paul Celan quote appears in Ortega, Carlos, op. cit., p. 33.

[15] Cited in Steiner, George, "Drawn from Silence," *The Times Literary Supplement*, October 1, 2004.

sintáctica y semántica por medio de blancos, giros paradójicos, oposiciones bruscas, nombres compuestos, repeticiones, balbuceos, vacíos que no son pausas ni falta, sino «vacíos saturados de vacío» en la descripción ajustadísima de Blanchot.[14] No por voluntad de oscuridad o hermetismo, sino por un deseo de encuentro en el silencio que reúne a Celan con Heidegger. «Sólo puede ocurrir un intento real de pensamiento», subraya Celan en un libro de Heidegger, «en la vía del silencio». Y con doble línea en sus *Conferencias y ensayos*: «La poesía y el pensamiento sólo se unen cuando cada uno preserva su ser distinto».[15] La contraseña del poema, irreductible a un concepto, un saber o un mensaje, es frontera y al mismo tiempo pasaje, como una malla metálica, una «reja del lenguaje».

También el *Shibboleth* de Salcedo cifra una contraseña visual en el misterio mudo de la grieta, hecha de fracturas, faltas y vacíos saturados, espacio paradójico y negativo vuelto sobre sí mismo en la referencia parca del título, que reenvía en todo caso al silencio del poeta. Dice algo que el espectador no puede comprender del todo, pero cifra ahí precisamente la posibilidad de encuentro. La estética, en todo caso, es apenas interfaz de la política: el arte no trae un mensaje que se activa en el espectador y lo emancipa, sino que modifica lo visible, las formas de percibirlo y expresarlo, de apreciarlo como tolerable o intolerable.[16] Una grieta no revela «la existencia de una clase socialmente excluida en Occidente y en las sociedades poscoloniales», como apuntan los curadores de la Tate. Una grieta es una grieta es una grieta….

[14] Véanse Perloff, Marjorie, «"Sound Scraps, Vision Scraps": Paul Celan's Poetic Practices», en Wolfson, Susan J., y Brown, Marshall (eds.), *Reading for Form*, Seattle, University of Washington Press, 2006, pp. 177-202; Vélez Beromeu, Fabio, «Paul Celan y la "elección de la lengua"», en *Tonos, Revista electrónica de estudios filológicos*, nº XIII, (http://tinyurl.com/k57qr7s), y Blanchot, Maurice, «The Last One to Speak», en Hollander, Benjamin (ed.), *Translating Tradition: Paul Celan in France*, San Francisco, ACTS: A Journal of New Writing, 1988. La cita de Paul Celan aparece en Ortega, Carlos, op. cit., p. 33.

[15] Citado en Steiner, George, «Drawn from Silence», *The Times Literary Supplement*, 1º de octubre de 2004.

[16] Rancière, Jacques, *Sobre políticas estéticas*, Barcelona, Museu d'Art Contemporani, 2005, p. 24 y ss., y Carnevale, Fulvia y Kelsey, John en conversación con Rancière, Jacques, «Art of the Possible», *Artforum*, marzo de 2007, p. 259.

voids, paradoxical and negative space turned in on itself in the title's terse reference that in turn refers to the poet's silence. It says something that the viewer cannot fully grasp, but therein lies the possibility of encounter. Aesthetics may be the tenuous interface of politics: art does not deliver a message to the viewer to be activated in order to procure freedom, but rather modifies the visible, the ways of perceiving and expressing it, of understanding it as tolerable or intolerable.[16] A crack does not, as the curators of the Tate assert, reveal "the existence of a huge socially excluded underclass, in Western as well as post-colonial societies." A crack is a crack is a crack…

Literality, perfect alibi of the aesthetic of silence, is rampant in 20th-century literature, art and thought: Duchamp's readymades, Cage's 4'33", Frank Stella's "What you see is what you see," Minimalism, Kafka, Beckett, Wittgenstein's "Not everything that can be thought can be said." Rummaging in "the in-between" with Celan's poetry, Salcedo materially shed light on a new form of silence, *mutual silence,* which in the "dusk of words" joins the visible and the speakable and summons the tragedies of history.[17] "Keep reading. Read and reread, and meaning will appear on its own," said Celan once, annoyed by an accusation of hermeticism.[18] "Keep looking until you reach the bottom of the crack," Salcedo could well have said. If the viewer is bewildered, bring on bewilderment, which is promise to heed the breath of silence.

[16] Rancière, Jacques, *Sobre políticas estéticas,* Barcelona: Museu d'Art Contemporani, 2005, p. 24 et seq.; and Fulvia Carnevale and John Kelsey in conversation with Jacques Rancière, "Art of the Possible," *Artforum,* March 2007, p. 259. (English title: *On Aesthetic Politics.*)

[17] "Since then, there is much that we have said silently to each other, said in mutual silence, said Heidegger after meeting Celan". Cited in Steiner, George, op. cit.

[18] Cited in Ortega, Carlos, op. cit., p 32.

La literalidad, coartada extrema de la estética de silencio, campea en la literatura, el arte y el pensamiento del siglo XX: los *ready-mades* de Duchamp, los *4'33"* de Cage, «lo que ves es lo que ves» de Frank Stella, el minimalismo, Kafka, Beckett, Wittgenstein: «No todo lo que es posible pensar puede ser dicho.» Buceando en el «entre dos» con la poesía de Celan, Salcedo alumbró materialmente una nueva forma del silencio, *el silencio mutuo,* que en el «ocaso de las palabras» reúne lo visible y lo enunciable y acerca las tragedias de la historia.[17] «Siga leyendo. Basta con leer y releer, y el sentido aparecerá por sí solo», respondió Celan alguna vez, contrariado por la acusación de hermetismo.[18] «Siga mirando hasta llegar al fondo de la grieta», podría haber dicho Salcedo. Si el espectador se desconcierta, bienvenido su desconcierto, que es promesa de atención a la respiración del silencio.

Meteoritos

En octubre de 2010, en plena era del arte de las copias, la apropiación, el *sampling* y el flujo espectral de las imágenes virtuales, dos artistas argentinos obraron un prodigio estético-cósmico en una galería alemana con una obra desmesuradamente matérica, única e inimitable. La «cosa» que exhibieron en Fráncfort se llama *El Taco* y es la obra más antigua del arte contemporáneo, anterior incluso al hombre, al planeta Tierra y al arte, hecha de materiales preciosos con técnicas arcaicas hasta hoy indescifrables. Tiene por lo menos cuatro mil millones de años, recorrió distancias

[17] «Desde entonces es mucho lo que nos hemos dicho en silencio el uno al otro», dijo Heidegger después de su encuentro con Celan, «en silencio mutuo». Citado en Steiner, George, «Drawn for Silence», *op. cit.*

[18] Citado en Ortega, Carlos, *op. cit.,* p 32.

Meteorites

In October 2010, in the midst of the age of the art of copies, appropriation, sampling and the spectral flow of virtual images, two Argentine artists worked an aesthetic-cosmic wonder in a German gallery with a unique and inimitable, and inordinately material, piece. The "thing" that they exhibited in Frankfurt is called *El Taco*, and it is the oldest work of contemporary art there is, older even than man, the planet Earth and art itself; it is made of precious materials using archaic techniques that have yet to be understood. It is at least four billion years old and it traveled sidereal distances until, some four thousand years ago, it landed in the grasslands of Gran Chaco in Argentina. It visited a number of cities on journeys by land and over sea, anchored at scientific institutions in three countries and two continents, hibernated in the warehouses of the Smithsonian Institution in Washington, and spent years baking in the sun in front of the Buenos Aires Planetarium to touch ground—as an art object, ephemeral monument or cosmic Cinderella for the term of just sixty-seven days—in Portikus. All the figures that describe it incite vertigo: it weighs 1,998 kilos and is a "detail" of a larger work that weighs 800 tons. But there is one, the most modest of them, that defines it by extension and perhaps inspired how it came to art: *Meteorit "El Taco"*, as the work's full name makes clear, is a meteorite, split in two pieces that were separated for forty-five years until Guillermo Faivovich and Nicolás Goldberg decided to bring them together in

 Graciela Speranza/Variations on the "In-Between." Three Episodes...

siderales hasta recalar hace unos cuatro mil en los pastizales del Gran Chaco argentino, visitó varias ciudades en viajes terrestres y transatlánticos, recaló en instituciones científicas de tres países y dos continentes, hibernó en los depósitos de la Smithsonian Institution de Washington y se asoleó frente al Planetario de Buenos Aires durante años, para instalarse por fin en Portikus, convertida durante apenas sesenta y siete días en objeto artístico, monumento efímero o Cenicienta cósmica. No hay cifra que la describa que no dé vértigo —pesa 1.998 kilos y es un «detalle» de una obra mayor, de ochocientas toneladas—, pero hay una, la más módica, que la define por extensión y quizás haya inspirado su camino al arte: *Meteorit «El Taco»*, como quedaba claro en el nombre completo de la obra, es un meteorito, partido en dos mitades separadas durante cuarenta y cinco años, hasta que Guillermo Faivovich y Nicolás Goldberg decidieron reunirlas en Alemania después de investigar la zona de dispersión meteórica de Campo del Cielo durante cinco años, tirar del hilo de su ausencia en el sitio donde fue descubierto en 1962 y recomponer pacientemente la historia de sus avatares y sus viajes.

Sin embargo, nada de eso se revelaba en la galería desnuda de Portikus —otro templo laico de arquitectura austera, instalado en una isla bañada por el río Main en el centro de Fráncfort—, en la que F&G dejaron que las dos mitades del meteorito dijeran lo suyo sin comentarios, deliberadamente arrojadas sin más a la sala vacía y al presente, como si así, sin ninguna referencia histórica o científica precisa, el misterio de la cosa y su transmuta-

Germany after investigating the Campo del Cielo crater field for five years, probing its absence from the place it was discovered in 1962, and patiently recomposing the history of its adventures and journeys.

None of this, though, was revealed in the bare Portikus gallery—another austere secular temple located on an island in the Main River in the heart of Frankfurt—where F&G let the two halves of the meteorite—deliberately flung into the empty hall and the present—say their bit with no added commentary, as if with no precise historical or scientific point of reference the mystery of the thing and its aesthetic transmutation would deepen. Though the art of the readymade gave it safe passage to the contemporary scene, *El Taco* mocked even the Duchampian canons with a unique, extraterrestrial, sculptural object: "a cosmic readymade" is what Daniel Birnbaum, director of Portikus, called it or, better yet, an intergalactic and mute *vivo dito* with echoes of Alberto Greco, but not the artist's presence, or index finger, or showy signature.[19] Amazing though it seems, Duchamp himself had anticipated this: "One day in the near future," he said, "the entire galaxy of objects will become readymades."[20]

But even as a readymade, *El Taco,* an extraordinary thing in the entire galaxy of objects, lost none of its mystery. Because what sort of object is a meteorite divided in two? Do two halves of a meteorite make an object? And, to go even further back, is a rock that hits the ground from the cosmos an object? And what entitles it to be an art object?

[19] Christov-Bakargiev, Carolyn and Birnbaum, Daniel, "Foreword," in Faivovich, Guillermo and Goldberg, Nicolás, *The Campo del Cielo Meteorites. Vol. I: El Taco,* Kassel, dOCUMENTA (13): Hatje Cantz Verlag, 2010, p. 4.
[20] Duchamp, Marcel, cited by Fer, Briony, in "Sculpture's Orbit," *Artforum,* November 2006.

33

ción estética se ahondara. El arte de lo *ya hecho* le daba un salvoconducto a la escena contemporánea, pero *El Taco* burlaba incluso los cánones duchampianos con un objeto único, extraterrestre, escultórico: «un *ready-made cósmico*», como lo definió Daniel Birnbaum, director de Portikus, o mejor, un *vivo dito* intergaláctico y mudo con ecos de Alberto Greco, sin la presencia, ni el dedo índice, ni la firma ostentosa del artista.[19] Por increíble que parezca, el propio Duchamp ya lo había anticipado: «Algún día en el futuro próximo», dijo, «la galaxia completa de objetos se convertirá en *ready-mades*».[20]

Pero incluso convertido en *ready-made, El Taco,* cosa extraordinaria en la galaxia completa de los objetos, no perdía nada de su misterio. Porque ¿qué clase de objeto es un meteorito partido al medio? ¿Dos mitades de un meteorito son un objeto? Y antes todavía: ¿una roca aterrizada del cosmos es un objeto? ¿Y con qué derecho un objeto de arte? Estos y otros muchos interrogantes se abrían ante la cosa en sí en el puro silencio de Portikus, mucho antes de saber cómo había llegado a Fráncfort y por qué partido al medio. De hecho, para asegurar su extrañeza en el mundo del arte, hubiese bastado con la textura escabrosa de la piedra, moldeada durante millones de años con incrustaciones de hierro, níquel, grafito y silicato en explosiones remotas, pero eso era sólo el comienzo. Las dos mitades se enfrentaban con sus caras perfectamente seccionadas, lisas y pulidas, con una especie de «corredor» de sesenta centímetros entre una y otra, que ——caprichos del «entre dos»—— las separaba y al mismo tiempo las reunía. El centro

[19] Christov-Bakargiev, Carolyn, y Birnbaum, Daniel, «Foreword», en Faivovich, Guillermo, y Goldberg, Nicolás, *The Campo del Cielo Meteorites. Vol. I: El Taco,* Kassel, dOCUMENTA (13), Hatje Cantz Verlag, 2010, p. 4.
[20] Duchamp, Marcel, citado por Fer, Briony, en «Sculpture's Orbit», *Artforum,* noviembre de 2006.

These and many other questions took shape before the thing itself in the pure silence of Portikus, well before it was learned how the object had reached Frankfurt and why it was divided in two. Indeed, the rock's rough texture, shaped for millions of years by distant explosions leaving incrustations of iron, nickel, graphite and silicate, would have sufficed to ensure its peculiarity in the art world, but that was only the beginning. The perfectly severed, smooth and polished sides of the two halves faced each other, separated yet also joined by a 60-centimeter "corridor" of sorts—the whimsies of "in-between." The very core of the work was thus an empty space, a void, a magnet of enigmas that F&G deliberately cleared up elsewhere, without altering the dense silence of *El Taco*: Why cut a meteorite in two, as if it were a pear or an apple? Why bring those two parts together, but not entirely, in a gallery in Germany? The careful viewer who stopped to compare the severed rock would find even more mysteries. By no means more or less equal parts of a sole thing, the two half meteorites were, rather, very distinct in volume, color and texture: one was slightly larger than the other and shiny, as if by means of some cosmetic treatment it had been able to cover up its age and cosmic afflictions; the other, needy double or nemesis of its false twin, was more opaque, rusty and frayed, apparently more worn by the history of the universe, the planet Earth and the South American sun. Like a combined Art Brut version of *The Vertical Earth Kilometer* (the one-kilometer-long brass rod pointed towards the center

Graciela Speranza/Variations on the "In-Between." Three Episodes…

mismo de la obra era así un espacio vacío, un blanco, un imán de enigmas que F&G despejaban deliberadamente en otra parte, sin alterar el silencio denso de *El Taco*: ¿por qué cortar un meteorito en dos, como si fuera una pera o una manzana? ¿Por qué reunirlas, pero no del todo, en una galería alemana? Había todavía más misterios para el observador atento que se detuviera a comparar las rocas seccionadas. Los dos medios meteoritos, lejos de ser partes más o menos iguales de una misma cosa, eran bien diferentes en volumen, color y textura: una era un poco más grande, reluciente, como si con algún tratamiento cosmético hubiese conseguido ocultar la edad y los achaques cósmicos; la otra, doble menesteroso o némesis de su falsa melliza, era más opaca, herrumbrada y desleída, más curtida a simple vista por la historia del universo, el planeta Tierra o el sol de Sudamérica. Como una versión *art brut* combinada del *The Vertical Earth Kilometer* (el kilómetro de varilla de latón que Walter De Maria enterró en pleno Friedrichsplatz Park de Kassel en 1977 en dirección al centro de la Tierra) y su permanente compañera, *The Broken Kilometer* (otro kilómetro de varilla cortada en quinientas partes, dispuestas en cinco líneas paralelas en el 393 West Broadway de Nueva York desde 1979), *Meteorit «El Taco»* proponía un enigma material (¿cómo, por qué enterrar una varilla de un kilómetro? ¿Cómo, por qué reunir dos mitades de un meteorito?) e invitaba, con el mismo mutismo minimalista de De Maria, a una meditación sobre las cosas, lo uno y lo múltiple, lo visible y lo invisible, la forma y la materia, el concepto y la existencia, el espacio, el planeta, el universo.

of the Earth that Walter De Maria buried in the middle of Friedrichsplatz Park in Kassel in 1977) and its constant companion *The Broken Kilometer* (another kilometer of rod cut into five hundred parts arranged in five parallel lines that has been at 393 West Broadway in New York since 1979), *Meteorit "El Taco"* formulated a material enigma: How, why bury a kilometer-long rod? How, why join two halves of a meteorite? With De Maria's minimalist muteness, it invited us to ponder things, the one and the many, the visible and the invisible, form and material, concept and existence, space, planet, universe.

But a brass rod is a brass rod like so many others; it is a mass-produced industrial object available at any Walmart. A meteorite is one of few, a thing "from another world" ("a colloquial pleonasm," as Alan Pauls noted, that leads directly to the imaginary of science fiction, from "the thing" that falls from the sky in Christian Nyby's B Movie *The Thing from Another World* to the monolith from the first scene of Kubrick's cult film *2001: Space Odyssey*)[21] that, as one of a kind, must be studied, documented, catalogued and preserved. *El Taco*, of course, had a long history that different fields of knowledge had attempted to put together with words or, rather, discourses which, as Foucault taught us, "do more" than use a group of signs to name and analyze things, to explain and classify them.[22] In the case of *El Taco*, this "more" resided in *The Campo del Cielo Meteorites - Vol. 1: El Taco*, a book that F&G put out with *dOCUMENTA (13)* and Hatje Cantz that was available in the gallery's mezzanine,

[21] Pauls, Alan, "Meteorito," in *Otra parte*, no. 23, Fall 2011, p. 9.
[22] Foucault, Michel, *La arqueología del saber*, México: Siglo XXI Editores, 1970, p. 81. (English title: *The Archeology of Knowledge*.)

Pero una varilla de latón es una varilla de latón como tantas otras —un objeto industrial de producción masiva disponible en cualquier Walmart— y un meteorito es uno de pocos, una cosa «de otro mundo» («un pleonasmo coloquial», como anotó Alan Pauls, que lleva directamente al imaginario de la ciencia ficción, desde «la cosa» que cae del cielo en la película clase B de Christian Nyby, *The Thing from Another World*, al monolito de la primera escena del film de culto de Kubrick *2001: Odisea del espacio*)[21] que merece ser estudiada, documentada, catalogada y conservada como cosa única. *El Taco*, por supuesto, tenía una larga historia que distintos saberes habían intentado componer con palabras, o mejor dicho, discursos, que «hacen más» que usar un conjunto de signos, como enseñó Foucault, para nombrar las cosas, analizarlas, explicarlas, clasificarlas.[22] Ese «más» de El Taco estaba en *The Campo del Cielo Meteorites — Vol. 1: El Taco*, un libro que F&G editaron con *dOCUMENTA (13)* y Hatje Cantz, disponible en el entrepiso de la galería, como un montaje paralelo de «cosas dichas», documentos, informes, gráficos, fotos, con los que el espectador capturado por el enigma de la cosa en sí podía intentar encontrar respuestas.[23] Con datos, fechas precisas, informes sucintos de especialistas, imágenes de archivo y fotos parcas y rigurosas de los mismos F&G, se recomponía ahí la ajetreada historia de *El Taco*, desde su origen en un cinturón de asteroides entre Marte y Júpiter hasta su aterrizaje en Campo del Cielo en el Chaco, de las primeras noticias de su existencia en mitos de pueblos precolombinos y expediciones de colonizadores españoles

[21] Pauls, Alan, «Meteorito», en *Otra parte*, nº 23, otoño de 2011, p. 9.
[22] Foucault, Michel, *La arqueología del saber*, México, Siglo XXI Editores, 1970, p. 81.
[23] Faivovich, Guillermo y Goldberg, Nicolás, *op. cit.*

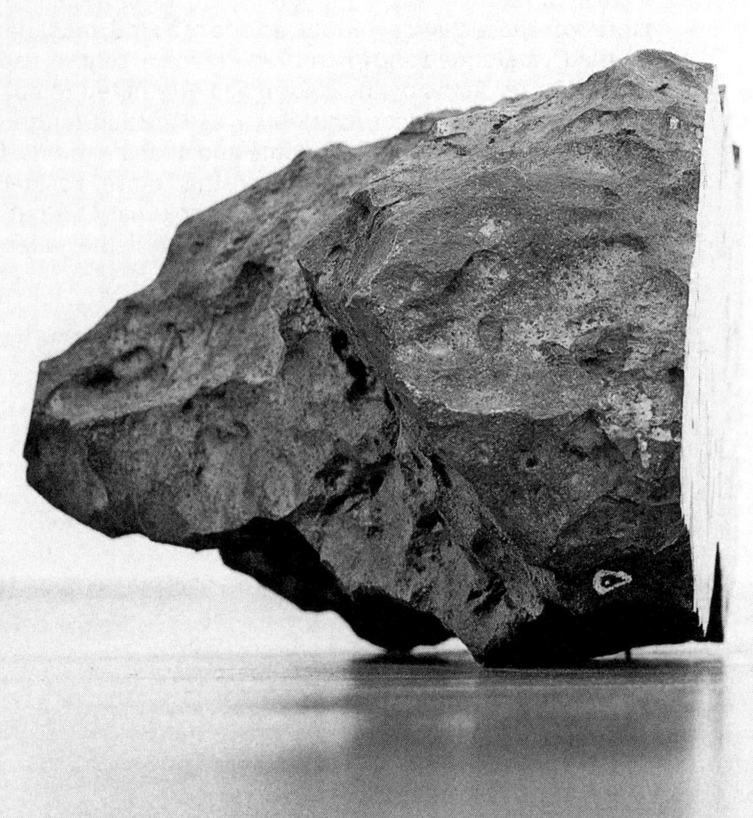

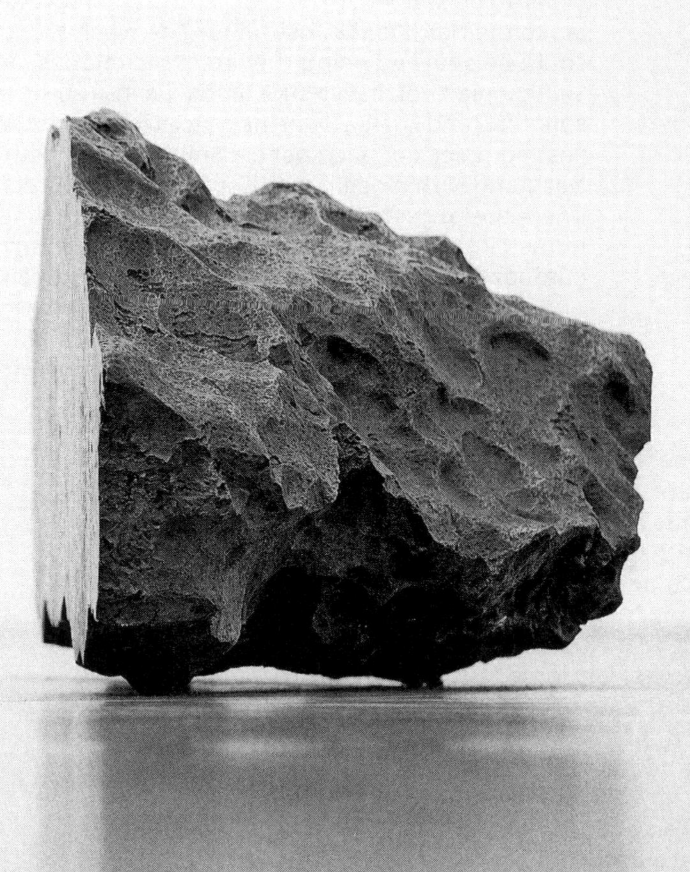

 Graciela Speranza/Variations on the "In-Between." Three Episodes…

a sort of parallel exhibition of "things said" with documents, reports, graphics, photos where the viewer taken in by the enigma of the thing itself could attempt to find answers.[23] On the basis of information, exact dates, concise reports by specialists, archival images, and sparse and rigorous photographs taken by F&G themselves, the tumultuous history of *El Taco* could be reconstructed, from its origin in an asteroid belt between Mars and Jupiter to its landing in Campo del Cielo in Chaco; from first tell of its existence in the myths of pre-Columbian peoples and expeditions of Spanish colonizers to its startling apparition in the fields of a farmer from Chaco in 1962; from the joint expedition by a group of scientists from the United States and Argentina that brought it to the surface to the bureaucratic tangle by which it was successively "donated," "transferred," and "loaned" to the Smithsonian Institute in order to be studied; from the transatlantic voyage from the Smithsonian to the Max-Planck-Institut für Chemie in Mainz, Germany, where it could be severed using the latest techniques, and then back to the Smithsonian now in two substantial parts, two slices and a collection of splinters; and finally, from the crucial moment of separation to the final resting places of each part: a Smithsonian Institution warehouse in Maryland with closely monitored temperature and humidity levels, where the larger half was shut away, and the grounds of the Planetarium in the city of Buenos Aires, where starting in 1972 the other half lay outdoors, baking in the sun and rusting in the rain.

[23] Faivovich, Guillermo and Goldberg, Nicolás, op. cit.

a su inesperada aparición en los campos de un colono chaqueño en 1962, de la expedición conjunta de científicos de los Estados Unidos y de la Argentina que lo sacó a la superficie a las confusas gestiones por las que fue sucesivamente «donado», «transferido», «prestado» a la Smithsonian Institutution para ser estudiado, del viaje transatlántico desde la Smithsonian al Max-Planck-Institut für Chemie de Mainz, Alemania, donde podría ser cortado con técnicas más avanzadas, a la vuelta a la Smithsonian cortado en dos partes sustantivas, dos lonjas y una colección de esquirlas; y por fin, desde el momento crucial de la separación hasta los destinos últimos: un depósito de la Smithsonian en Maryland con temperatura y humedad controladas, donde quedó recluida la parte mayor, y el jardín del Planetario de la ciudad de Buenos Aires, donde la otra parte durmió a la intemperie, asoleándose durante el día y herrumbrándose bajo la lluvia desde 1972.

Así las cosas, el enigma del vacío entre las dos mitades encontraba en el «montaje paralelo» dos respuestas: una práctica —estructural y prosaica— en los sesenta centímetros de distancia mínima entre una y otra que recomendaron los ingenieros de Portikus para que la estructura de la galería resistiera el peso de las rocas sin desfondarse, y otra más compleja —conceptual, histórica, metafórica, poética— que se tramaba en el «entre dos» de la cosa misma y en los relatos que F&G compusieron con textos e imágenes. El sentido de la obra se cifraba en el intervalo, esa nada insidiosa e inquietante que las unía y las separaba, conducía al libro en su misterio y, si se quiere, las convertía en arte. «La

Two answers to the enigma of the space between the two halves could be found in the "parallel exhibition." One of them practical, structural and mundane: according to Portikus's engineers, there must be at least 60 centimeters between the two parts to ensure that the structure of the gallery could withstand the weight of the rocks without collapsing; and the other more complex, conceptual, historical, metaphoric and poetic, an answer that took shape in the "in-between" of the thing itself, and in the stories that F&G composed in texts and images. The meaning of the work lay in that interval, that insidious and disturbing nothing that joined and divided them and that, in its mystery, led to the book and turned them into art. "Interpretation is of the order of the interval," wrote Didi-Huberman quoting an Aby Warburg scholar, "which amounts to saying that interpretation is always played out between-two-meanings, in that place where meaning is not yet thematically constructed."[24] "A 'between-two-meanings,'" he goes on, "can only ensue in the 'between-two-times' of a scansion," and, to explain this rhythmic syncope, he quotes Nabokov: "Maybe the only thing that hints at a sense of time is rhythm; not the recurrent beats of the rhythm but the gap between two such beats, the gray gap between black beats: the Tender Interval."[25]

There were, in effect, two, three, many times in the interval between the two halves of the meteorite, to which F&G, as "facilitators" (as they like to call themselves), added another, bringing together what years

[24] Didi-Huberman, Georges, *La imagen superviviente. Historia del arte y tiempo de los fantasmas según Aby Warburg*, Madrid: Abada Editores, 2009, p. 456. (English title: *The Surviving Image: Aby Warburg and Tylorian Anthropology*)
[25] Ibid., p. 456.

Graciela Speranza/Variaciones sobre el «entre dos». Tres episodios...

interpretación es del orden del intervalo», escribió Didi-Huberman citando a un estudioso de Aby Warburg, «lo que equivale a decir que la interpretación se juega siempre en el entre-dos-sentidos, allá donde el sentido no está todavía temáticamente construido».[24] «Ahora bien, un "entre-dos-sentidos" no puede acaecer sino en el "entre-dos-tiempos" de una escansión», dice también y, para explicar ese síncope rítmico, trae una cita de Nabokov: «Quizás la única cosa que deja entrever un sentido al tiempo sea el ritmo: no los golpes repetidos del ritmo, sino el abismo entre dos golpes, el abismo gris entre los golpes negros: el suave intervalo».[25]

Dos, tres, muchos tiempos, en efecto, había en el intervalo entre las dos mitades del meteorito, a los que F&G, en calidad de «facilitadores» (así es como prefieren llamarse), agregaban uno nuevo, acercando lo que años de intrigas científicas, institucionales, patrimoniales, políticas, geopolíticas y una máquina sofisticadísima (por azar a unos pocos kilómetros de Portikus) habían separado irremediablemente. Completaban, desviaban, corregían o simplemente desandaban la historia de *El Taco*, reuniendo las dos partes con cierta justicia poética, una vez que la Smithsonian, por motivos no demasiado claros, sólo devolvió a la Argentina una mitad de su meteorito, junto con una réplica ultraliviana de la cosa completa, desaparecida para siempre, licuada en un simulacro de fibra de vidrio. Más que reunirlas, en realidad, F&G las habían «compuesto» durante un breve lapso, como si suscribieran en Portikus el «Manifiesto composicionista» de Bruno Latour, que encuentra en la *composición* inmanente una alternativa a la *crítica*

[24] Didi-Huberman, Georges, *La imagen superviviente. Historia del arte y tiempo de los fantasmas según Aby Warburg*, Madrid, Abada Editores, 2009, p. 456.
[25] *Ibid.*, p. 456.

of scientific, institutional, patrimonial, political and geopolitical intrigues, as well as an extremely sophisticated machine (that happened to be just a few kilometers from Portikus) had separated for good. They completed, diverted, remedied or simply retraced the history of *El Taco*, joining the two parts with a certain poetic justice once the Smithsonian—for reasons not entirely clear—returned to Argentina just one half of its meteorite along with an extremely lightweight replica of the whole thing, lost for good, liquefied in a fiberglass imitation. Rather than suture them, what F&G had done was "compose" them for a short time, as if at Portikus they had subscribed to Bruno Latour's "Compositionist Manifesto" that finds in immanent *composition* an alternative to the utopian *criticism* of modern thought. "To compose" suggests joining without a loss of heterogeneity, but also art compositions, and mostly the idea that that which is composed—more than that which is constructed—can later be decomposed, shaping a "fragile, revisable and diverse" composite.[26]

Pioneer of "compositionism," *Meteorit "El Taco"* put forth an alternative to the utopian radicalism of modern political art and to the festive pastiches of postmodernism. Rather than condemning the underhanded abuses of colonialism, the neglect of institutions, the shady dealings of geopolitics, the inequalities between First and Third Worlds, *Meteorit "El Taco"* composed remains in a work that asked us to heed and reconsider the effects of those things before being decomposed. In November 2011, the shiny half of *El Taco* returned to the United States,

[26] Latour, Bruno, "An attempt at writing a 'Compositionist Manifesto'," *New Literary History*, 2010, pp. 3-4 (http://tinyurl.com/mfynt6o).

Graciela Speranza/Variations on the "In-Between." Three Episodes…

utópica del pensamiento moderno. «Componer» remite a reunir sin que las cosas pierdan su heterogeneidad, pero también a las composiciones del arte, y sobre todo a la idea de que todo lo que se compone, más que lo que se construye, puede más tarde descomponerse, conformando un todo «frágil, enmendable y diverso».[26]

Adelantado del «composicionismo», *Meteorit «El Taco»* traía una alternativa al radicalismo utópico del arte político moderno y a los pastiches festivos del posmoderno. Más que denunciar los abusos solapados del colonialismo, la desidia de las instituciones, las componendas geopolíticas, las desigualdades entre el Primer y el Tercer Mundo, componía los restos en una obra que invitaba a atender y a reconsiderar sus efectos, antes de ser descompuesta. En noviembre de 2011, la mitad brillante de *El Taco* volvió a los Estados Unidos, al depósito de la Smithsonian, y la opaca a Buenos Aires, a los jardines del Planetario.

Pero *Meteorit «El Taco»* era sólo la primera parte de un proyecto más ambicioso y el comienzo de una historia de intrigas de la que El Taco era apenas la punta partida del iceberg. En la segunda, F&G redoblarían varias veces la apuesta, trasladando a Alemania otro meteorito, El Chaco, entero y de treinta y siete toneladas de peso —el más grande de Campo del Cielo y el segundo más grande del mundo—, para exhibirlo durante cien días en la *dOCUMENTA (13)* frente al Fridericianum Museum. Con el viaje épico de El Chaco desde el Gran Chaco argentino hasta Kassel y su exhibición pública en uno de los centros más visitados del arte contemporáneo —una

[26] Latour, Bruno, «An attempt at writing a "Compositionist Manifesto"», *New Literary History*, 2010, pp. 3-4 (http://tinyurl.com/mfynt6o).

to the Smithsonian's warehouse, and the opaque half to Buenos Aires, to the grounds of the Planetarium.

But *Meteorit "El Taco"* was just the first part of a more ambitious project, the tip of the iceberg of a more complex plot of intrigues. In the next part, F&G would raise the stakes, taking over to Germany another meteorite, the entire mass of the 37-ton El Chaco—the largest from Campo del Cielo and the second largest in the world—to be exhibited at *dOCUMENTA (13)* in front of the Fridericianum Museum for a period of one hundred days. With El Chaco's epic journey from Gran Chaco in Argentina to Kassel and its public display in one of the most visited centers of contemporary art anywhere—a feat that promised to leave its mark as the longest earthly journey ever taken by a heavenly body—F&G not only hoped to expand the experience of the readymade with the densest, oldest, strangest and most material natural thing ever to be turned into an art object, but also to draw world attention to the crater field in Chaco with a campaign to turn Campo del Cielo into Patrimony of Humanity and generate resources for local research. This would mean a reversal of the classic direction of colonial routes and cultural flows with a south-north-south course conceived in South America.

But in December 2011, F&G's meteoric adventure took an unexpected turn. Soon after the government of the province of Chaco had passed a law allowing the exceptional loan of a piece of national patrimony and everything was set for the voyage, an Argentine anthropologist orga-

41

hazaña que prometía dejar marca como el mayor traslado histórico de un cuerpo celeste—, F&G no sólo esperaban ampliar la experiencia del *ready-made* con la cosa natural más densa, más material, más antigua y más extraña que jamás se hubiese convertido en objeto de arte, sino también atraer la atención mundial sobre la zona de dispersión meteórica chaqueña en una campaña para convertir Campo del Cielo en Patrimonio de la Humanidad y generar recursos para la investigación local, invirtiendo al mismo tiempo la dirección clásica de la ruta colonial y los flujos culturales con un trayecto Sur-Norte-Sur concebido en Sudamérica.

Pero en diciembre de 2011, la aventura meteórica de F & G dio un giro inesperado. Cuando el gobierno provincial acababa de aprobar la ley que permitiría el préstamo excepcional de una pieza del patrimonio nacional y todo estaba listo para el viaje, un antropólogo argentino alentó una campaña de protesta entre los científicos locales e instó a *dOCUMENTA* a suspender un traslado que «vulneraría los derechos de los aborígenes chaqueños», una vez que los meteoritos eran «hitos de su territorio» y «parte fundamental de su historia y su cultura».[27] Y aunque, consultada por el gobierno, la asamblea mocoví aprobó el traslado por mayoría, un grupo disidente manifestó su desacuerdo y *dOCUMENTA (13)* decidió que el proyecto no podía continuar sin el «respaldo total de los "pueblos originarios"» y «toda la comunidad local».[28] El 26 de enero de 2012, a meses de la inauguración de la muestra, los artistas retiraron la propuesta. Habían perdido la cosa en sí, pero ganado un venero de «cosas dichas» que ampliaban el espec-

[27] «Evitemos que el meteorito El Chaco sea trasladado a Alemania», acción promovida por Alejandro López (http://tinyurl.com/cfmtneu).

[28] El mismo antropólogo había concluido que las relaciones entre los meteoritos y la cultura indígena eran altamente especulativas en Giménez Benítez, S.; López, A., y Mammana, L., «Meteorites of Campo del Cielo: Impact on the Indian Culture», http://tinyurl.com/lqv2332; véase la documentación incluida en http://tinyurl.com/matmhaa

27 "Let's prevent the El Chaco meteorite from being taken to Germany," protest organized by Alejandro López (http://tinyurl.com/cfmtneu).

28 López himself had concluded that the relationships between the meteorites and indigenous culture were highly speculative. See Giménez Benítez, S.; López, A., and Mammana, L., "Meteorites of Campo del Cielo: Impact on the Indian Culture" (http://tinyurl.com/lqv2332; see the documentation included in http://tinyurl.com/matmhaa).

29 The full quote from *Hamlet* is a subtle reference to "between two," the relationships between matter, political intrigues and words:
"Hamlet: Words, words, words.
Polonius: What is the matter, my lord?
Hamlet: Between who?
Polonius: I mean, the matter you read, my lord."
(Italics mine.)
Act 2, scene 2, William Shakespeare, *Hamlet*.

nized a campaign of local scientists in opposition to the loan, and urged *dOCUMENTA* to cancel the journey that "would infringe on the rights of indigenous groups from Chaco," since the meteorites were "landmarks of their territory" and "a fundamental part of their history and culture." [27] And even though a majority in the Mocovi Assembly, which had been consulted by the government, passed a measure approving the loan, a minority group expressed its dissension and *dOCUMENTA (13)* decided that the project could not continue without the "full support of the 'originary peoples'" and "the entire local community." [28] On January 26, 2012, months before the opening of the show, the artists withdrew their proposal. Though they had lost the thing itself, they had gained a wealth of "things said" that would broaden the scope of the Campo del Cielo archive and multiply its enigmas. The complex network of cultural and patrimonial ideologies, political correctness and paternalism, aesthetic policies and policies of state, party politics and just plain politics that El Chaco brought to the surface without ever leaving the small town of Gancedo, where it is on display in a plaza, will surely become fodder for *The Campo del Cielo Meteorites, Vol. II,* the second volume that F&G are working on, while deciding how to re-signify in Kassel a 37-ton material absence. In the void to be left by the enormous heavenly mass, there are, for the time being, only "words, words, words." [29]

Graciela Speranza/Variations on the "In-Between." Three Episodes…

tro del archivo de Campo del Cielo y multiplicaban sus enigmas. La compleja trama de ideologías culturales y patrimoniales, corrección política y paternalismo, políticas de Estado y políticas estéticas, política partidaria y política a secas que El Chaco reveló sin salir de la pequeña localidad de Gancedo, donde se exhibe en una plaza, seguramente irá a nutrir *The Campo del Cielo Meteorites, Vol. II,* el segundo volumen que F&G preparan, mientras deciden cómo resignificar en Kassel una ausencia material de 37 toneladas. En el vacío anticipado que dejó la enorme masa celeste, por el momento sólo hay *palabras, palabras, palabras.*[29]

29 La cita completa de *Hamlet* es una sutil referencia al «entre dos», a las relaciones entre la materia, las intrigas políticas y las palabras:
«Hamlet: Palabras, palabras, palabras.
Polonio: ¿De qué se trata, señor?
Hamlet: ¿Entre quiénes?
Polonio: Quiero decir el asunto que leéis, Alteza».
(Subrayado mío).
Shakespeare, William, *Hamlet*, acto 2, escena 2, trad. Tomás Segovia, Bogotá, Editorial Norma, 2002, p. 99.

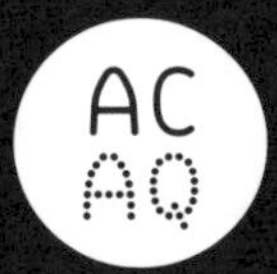

ARCHITECTS
ARQUITECTOS
Juan Herreros (SP)
Building Bridges between Center, Periphery and Territory
Tendiendo puentes entre el centro, la periferia y el territorio

45

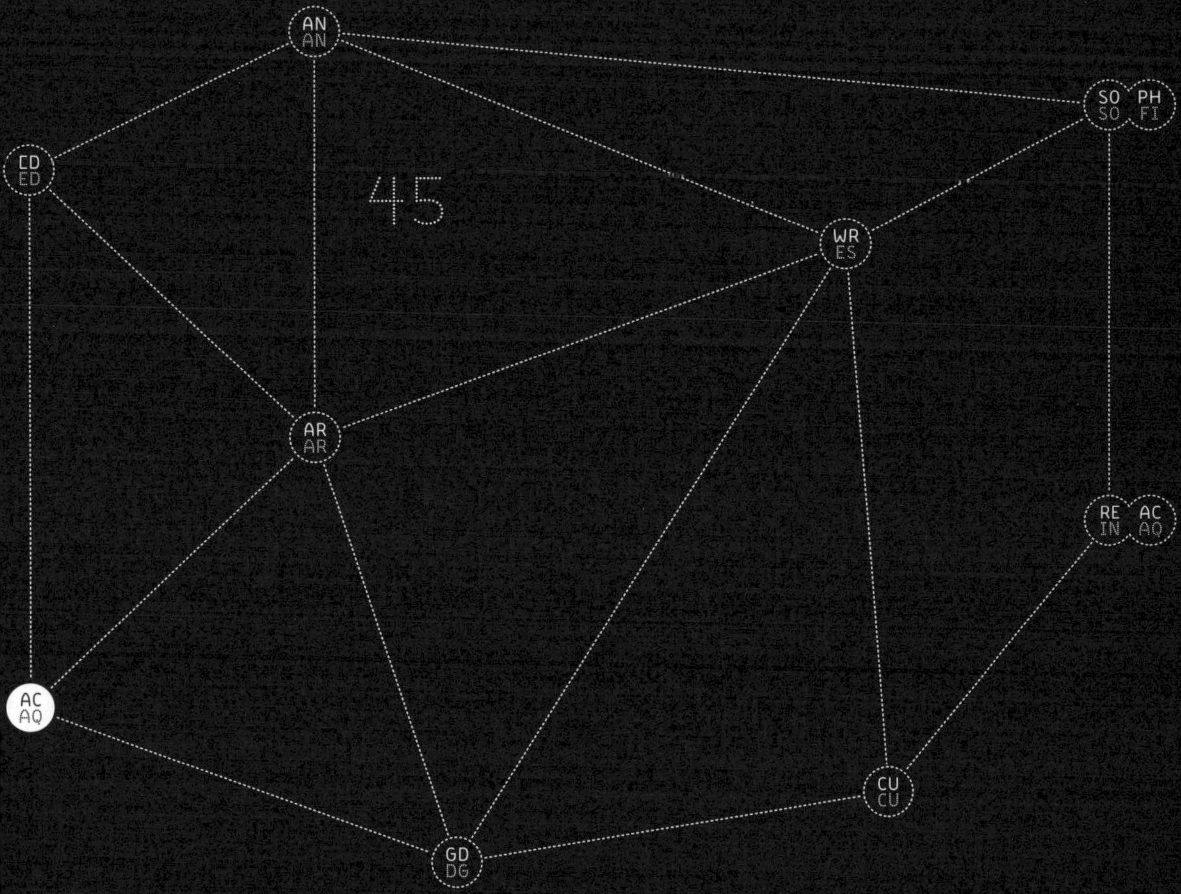

Building Bridges between Center, Periphery and Territory

The city in times of crisis

I will start out with an admission that lessens the critical nature of this text: I firmly believe that our cities provide fascinating topics of study that require *novel interpretations in order to become transcendent opportunities for immediate urban development*. To explain this statement and the great potential that it holds, I would like to confront the two spheres that appear in the title of this essay—periphery *versus* center—in pursuit of arguments capable of effecting changes desirable in light of a new reading of the city, one generated by the reversal of the common direction of the gaze from the center to the periphery for one that runs instead from the periphery to the center.

Tendiendo puentes entre el centro, la periferia y el territorio

La ciudad en tiempos de crisis

Empezaré enunciando una posición entusiasta que disipe el corte crítico de este texto: creo firmemente que nuestras ciudades ofrecen temas de trabajo fascinantes que requieren *interpretaciones novedosas para convertirse en oportunidades trascendentes para su desarrollo* urbano inmediato. Con objeto de explicar esta afirmación y el enorme potencial que alberga, me gustaría contraponer los dos ámbitos que figuran en el título —periferia *versus* centro—, buscando argumentos capaces de activar cambios deseables a la luz de una lectura nueva de la ciudad, generada por la inversión del sentido habitual de la mirada desde el centro a la periferia, por otro desde la periferia al centro.

From the periphery to the center

In Europe, we have spent recent decades looking at the periphery of the city with a certain sense of wonder. The idea that the center was complete and, hence, historical, something that required only finishing touches, protection and limited intervention meant that, in the early 1980s, a number of generations of architects began to look to the periphery as a place without regulation where it was possible to test out new scales, typologies and programs, and to activate new and different versions of public space. This exploration, which took place from the center, disseminated a whole new lexicon of "wastelands," "zones of impunity," "large containers" and "infrastructures," as well as renewed discourses on the need to build outlying districts capable of exploiting their specific conditions, especially in relation to variations in density and the resulting presence of nature and hybrid uses in urban settings where industry, residence and resources coexist easily. This focus on a new liberated territory fairly arrogantly overlooked the two worlds that historically coexist in the outlying city: the constructed and occupied factory, and nature. Hence, we can conclude first off that an opportunity had been missed by ignoring the fact that the most important of all the possibilities detected at the border of the city was precisely its ability to act as a bridge to a territory. This would mean understanding the constructed city as a voluntary densification of illusions and ambitions, a need to be together while in contact with territory or land

47

De la periferia al centro

En Europa hemos vivido las últimas décadas mirando la periferia de la ciudad con un cierto embeleso. La idea de que el centro era algo acabado —histórico— y sólo necesitado de operaciones de remate, protección e intervención impulsó en los primeros 80 a varias generaciones de arquitectos a mirar la periferia como el lugar desregulado en el que ensayar nuevas escalas, tipologías y programas y activar versiones de espacio público de nuevo cuño. Esta exploración, realizada desde el centro, sembró todo un léxico nuevo de «descampados», «áreas de impunidad», «grandes contenedores» e «infraestructuras», así como renovados discursos sobre la necesidad de construir un extrarradio que explotara sus condiciones específicas, especialmente la diversidad de densidades, con la consiguiente presencia de la naturaleza y la hibridación de usos en unos esquemas urbanos en los que industria, residencia y dotaciones convivirían con naturalidad. Esta focalización de intereses en el nuevo territorio liberado ninguneó de manera un tanto soberbia los dos mundos que históricamente convivían en la ciudad extramuros: la fábrica construida y habitada y la naturaleza. Por ello, nuestra primera conclusión es que la oportunidad perdida ha sido precisamente ignorar que el principal papel de aquella amalgama de oportunidades atisbadas al borde de la ciudad era precisamente el de servir de puente con el territorio de manera que la ciudad construida pudiera entenderse como una densificación voluntaria de ilusiones y ambiciones, una necesidad de estar juntos, pero en contacto con un terri-

—which we would now call an ecological footprint—that sustains and renders meaningful the utopian fact of inhabiting the city. Of course, that does not reflect the way things are today, at least not in Europe or Latin America: our cities need bridges that can connect disparate worlds. Center, periphery and territory are just the most evident of these worlds; they are also fundamental to building the consciousness that we call *urban culture.*

If we take a look at central districts, we see that they have lost residents; they have driven out the large corporations that now concentrate their employees in outlying "corporate cities"; central cities have been outsourced and gentrified, and entire neighborhoods have been handed over to immigrants and nighttime leisure activities. Yet, despite a complex social map and dearth of children, despite inconvenience (whether real or imaginary) like noise, lack of green space, crime, the center offers new opportunities. It could be said that the time has come to look back to the center on the basis of what has been learned on the periphery.

At the same time, due to the change in the reading of territory, land and nature in light of new environmental sensibility and awareness of landscape, as well as the remarkable valorization of the environment as the new paradigm in quality of life, we may well regret the increasing distance between the natural environment and the city. The lack of *green spaces* so common in other times has meant neglecting the importance

torio —que hoy llamaríamos una huella ecológica— que sustenta y da sentido a la condición utópica de habitar la ciudad. Obviamente, no es ésa la realidad que hoy tenemos y, al menos en Europa y Latinoamérica, nuestras ciudades reclaman el establecimiento de puentes que puedan conectar mundos dispares. Centro, periferia y territorio son sólo los más evidentes, pero también son simultáneamente fundamentales en la construcción de la conciencia que llamamos *cultura urbana.*

Si miramos lo que ha pasado con los distritos centrales, vemos que han ido perdiendo residentes, han expulsado a las grandes corporaciones que concentran a sus empleados en las *ciudades corporativas* de las afueras, se han terciarizado y *gentrificado* y han entregado barrios enteros a los inmigrantes y al ocio nocturno. Sin embargo, pese a su complejo mapa social y su escasez de niños, pese a sus incomodidades, reales o imaginarias —ruido, falta de zonas verdes, inseguridad—, el centro ofrece oportunidades nuevas. Se podría decir que ha llegado el momento de volver la mirada al centro aprovechando lo aprendido en la periferia.

Simétricamente, si repasamos el cambio de lectura sobre el territorio a la luz de la nueva sensibilidad medioambiental y paisajística, y la extraordinaria puesta en valor del entorno natural como el nuevo paradigma de la calidad de vida, también podemos lamentar su alejamiento de la ciudad. La falta de *cuñas verdes* tan frecuentes en otros tiempos ha olvidado la importancia de abrir corredores de naturaleza —puentes verdes— que atraviesen las ciudades y su posibilidad de ser soporte de los grandes

of pathways to nature—green bridges—that cross cities, and the ability of those pathways to act as the support of large public installations that we insist on conceiving as *buildings*, proposed for competitions and constructed one at a time like gems encrusted in a shapeless mass.

Along these lines, it seems pertinent to point to three ingredients that both the consolidated city and nature beyond the suburban zone require. Work on the periphery, despite its bitter failure, has developed instruments that might be useful to the constructive criticism of those ingredients. The first is reflection on infrastructures and their role in the organization of the city as it engages in an in-depth revision of the technological reliability of those infrastructures, especially the most traditional thereof; the second entails the construction of planned diversity on the basis of hybrid uses, especially those connecting production and residence; and the third is what we could call "the naturalization of the city," with all the connotations innate to environmental concerns. These ingredients can be viewed as *three families of bridges* that would benefit the city enormously, since the very essence of infrastructures, large constructed masses and outdoor spaces is to act as powerful urban connectors. One way or another, though, they have turned into weakened components of economic and political activity more focused on objects and specific actions than on the ability to reconfigure the system of interconnections that enables the city to function.

49

equipamientos públicos que siguen concibiéndose como *edificios* propuestos, sacados a concurso y construidos uno a uno como gemas incrustadas en un magma informe.

En este sentido, parece pertinente apuntar tres ingredientes que tanto la ciudad consolidada como la naturaleza más allá del cinturón suburbano reclaman, y para los que el trabajo en la periferia, a pesar del sinsabor de su fracaso, ha desarrollado instrumentos que podrían ayudar a analizarlos con espíritu crítico positivo. El primero es una reflexión sobre las infraestructuras y su papel organizador de la ciudad que vendría a revisar profundamente la confianza tecnocrática en aquéllas, especialmente las más tradicionales; el segundo se refiere a la construcción de una diversidad programática basada en la hibridación de los usos, sobre todo aquellos que relacionan producción y residencia; y el tercero es lo que podríamos llamar «la naturalización de la ciudad», con todas sus connotaciones inherentes a las inquietudes medioambientales. Los tres pueden ser presentados como *tres familias* de puentes que la ciudad agradecería enormemente, pues infraestructuras, masas edificadas y espacios libres no tienen otra esencia que la de convertirse en imponentes conectores urbanos que de una u otra forma han devenido en debilitados ingredientes de una actividad económica y política que ha puesto más empeño en los objetos y en las acciones puntuales que en su capacidad para reconfigurar el sistema de interconexiones que soporta y permite el funcionamiento de la ciudad.

On the infrastructural nature of the architecture learned at the periphery

We can most certainly find a sizeable number of cases where the periphery has proven to be a perfect laboratory to test out new architectural formulas. Nonetheless, looking at aerial views of dense cities—Google Earth and the truths it reveals made available to anyone—demonstrates that the construction of outlying areas has not yielded results consistent with the potential that was detected thirty years ago, but has rather degenerated into a chaotic mix of large, disjointed and under-furnished units that have come to occupy all the available ground. Densely populated residual urban developments, industrial parks, oversized complexes of all sorts, and so forth act as disconnected islands incapable of even keeping green the space between them as they grow like a devastating oil leak. It is worth heeding those places where the city has been able to resolve daily survival by means of enormous monofunctional containers—dull mega-shopping centers, products of the entertainment industry, corporate cities or airports—and overwhelming residential blocks—new neighborhoods, suburban sprawl. Both types of enclaves entail a divided functionalist scheme, a string of new ghettos produced by effective zoning that consolidates and furthers a form of using the city that has been in crisis for years.

50

Sobre el carácter infraestructural de la arquitectura aprendido en la periferia

Sin duda, podemos encontrar una buena colección de ejemplos en los que la periferia se ha revelado como el perfecto laboratorio para ensayar nuevas ecuaciones arquitectónicas, pero la contemplación de las vistas aéreas de las ciudades densas —Google Earth y sus verdades reveladas puestas al alcance de cualquiera— demuestra que la construcción del extrarradio no ha dado los resultados consecuentes con el potencial atisbado hace treinta años, sino que ha degenerado en una amalgama caótica de grandes unidades, inconexas y escasamente dotadas, que han terminado por ocupar todo el suelo disponible. Desarrollos urbanos residuales de alta densidad, polígonos industriales, complejos de escala desbordada de todo tipo, etc., actúan como islas segregadas que ni siquiera han sido capaces de mantener verde el espacio entre ellas en un crecimiento en forma de mancha de aceite de alto poder arrasador. Cabe detenerse en esos lugares en los que, por un lado, la ciudad resuelve su supervivencia cotidiana en gigantescos contenedores monofuncionales —anodinos megacentros comerciales, productos de la industria del ocio, ciudades corporativas o aeroportuarias—, y en contundentes masas residenciales —nuevos barrios, ensanches periféricos—, por otro. En ambos casos se trata de enclaves que hablan de un esquema funcionalista, dividido, un encadenado de nuevos guetos, producto de un *zoning* operativo que consolida e impulsa una forma de uso de la ciudad que hace años que está en crisis.

Unfortunately we have lost, among other things, the opportunity of housing. Hundreds of units at a time, the outlying areas of Spanish cities have witnessed development on such a scale that, in the last three decades, the number of square meters constructed in the country has doubled. We can now see that this peripheral territory has been developed using the instruments and criteria of the center, and that mass-scale occupation has made it impossible to understand that the differences between these areas and the center of the city call for very different methods of planning and models of use; they required a proud periphery without envy of the center. While we look on with bewilderment at what emerging economies do with their territory (those cities that crop up out of nowhere in India and China), we have been unaware that we have been doing exactly the same thing: around each existing city we have built another one, a mediocre city that has not cropped up out of nowhere, but in a context with so much in its favor. And all of these residential areas would have provided a wonderful opportunity to make city, so to speak, to make a city work, to bolster a conception of architectural infrastructure on a large scale and of territory that goes beyond providing certain services whose layout seems to be the only logistical support for growth. The residential blocks on the outskirts of our cities are their true infrastructure; that's clear if we can stop beating around the bush when we use that word. The dictionary defines "infrastructure" as that which makes some-

Desgraciadamente hemos perdido, entre otras, la oportunidad de la vivienda. A golpe de varios cientos de unidades cada vez, se han levantado los alrededores que tenemos, hasta el punto de que, en las últimas tres décadas, en toda España se ha duplicado la superficie construida del país. Hoy podríamos reconocer que se ha trabajado este territorio periférico con instrumentos y criterios centrales y que la ocupación masiva ha impedido entender que sus diferencias con respecto al núcleo de la ciudad exigían métodos de planeamiento y modelos de uso muy diferentes, una periferia erigida con orgullo propio, sin envidia del centro. Mientras miramos con asombro lo que hacen las economías emergentes con el territorio (esas ciudades que surgen de la nada en la India o China), no somos conscientes de que hemos estado haciendo lo mismo: hemos construido alrededor de cada ciudad otra, mediocre y no precisamente de la nada, sino teniéndolo todo a favor. Y ese parque residencial habría sido una oportunidad extraordinaria para hacer ciudad, para hacerla funcionar, para impulsar un concepto infraestructural de la arquitectura de gran escala y del territorio que va más allá de la satisfacción de unos servicios cuyo trazado parece ser el único soporte logístico del crecimiento. Las masas residenciales de nuestras periferias son su verdadera infraestructura; claro está, si somos capaces de ver más allá de las circunvalaciones cuando utilizamos esta palabra. Y es que el diccionario dice que «infraestructura» es lo que hace posible el funcionamiento de algo, y hemos creído que las redes y los servicios lo son todo en este sentido. La periferia nos ha

thing's functioning possible, and we have believed that that means only networks and services. The periphery has shown us that if too much emphasis is placed on infrastructures of mobility, problems are pushed further and further away, whereas the lack of capillarity contributes to the isolation of constructed units and the devastation of nature. We must take a second look at this obsession with connectivity on a large scale that, like certain archipelagos, restricts slight and transversal permeability: each island connected to the metropolis, but isolated from its peers. Particularly pertinent is the metaphor of the bridge insofar as domestic and graspable and heedful not only of the points of departure and destination but also of the ground and landscape in which it lies. That's why we must dare to ask what would happen if infrastructures were not the great paradigm of urban progress and growth or of suburban wellbeing. I write this with due reservation, as a provocation perhaps. It is not a theory, but a warning against any sort of awe or prejudice, neither of which lets us think. Once again, if we had not gotten so far with this faith in mobility, we would have developed other systems of habitation and growth; we would have bravely reflected on the density of the city and on that contradictory caution in the face of height before devastating nature with even two-storey buildings; we would have worked more on what we have in the center, not neglecting it or believing in the suburban residential model that is now in crisis because unsustainable. I invite anyone to take a

Juan Herreros/Building Bridges between Center, Periphery & Territory

enseñado que si se hace demasiado hincapié en las infraestructuras de la movilidad, se desplazan los problemas cada vez más lejos, mientras que la falta de capilaridad contribuye al aislamiento de las unidades construidas y al arrasamiento de la naturaleza. Hay que revisar esa obsesión por la conectividad a gran escala que impide la permeabilidad «menuda y transversal», como ocurre en algunos archipiélagos: cada isla, conectada con la metrópoli; entre ellas, apenas nada. La metáfora del puente, en lo que tiene de doméstico y abordable que no sólo atiende al origen y el destino, sino que pone en valor el suelo y el paisaje en el que se instala, resulta de lo más pertinente en este caso. Por ello, tenemos que atrevernos a preguntar qué pasaría si las infraestructuras no fueran el gran paradigma del progreso y el crecimiento urbanos o del bienestar suburbano. Lo escribo con las reservas oportunas, como una provocación ensayística. No es una teoría, sino un aviso contra cualquier forma de fascinación o prejuicio, dos actitudes que no nos dejan pensar. Insisto, si no se hubiera llegado tan lejos con esta fe en la movilidad, habríamos elaborado otros sistemas de ocupación y crecimiento; habríamos reflexionado con valentía sobre la densidad de la ciudad y sobre esa contradictoria timidez frente a la altura antes de arrasar la naturaleza con edificios de dos plantas; habríamos trabajado más sobre lo que tenemos en el centro, no lo habríamos abandonado ni nos habríamos creído el modelo residencial suburbial que ahora está en crisis por insostenible. Invito a cualquiera a tomar un tren en Pennsylvania Station y salir de la

train at Pennsylvania Station and get out of the city, to cross the Hudson River and the industrial outskirts of New York in New Jersey. What you find is a series of wastelands and empty lots, a postwar spectacle of stagnant water and collapsed buildings, a pile of rusty metal that no economy is capable of restoring (it might, though, end up being a protected ecosystem like the "Ecological Reserve" in Buenos Aires that took shape on the rubble left by the corruption-ridden public works undertaken by military governments). If infrastructures make it possible to leave behind and build beyond, the decline of the center and its successive powers will never stop.

This lesson learned makes way for some further reflections: first, a critical reformulation of the city's varying densities and its ability to embrace new agendas; second, understanding that architecture today is at least as infrastructural as networks, and that it has far greater ability to introduce significant changes in the use of the city; and third, if we insist on the conventional model of infrastructure, all we will get are urban enclaves that are stillborn as urban space, ones with no ability to provide quality of life. Unpredictable changes of paradigm are at hand, shifts that cannot be accommodated by adaptation. The crisis currently shaking the world indisputably represents for the city the end of an age, as well as a warning that some things—car culture, first and foremost—must change if not disappear altogether. It is fact, not fantasy, that we are going to run out of solid fuel, and certain

ciudad, cruzando el río Hudson a través de la periferia industrial de Nueva York sobre el suelo de Nueva Jersey, una sucesión de terrenos baldíos, abandonados, un espectáculo posbélico de aguas estancadas y edificios ruinosos, una acumulación de herrumbre que no hay economía que pueda recuperar (eso sí, terminará siendo un ecosistema protegido, como la «Reserva Ecológica» de Buenos Aires, generada a partir de los escombros de las obras corruptas de los gobiernos militares). Si las infraestructuras permiten abandonar y construir más allá, la decadencia del centro y sus coronas sucesivas no se detendrá.

Con esta lección aprendida, cabe abrir algunas reflexiones: en primer lugar, replantearnos críticamente las diferentes densidades de la ciudad y su capacidad para recibir nuevos programas; en segundo, entender que hoy en día, la arquitectura es tan infraestructural o más que las redes y que ésta tiene notablemente más capacidad para introducir cambios significativos en el uso de la ciudad; y en tercer lugar, que si insistimos en el modelo infraestructural convencional, sólo conseguiremos enclaves urbanos que nacerán muertos en materia de espacio urbano y calidad de vida. Se avecinan cambios de paradigma no previsibles frente a los que no podremos trabajar por adaptación. Esta crisis que sacude al mundo no representa, para la ciudad, otra cosa que la muerte de una época y el aviso de que algunas cosas tienen que cambiar —la cultura del automóvil, la primera—, cuando no desaparecer; los combustibles sólidos se van a agotar, no es fantasía, y ciertas dependencias energéticas —véanse los conflictos

energetic dependencies—meaning the conflicts surrounding the gas pipelines in Eastern Europe—will be a deadly trap for many economies.

On the urgent need for combined uses in the city centers

Plurifunctional architecture was heralded in the 1980s as an ideal resource to give coherence to so many complexes on the periphery that needed to heed different programs in order to offset the dispersion of amenities and services. Thus, leisure, installations and offices were grouped in large hybrid projects connected to transportation systems. Complex, multiple programs continue to be vital to the typological changes that have taken place in the last thirty years in places where it has been possible to carry them out boldly. After all, diversity and wealth are the aim of any system that hopes to endure; just consider the model of biological ecosystems. The coexistence of uses means acknowledging that the boundaries between different activities are no longer so clear and that lifestyles, the organization of work and the composition of families are so diverse that no needs can be considered universal. Serious research into hybrid programs is a major piece of unsettled business in urban planning. We need typologies in which a great range of activities can coexist—the famous "compatible uses" established in bylaws—especially in city centers and their buildings, where the location of different activities must be rethought starting

54

que conllevan los gaseoductos de Europa del Este— tenderán una trampa mortal a muchas economías, por poner un ejemplo ya hoy indiscutible.

Sobre la imperiosa necesidad de impulsar la mezcla de usos en la ciudad central

La arquitectura plurifuncional fue enunciada en los años 80 como un recurso ideal para dar sentido a tantos complejos periféricos que necesitaban atender diversos programas para neutralizar la dispersión de la oferta y los servicios. Así, vemos cómo el ocio, los equipamientos y las oficinas se acumulaban en grandes proyectos híbridos debidamente conectados a los sistemas de transportes. Los programas complejos se han mantenido como un asunto vital de los cambios tipológicos de los últimos treinta años allí donde ha sido posible desarrollarlos con valentía. Y es que la diversidad y la riqueza son el objetivo de cualquier sistema que precise una cierta resistencia y, para ello, basta tomar la supervivencia de los ecosistemas biológicos como modelo. La convivencia de los usos supone asumir que los límites entre actividades ya no son nítidos y que las formas de vida, esquemas laborales y composiciones familiares son de tal diversidad que las necesidades no son universales. Una investigación seria sobre hibridación de programas es la gran asignatura pendiente del planeamiento urbano de nuestras ciudades. Se requieren tipologías en las que puedan convivir actividades muy diversas —los famosos «usos compatibles» de las ordenanzas— y se requieren especialmente

with the blueprints; in lots, with their obsessively limited building depths behind the back of which city blocks have been filled with places of production (precarious workshops, studios and illegal parking garages that expose a demand that is, in fact, a need); in streets and neighborhoods whose single usage is often so difficult to break up. What matters most in the immediate future if we want a truly efficacious city is that city's ability to handle unexpected changes, decline, invasion and so forth without trauma. We are familiar with the cases of Detroit and Dallas—in the famous "see-through years" of the 1970s—whose downtown areas, with their worn out buildings, attest to the fact that, once they had become the single crops of large companies, they could not withstand the crisis of the automobile and oil industries respectively. Many different forums express concern with the need to balance housing with other functions (if we compare real data on Madrid, for instance, with that of other large European cities, we learn that it is not as dense as we may think). The limits between production, commerce, culture and services are increasingly vague, and countless activities of a new breed cannot be housed according to conventional categories. If we want a talented class to inhabit the city center, we must locate in it that class's places of production; if we want to banish law and architecture firms that occupy whole floors in order to deplete suburban housing developments and move that population to the city, we must make places available for them; if we had the typologies and

Juan Herreros/Tendiendo puentes entre el centro, la periferia y el...

en el centro de la ciudad, en los edificios, revisando la ubicación de las actividades en la sección; en las parcelas y su obsesiva limitación del fondo edificable, a cuyas espaldas se han rellenado las manzanas de lugares productivos, talleres, estudios y garajes ilegales y de mala calidad que revelan una demanda que es una necesidad; en las calles y barrios, en los que tantas veces es complicado romper su monofuncionalidad. Si queremos una ciudad realmente eficaz, lo más importante en el futuro inmediato será su capacidad para afrontar situaciones inesperadas de cambio, declive, invasión, etc., sin traumas. Conocemos los casos de Detroit y Dallas —los famosos *see-through years* de los 70—, en los que se veía a través de los edificios esquilmados de los centros que, una vez convertidos en monocultivo de grandes compañías, no pudieron afrontar las crisis del automóvil y el petróleo, respectivamente. Desde muchos foros, se está planteando la obligación de hacer convivir la cantidad equilibrada de vivienda —una ciudad como Madrid, por ejemplo, no es tan densa como creemos; no hay más que mirar los datos reales y compararlos con las grandes capitales europeas— con otros usos. Hoy en día los límites entre producción, comercio, cultura o servicio están difuminados y un sinfín de actividades de nuevo cuño no encuentra alojamiento en las clasificaciones convencionales. Si queremos que una clase talentosa habite el centro, tendrá que poder implantar en él sus lugares de producción; si queremos desterrar las oficinas y los despachos de abogados y arquitectos que ocupan pisos hasta drenar de residencia los ensanches, y recuperar habitantes,

services that it requires, the non-local student population would not end up amassed in the apartments of bourgeois families that have left the city; when we come to understand that centrally located marginal districts like Arganzuela in Madrid and 22@ in Barcelona are capable of housing forms of contemporary production—with knowledge and research alongside residential space—architecture will have found a place to put into practice that which theoretical texts and academic exercises repeat every day at a distance from a reality in which they trust that limits any sort of innovation.

A thorough study of the real uses and density of our city centers is necessary, as is a revision of the regulations in effect—which, as we know, is no easy feat—and greater understanding of how the city is constructed. It is indispensable to work on overrun city blocks, the ones on which it appears that the city has reached its maximum capacity and will never have another chance, ones that, despite their vulgarity, are well constructed, inhabited and equipped; we could even assert that those blocks provide a solid urban effect. To concede docilely that these blocks have been exhausted and can never be reinvented would mean ignoring their great potential to innovate the city. Choosing to operate on the basis of ex novo situations or to start over instead of inventing instruments for surgery, infiltration or superimposition means leaving behind the scorched earth of the city center and ignoring the importance of innovation because a second chance, the true

habrá que habilitar lugares para ellos; si contáramos con las tipologías y servicios complementarios que demanda, la población estudiantil forastera no tendría que terminar hacinada en los pisos de las familias burguesas que han abandonado la ciudad; si entendiéramos que barrios centrales marginales como Arganzuela, en Madrid, o 22@, en Barcelona, tienen un potencial de implantación de formas de producción contemporánea —incluidos el conocimiento y la investigación junto con la residencia—, supondría que la arquitectura ha encontrado un lugar para poner en marcha aquello que los textos teóricos y los ejercicios de las escuelas repiten cada día, confiados y ajenos a una realidad que limita toda novedad.

Es necesario un estudio completo sobre usos y densidades reales en los centros de las ciudades. Es necesario revisar la normativa —no es fácil, ya lo sabemos— y entender mejor cómo está construida la ciudad. Hay un trabajo indispensable sobre las manzanas colmatadas, aquellas en las que parece que la ciudad ha dado de sí todo lo que podía y que no tendrán otra oportunidad porque se entiende que, a pesar de su vulgaridad, están suficientemente bien construidas, habitadas y equipadas; incluso podemos convenir en que aportan un sólido efecto urbano. Aceptar sumisamente que estas manzanas están agotadas en sus posibilidades de reinvención supone ignorar su enorme potencial como ingredientes de renovación de la ciudad. Preferir actuar a partir de situaciones ex novo o hacer tábula rasa en lugar de inventar instrumentos de cirugía, infiltración o superposición supone

recycling of entire neighborhoods of a city that is constantly being reborn.

On the possible naturalization of the city discovered on the periphery

The development on the periphery in the final decades of the 20th century has revitalized the dialogue between city and nature, taking it beyond the monothematic format of the pretty city park to look instead to a new generation of outdoor spaces with facilities that dissolve limits, spaces that build bridges between the natural and the artificial, between the city and the landscape. The naturalization of the city speaks of multiple superimposed speeds, of productive landscapes, of free time, of another reading of the body and of health, of the construction of memory and of urban culture associated with dialogue with the environment rather than its submission.

As an outgrowth of the narrative according to which the city or agriculture systemically rendered nature artificial, and before the dissolution of the limits between the categories of the natural and the artificial, it is worth imagining a reversal by which the city is rendered natural. I am not speaking solely of introducing green systems, but of turning the city itself into a sort of nature, a second nature that contributes a set of processes, laws and systems that might provide a new balance. A necessarily three-dimensional nature that is not

57

dejar atrás la tierra quemada del centro ignorando la importancia de la renovación por lo que tiene de segunda oportunidad, el verdadero re-ciclaje de barrios enteros en una ciudad que se rehace constantemente.

Sobre la posible naturalización de la ciudad descubierta en la periferia

El desarrollo periférico de las últimas décadas del siglo XX alumbra una nueva vida al diálogo de la ciudad con la naturaleza, superando el formato monotemático del parque urbano pintoresco en favor de una nueva generación de espacios libres equipados que diluyan los límites, que tiendan puentes, en definitiva, entre lo natural y lo artificial, entre la ciudad y el paisaje. La naturalización de la ciudad habla de multitud de velocidades superpuestas, de paisajes productivos, de tiempo libre, de otra lectura del cuerpo y de la salud, de la construcción de una memoria y una cultura urbana asociadas al diálogo con el medio y no a su doblegación.

Como prolongación de la historia según la cual la naturaleza ha sido artificializada sistemáticamente por la ciudad o la agricultura, y ante la disolución de los límites entre las categorías natural y artificial, cabría imaginar un movimiento inverso que se propusiera la naturalización de la ciudad. No me refiero exclusivamente a la implantación de sistemas verdes, sino a la transformación de la ciudad en sí misma en una naturaleza, una segunda naturaleza que aporte un conjunto de procesos, leyes y sistemas que puedan aspirar a un equilibrio nuevo. Una natura-

withdrawn to the zero-level surface, a nature that understands buildings and human activities as components of the same ecosystem. It would encompass the whole range of environmental concerns as well as the agenda of sustainability, but mostly it would entail a new reading of the agents that construct the city and their implications.

Some conclusions

Change, energy and information are the raw materials of contemporary cities and, as such, we must learn how to work with them. The processes that I deem most pressing are the establishment of a new sort of infrastructure, and the typological renovation of the city as well as its naturalization. Placing these processes under the heading "building bridges" gives the plan a poetic quality and opens it up to all the pertinent voices, thus formulating collective, pluridisciplinary work that gathers a range of perspectives and forms of knowledge necessary for action beyond passing trends or notions of correctness. What's at stake is something more ambitious than being convincing, mainly linking technology to the construction of a sensibility of our times, and the recognition of the changes and sacrifices that that entails not only as a need—to ease the greenhouse effect, to produce renewable energy sources, to reduce CO_2 emissions, and so forth—but also as a form of liberation from the tyranny of obsolete models.

58

leza que tendrá que ser tridimensional y no replegada a la epidermis de la cota cero; que entienda las masas construidas y las actividades humanas como ecuaciones del mismo ecosistema. Todas las inquietudes medioambientales y la agenda de la sostenibilidad al completo tendrán cabida en su definición, pero sobre todo una lectura nueva de los agentes que construyen la ciudad y sus implicaciones.

Algunas conclusiones

Cambio, energía e información son las materias primas de la ciudad contemporánea con las que tenemos que aprender a trabajar. Introducción de un nuevo carácter infraestructural, renovación tipológica y naturalización de la ciudad son los procesos que nos parecen más necesarios. Agruparlos bajo el epígrafe de *Construir puentes* supone introducir una componente poética en el plan de acción que abre su implicación a todas las voces pertinentes proponiendo un trabajo colectivo, pluridisciplinar, que convoca todas las voces y saberes necesarios para actuar fuera de la moda o las corrientes de la corrección. Se trata de algo más ambicioso que resultar convincente: se trata de ligar la técnica con la construcción de la sensibilidad de nuestro tiempo y asumir los cambios y renuncias que demande, no sólo como una necesidad —paliar el efecto invernadero, producir energías renovables, reducir emisiones de CO_2, etc.—, sino como una liberación de la tiranía de los modelos obsoletos.

There may be a positive reading of these times of hardship if, in the medium term at least, we can use the standstill to head in another direction with no fear of the new or nostalgia for the fleeting glimmers of the past. Many have made this observation one way or another, and hence the necessary conversation is underway.

Los tiempos difíciles que atravesamos tendrán a medio plazo una lectura positiva si, al menos, aprovechamos el parón para arrancar en otra dirección, sin miedo a la novedad, sin nostalgias por los brillos fatuos del pasado. Son muchos los que lo han enunciado de una u otra forma, por lo que la conversación necesaria está servida.

Master Plan "Munch Area" in Bjorvika (Oslo)[1]

The city of Oslo is in the midst of an ambitious project to shift its center of gravity towards the banks of the fjord. With the slogan "Oslo: Fjord City," the idea is to redefine the relationship between the city and the sea, returning to the city's foundation and history as a shipping and maritime center. Previously, this connection to the sea was impeded by the constructed blockage of the docks and their installations. The Master Plan "Munch Area" is a consciously contextual project that operates on the basis of a fragment of the city with diverse urban settings in each cardinal point; it is conceived as a sequence of places with different personalities and, hence, different briefs, trees, environments; it navigates a setting of unique components—river, hill, opera house, library, fjord, Barcode complex (MVRDV), Munch museum and others— as it seeks east-west permeability and provides a series of hybrid typologies and open programs geared to a contemporary and productive city as apt for habitation as for tourism.

[1] Public space, facilities, housing, offices, commercial space and museum. Herreros Arquitectos, 2009.

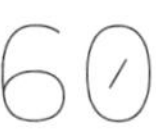

Juan Herreros/Building Bridges between Center, Periphery & Territory

Master Plan "Munch Area" en Bjorvika (Oslo)[1]

La ciudad de Oslo está inmersa en un ambicioso proyecto para desplazar su centro de gravedad hacia la orilla del fiordo. Bajo el lema de "Oslo: Fjord City", se pretende redefinir la relación de la ciudad con el mar recuperando el motivo de su fundación y su propia historia como ciudad naviera y marítima que hasta hoy había sido imposible por el tapón constituido por las instalaciones portuarias que bloqueaban su relación con el mar. El Master Plan "Munch Area" opera con un fragmento completo de ciudad sobre el que desplegar un proyecto comprometidamente contextual; que responde a escenarios urbanos diversos en cada punto cardinal; que se describe como una sucesión de lugares con personalidades —programas, árboles y ambientes— diferentes; que negocia con un escenario de piezas singulares —río, colina, ópera, biblioteca, fiordo, complejo Barcode (MVRDV), museo Munch—, que busca la permeabilidad Este-Oeste y ofrece una serie de tipologías híbridas y programas abiertos que apuestan por una ciudad contemporánea, productiva, tan habitable como visitable.

[1] Espacio público, equipamientos, vivendas, oficinas, áreas comerciales y museo. Herreros Arquitectos, 2009.

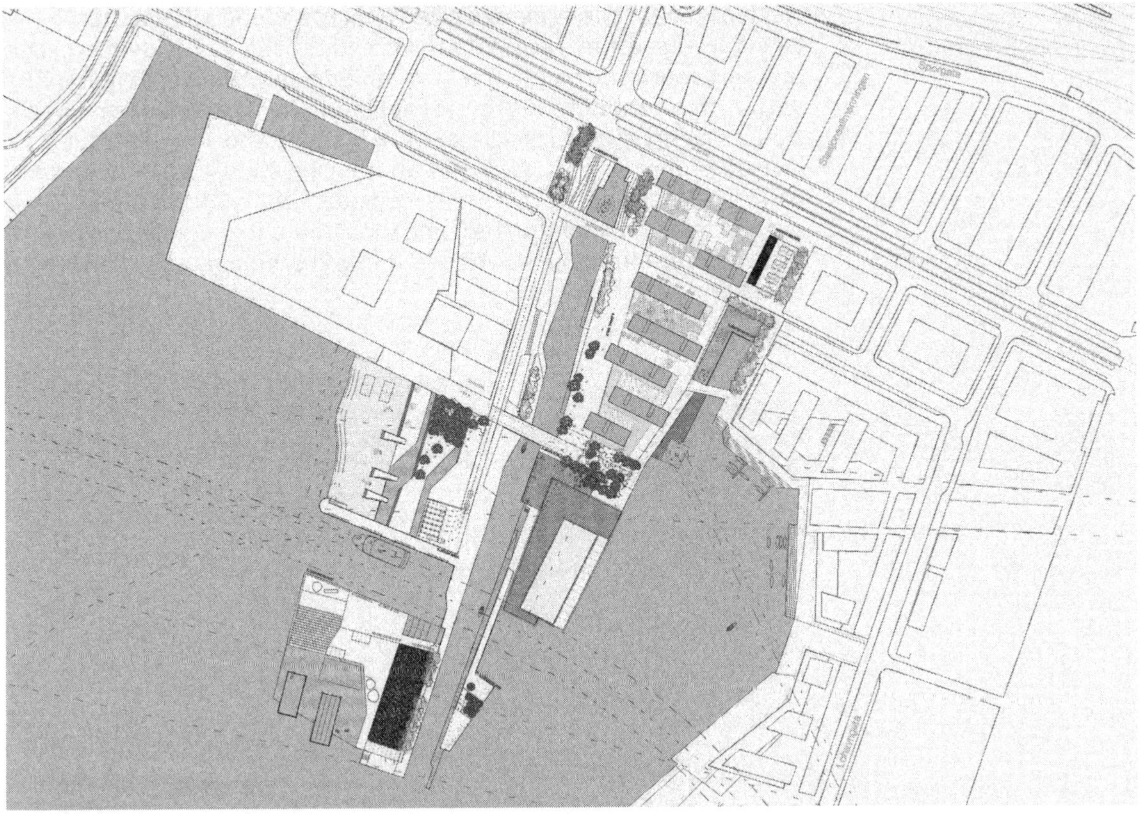

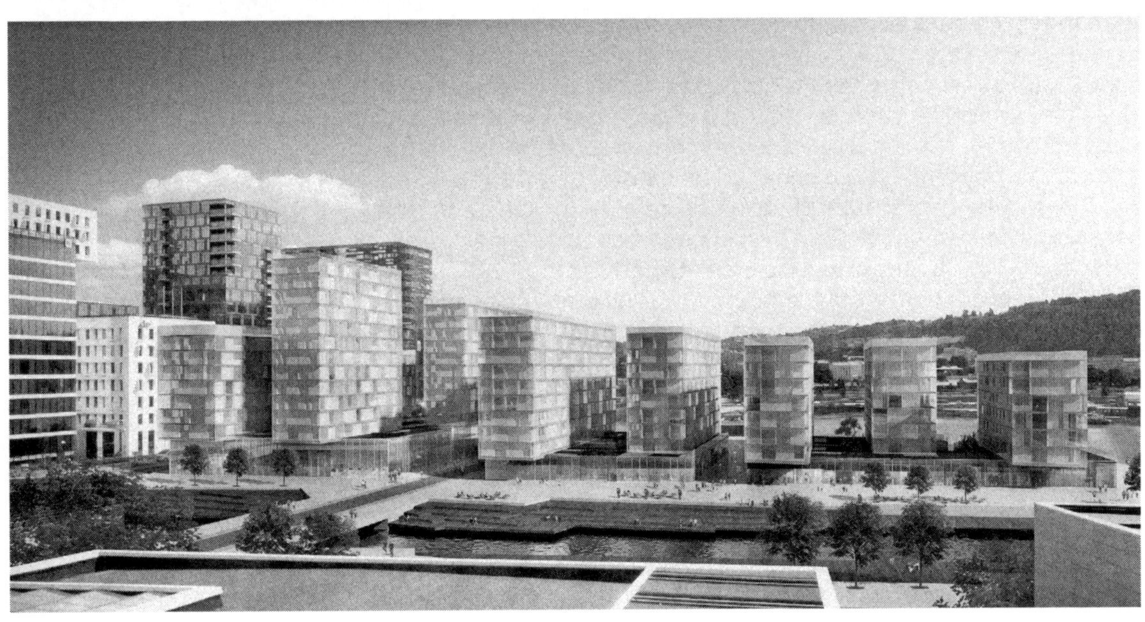

Master Plan for the campus of the Menil Foundation in Houston[2]
This is an interesting case in that it formulates denser residential usage of a neighborhood traditionally occupied by one-family homes in the sprawling and suburb-like city of Houston. The museum complex also houses art pavilions, parks, cafeterias, shops and an auditorium in a shared blueprint that proposes another lifestyle where the private yard is replaced by the residential complex's common spaces and their uses, and the proximity of the foundation's outdoor cultural and leisure facilities; the foundation owns the land and promotes an urban feeing on its campus.

[2] Herreros Arquitectos, 2009.

Plan maestro para el campus de la Menil Foundation en Houston[2]
Se trata de un ejemplo interesante porque, en una ciudad extensiva y suburbial como es Houston, se plantea el interés de densificar en el sentido residencial un barrio tradicionalmente habitado en viviendas unifamiliares. El complejo del museo alberga además pabellones de arte, parques, cafeterías, tienda y auditorio, en un plano compartido que ofrece otra forma de vivir que cambia el jardín particular por los usos comunes del complejo residencial y la proximidad de los equipamientos culturales y de ocio al aire libre que ofrece la Fundación, que actúa como propietaria del suelo y promotora de un espíritu urbano propio para su campus.

[2] Herreros Arquitectos, 2009.

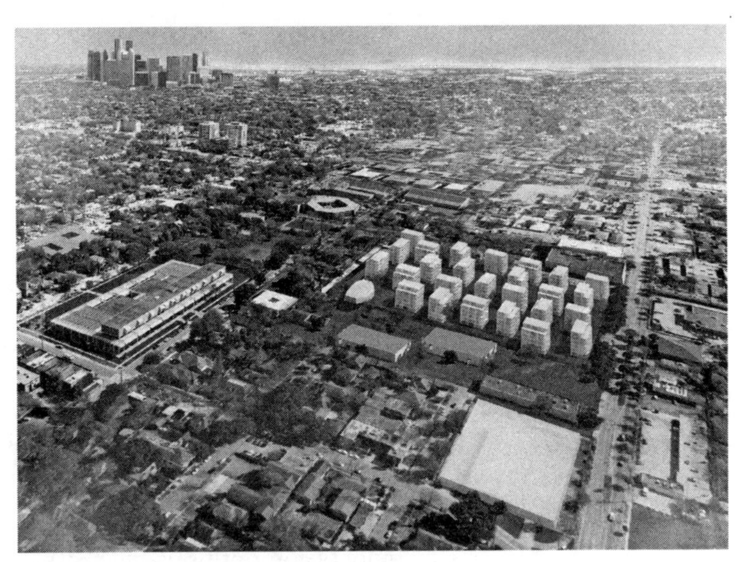

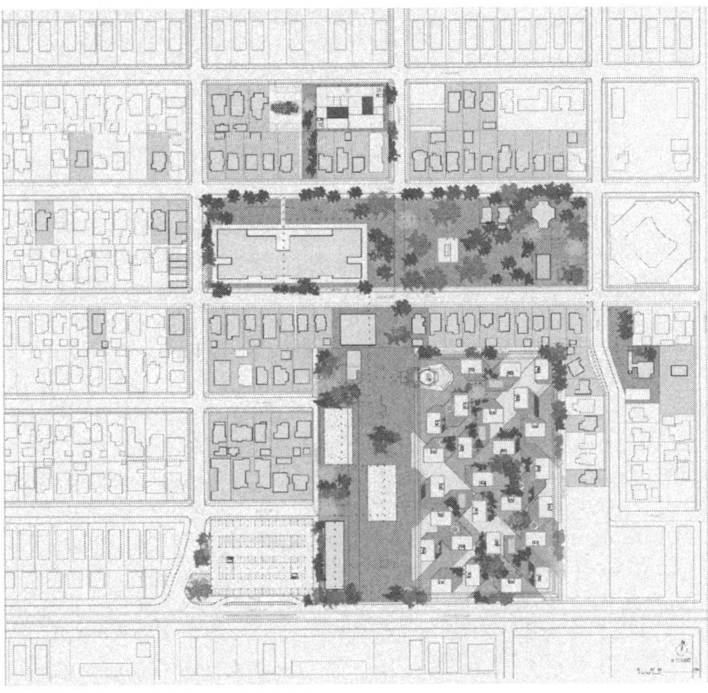

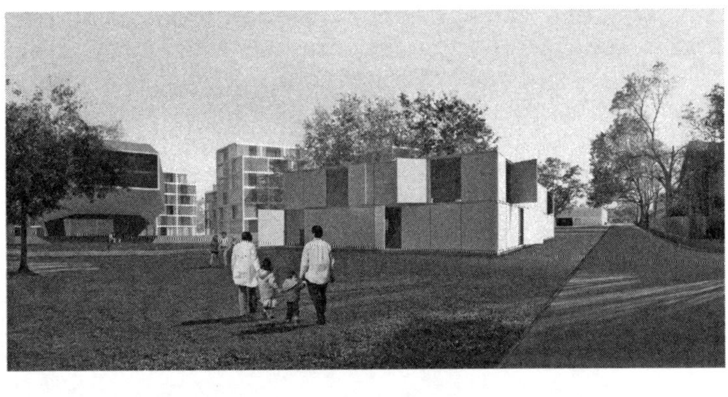

Ágora-Bogotá International Convention Center[3]

The city of Bogotá is in the midst of a process of urban blossoming correlated to the one that took place in Medellín in recent years. The Ágora-Bogotá project attempts to bring within city limits uses that are usually located outside of it, and to gain thereby added value on the basis of the fact that these facilities form an integral part of the daily life of the city's inhabitants. This means not relegating these facilities to sporadic use by non-locals who barely make it beyond the city's airport. Ágora-Bogotá is not a convention center in terms of use; it is, rather, an enclave that encourages a whole range of encounters and expressions—from the most popular and local to the most elitist and international—within the city's center. It is a true "fat-building," measuring 82×82 meters in plan and with a total constructed surface area of 80,000 square meters. The city enters into this construction by giving shape to a spiral structure of plaza-watchtowers that act as a vestibule for an array of spaces measuring from 25 to 4,000 square meters, spaces that can house almost anything—exhibitions, meetings, sports competitions, markets and fairs, concerts, etc. The cross-section blueprint evidences how hard it is to tell when a user has gone from the city—an exterior and collective space—to the controlled and selective space of the construction.

[3] Herreros Arquitectos and Daniel Bermúdez, 2011.

Centro Internacional de Convenciones Ágora-Bogotá[3]

La ciudad de Bogotá está en un proceso de florecimiento urbano correlativo del que experimentó Medellín estos años pasados. El proyecto Ágora-Bogotá supone una apuesta por traer al interior del recinto urbano usos habitualmente situados en el límite exterior y obtener con ello unas nuevas plusvalías derivadas de la integración de estos equipamientos en la vida cotidiana de los habitantes, evitando relegarlos a un uso esporádico por forasteros que apenas pasan del aeropuerto en su relación con la ciudad. Ágora-Bogotá no es un centro de convenciones al uso; es un enclave que fomenta en el centro de la ciudad todo tipo de encuentros y manifestaciones, desde las más populares y locales hasta las más elitistas e internacionales. Se trata de un auténtico "fat-building" de 82×82 m de planta con 80.000 m² construidos, en el que la ciudad penetra construyendo un desarrollo espiral de plazas-atalaya que hacen las veces de vestíbulo de diversos lugares de entre 25 y 4.000 m², en los que puede ocurrir casi cualquier cosa —exposiciones, reuniones, campeonatos deportivos, mercadillos y ferias, conciertos, etc.—. En la sección se aprecia cuán difícil es saber en qué momento un usuario ha abandonado el mundo exterior y colectivo, la ciudad, para adentrarse en un espacio controlado y selectivo.

[3] Herreros Arquitectos y Daniel Bermúdez, 2011.

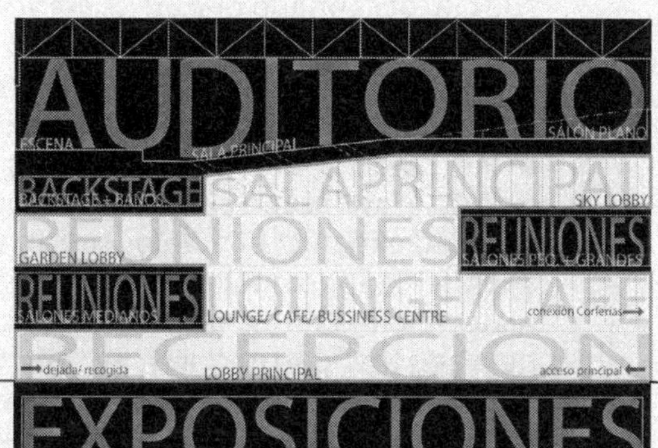

AUDITORIO
ESCENA
SALA PRINCIPAL
SALÓN PLANO
BACKSTAGE
BACKSTAGE + BAÑOS
SALA PRINCIPAL
SKY LOBBY
REUNIONES
REUNIONES
GARDEN LOBBY
SALONES PEQ. Y GRANDES
REUNIONES
LOUNGE/ CAFE
SALONES MEDIANOS
LOUNGE/ CAFE/ BUSSINESS CENTRE
conexión Corferias
RECEPCIÓN
dejada/ recogida
LOBBY PRINCIPAL
acceso principal
EXPOSICIONES
ESPACIO PRINCIPAL DE EXHIBICIÓN

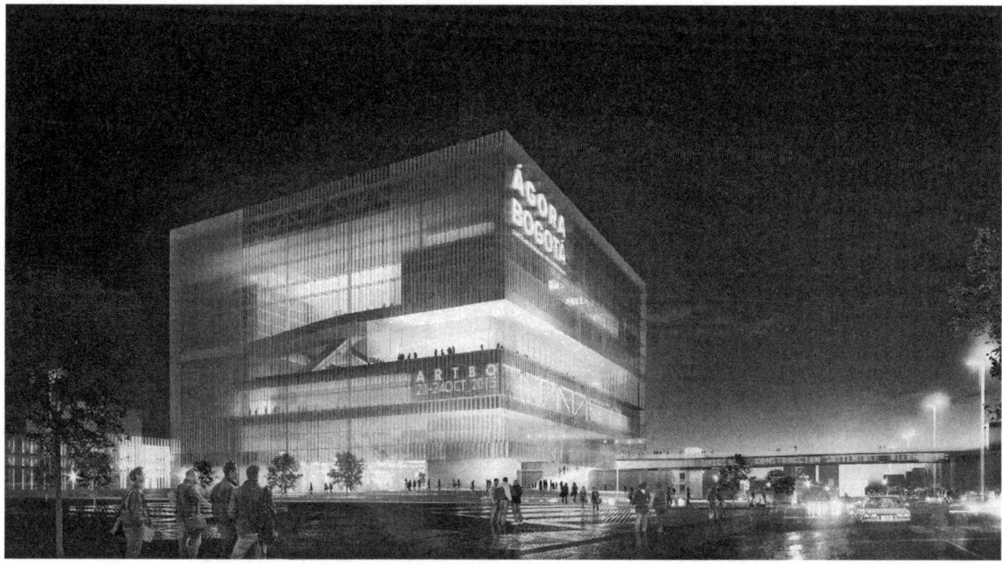

ÁGORA BOGOTÁ
ARTBO
2 - 24 OCT 2015

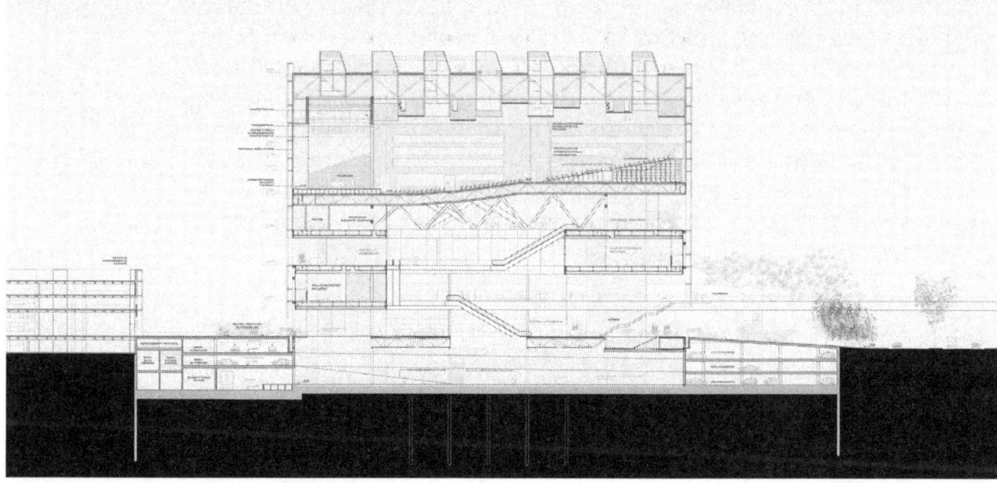

Intermodal high-speed railway station, Santiago de Compostela[4]
The city of Santiago placed its station on the historical outskirts which coincide with the lower portion of a slope that marked the outer limit of the metropolitan area. The train tracks and typography constituted a seemingly insurmountable barrier for a city that, despite the fact that it collided with its boundaries, expanded timidly into the other side. The landscape outside the city is now seen as a natural terrain in which to expand harmoniously, an area that the train has kept intact and that today constitutes a site of collective patrimony that rivals the historic city center on the other side. The project builds a bridge between the "patrimonial city" and the "green city," connecting them both to a now central infrastructure that links state-of-the-art public spaces. "Plaza, Bridge, Balcony" was the theme for the international competition for a project that attempts to materialize a priceless opportunity to relate center, periphery and nature, as well as past, present and future.

[4] Herreros Arquitectos and Ras Arquitectos, 2011.

 Juan Herreros / Building Bridges between Center, Periphery & Territory

Estación Intermodal Ferroviaria de Alta Velocidad, Santiago de Compostela[4]
La ciudad de Santiago situó su estación en la periferia histórica coincidiendo con la parte baja de un barranco que marcaba el final de la extensión posible del casco urbano. Las vías del tren y la topografía han constituido una barrera infranqueable para una ciudad estrellada contra su límite que, a pesar de todo, trazó tímidos ensanches periféricos al otro lado pero que hoy mira este paisaje extramuros como el territorio natural para crecer armoniosamente sobre una naturaleza que el tren ha preservado intacta para ofrecerla hoy como un gran patrimonio colectivo equivalente al que el centro histórico constituye al otro lado. El proyecto tiende un puente entre la "Ciudad Patrimonial" y la "Ciudad Verde" conectándolas con una infraestructura que ya es central y ofrece un encadenado de lugares públicos de nueva generación. De hecho "Plaza, puente, balcón" fue el lema de este concurso internacional que ahora pretende materializar una oportunidad impagable para poner en relación centro, periferia y naturaleza; pasado, presente y futuro.

[4] Herreros Arquitectos y Ras Arquitectos, 2011.

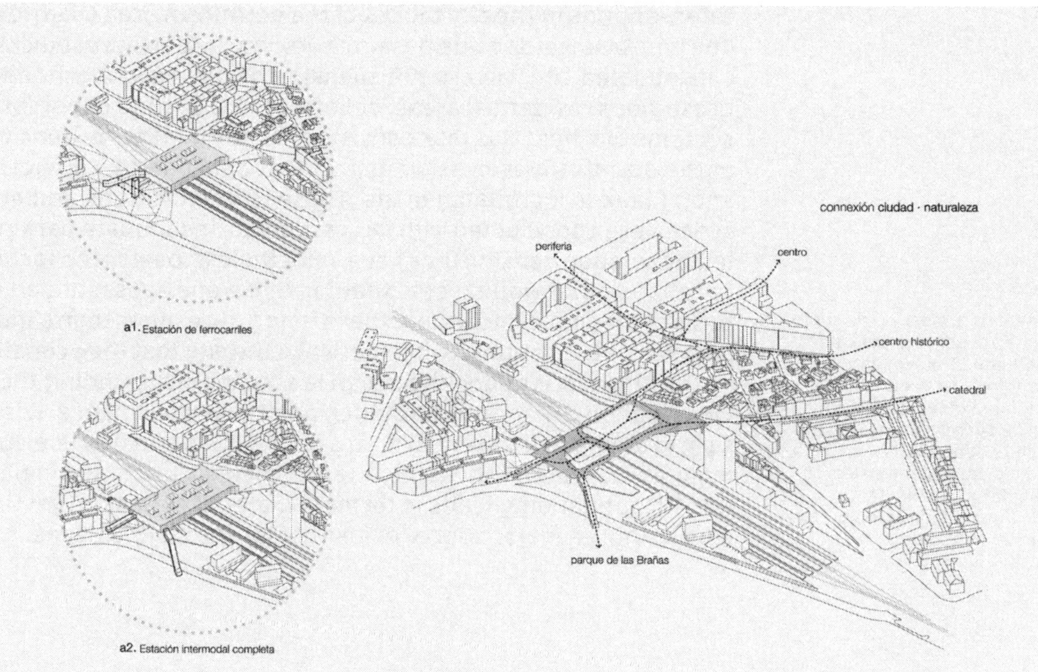

connexión ciudad · naturaleza
periferia
centro
centro histórico
catedral
parque de las Brañas
a1. Estación de ferrocarriles
a2. Estación intermodal completa

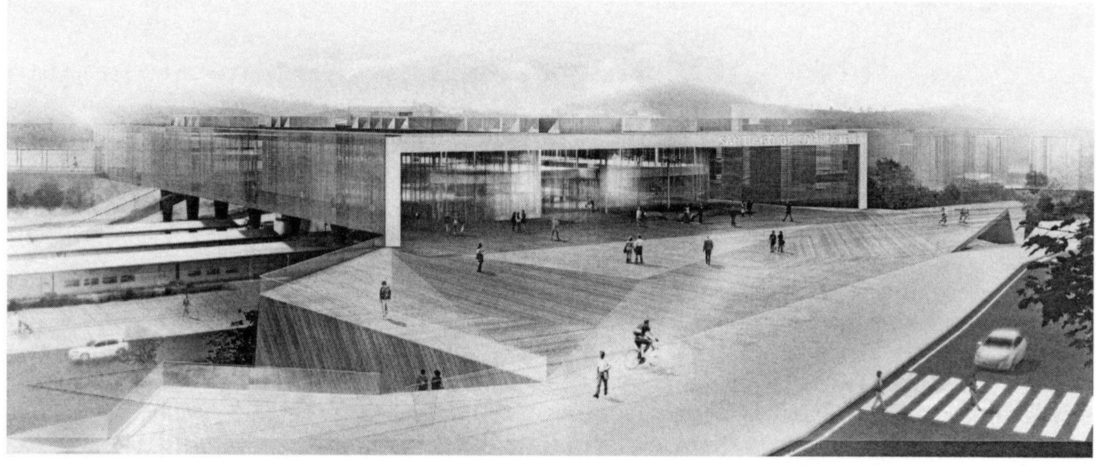

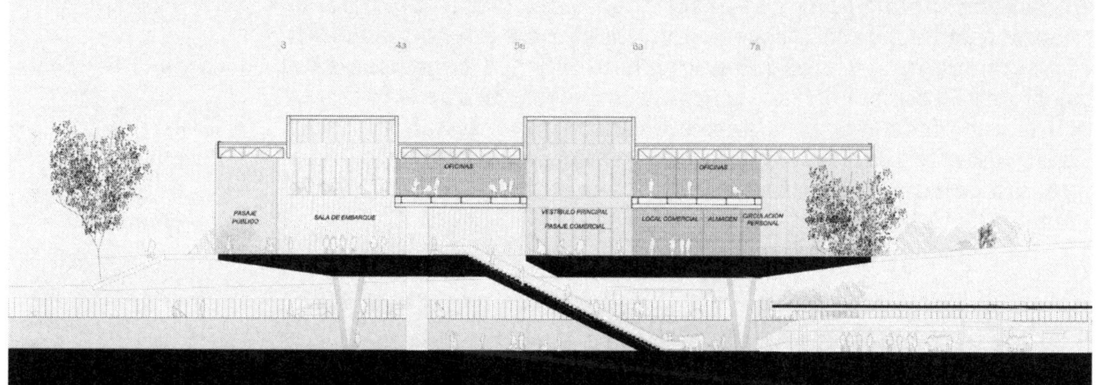

PASAJE PÚBLICO
SALA DE EMBARQUE
OFICINAS
VESTÍBULO PRINCIPAL
PASAJE COMERCIAL
OFICINAS
LOCAL COMERCIAL
ALMACÉN
CIRCULACIÓN PERSONAL

Interventions in the city blocks of the downtown area (Madrid)[5]

One item of unsettled business is reviewing the density of blocks in the consolidated city. We are not speaking of cute neighborhoods or of prestigious residential areas, but of more insipid and depersonalized sections of cities. This task consists of exploring the re-densification of the downtown area as an instrument of urban re-categorization and of improving quality of life. These neighborhoods and outlying areas were constructed with few resources, inadequate parking, and low population density; they have, nonetheless, been used to the point of collapsing. It would seem that for these enclaves, studied on the basis of the whole-block unit, there is no future other than simple and uninterrupted continuity in time. While the city that they constitute is not wholly deficient and the urban landscape surrounding them provides a good urban standard, they need a second chance: it is necessary to study their potential for transformation and new use. Interestingly, as raw material these blocks are somewhat insipid and impersonal, with no outstanding traits in terms of material or design, yet they are surprisingly a major source of identity for the city's citizens.

[5] Research project in the context of the advanced studio at the Graduate School of Architecture, Planning and Preservation, Columbia University; the Aula Fin de Carrera at the Escuela Técnica Superior de Arquitectura de Madrid; and the research seminar at the Master in Collective Housing. Directed by Juan Herreros, 2009.

Intervenciones en manzanas de la ciudad central (Madrid)[5]

Hay un trabajo pendiente que consiste en revisar la densidad de las manzanas de la ciudad consolidada. No hablamos de barrios pintorescos ni de zonas residenciales de alto standing sino de los sectores más anodinos y despersonalizados de las ciudades. Se trata de explorar la redensificación del centro como instrumento de recualificación urbana y de mejora de la calidad de vida. Barrios o ensanches que en su día se construyeron con escasas dotaciones, aparcamientos insuficientes, densidad escasa, y sin embargo agotados hasta el colapso. Para estos enclaves, estudiados tomando como unidad la manzana completa, parece no haber más futuro que su continuidad en el tiempo sin sobresaltos. La ciudad que construyen no es exactamente deficiente y el paisaje urbano que las rodea ofrece un buen estándar, pero necesitan una segunda oportunidad: hay que estudiar sus potenciales de sustitución y puesta en carga. Resulta interesante que la materia prima que ofrecen sea un tanto anodina e impersonal, sin especiales cualidades en cuanto a la calidad material o el diseño, pero que, sin embargo, construyan sorprendentemente una fuerte identidad ciudadana.

[5] Trabajo de investigación promovido por el Advanced Studio de la GSAPP de la Universidad de Columbia, el Aula Fin de Carrera de la ETSAM y el taller de investigación del Master in Collective Housing. Dirigidos por Juan Herreros, 2009.

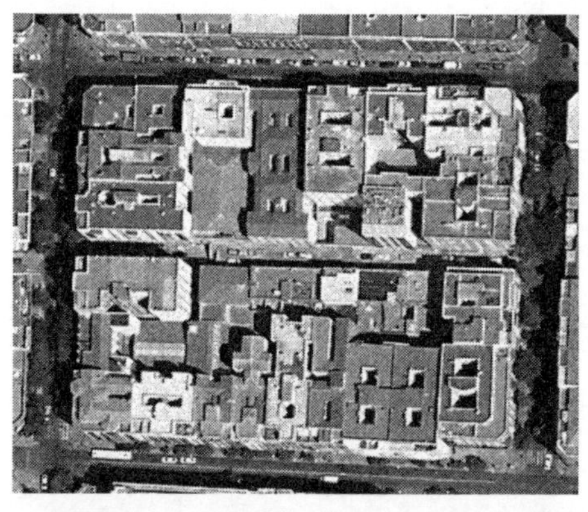
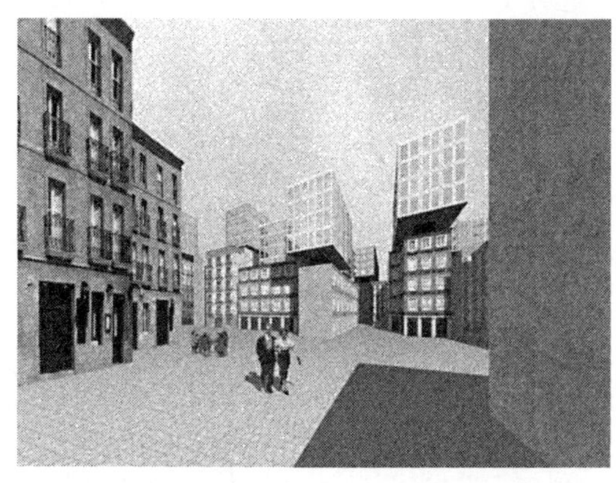
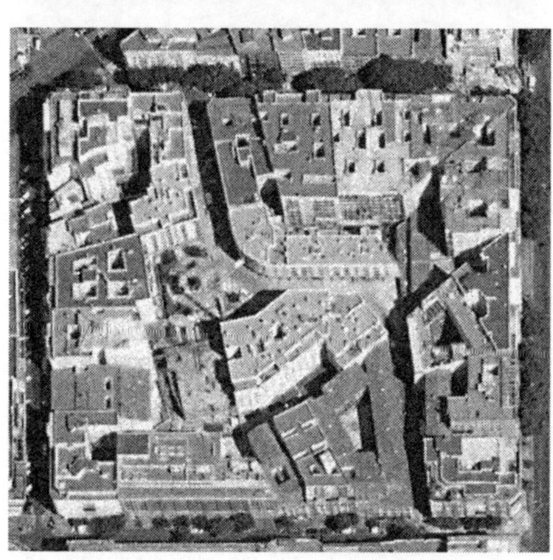
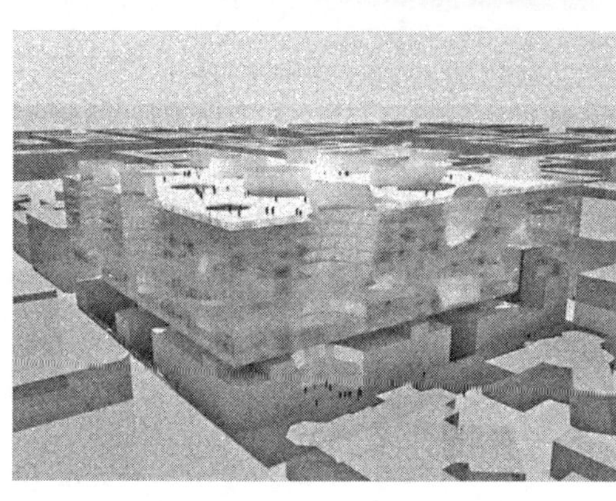
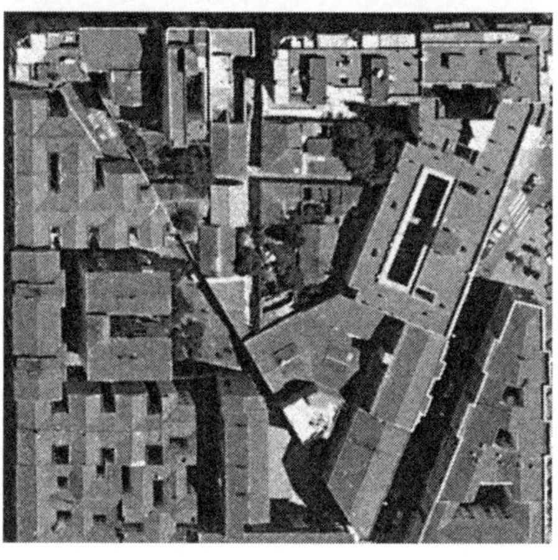
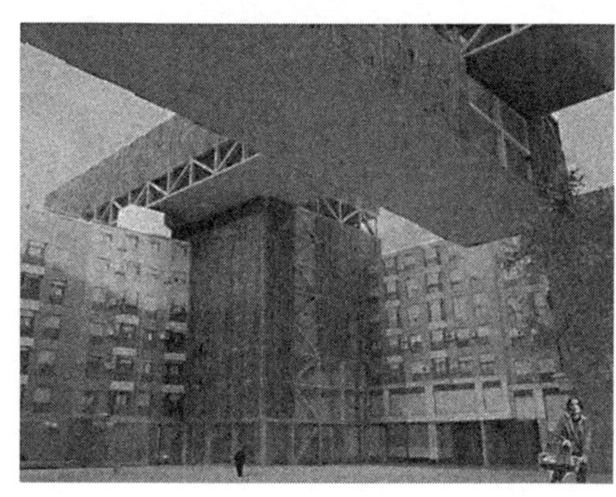

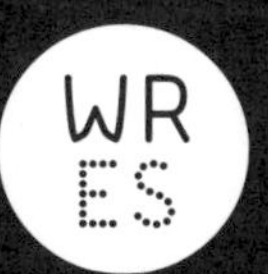

Marcos Giralt Torrente (SP)
Teseo's Confession
La confesión de Teseo

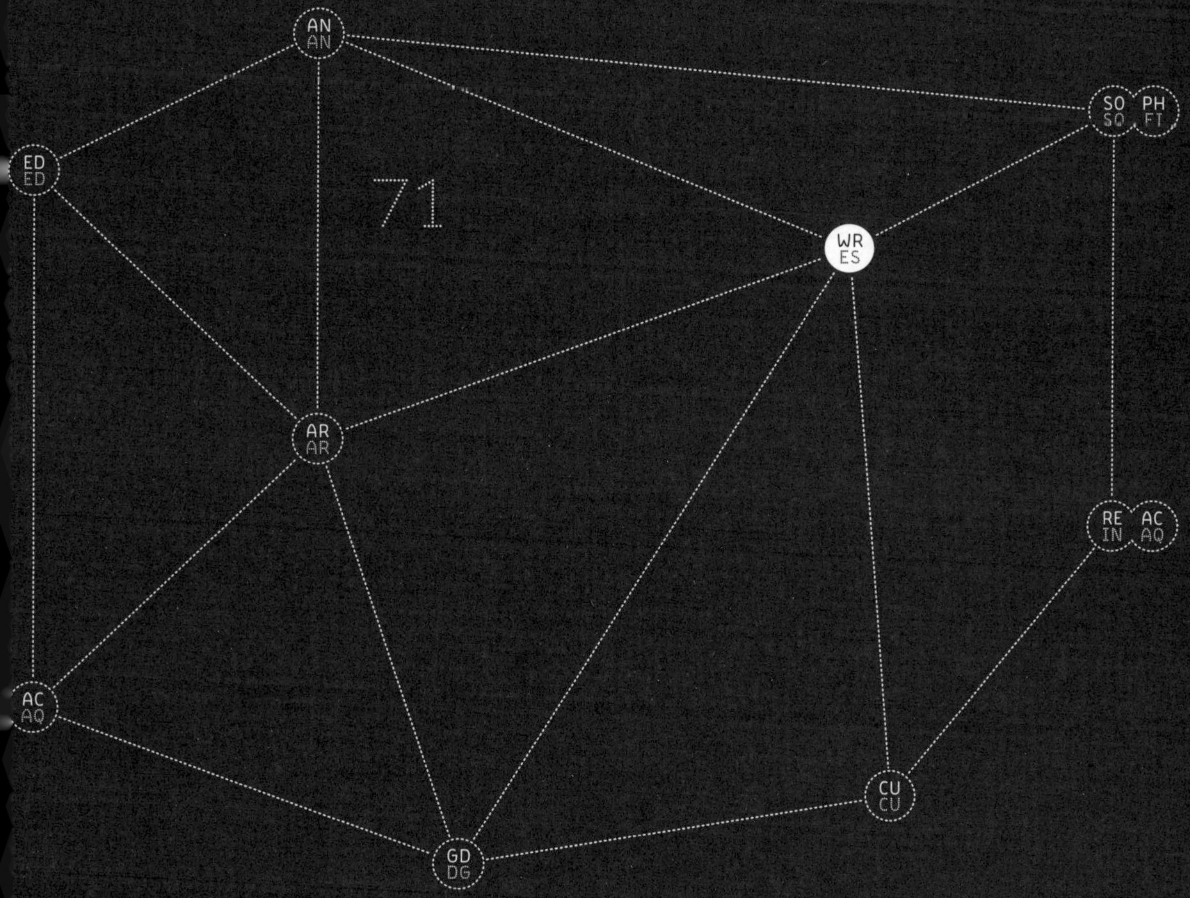

71

Teseo's Confession

A life sentence gives rise to a great deal of thought. There are good days when I am able to empty out my mind; most days, though, I go over everything that happened again and again, and I cannot help but feel a bitter rage. If all I had left behind when I came to prison were acts of foolishness and felonies, the regret would not be so great. What pains me most is knowing that I did good things but, unintentionally, took a wrong turn; even though I might have ended up in the same place, it may not have cost me the esteem of my loved ones.

On the outskirts of the city where I come from, authority is not passed down through the generations; it must be earned. Life rushes by and death comes too soon, though I'm an exception. I don't know who my father was. There are two versions of my parentage and, though neither man made an appearance when I was a child, they both must have had reason to believe that they could be my father since each came through for me when I needed it. I looked for one of them and, once he knew I was his son, he gave me everything a father can give. A few years later, the second performed a dreadful act of revenge for me, the worst crime I have ever committed. It hardly matters that it was not my hand that did the deed. Thinking I had been

Marcos Giralt Torrente/Teseo's Confession

La confesión de Teseo

Una condena de por vida hace pensar mucho. Hay días felices en los que consigo dejar la mente en blanco; en la mayoría, repaso sin descanso los pasos dados y me resulta imposible no sentir una ira amarga. Si sólo fueran insensateces y felonías lo que dejé atrás al ingresar en prisión, no sería tanto el remordimiento. Lo doloroso es constatar que hice cosas buenas y sin quererlo torcí un camino que, aunque quizá me hubiera traído al mismo lugar, no me habría usurpado el aprecio de los míos.

En los suburbios de los que provengo, la autoridad no se hereda: se gana. También se vive deprisa y se muere pronto, mi caso es una excepción. Desconozco quién fue mi padre. Son dos, según las versiones, a los que les se atribuye mi ascendencia y, a pesar de que ninguno de ellos apareció en mi infancia, motivos para la duda debe de haber, ya que ambos me ayudaron cuando lo necesité. A uno lo busqué y, tras reconocerme, me dio cuanto se puede dar a un hijo, y, al cabo de unos años, el segundo cobró por mí una horrible venganza que es el peor crimen del que soy responsable. Poco importa que no fueran mis manos las ejecutoras. Creyéndome traicionado, pedí su ayuda y actuó conforme a mi deseo.

Pero retrocedamos a mis comienzos; estoy corriendo demasiado y no quisiera fomentar la impresión de que oculto algo.

betrayed, I asked for his help and he carried out my wishes.

But let's go back to my beginnings; I'm getting ahead of myself and wouldn't want to give the impression that I have something to hide. When I was old enough to stand up for myself, my mother sent me away in search of the man she believed to be my father in order to put me under his protection. It was risky business. Lawlessness reigned; each block of each neighborhood was ruled by a different gang and, on the streets of no man's land, there were plenty of scoundrels willing to kill for a jacket or a pair of shoes. I got out unscathed thanks to my bravery, and I never had to use the old pistol I had found in a hiding place my mother had told me how to get to. I killed a crippled attacker with the hammer he had used to threaten me, drowned in a sewer a traitor who tried to humiliate me with his double-crossing, and shattered against the ground the head of a tough guy looking for a fight; I subjected two degenerates who had emptied out my pockets and tried to torture me to the ordeal that they had planned for me, and when I was done I still had enough strength to sleep with one of their lady friends. Instinct and speed proved essential to overcoming such perils, but in cases where trickery was involved—like the one my father had condoned in his domain—I escaped only by chance. Though he still didn't believe I was who I claimed to be, after I had shown him my courage by beating up one of his deputies, he let the sorceress of his lover put poison in a glass of liquor and didn't do a thing until, when I was about to drink it,

  Marcos Giralt Torrente/La confesión de Teseo

Cuando me llegó la edad de hacerme valer, mi madre me envió en busca de quien creía mi padre para ponerme bajo su amparo. Fue una empresa arriesgada. No había ley, cada manzana de cada barrio la dominaba una banda distinta y, en las calles sin dueño, abundaban los desaprensivos dispuestos a matar por un abrigo y unos zapatos. Salí indemne, gracias al arrojo, sin necesidad de utilizar una vieja pistola que hallé por indicación de mi madre en un escondite conocido de ella. A un asaltante renco lo maté con el martillo con el que me intimidó, a un pérfido que con engaños quiso humillarme lo ahogué en una cloaca, a un bravucón deseoso de pelea lo desnuqué contra el suelo y a dos degenerados que me vaciaron los bolsillos y trataron de torturarme los sometí al martirio que me reservaban, y aún me sobraron fuerzas para acostarme con la amiga de uno de ellos. El instinto y la rapidez resultaron indispensables para superar tales peligros, si bien hubo celadas, como la que consintió mi padre en sus dominios, de las cuales me salvó el azar. Sin creerse que yo fuera quien decía, después de demostrar mi valor derrotando a uno de sus lugartenientes, permitió que su amante disolviese veneno en un vaso de aguardiente y no reaccionó hasta que, disponiéndome a beberlo, reconoció como suya la pistola que llevaba en los pantalones y arrojó el vidrio contra una pared. Comprendí, al instante, la intención de mi madre al procurarme el arma.

Me pregunto si los hay capaces de ser siempre rectos o siempre inicuos, o si, como es mi caso, nadie es solamente lo uno o

he recognized as his own the pistol I had in my pants and threw the glass against a wall. I immediately understood why my mother had arranged for me to get my hands on the gun.

I ask myself if there are those who are always righteous or always wicked or if, as in my case, no one is only one or the other; in the end, one of the two streaks wins out, often by chance, due to good or bad luck, and often only in the eyes of the world. I had the good fortune to be my father's only son. If not, the rumors that the one who had begotten me was a mighty caudillo who ruled the gangs of the coast would have fallen on receptive ears. That wasn't what happened and, like a prince by his sheltering side, I was able to show him my loyalty. My first assignment was to defend us from the invasion of a rival gang that called itself the Gang of Fifty; my boldest to head an avenging raid against the Ox, a clan whose bunker was an abandoned cemetery on the banks of the main channel. Our mission was to put an end to their chief in order to be freed of the annual tithe imposed on us. We were few and we didn't know the terrain. We trusted more in our cunning than in our might; naive, we would have paid for our rashness by falling prisoners had it not been for a girl who latched on to me and led us down the cemetery's tangled corridors. Once the mission was accomplished, I intended to take her with me, but I abandoned her in flight. I was soon punished for my wrongdoing: upon crossing the bridge where my father had bid us farewell, I found him in death's throes while

Marcos Giralt Torrente/Teseo's Confession

lo otro y al final una de las dos tendencias se impone, a menudo de manera casual y a menudo sólo a los ojos del mundo. Yo tuve a mi favor ser el único hijo de mi padre. De lo contrario, los rumores de que mi progenitor era un caudillo, de mayor poder, que mandaba las bandas de la costa, habrían encontrado oídos receptivos. No sucedió y, acogido como príncipe a su lado, pude demostrarle mi fidelidad. Su primer encargo fue defendernos de la invasión de un grupo rival que se hacía llamar la banda de *los cincuenta*; el más arriesgado, encabezar una incursión de castigo contra los bueyes, un clan que tenía su fortín en una cementera abandonada a orillas del canal principal. Pretendíamos acabar con su jefe para librarnos del diezmo anual al que nos obligaba. Éramos pocos, desconocíamos el terreno y no confiábamos tanto en la fuerza como en la astucia; ingenuos, habríamos pagado la temeridad cayendo prisioneros de no ser porque una chica se prendó de mí y nos condujo por los enmarañados pasillos de la fábrica. Cumplida la misión, quise llevarla conmigo, pero la abandoné en la huida y el castigo por mi villanía me llegó pronto: al cruzar el puente donde nos despidiera mi padre, lo encontré convulsionándose con estertores de muerte, mientras dos de sus fieles trataban sin éxito de reanimarlo. Expiró sin apartar la mirada de mí ni decir palabra, con una expresión serena en la que adiviné el alivio de saberme a salvo. Murió infartado, de impaciencia o pena por pensar que no regresaría. No obstante, mi primera decisión, una vez comprobé que mi autoridad no era discutida por quienes lo habían servido, con-

two of his men tried in vain to bring him back to life. He expired, never taking his eyes off of me or uttering a word. The calm expression on his face told me how relieved he was to know I had come back alive. He died of a heart attack, and of restlessness and woe at the thought I might not make it back. Yet, my first decision—once I had seen that my authority would not be disputed by his underlings—was to get rid of his lover. I did not kill her, but banished her so that she was left to wander the streets.

That, I now realize, was my vile rite of passage. If only someone had warned me that he who acts once as a vigilante will do so again and again, as many times as he deems necessary. Inebriated with noble projects, my only thought was to serve the one who had been so generous with me by extending his domain further than he would ever have imagined. I longed to bring unity and peace where division and strife had reigned, and I hoped to do so by means of persuasion, not violence. To that end, I visited the heads of the neighboring gangs and I proposed that we form a federation in which we would all have a voice, one where disputes would be settled in assemblies. My opinion would be worth no more and no less than that of any man, my charge would not be that of a ruler but rather of a guarantor of the law. I was met with support as well as reluctance, the latter of which I overcame by promising a bright future; there was stubborn resistance as well, which could be eroded only by the miserly fear of being left out. Soon, the

Marcos Giralt Torrente/La confesión de Teseo

sistió en deshacerme de su amante. No la maté, la desterré para que encontrara en las calles su destino.

Ése fue, ahora me doy cuenta, mi nefando rito de paso. Ojalá alguien me hubiera advertido de que quien se erige una vez en justiciero no renunciará a repetirlo cuantas veces estime necesario. Borracho de nobles proyectos, mi único pensamiento era servir a aquel que tan generoso había sido conmigo extendiendo su gobierno hasta donde nunca habría sospechado. Ansiaba traer unidad y paz donde reinaban la división y míseras contiendas, y pretendía hacerlo convenciendo, no imponiéndome. Con ese fin, visité a los jefes de las bandas vecinas y les propuse unirnos en una federación en la cual todos tuviéramos voz y se decidieran en asamblea los litigios. Mi opinión valdría como la de un hombre más, mi cometido no sería de dirigente sino de mero garante de la ley. Hallé inmediatas adhesiones, renuencias que vencí augurándonos un futuro venturoso, así como tercas resistencias que sólo diluyó el mezquino temor a quedar fuera. En poco tiempo, la zona de los muelles, hasta ese momento un galimatías de bandas envueltas en guerras fratricidas, se convirtió en un solo territorio que trabajaba por el bien común; el riesgo disminuyó y las ganancias aumentaron. Las ventajas, en fin, fueron tan evidentes que envié mensajeros a los barrios de la periferia invitando a los demás grupos a ingresar en la organización. La fama de nuestra prosperidad hizo el resto y muy pronto la ciudad estuvo unida bajo el mismo código. Para evitar rencillas, repartíamos las ganancias por igual y, para evitar solapamientos, convinimos en

docks, hitherto a hodgepodge of gangs locked in fratricidal wars, became a single territory geared to the common good; risk diminished and profit grew. In the end, the advantages were so patent that I sent messengers to outlying neighborhoods inviting the other groups to join our organization. Word of our prosperity took care of the rest and very soon the city was bound together by a common code. To avoid quarrels, we divided profits equally, and to avoid competition, we agreed on areas of expertise: some of us took charge of purchasing the items we traded, others of transporting and distributing them; others saw to surveillance, extortion, and still others to collecting. Thanks to the prestige I had earned, soon the members of all the gangs, those who had once brandished their own symbols, shaved all the hair on the front of their heads and let the hair on their crowns grow down in the back, just as I had done after I left my mother's house. Also due to my success, I began to receive requests from distant cities asking me to mediate between rival groups. And I worked out countless disputes on the basis of my desire for harmony and my eagerness to consolidate our influence. I divided up markets, suggested alliances and, when things were very heated, painted borders on graffiti-covered walls to make the territorial limits absolutely clear to those gangs inclined to encroach on others' territory. Thanks to my efforts, a set price for different items was established in all the neighborhoods and cities of the region, as had been done within the confines of our federa-

 Marcos Giralt Torrente/Teseo's Confession

especializarnos: unos nos encargamos de la compra de los géneros con que mercadeábamos, otros de su traslado y distribución, otros de la vigilancia, otros de la extorsión, otros del cobro... Del prestigio que gané da cuenta que en poco tiempo los miembros de todos los clanes, que antaño ostentaban su propio símbolo distintivo, se raparan el pelo sobre la frente al cero y se dejaran crecer el de la coronilla hacia atrás, tal como yo hiciera cuando salí de casa de mi madre. También lo demuestra que desde ciudades lejanas empezase a recibir peticiones de mediación entre grupos enemigos. Por afán de concordia y por afianzar nuestra influencia, di solución a innumerables disputas. Distribuí mercados, sugería alianzas y, en los casos muy enconados, tracé fronteras pintando sobre los muros grafitis para indicar los límites territoriales de las bandas aficionadas a inmiscuirse en zona ajena. Conseguí que, como en nuestra federación, en todos los barrios y ciudades de la comarca se impusiera un precio fijo para los distintos géneros, y que cualquier quebrantamiento de la norma crematístico o violento se pagara o bien mediante una compensación al clan ofendido o, si el responsable era un solo individuo, con su destierro y la prohibición de que se le admitiera en ninguna de las bandas sujetas al pacto. De esa forma, los arrabales en donde nací y muchos de los que no conocía ni el nombre, se convirtieron en un lugar pacífico y boyante, sólo amenazado por las infrecuentes incursiones de los uniformados servidores de una difusa patria, cuyo himno y bandera no respetábamos, que, proclamándose la nuestra y sin darnos nada a cambio, había

tion, and any breach of the norm, whether financial or violent in nature, would be paid for either by compensating the party wronged or, if the one responsible was a single individual, by banishment with no possibility of admission into any of the gangs subject to the pact. Thus, the slum where I was born, along with many others unknown to me even by name, became a peaceful and lively place, threatened only by occasional raids of uniformed servants to a vague fatherland whose anthem and flag we did not heed, a land that, declaring itself our own though without giving us anything in exchange, had heightened our strife to keep us in a wretched state.

Unfortunately, calm is the foe of strong men, and I cannot pride myself on having been an exception. I should have been satisfied with how much I had achieved, grown used to a calm life, heeded commonsense. Sadly, I was young; I missed adventure and felt that new challenges were calling me. I learned that, several days' journey away, there was a city where the gangs were in the hands of a clan of women. I organized an expedition to find out if such a wonder could, in fact, exist and, if it did, to try to draw it into our coalition. I admit, though, that I was mostly moved by a vague fantasy. My lover was the sister of the girl who, years before, had helped me in the successful attack on the Ox clan. Even though all was well between us, the suspicion that it was regret at having abandoned her sister that sealed our union made me weak with desire for other women. I will

fomentado nuestra desunión para mantenernos en la miseria.

Por desgracia, la tranquilidad es enemiga de los fuertes y no puedo enorgullecerme de haber sido una excepción. Debí conformarme con los logros obtenidos, acostumbrarme a una vida sin quebrantos, hacer caso del sentido común. Lamentablemente era joven, echaba de menos la aventura y sentía que nuevos retos me llamaban. Enterado de que, a varias jornadas de viaje, existía una ciudad donde las bandas eran tuteladas por un clan de mujeres, organicé una expedición para comprobar si semejante maravilla era cierta y, si lo era, tratar de atraerlo a nuestra coalición. Confieso, sin embargo, que me movía sobre todo cierta vacilante fantasía. Mi amante era hermana de la chica que años atrás me había ayudado en el exitoso ataque al antiguo clan de los bueyes y, aunque todo era como debía ser entre nosotros, la sospecha de que el remordimiento por haber abandonado a su hermana había cimentado nuestra unión, me hacía languidecer de deseo por otras mujeres. Nunca me arrepentiré lo suficiente de tan inoportuno anhelo.

Acompañado de un grupo de voluntarios, realicé el viaje que a la larga me traería la desdicha. Como transitar por campos y carreteras a la luz del día nos hacía vulnerables, viajamos de noche, haciendo tramos a pie y encaramándonos a convoyes de mercancías cuando se presentaba la ocasión. Alguna mañana nos sorprendió sin haber alcanzado el abrigo de una ciudad; fuera de eso, no experimentamos mayores percances. Conseguimos llegar y, apenas lo hicimos, fuimos llevados ante un

never be sorry enough for that so unfortunate yearning.

Along with a group of volunteers, I undertook a journey that, in the end, would bring me nothing but misfortune. Since traveling through fields and on highways by the light of day would make us vulnerable, we traveled by night, sometimes on foot and sometimes, when the opportunity presented itself, latching on to convoys bearing merchandise. On occasion, dawn would catch us far from the shelter of a city; other than that, we were not met by any major hardship. We made it there and, as soon as we had, we were brought before a belligerent board of women. From the outset, it was clear that reaching an agreement would be impossible; the members of the committee were unwilling to submit to any law other than their own. Suspicious that they might be plotting to impede our departure, on the afternoon of the second day we disappeared with one of their ringleaders who had been drawn in by our arguments for democracy. Unaware that her clan would punish deserters, that night, in the rusty wagon of a train, I made her my lover. And that was how, months later, the peace won with such great effort was broken by an army of avenging women. Victory came at the cost of many lives, among them that of the one whose disloyalty the invaders sought to punish. By that time she had given me a son whom, taking pity, the woman who had taken her place in my bed raised as her own. What was not restored was my place as a man worthy of trust, as one who looked after the general good as if it were his own.

   Marcos Giralt Torrente/Teseo's Confession

beligerante comité femenino. Desde el principio quedó claro que concertar un acuerdo era imposible, pues sus integrantes eran reacias a someterse a una ley distinta de la suya y, al sospechar que podían confabularse para impedirnos la marcha, la tarde del segundo día desaparecimos con una de sus cabecillas, a la cual habían seducido nuestros argumentos democráticos. Ignorante de que su clan castigaba las deserciones, esa noche, en un herrumbroso vagón de tren, la convertí en mi amante. Fue así como la paz conquistada con tanto esfuerzo se vio rota meses después por un ejército de mujeres en busca de venganza. Vencimos a costa de muchas pérdidas, entre ellas la de aquella cuya deslealtad las invasoras quisieron castigar. Para entonces me había dado un hijo que la mujer a la que había sustituido en mi cama, compadecida, adoptó como propio. Lo que no se restauró fue mi ascendente de persona íntegra que hacía suyo el interés general. Allí donde iba sentía el taladro de miradas que me reprochaban haber arriesgado demasiado por un capricho. Falto de defensa, la vergüenza me impidió reconquistar el aprecio perdido y, mientras mi hijo crecía y le daba dos hermanos con su madre adoptiva, que de ese modo terminó de perdonarme la traición de haberle sido infiel, desatendí mis obligaciones, trabé amistades inconvenientes y me aficioné al riesgo y a aventurarme fuera de nuestro territorio. Puedo afirmar, con la cordura que me han devuelto los años, que esa deriva no contribuyó a aplacarme, sino que me empujó a mayores bajezas.

Wherever I went I felt piercing eyes that condemned me for having risked too much for a whim. Short on defense, shame kept me from winning back the esteem I had lost. While my son grew and I gave him two siblings by his adoptive mother who thus forgave me for having been unfaithful, I neglected my obligations, struck up inadvisable alliances, and grew fond of risk and venturing beyond the confines of our territory. With the good sense that the years have given me, I can say now that this course of action in no way served to calm me, but rather drove me into greater despair.

What goes on inside a person who, after having achieved great feats with unwavering calm, suddenly turns his back on all level-headedness and reason to delve into turmoil that devastates the good he has done? Why would a proud father turn on his favorite son and, on the basis solely of the accusations of third parties, insult him tirelessly and even take his life? Is it not possible to be always the same onto one's self, whether fair or vile? Why are we condemned to be always on the fence, swinging back and forth depending on the impulses that besiege us? Is that our condition as mortals? I don't deny that it is impossible to stay pure of heart; indeed, as soon as the heart is pierced by even a prick of perversion, no matter how small it may be, it is difficult to keep in check and to prevent one act of evil from being followed by others. There is something addictive about the fall. Just as nothing ever seems like enough, we can always stoop lower.

79

¿Qué sucede en el interior de quien, habiendo acometido con templanza grandes hazañas, repentinamente abandona toda equidad y raciocinio para sumergirse en una vorágine que destruye lo bueno que hizo? ¿Qué justifica que un padre orgulloso se revuelva contra el favorito de sus hijos y, con el único sostén de acusaciones de terceros, le lance maldiciones y lo persiga hasta arrebatarle la vida? ¿Es que no es posible ser siempre iguales, justos o infames? ¿Por qué esta condena que nos obliga a vivir en el alambre, balanceándonos según impulsos que no dominamos? ¿Es nuestra condición de mortales? No niego que no sea posible conservar un corazón puro; tan sólo que cuando una semilla perversa lo inocula, por pequeña que sea, es difícil evitar su desarrollo y que a un mal no le sucedan otros. Algo tiene la caída que la hace adictiva. Igual que cualquier bien parece escaso, siempre avizoramos un escalón inferior en el descenso.

La lista de mis fechorías es extensa. Me enrolé en expediciones dirigidas por la codicia, participé en bacanales que acabaron en sangrientas batallas y similar vanidad a la que me hizo competir en crueles cacerías, me llevó a raptar a una niña, de famosa belleza, sólo por el gusto de ser el primero en hacerla mía. Que recapacitara y no llevara a cabo mi capricho, no resta culpa a mi deseo. Lo más benévolo que cabe decir de mí en esos años es que confundí el prestigio con la fama. La realidad no es tan indulgente. Las conquistas pasadas se me antojaban escasas y, en persecución de la impetuosa posteridad de los héroes, desafié

The list of my misdeeds is long. I took part in expeditions spurred by greed, in orgies that ended in bloody battles, and other acts of vanity that led me to participate in cruel pursuits. I even abducted a girl of legendary beauty just to be the first to make her mine. The fact that I did not see it through in no way diminishes my guilt for that impulse. The most charitable thing that can be said about me in those years is that I mistook prestige for fame. Reality is not so forgiving. Past conquests struck me as meager and, in pursuit of the enduring grandeur of heroes, I challenged fate anyway I could, sometimes with clumsy acts of folly, like when, in the company of a fellow idiot, I stormed a prison to free an old woman friend and, after failing, I slipped out thanks to the absentmindedness of the soldiers charged with keeping watch over me. What a pity. Had I not managed to escape, my circumstances would be no different from what they are today, but my conscience would not be so afflicted. The worst prison sentence is memory; it does not forgive me for the outrages that freedom allowed me to keep committing. Arrogant, regrettably misguided, not only did I neglect those who had given me their obedience and assist happenstance opportunists who conspired to fight me for it, not only did I further the reemergence of disputes that had been forgotten thanks to the organization I had created, but I also abandoned my family, and the punishment only I deserved was delivered on to them before it reached me.

al destino de todas las formas. Algunas no pasaron de burdas insensateces, como cuando, asociado a un necio como yo, asalté un presidio para liberar a una vieja amiga y, tras fracasar, me escabullí gracias a un despiste de los soldados que me custodiaban. Qué pena. De no haber logrado huir, mi situación no sería distinta de la actual. Sí mi conciencia. La peor condena es la memoria y ésta no me indulta de los desmanes que la libertad me permitió seguir cometiendo. Engreído, lastimosamente desviado, no sólo descuidé a quienes me regalaban su obediencia y facilité que los oportunistas de turno conspiraran para disputármela, no sólo propicié la reaparición de pleitos olvidados en la organización que había puesto en pie, sino que abandoné a mi familia y el castigo del que era merecedor la golpeó antes que a mí.

Uno de los mayores engaños de esta vida llena de ellos es creer que el egoísmo no se contagia, que las víctimas de nuestras equivocaciones no se escudan en éstas para cometer sus propias faltas. ¿El hijo maltratado por su padre que, desafiándolo, compite con él, es por completo culpable de sus destrozos? ¿La esposa plantada que se resiste a la soledad es la única responsable de los esquivos consuelos a que su despecho la empuja? ¿Merece sus derrotas futuras el ejército que, desatendido por el guía que le concedió sus victorias, elige un sustituto no tan capaz?

La conciencia de que las excepciones abundan no debiera privarnos de la comprensión por quienes fueron débiles. Yo tuve un hijo fuerte, el mejor de los míos, al que mandé matar porque

One of the greatest deceptions in a life full of deceptions is the belief that selfishness is not contagious, that the victims of our mistakes do not hide behind those mistakes to then commit their own. Is the abused son who, challenging his father, competes with him in his misconduct wholly guilty of the damage he does? Is the abandoned wife who gives into the company of another solely responsible for the mistaken consolations that her sorrow drives her to? Does the army that, due to the neglect of the leader who had led it to victory, chooses a less worthy replacement deserve its future defeats?

Knowledge of the many exceptions should not limit our ability to understand those who have acted from weakness. I had a strong son, the best of my kin, whom I ordered killed because his adoptive mother fooled me into believing that he had tried to force himself on her. Fearful of my wrath, he had sought refuge on the coast, where the man who some claimed was my true father still reigned. It was there that I sent envoys to deliver the punishment that I had ordered. I arrived in time to see him alive after his innocence had been made known to me. He forgave me before I had time to beg him to, but I would have preferred it a thousand times over if he had cursed me. My meager consolation was reduced to not having to decide the fate of the infidel who sought the downfall of one she had raised like a son. Regretting her madness, she took her own life. I do not know if she was moved by jealousy or by shame at having had her advances rejected. Whatever her motive,

81

su madre adoptiva me hizo creer que había intentado forzarla. Temeroso de mi ira, se había refugiado en la costa, donde todavía reinaba quien algunos decían que era mi verdadero padre, y hasta ahí envié mensajeros que obtuvieron el castigo que solicité. Llegué a tiempo de encontrarlo con vida, cuando su inocencia me había sido ya revelada. Me otorgó su perdón sin necesidad de suplicarle, pero mil veces habría preferido que me maldijera. Mi pírrico consuelo se redujo a no tener que decidir el destino de la infiel que, habiéndolo criado como a un hijo, buscó su perdición. Arrepentida de su desvarío, ella misma se dio muerte. Desconozco si obró por celos o resentida por haber intentado seducirlo y ser rechazada. Cualquiera que fuese su motivo, de todo soy culpable y la consecuencia menos dolorosa fue acabar de perder el favor de quienes se habían unificado por mi consejo. El exilio, al que me condenaron, es poco castigo, y asimismo lo es esta cárcel a la que he venido a parar al no abrírseme ninguna de las puertas a las que llamé.

Hay dos cosas que me preocupan: qué será de los dos hijos que me quedan, sin una madre que los cobije y con un padre condenado de por vida, cuya memoria nadie reivindica y del cual, precisamente por eso, tendrán que desligarse o incluso renegar si quieren zafarse de su estigma. La otra es un sueño que algunas noches tengo: sueño que vuelvo a ser libre y que, recuperada mi reputación, de nuevo mis ideas son escuchadas. La diferencia es que mi autoridad no la ejerzo sobre el lumpen de unas pocas ciudades perdidas sino sobre un país entero,

I am wholly to blame for everything, and the consequence that pains me least was losing the favor of those who had come together at my counsel. The exile to which they condemned me is scant punishment, as is this jail cell where I have come to rest as none of the gates on which I knocked was opened up for me.

There are two things that concern me: what will become of the two children I have left, with no mother to protect them and a father serving a life sentence, a man whose memory is cherished by no one and whom, for that very reason, they will have to shun or even deny in order to escape his stigma. The other is a dream that I have some nights: I dream that I am once again free and, my reputation restored, my ideas are heeded. In the dream, though, not only the underclass of a few lost cities is subject to my authority but the entire country, its palaces and factories, its laws and myths, its schools and barracks, everything. And then the confines of that country seem to me so very small, and I begin to fantasize about doing away with them. But suddenly a strange sense of desperation seizes me, and I awake defeated, and believe in nothing at all.

 Marcos Giralt Torrente/Teseo's Confession

sobre sus palacios y fábricas, sobre sus leyes y mitos, sobre sus escuelas y cuarteles; sobre todo. Entonces, las fronteras de ese país se me figuran demasiado estrechas y empiezo a fantasear con abolirlas, pero de pronto una desesperanza extraña me invade y despierto derrotado, sin creer en nada.

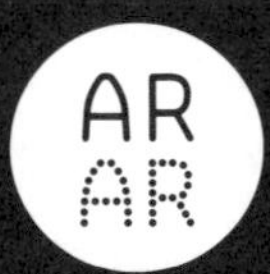

Lawrence Weiner (US)
Crossing the Line
Crossing the Line

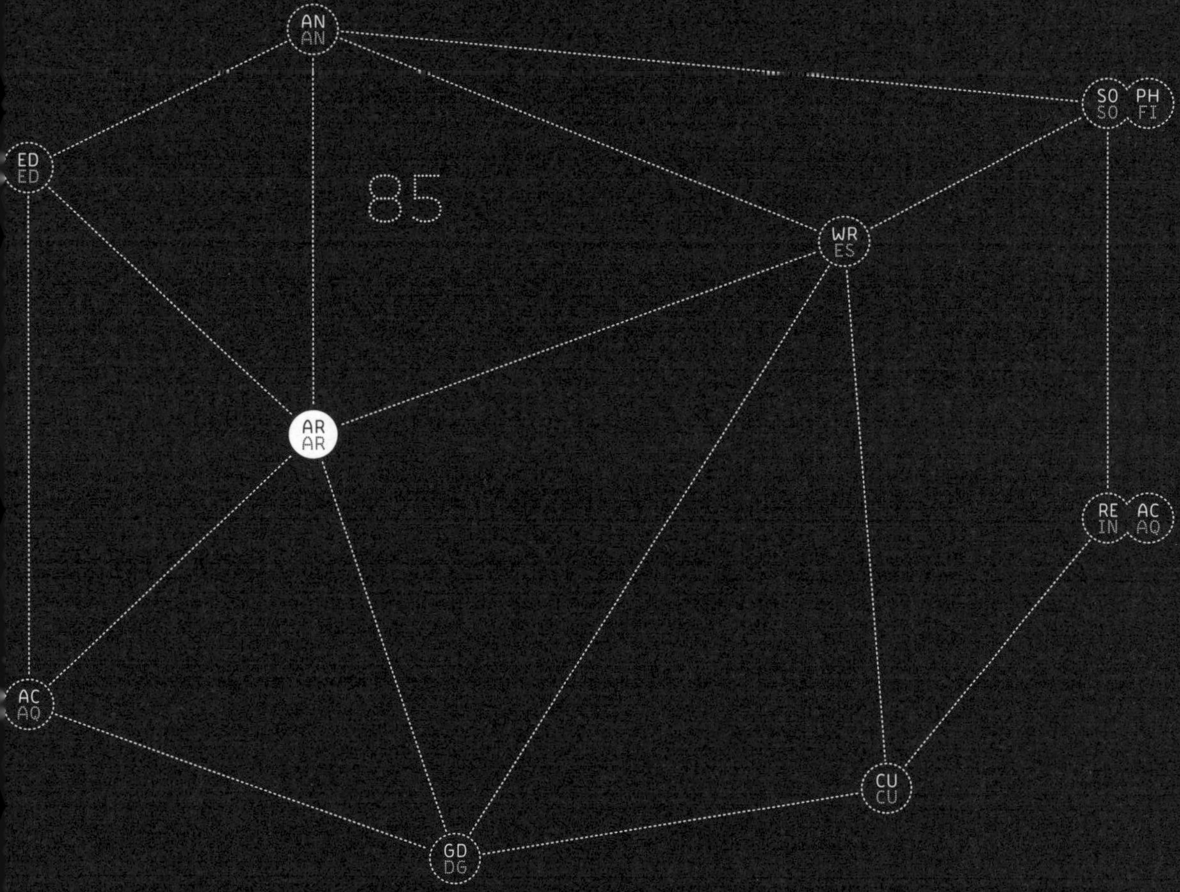

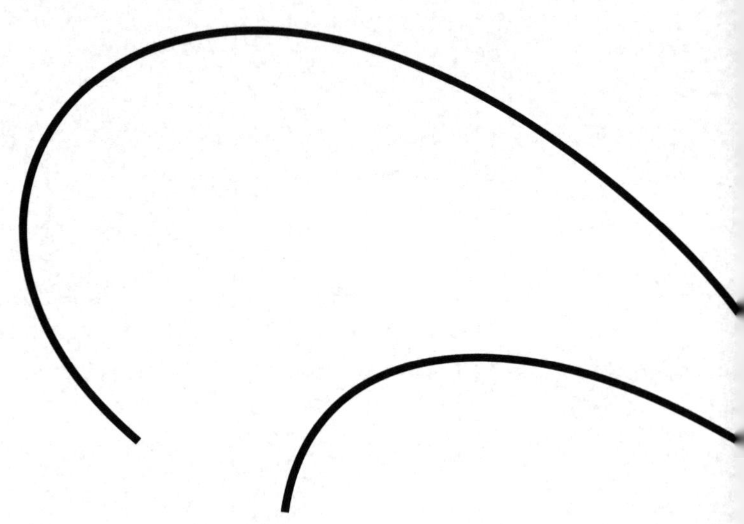

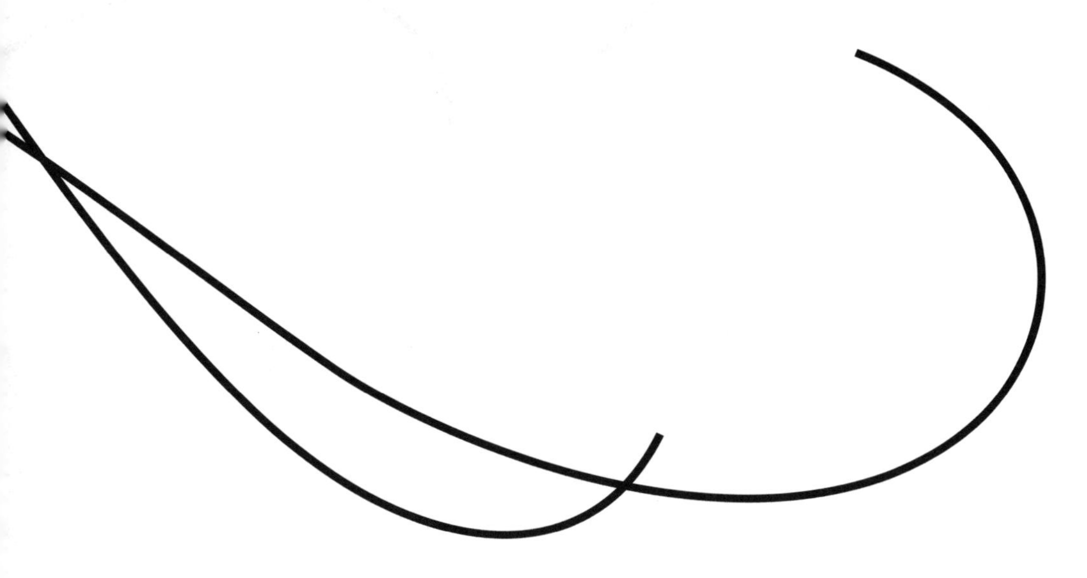

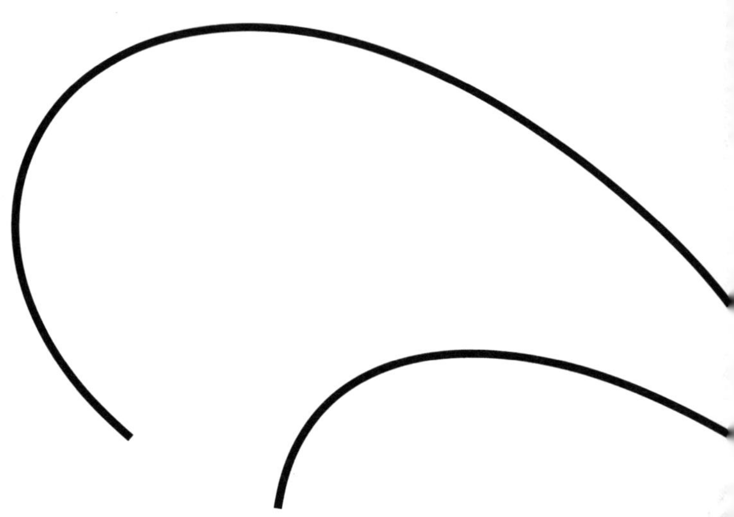

CROSSING A LINE
INVARIABLY LEADS TO A CUSP

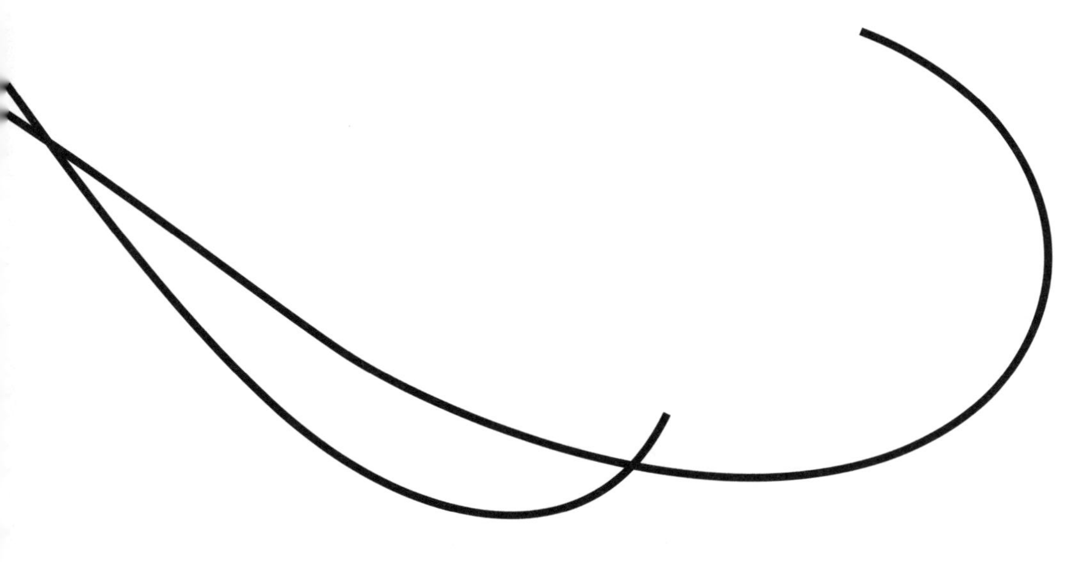

& A CUSP
DOES NOT SEEM TO GO ANYWHERE

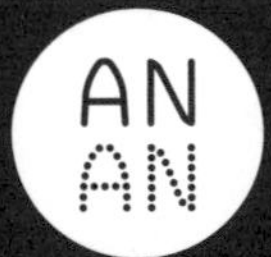

ANTHROPOLOGISTS
ANTROPÓLOGOS
Rossana Reguillo (MX)
Bridges in Scenes
Puentes en escenas

91

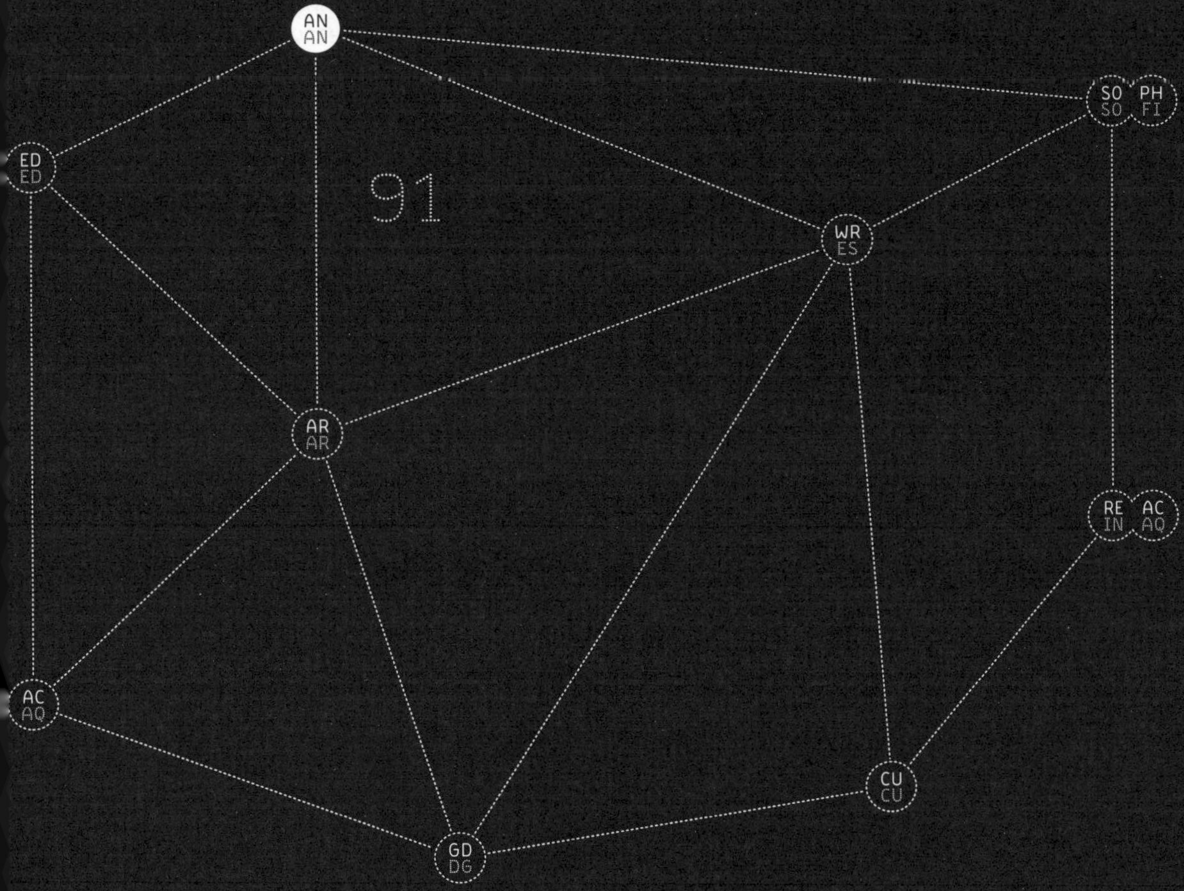

Bridges in Scenes

Marco Polo describes a bridge, stone by stone.
"But which is the stone that supports the bridge?" Kublai Khan asks.
"The bridge is not supported by one stone or another," Marco answers,
"but by the line of the arch that they form."
Kublai Kahn remains silent, reflecting. Then he adds: "Why do you
speak to me of the stones? It is only the arch that matters to me."
Polo answers: "Without stones there is no arch."
Italo Calvino[1]

A bridge, it is said, surfaces to surpass a landform, a "disruption" in the terrain that is usually envisioned as an obstacle between two set points. According to this formulation, the bridge serves to remedy, overcome, join. Like a prosthesis that makes up for a lack or sutures a wound, the bridge, whether modest or majestic, is raised like a mystery: we don't know which stone holds it up.

Its dialectical nature—from one side to the other and back—constructs a deceptive and horizontal geometry of here and there, a crossing with no hierarchy, a transparent and beautiful noble machine that assembles what has been divided by borders.

But the syntax of bridges and borders and the disruptions they

[1] Calvino, Italo,
Las ciudades invisibles,
Buenos Aires: Minotauro, 1983.
(English title: *Invisible Cities.*)

92

Puentes en escenas

Marco Polo describe un puente, piedra por piedra.
—¿Pero cuál es la piedra que sostiene el puente?— pregunta
Kublai Kan.
—El puente no está sostenido por esta o aquella piedra —responde Marco—, sino por la línea del arco que ellas forman.
Kublai permanece silencioso, reflexionando. Después añade:
—¿Por qué me hablas de las piedras? Es sólo el arco lo que me importa.
Polo responde: —Sin piedras no hay arco.
Italo Calvino[1]

Se dice que el puente emerge para salvar un accidente geográfico y siempre suele pensarse que este «accidente» es un obstáculo entre dos puntos fijos; bajo esta concepción, el puente arregla, supera, une. Como una prótesis que compensa una carencia, que sutura una herida, el puente se levanta, modesto o majestuoso, como un misterio: no sabemos qué piedra lo sostiene.

Su voluntad dialéctica, de un lado al otro y viceversa, ofrece una engañosa geometría del allá y del acá, horizontal, un cruce desprovisto de jerarquía, una máquina transparente y bella, noble, que ensambla lo separado por las fronteras.

Pero los puentes y las fronteras y los accidentes que resuelven emergen en una sintaxis mucho más compleja que el de la dia-

[1] Calvino, Italo, *Las ciudades invisibles,* Buenos Aires, Minotauro, 1983.

overcome is much more complex than the dialectic of crossing and assemblage. The line of the arch that holds up the bridge contains the history of imbalances, inequalities and apparent unions.

Being "here" is not the same as being "there." Hence, the bridge is more an index than a sign, that is, "an immediately perceptible event that shows us something about another event that is not [immediately perceptible]".[2] By exploring this idea, I will attempt to address what is silenced and sealed in the immediate perception of bridges. My approach is based on a phenomenology of spaces and their narratives informed by Bachelard, who shows us that "phenomenology can learn from the very brevity of the image… on the level of an image which disturbs the notions of a spatiality commonly considered".[3]

If Khan is interested first in the stones and then in the arch they form, it's because he is unable to go beyond "the thing" that is the bridge. He does not want to ask Marco Polo about the shores, nor is he interested in what goes over the bridge; he cannot attend to the "edge effect"[4] that the bridge, beyond its stones, structures and arches, produces: the city and the countryside, the forest and the meadow, the lush vegetation and the desert.

If the metaphor of the edge effect yields any meaning, it is the notion of going beyond the bridge-thing, of grasping processes at the edges, understood as verge as well as imminence, as in "on the verge of taking place."

[2] Prieto, L.J., "La Communication," in *Le Langage de L'Encyclopédie de la Pléiade*, Paris: Gallimard, 1968.
[3] Bachelard, Gaston, *La poética del espacio*, Mexico: FCE, 1965, p. 257.
[4] In ecology, an "edge effect" refers to what ensues when two totally different systems find themselves adjacent to one another in an ecosystem. The term is used to speak of natural borders as well as those created artificially by human beings.

93

Rossana Reguillo/Puentes en escenas

léctica del cruce y el ensamble. La línea del arco que sostiene al puente contiene la historia de desequilibrios, de desigualdades, de aparentes uniones.

Estar «aquí» no es equivalente a estar «allá». Así, más que como un signo, el puente opera como un índice, es decir, «un hecho inmediatamente perceptible que nos hace conocer algo a propósito de otro que no lo es».[2] Explorando esta idea, intento ahora aproximarme a lo que calla o queda obturado en la percepción inmediata de los puentes. Me aproximo desde una fenomenología de los espacios y sus narrativas con Bachelard, que nos hace saber que «la fenomenología se instruye por la brevedad misma de la imagen [...] al nivel de una imagen que turba las nociones de una espacialidad comúnmente considerada».[3]

Si al Kan le interesan primero las piedras y luego el arco que ellas forman, es por su incapacidad de trascender «la cosa» que es el puente. No quiere preguntar a Marco Polo por las orillas ni está interesado en lo que transita por el puente y no puede hacerse cargo del «efecto borde»[4] que el puente, más allá de sus piedras, estructuras y arcos, produce: la ciudad y el campo, el bosque y la pradera, la extrema vegetación y el desierto.

Si la metáfora del efecto borde produce algún sentido, éste es justamente el de ir más allá de la cosa-puente, el de aprehender los procesos en sus bordes, entendidos tanto como límites como en su sentido de inminencia, «a punto de suceder».

Refiriéndose al arte, García Canclini ha dicho que su lugar es justamente el de la inminencia: «Su atractivo [el del arte] procede

[2] Prieto, L.J., "La Communication," en *Le Langage de L'Encyclopédie de la Pléiade*, París, Gallimard, 1968.
[3] Bachelard, Gaston, *La poética del espacio*, México, FCE, 1965, p. 257.
[4] En ecología se conoce como «efecto de borde» al fenómeno que ocurre cuando dos sistemas totalmente diferentes se encuentran lado a lado en un ecosistema. Se utiliza tanto para referirse a límites naturales como a los creados artificialmente por los seres humanos.

García Canclini has said that the place of art is precisely the place of imminence: "[Art's] appeal lies in announcing something that might happen, in promising meaning or modifying it with insinuations. It does not fatefully latch onto hard facts. What it says is left in suspense".[5]

What is said by the bridge and its images is also left in suspense, in the "about to ensue." Thus, the bridge becomes pure potential, an edge effect that necessarily produces a third space: the space of narrative.

SCENE 1 Uncanny bridges: The borders of the unspeakable

It was dawn in Nuevo Laredo, Tamaulipas, which, for economic reasons, is the most important border crossing in Mexico. On the other side, in Laredo, Texas, there were already signs of the nervous bustle of a border city. But on the Mexican side, the uncanny unfolded its powerful and mortal wings once again, another time, anew. Sister border cities that coexist in an asymmetrical syntax.

Early this morning, like every morning, the pedestrians and drivers from the Mexican side hurried through the day's rituals, shaking off a yawn, longing for an embrace interrupted in the rush out the door, going over plans and to do lists. No one expected that that Tuesday, September 9, 2011, the city—and the men and women in it, its pedestrians and drivers—would be witnesses to a brutal scene: from

5 García Canclini, Néstor, *La sociedad sin relato. Antropología y estética de la inminencia*, Buenos Aires: Katz, 2010, p. 12.

94 Rossana Reguillo/Bridges in Scenes

de que anuncia algo que puede suceder, promete el sentido o lo modifica con insinuaciones. No compromete fatalmente con hechos duros. Deja lo que dice en suspenso».[5]

El puente y sus imágenes dejan lo que dicen en suspenso, en lo «a punto de sobrevenir». El puente deviene así potencia pura, un efecto borde que no puede sino producir un tercer espacio: el de la narrativa.

ESCENA 1 Puentes siniestros: las fronteras de lo indecible

Amanecía ya en Nuevo Laredo, Tamaulipas, la frontera terrestre más importante de México por sus operaciones económicas; al otro lado, en Laredo, Texas, la ciudad ya mostraba el trajinar nervioso de una ciudad fronteriza. Pero en el lado mexicano lo siniestro desplegaba —otra vez, una vez más, nuevamente— sus alas, poderosas, fatales. Dos ciudades hermanas, fronterizas, que conviven y coexisten en una sintaxis asimétrica.

Como cada madrugada, los peatones y automovilistas del lado mexicano se apresuraban a cumplir los rituales del día, sacudiendo un bostezo, añorando un abrazo interrumpido por las prisas, repasando planes y tareas. Nadie anticipaba que ese martes 9 de septiembre de 2011, la ciudad y ellas y ellos, transeúntes y automovilistas, serían testigos de una escena brutal: de un puente peatonal, en la carretera al aeropuerto y Los Mayas, colgaban dos cuerpos con evidentes huellas de tortura, una mujer y un hombre que pendían en una *performance* macabra. Él, colgado de las manos; ella, amarrada como si fuera una vaca en el matadero.

5 García Canclini, Néstor, *La sociedad sin relato. Antropología y estética de la inminencia*, Buenos Aires, Katz, 2010, p. 12.

a pedestrian bridge over the highway to the airport and Los Mayas hung two bodies with clear signs of torture, a woman and man swinging back and forth in a macabre performance. He was hanging from his hands, and she was tied like a cow in a slaughterhouse.

This was not the first time, nor would it be the last, that the inhabitants of this town witnessed with horror the "acts of revenge" performed by the Mexican drug cartels which, by force of repetition, have become rituals of what Cavarero calls "horrorism," a term that she proposes as "a renewal of our political vocabulary. "War' and "terrorism' do not adequately describe the specific phenomenology of contemporary human destruction," and hence she states that "we must overcome the perspective of the warrior and rethink the phenomenology of violence from the point of view of its victims".[6]

Displaying mutilated, tortured, humiliated bodies is now a normalized practice in this city and others around the country. The "*narcos*"—as they are called in Mexico, rather than organized crime or groups of drug smugglers, a term that pinpoints their meaning in a sort of symbolic economy of words or perhaps a resignation to name the unspeakable—employ many "styles" as they distribute bodies (blanketed, that is, wrapped in blankets; trunked, that is, put in the trunk of a car; decapitated, heads placed in Styrofoam coolers or arranged in flowerpots or benches, and the list could go on). Hanging from bridges is a common "style."

[6] Cavarero, Adriana, *Horrorismo. Nombrando la violencia contemporánea*, Barcelona: Anthropos and UAM-I, 2009, p. 12.

No era la primera vez, no sería tampoco la última en que los habitantes de esa localidad asistirían con espanto a las «acciones justicieras» del narco en México, que a fuerza de su repetición se han convertido ya en rituales de lo que Cavarero llama «horrorismo», término que la autora propone como una «refutación al vocabulario político que todavía se esfuerza en adaptar la violencia actual a los viejos conceptos de terrorismo y guerra» y que ella propone «como una jugada teórica que reclama la atención sobre las víctimas, sacándosela a los guerreros».[6]

La entrega de cuerpos mutilados, torturados, sometidos, es ya una práctica normalizada en esta y en otras ciudades del país. El «narco» —como se dice en México, en vez de crimen organizado o grupos del narcotráfico, singularizando su sentido en una especie de economía simbólica de las palabras o, mejor, en una renuncia a nombrar lo indecible— recurre a muchos «estilos» para repartir cuerpos (encobijados, es decir, envueltos en cobijas; encajuelados, metidos en la cajuela de algún auto; decapitados cuyas cabezas se entregan en hieleras de poliestireno o se acomodan en macetas o banquetas, y la lista puede seguir). Los colgados en puentes son un «estilo» al que se recurre con frecuencia.

Parafraseando el poema de Mario Benedetti *Contra los puentes levadizos*, puede decirse que debajo del puente está el mundo, debajo están «los lisiados de espanto»; quizá esta imagen ayuda a calibrar el valor horroroso del puente al que se dota de una nueva función de ensamblaje: lo siniestro.

[6] Cavarero, Adriana, *Horrorismo. Nombrando la violencia contemporánea*, Barcelona, Anthropos y UAM-I, 2009, p. 12.

To paraphrase Mario Benedetti's poem *Contra los puentes levadizos* [Against Drawbridges], it could be said that under the bridge is the world, "those crippled by fear." Perhaps this image helps to measure the horrific weight of the bridge endowed with a new function of assemblage: the uncanny.

For Freud, the uncanny *(Das Unheimliche)* refers the transformation of the familiar into its opposite, something strange, threatening and potentially destructive. The bridge is no longer an index that speaks to us of crossings and unions between "disruptions," of the passage between two set points. It operates, instead, as another index, one through which we experience the presence of a total power to leave us "crippled by fright" on the border between the visible and the unspeakable. The uncanny bridge.

SCENE 2 Festive bridges: The dispute over locus

"Whose bridge?... Our bridge! Whose bridge?... Our bridge!" sang the enthusiastic and festive crowd that October 1, 2011 as they plowed ahead to occupy the Brooklyn Bridge in New York.

The Occupy Wall Street movement (#OWS, for its *hashtag* on Twitter), which had been engaged in intense political activity for two weeks, deployed two types of practices: occupying urban spaces like Zuccotti Park at the heart of Wall Street's financial district, which would be renamed "Liberty Plaza" and become a true "micropolis" for the

Sabemos que para Freud lo siniestro *(Das Unheimliche)* significa la transformación de lo familiar en su opuesto, en algo extraño y amenazante, con potencial destructivo. El puente ya no es aquí un índice que nos habla de cruces, de uniones entre «accidentes», de itinerario entre dos puntos fijos; opera como otro índice, el que nos lleva a experimentar la presencia de un poder total y nos deja «lisiados de espanto», en la frontera entre lo visible y lo indecible. El puente siniestro.

ESCENA 2 Puentes festivos: la disputa por el *locus*

«Whose bridge?... Our bridge!, Whose bridge?... Our bridge!», entonaba entusiasta y festiva la multitud aquel 1º de octubre de 2011 mientras avanzaba para tomar el puente de Brooklyn, en Nueva York.

El movimiento Occupy Wall Street (#OWS, por su *hashtag* en Twitter) llevaba sus primeras dos semanas de intensa actividad política, desplegada a través de dos tipos de prácticas: la toma del espacio urbano, en la apropiación que hizo de Zuccotti Park, en el corazón del sector financiero Wall Street, que sería rebautizado como Liberty Plaza y convertido en una auténtica «micrópolis» durante los poco más de tres meses que duró la ocupación, antes de ser desalojada por las autoridades de la ciudad; la otra forma ha sido la «ocupación» de la red a través del uso intensivo de blogs, sitios, Twitter, Facebook y especialmente el uso del *livestream* (transmisión directa y en vivo por Internet). Entre el conjunto de manifestaciones, *performances*, marchas, asambleas y

period of just over three months that the occupation lasted before being evicted by the city's authorities; and "occupying" the Internet by means of intensive use of blogs, websites, Twitter, Facebook and particularly "livestream" (direct and live transmission on the Internet). Few of the demonstrations, performances, marches, assemblies and numerous other political actions that the #OWS movement engaged in were as important as the taking of the Brooklyn Bridge.

The movement had been violently put down by the New York police; many had been arrested and there had been episodes of abuse by officers. This first march over the Brooklyn Bridge was key to the movement. Although the mainstream media like Fox and NBC, and even *The New York Times*, eventually started reporting on the movement, silencing, criminalization and invisibility were still, in those days in October, a constant. In this context, marching over and taking the Brooklyn Bridge represented a key strategy in two senses: by strengthening the process of building a collective identity through an action that showed the movement's muscle and ability to rally people beyond the Internet and Zuccotti; and by providing a great "photo" to increase the movement's visibility.

The bridge became a symbol, a device to communicate something: we are many ("We are the 99%"); the city and its space are ours ("Whose bridge?... Our bridge! Whose streets?... Our streets!"). Taking the bridge not only challenged authority, but also—and mostly—constituted a

otra larga lista de acciones públicas, pocas fueron tan relevantes como la toma del puente de Brooklyn.

El movimiento había sido fuertemente reprimido por la policía de Nueva York, se habían dado varios arrestos y escenas de abuso por parte de los agentes. Esa primera marcha sobre el puente de Brooklyn resultaba clave para el movimiento. Pese a que los medios de comunicación convencionales, como la cadena Fox, NBC o el propio *New York Times*, habían tenido que abrir sus espacios para informar sobre el movimiento, el silenciamiento, la criminalización y la invisibilidad seguían siendo para esos días de octubre una constante. En ese sentido, marchar sobre y tomar el puente de Brooklyn representaba una estrategia clave en dos sentidos: alimentar el proceso de la identidad colectiva a través de una acción que mostrara su capacidad de músculo y su poder de convocatoria más allá de las redes y fuera de Zuccotti, y dar la gran «fotografía» para aumentar la visibilidad de la protesta.

El puente se convierte en un símbolo, en un dispositivo para comunicar significado: somos muchos («*We are the 99%*»); la ciudad, el espacio es nuestro («*Whose bridge?... Our bridge!; Whose streets?... Our streets!*»). La toma del puente representa no solamente un desafío a la autoridad, sino además y especialmente una victoria sobre una política del lugar, aquella que distribuye jerárquicamente los cuerpos en los espacios, que disciplina, que emplaza sin aceptar refutación alguna. El avance festivo sobre el puente de Brooklyn rompe esa distribución disciplinaria de

victory in a politics of place, one that distributes bodies in spaces hierarchically, that disciplines, that situates absolutely, admitting no contention. The festive advance over the Brooklyn Bridge ruptured that disciplinary distribution of bodies. It threw the map of the possible into disarray and interrupted the flow of what is taken for granted. If it is crossed, a battle will have been won. The thousands of tightly packed bodies—that "we" that erupts to organize other possible (and political) uses of the urban space—are weightless; they are bound by the power of the bridge-symbol: "Whose bridge?... Our bridge!"

The crowd moves forward. The police cut it off to one side, in the front, in the back. The police know that, if the crowd reaches the Brooklyn side to hold an assembly and to celebrate, the movement will have won, though no one—not even the police—really understood what such a victory would mean. The bridge for cars, tourists, pedestrians, "get rid of them all," anyone that might undermine certainties. But the bodies resist, escape, move about, sing: "Tell me what democracy looks like! This is what democracy looks like!" The bridge is packed, there is nothing to be done: the photograph is inevitable.

The stream of bodies is cut off. Silence. The news travels over the bridge: 700 have been arrested. More silence. The police advance in the opposite direction, from the Brooklyn side; the crowd is asked to head back to Manhattan. No one returns sad or dejected, though the chanting has ceased. Each participant in this fleeting occupation takes

Rossana Reguillo/Bridges in Scenes

los cuerpos, desordena el mapa de lo posible, interrumpe el flujo de lo dado por sentado y si se cruza, se habrá ganado una batalla. Los miles de cuerpos apretados, ese «nosotros» que irrumpe para gestionar otros usos posibles (y políticos) del espacio urbano, no pesan, son ligeros, los une la potencia del puente-símbolo: *«Whose bridge?... Our bridge!»*.

La multitud avanza. La policía ataja por un lado, por delante, por detrás; sabe que, de llegar al lado de Brooklyn para celebrar una asamblea y un festival, el movimiento habrá ganado, aunque nadie entienda bien lo que significa una victoria, ni siquiera la propia policía. El puente para los autos, los turistas, los transeúntes, «que se vayan todos» esos otros, todos esos que socavan las certezas. Pero los cuerpos resisten, escapan, se mueven, cantan *«Tell me what democracy looks like! This is what democracy looks like!»*. El puente está abarrotado, la fotografía es ya inevitable.

La secuencia de cuerpos se interrumpe. Silencio. La noticia viaja a través de la estructura del puente: hay setecientos detenidos. Más silencio. La policía avanza en sentido contrario, es decir, viniendo desde Brooklyn; la multitud es invitada a regresar al lado de Manhattan. Nadie regresa triste o abatido, aunque los cantos han cesado. Cada una y uno de los movilizados en esta ocupación efímera guarda una postal de triunfo: el puente ha sido conquistado bajo la potencia colectiva del «nosotros»; como dice José Martí en su crónica, este puente «Regocija lo inmenso».

Por eso, el 17 de noviembre, para celebrar los dos meses del movimiento, y ahora de noche, la multitud avanza nuevamente

with him or her a postcard of triumph: the bridge has been seized by the collective power of "us." As José Martí reported, through this bridge there is "delight in vastness."

That's why, on November 17, to celebrate the first two months of the movement, the crowd took to the bridge once again, this time at night. From on the bridge, the people, carrying with them a hope, a protest, an idea, looked on in astonishment as an enormous projection appeared on the huge Verizon building next to the bridge.

A 12,000-lumen projector cast the movement's "bat-signal": "We are the 99%," followed by other messages in a sequence that the bodies on the bridge could replicate: "Look around/You are part/of a global uprising/we are a cry/from the heart/of the world/we are unstoppable/another world is possible/happy birthday/#Occupy Wall Street." The bridge is now a symbol, the activation of the spirit astir in plazas around the planet. Invent the locus, break hierarchies, look at the bridge, use it, inhabit it. Whose bridge? Our bridge.

SCENE 3 Bridge-countries: "The most dangerous crossing in the world"

They were made to stand in line. There were about thirty people, some of them older, but most of them young, like Fredi and Nayeli. The first one in line was an attractive dark girl. A policeman pushed

99

sobre el puente. Desde su estructura, la gente que lleva consigo una esperanza, una protesta, una idea, mira asombrada la proyección gigante sobre el gigante edificio de Verizon que se levanta a un lado del puente.

Con un proyector de doce mil lúmenes se proyecta la «batiseñal» del movimiento: *We are the* 99%. Luego, en una secuencia que permite la réplica a los cuerpos en el puente, se van desplegando los mensajes: «Miren a su alrededor/son parte/de un levantamiento global/somos un llamado/desde el corazón/del mundo/somos imparables/otro mundo es posible/feliz cumpleaños/#Occupy Wall Street». El puente es ya un símbolo, la activación del espíritu que anima hoy las plazas del planeta. Inventar el *locus*, romper las jerarquías, mirar el puente, usar el puente y habitarlo. De quién es el puente, el puente es nuestro.

ESCENA 3 Puentes-país: «El cruce más peligroso del mundo»

Los formaron en fila. Eran como treinta personas, algunos grandes, la mayoría jóvenes como Fredi y Nayeli. La primera de la fila era una muchacha morena de buen ver. Un policía la empujó suavemente con el rifle hasta ponerla al alcance del oficial de migración.

— ¿Cómo te llamas?
— Patricia, señor, Estrada. Patricia Estrada, señor.
— ¿Eres de aquí?

her softly with his gun, making her walk up to the immigration officer.

— What's your name?
— Patricia, sir. Estrada. Patricia Estrada, sir.
— Are you from here?
— From Guadalajara, sir?
— Don't play smart, girl. From here, from Mexico.
— Truth to tell, I'm not, sir.
— Where then?
— From Honduras, sir, but I've got papers. Look.
  The officer handed the papers to another official, who looked
  them over with an observer from a human rights organization.
— They're fake.
— Yes, fake.
  The two men agreed that the papers were fake, and one
  pushed the girl again to move her out of the line.
— Where are you from?
— Here, boss. I'm Mexican.
— Do you have papers?
— What the fuck. You mean I need papers in my own country?
  Angered, the officer said:

— ¿De Guadalajara, señor?
— No te hagas la lista, muchacha, de aquí de México.
— Ah, pos la mera verdad no, señor.
— ¿De dónde?
— De Honduras, señor, pero tengo mis papeles, mire.
  El oficial le pasó los papeles a otro funcionario.
  Éste los revisó con un visitador de Derechos Humanos.
— Falsos.
— Sí, falsos —opinaron ambos y uno volvió a empujar
  a la muchacha para separarla de la fila.
— ¿De dónde eres?
— Pos de aquí mismo, jefe, mexicano soy, pues.
— ¿Traes tus papeles?
— Ah, chingados, ¿y a poco necesito papeles para
  andar por mi país?
  El oficial se encabronó y dijo:
— Ya nos salió un abogado…
  Y añadió con ironía:
— ¡Un defensor de los derechos humanos!
  Lo apartaron de la fila y se lo llevaron con la muchacha
  y otros tres que no habían pasado la prueba.[7]

La escena que narro me la contó Fredi, un marero encarcelado
en México, en una larga y dolorosa entrevista. Transcurre en
Guadalajara, la frontera invisible por la que casi todos los transmigrantes deben pasar en su camino hacia el Norte. Quizás, sin

[7] Fragmento de mi artículo «Las múltiples fronteras de la violencia: jóvenes latinoamericanos entre la precarización y el desencanto», en *Pensamiento Iberoamericano*, n° 3, 2ª época, Madrid, Fundación Carolina, 2008.

— Look, we got a lawyer on our hands…
He added ironically:
— A real defender of human rights!
They separated the man from the line and took him away along with the girl and three others who had not passed the test.[7]

Fredi, a *marero*—or member of the Mara association of Central and North American gangs—who is in prison in Mexico, was the one who described this scene to me during a long and painful interview. It took place in Guadalajara, the invisible frontier through which almost all transmigrants pass on their way to the north. Without intending to, the policemen and immigration officials may have done a favor to those who did not make it through their unexpectedly filter, the happenstance *razzia* that the authorities carry out without warning on the train tracks from time to time. Those who manage to get through and continue their journey towards Tamaulipas, where there are seven possible crossing points into the United States, may never live to tell of their journeys, as they join the statistics of disappearances, tortures, kidnappings, murders and rapes in one of the largest and most brutal graveyards in the country.

It is believed that sixty thousand migrants have disappeared in Mexico between 1998 and 2008, though that figure is uncertain. The Instituto Nacional de Migración estimates that an average of 1.9 million

[7] Excerpt from my article "Las múltiples fronteras de la violencia: jóvenes latinoamericanos entre la precarización y el desencanto," in *Pensamiento Iberoamericano*, no. 3, 2nd period, Madrid: Fundación Carolina, 2008.

pretenderlo, los policías y los agentes de migración les han hecho un favor a los que no pasan ese filtro sorpresivo, esa *razzia* ocasional que las autoridades realizan sin avisar en las vías del tren cada tanto. Los que consiguen escapar para continuar el viaje con rumbo a Tamaulipas, donde existen siete cruces posibles hacia los Estados Unidos, quizás no logren contar su viaje y se sumen a la «estadística» de desapariciones, torturas, secuestros, asesinatos y violaciones en uno de los morideros más grandes y brutales del país.

Se calcula que sesenta mil migrantes han desaparecido en México entre 1998 y 2008, aunque la cifra es incierta. El Instituto Nacional de Migración estima que por la frontera sur de México se produjeron en promedio 1,9 millón de entradas de extranjeros anualmente entre 2007 y 2010; de estas entradas, se estima que un diecisiete por ciento son irregulares, de centroamericanos que buscan llegar a los Estados Unidos. Sin embargo, ciertas organizaciones no gubernamentales consideran que existe un subregistro de la migración no documentada de centroamericanos.

Amnistía Internacional señala en uno de sus informes que «su viaje es uno de los más peligrosos del mundo»[8] y no exagera. «El éxodo centroamericano», como lo llama el excelente cronista salvadoreño Oscar Martínez, debe atravesar poco más de cinco mil kilómetros, los que distan entre el río Suchiate, en Chiapas, y el río Bravo, en Tamaulipas. A bordo de *La Bestia*, el tren de carga que parte de Arriaga, en Chiapas, para llegar a Nuevo Laredo, centenares de hombres, mujeres y niños intentan cruzar

[8] Amnesty International, 2010 (http://tinyurl.com/2bof2qg).

foreigners entered Mexico through its southern borders every year from 2007 to 2010; of those, 17% are believed to be Central Americans who come in illegally in an attempt to reach the United States. Some non-governmental organizations believe that the number of undocumented Central Americans is actually higher.

Amnesty International reports that "their journey is one of the most dangerous in the world,"[8] and that is no exaggeration. "The Central American exodus," as the excellent Salvadorian reporter Oscar Martínez has called it, entails crossing the just over five thousand kilometers between the Suchiate River, in Chiapas, and the Bravo River, in Tamaulipas. Aboard *La Bestia*, the freight train that goes from Arriaga, in Chiapas, to Nuevo Laredo, hundreds of men, women and children try to cross the largest and most dangerous bridge of all, the bridge, and geographical "disruption," called Mexico.

Bad things happen when *La Bestia* stops:

For example, on November 5, 2008, twelve migrant women were abducted from a freight train at Las Anonas, Oaxaca state, by a group of armed men. Eyewitnesses testified that the train driver stopped the train for the gang to specifically target the women. A complaint was filed, but the women, who may have been trafficked, were never found.[9]

[8] Amnesty International, 2010 (http://tinyurl.com/2bof2qg).
[9] ACNUR, 2010 (http://tinyurl.com/3zf3om5).

el puente más grande y lleno de peligros, el puente que se llama México; ese «accidente» geográfico que se llama México.

En esa travesía, ocurren cosas malas cuando *La Bestia* se detiene:

Por ejemplo, el 5 de noviembre de 2008, doce mujeres migrantes fueron secuestradas de un tren de carga en Las Anonas, estado de Oaxaca, por un grupo de hombres armados. Los testigos presenciales declararon que el conductor del tren había detenido el convoy específicamente para que la banda capturara a las mujeres. Se presentó una denuncia, pero las mujeres, que pueden haber sido objeto de trata, no fueron halladas.[9]

Ocurren cosas malas cuando *La Bestia* no se detiene:

El recorrido en tren del salvadoreño Luis Eduardo Sánchez, de 28 años, fue mucho más corto y de resultado igualmente terrible: perdió su pierna cuando falló en su intento de abordar el convoy en Chiapas. "No me agarré muy bien del vagón y me resbalé. La rueda del tren me trituró parte de la pierna", explicó Santos, quien movido por el ansia de reencontrar a su hija en los Estados Unidos quiere seguir el viaje hacia el Norte, aunque no sabe cuándo ni cómo.[10]

Un accidente se registró la madrugada de este martes en las vías del tren en la avenida Inglaterra, en Guadalajara, cuando,

[9] ACNUR, 2010 http://tinyurl.com/3zf3om5.
[10] «*La Bestia*, el tren carguero que mutila cuerpos y sueños de los inmigrantes». Reportaje disponible en http://tinyurl.com/ohzblo5 (consultado el 15 de noviembre de 2012).

Bad things happen when *La Bestia* doesn't stop:

> Twenty-eight-year-old Salvadorian Luis Eduardo Sánchez's train journey was much shorter, and its outcome equally terrible: he lost his leg during a failed attempt to get aboard the train in Chiapas. "I didn't get a good grip on the train car and I slipped. The wheel crushed part of my leg," explains Santos who, eager to see his daughter in the United States, wants to continue his journey northward, though he doesn't know when or how.[10]

> An accident took place early Tuesday morning on the train tracks on Inglaterra Avenue in Guadalajara when, in attempting to get aboard a train known as La Bestia, two Central Americans fell and were crushed under its wheels. The victims are from Honduras and Guatemala respectively; the first is between the ages of twenty and twenty-five, and the second, who runs the risk of losing both legs, is approximately thirty.[11]

Bad things happen when you get off *La Bestia*:

> In August 2010, a massacre took place that moved the country and the world. At an abandoned farm in the town of Tamaulipeco de San Fernando, Los Zetas killed seventy-two migrants. Men and

[10] *"La Bestia,* el tren carguero que mutila cuerpos y sueños de los inmigrantes," article available at http://tinyurl.com/ohzblo5 (consulted on November 15, 2012).

[11] "Graves dos centroamericanos tras caer de *La Bestia,*" available at http://tinyurl.com/ogyaqqh (consulted on November 15, 2012).

> al intentar abordar el tren, también conocido como *La Bestia,* dos centroamericanos cayeron y fueron arrollados por las ruedas de la máquina. Las víctimas son un hondureño y un guatemalteco: el primero, de entre 20 y 25 años de edad, y el segundo, de aproximadamente 30 años, quien corre el riesgo de perder ambas piernas.[11]

Ocurren cosas malas cuando se bajan de *La Bestia:*

> En agosto de 2010 tuvo lugar una matanza que conmovió al país y al mundo. En un rancho abandonado del municipio tamaulipeco de San Fernando, Los Zetas asesinaron a setenta y dos migrantes. Hombres y mujeres (una de ellas menor de edad) que se negaron a colaborar con la mafia fueron ametrallados ahí, a pocos kilómetros de la frontera que querían alcanzar para escapar de la miseria [...] En el trayecto Tampico-Reynosa, Yedmi y Toñito iban con otros 70 centro y sudamericanos distribuidos en dos camiones de carga. Algunos de ellos habían desembolsado hasta diez mil dólares para llegar a la frontera. Pensaban que así viajaban más seguros.[12]

Y las «postales» pueden seguir, apilando horror tras horror para armar la escena fatal. ¿Qué vocabulario se requiere para narrar este viaje? Aquí el puente-país es metáfora, pero es también un índice de agonía, de violencia. Aquí el puente produce la herida,

[11] «Graves dos centroamericanos tras caer de *La Bestia*». Disponible en http://tinyurl.com/ogyaqqh (consultado el 15 de noviembre de 2012).

[12] «San Fernando, la sangrienta travesía que conmovió al mundo», *Proceso,* 22/8/2012. Disponible en http://tinyurl.com/pqym2eu (consultado el 16 de noviembre de 2012).

women (one of them under age) who refused to cooperate with the mafia were gunned down just a few kilometers from the border that they hoped to reach to escape their poverty… Yedmi and Toñito, along with seventy other Central and South Americans, were on their way from Tampico to Reynosa in two cargo trucks. Some of them had paid up to ten thousand dollars to reach the border, believing that that would assure them a safer passage.[12]

And there are more and more "postcards" of this sort, horror upon horror that together compose a dreadful scene. What vocabulary should be used to narrate this journey? Here, the notion of bridge-country is a metaphor, but it is also an index of suffering and violence. Here, the bridge produces wound, not suture, and lack is kept in suspense, not overcome. The transmigrants on their bridge of death. Is heading back over the bridge the only option? Returning to the point of departure and accepting that, despite everything, the disruption is insurmountable and the bridge uncrossable?

"Where to inhabit?" wonders Bachelard;[13] "Where to flee? Over what bridge?"

[12] "San Fernando, la sangrienta travesía que conmovió al mundo," available at http://tinyurl.com/pqym2eu (consulted on November 16, 2012).
[13] Bachelard, Gaston, op. cit., p.256.

no la sutura; mantiene la carencia en suspenso, no la resuelve. Los transmigrantes en su puente de muerte. ¿Desandar el puente como única opción? ¿Regresar al punto de partida y asumir que, pese a todo, el accidente es insalvable y el puente intransitable?

«¿Dónde hay que habitar?», se pregunta Bachelard;[13] ¿dónde huir, a través de qué puente?

ESCENA 4 Puentes como batallas: la modernidad a cualquier costo

Construcción de rampas y la reubicación de arbolado (Duración 21 semanas); Construcción de pilas de apoyo para puente fijo (Duración 21 semanas); Construcción de zapatas de cimentación para puente (Duración 8 semanas); Montaje de estructura en puente fijo (Duración 36 semanas); Montaje de elementos de la estructura del puente Matute Remus (Duración 20 semanas); Desarrollo de imagen urbana, recuperación de áreas verdes y zonas de convivencia peatonal (Duración 12 semanas).

Esta descripción forma parte de la página wiki[14] del puente Matute Remus, mejor conocido como «puente atirantado» y rebautizado por la gente como «puente atarantado», inaugurado tras muchos conflictos sociales en Guadalajara el 29 de enero de 2011 con todo un show de luces y música electrónica.

El conflicto había dado comienzo meses antes. La organiza-

[13] Bachelard, Gaston, op. cit., p. 256.
[14] Disponible en http://tinyurl.com/p9sltbt (consultado el 19 de noviembre de 2012).

Construction of ramps and relocating wooded areas (Duration: 21 weeks); Construction of supporting pillars for non-movable bridge (Duration: 21 weeks); Construction of bridge's shallow foundation (Duration: 8 weeks); Assemblage of the non-movable bridge's structure (Duration: 36 weeks); Assemblage of components for the structure of the Matute Remus Bridge (Duration: 20 weeks); Urban image development, recovery of green areas and pedestrian areas (Duration: 12 weeks).

This description is found on the Spanish-language Wikipedia[14] entry for the Matute Remus Bridge, a "cable-stayed bridge" that, making a pun in Spanish, locals call "the dumbfounded bridge." After a great deal of conflict in Guadalajara, the Matute Remus Bridge opened on January 29, 2011 with an elaborate light and electronic music show.

The conflict had begun months earlier. At the forefront of citizens' sustained opposition to the construction of the bridge was *Ciudad para Todos,* a civic organization that consists of a complex group of activists that has performed urban interventions to evidence the problems that the city faces due to policies that favor the use of cars. The opposition was based on the impact that the bridge would have on over one thousand healthy adult trees and the way it would alter

[14] Available at http://tinyurl.com/p9sltbt (consulted on November 19, 2012).

ción civil Ciudad para Todos, un interesante y complejo grupo de activistas que han venido haciendo intervenciones urbanas y evidenciando los problemas de la ciudad derivados de unas políticas que han privilegiado el uso del automóvil, encabezó y mantuvo la oposición ciudadana a la construcción del puente. Los motivos centrales de esta oposición se deben al impacto que sufrieron más de mil árboles adultos y sanos y a la alteración del tejido urbano, que afectó a varios barrios que, en la mentalidad de autoridades y urbanistas, representaban un fuerte «accidente» para lograr el tránsito de los doscientos mil vehículos que transitan por ahí diariamente.

La decisión de levantar ese puente, el único en su tipo en la ciudad, presentado como una obra de alta ingeniería, generó la movilización prácticamente inmediata de ese grupo, al que rápidamente se sumaron otras organizaciones ecologistas, de movilidad, de derechos humanos, numerosos jóvenes universitarios y ciudadanos interesados por los problemas de la ciudad.

En el camellón central de la calzada Lázaro Cárdenas, sobre el que se levanta esta imponente estructura de mil trescientos metros (que, solamente en su parte atirantada, tiene ciento sesenta y cinco metros), los activistas instalaron su campamento y se aprestaron a emprender una batalla cultural en defensa de la zona y en contra de la construcción del puente.

Durante poco más de un mes, desde que se anuncia la medida hasta que ya es inevitable abandonar el área por la presencia de maquinaria pesada y de la policía, en la zona de la acampada se

the urban grid, specifically a number of neighborhoods that, in the view of the authorities and urban planners, represented a "disruption" to be overcome for the sake of the circulation of the two hundred thousand vehicles that go through the area on a daily basis.

Almost immediately after the announcement of the decision to build what was branded as a state-of-the-art bridge, the only of its kind in the city, this group began taking action. Soon other activist organizations working on environmental and mobility issues and human rights joined in, as did many university students and citizens concerned with the city's problems.

The activists made camp on the main traffic island on Lázaro Cárdenas on which the bridge, with its imposing 1,300-meter structure, was to be built (its cable-stayed part alone measures 165 meters). They prepared to undertake a cultural battle in defense of the area and against the construction of the bridge.

For just over a month—from the time the project was announced until the area had to be vacated due to the presence of heavy machinery and the police—public space was reinvented in the area around the camp with numerous activities in opposition to the production of the city as trademark and to the utilitarian and "modern" restructuring of the local.

At this smaller-scale precursor to Zuccotti Park, libraries, children's workshops, picnics of citizens, lectures, yoga class, open-air film

reinventa el espacio público a través de numerosas actividades opuestas a la producción de la ciudad como marca registrada y a la reconversión utilitaria y «moderna» de lo local.

Biblioteca, talleres infantiles, picnic ciudadano, conferencias, clases de yoga, cine al aire libre (en una anticipación a menor escala de lo que será Zuccotti Park), son algunas de esas actividades que convocan a cientos de ciudadanos que hacen suya la protesta, haciendo suyo el lugar. Es gracias a las historias que los lugares se tornan habitables. Habitar es narrar, decía De Certeau,[15] por ello es importante hacer una arqueología de lo que calla en el puente, hacer salir de la clandestinidad las historias que lo anteceden.

Así, el 21 de noviembre de 2009, ocho jóvenes activistas se amarran a los árboles para que no sean derribados. Un gigantesco tabachín, con un guardián amarrado a su imponente cuerpo, espera el veredicto final; «será trasplantado», dice el operador, «quiero saber a dónde se lo llevan», pregunta el guardián, que no se rinde. Pero no hay caso, la maquinaria y la intimidación terminan por condenar al exilio al tabachín y a otros árboles. El puente es inevitable y se levanta por encima de una política del lugar.

Perder ciudad, ganar movilidad para los automóviles. De lo perdido, lo que aparece, la prótesis moderna, que revela una matriz profunda, una concepción de la vida; allá, como dice Benedetti en su poema *Contra los puentes levadizos*, «allá abajo estaba el mundo». Ciudad interrumpida.

[15] De Certeau, Michel, *La invención de lo cotidiano. 1. Artes de hacer*, México, Universidad Iberoamericana/ITESO, 1996.

screenings and other activities took place; hundreds of citizens participated, appropriating the protest and the location. It is through stories that places become inhabitable. To inhabit is to narrate, said De Certeau.[15] That is why it is important to produce an archeology of what is silenced in the bridge, to bring the stories that came before it to light.

On November 21, 2009, eight young activists tied themselves to trees to prevent them from being taken down. An enormous *tabachín* tree, its keeper tied to its imposing trunk, awaits the final verdict. "It will be transplanted," says the machine operator. "I want to know where it will be taken," demands the keeper, intransigent. But, in the end, machinery and intimidation sentence the *tabachín* and others to exile. The bridge is inevitable; it is built on top of a politics of place.

Losing city, gaining mobility for cars. From what is lost emerges the modern prosthesis, which reveals a deep matrix, a conception of life; "below there was the world," as Benedetti says in his poem *Contra los puentes levadizos*. Interrupted city.

Edge effect

I would like to close this brief phenomenological overview by returning to the ecological metaphor of the edge effect; it describes exactly what I have tried to show in these scenes where a bridge joins "different systems": the war against drug trafficking and its so-called collateral damage; power and social movements; migration in a country in the

[15] De Certeau, Michel, *La invención de lo cotidiano. 1. Artes de hacer*, México, Universidad Iberoamericana/ITESO, 1996. (English title: *The Practice of Everyday Life*.)

Efecto borde

Quiero cerrar este breve recorrido fenomenológico regresando a la metáfora ecológica del efecto de borde, en tanto es justamente lo que ocurre cuando el puente articula «sistemas diferentes», lo que he intentado mostrar en las escenas anteriores: la guerra contra el narco y los llamados daños colaterales; el poder y los movimientos sociales; la migración en un país sacudido por la violencia; las decisiones urbanas y la resistencia ciudadana. El puente es entonces la interfaz que posibilita, genera, provoca la conexión y el intercambio.

Los ecologistas señalan que uno de los resultados del efecto de borde es el de producir biodiversidad, en muchas ocasiones con efectos negativos, en la medida en que este efecto genera importantes cambios al posibilitar que los sistemas adyacentes vean alterados, superpuestos o invadidos sus límites. Se considera, además, que si el efecto de borde se intensifica, puede producir una reducción en alguno de los sistemas, hasta tal punto que puede llevar a la extinción local o total de una especie.[16]

Bajo esa perspectiva y desde el otro lado de la metáfora del puente, puede decirse que el efecto borde produce biopolítica. Al operar como interfaz entre orillas —como las llamaría Grimson[17]—, y de manera especial al potenciar la zona de contacto, el puente detona, modela y modula relaciones.

En el fondo, el puente es ante todo una relación que en las escenas aquí narradas coloca en el centro la pregunta sobre el poder. Está claro que, para las autoridades y la policía de

[16] La información del efecto de borde fue obtenida de diversos artículos y sitios de Internet, principalmente de López Barrera, F., «Estructura y función de bordes de bosques», en *Ecosistemas. Revista Científica y Técnica de Ecología y Medio Ambiente*, vol. 13, n° 1, enero de 2004. Disponible en http://tinyurl.com/mrgzylf (consultado el 23 de octubre de 2012).

[17] Grimson, Alejandro, "El puente que separó dos orillas," en Grimson, Alejandro (comp.), *Fronteras, naciones e identidades*, Buenos Aires, CICCUS-La Crujía, 2000.

grips of violence; urban decisions and citizens' resistance. The bridge, then, is the interface that enables, generates, provokes connection and exchange.

Ecologists affirm that one of the results of the edge effect is biodiversity, often with negative outcomes: the edge effect leads to major changes in adjacent systems by facilitating alterations, superimpositions and invasions at the limits of those systems. It is also believed that if the edge effect is intensified, it may cause some systems to be reduced to the point of the local, or even universal, extinction of a species.[16]

From this perspective and the other side of the bridge metaphor, it can be said that the edge effect produces biopolitics. By operating as interface between shores—to use Grimson's term[17]—and by increasing the power of the zone of contact in a very specific manner, the bridge detonates, molds and modulates relations.

The bridge is, above all, a relation that, in the scenes recounted here, centers on the question of power. It is evident that, for the authorities and police of New York, the Brooklyn Bridge constitutes a site of power that, at whatever cost, must be protected from the citizen "species" known as "occupiers." Power reacts to the symbol that is the bridge; the permeability of the crossing is, in this case, sealed, marking a clear border between the proprietary powers and the social movement.

[16] Information on the edge effect was obtained from a number of articles and websites, but principally from López Barrera, F., "Estructura y función de bordes de bosques," in *Ecosistemas. Revista Científica y Técnica de Ecología y Medio Ambiente*, vol. 13, no. 1, January 2004, available at http://tinyurl.com/mrgzylf (consulted on October 23, 2012).

[17] Grimson, Alejandro, "El puente que separó dos orillas," in Grimson, Alejandro (comp.), *Fronteras, naciones e identidades*, Buenos Aires: CICCUS-La Crujía, 2000.

Nueva York, el puente de Brooklyn constituye un emplazamiento de poder al que hay que proteger a toda costa de la «especie» ciudadana conocida como *occupiers*. Los poderes reaccionan frente al símbolo que constituye el puente; en este caso, la permeabilidad del cruce queda obturada, marcando una clara frontera entre los poderes propietarios y el movimiento social.

Algo parecido ocurre con el puente-batalla. El puente atirantado se levanta como un signo de la victoria de los poderes propietarios, como una epopeya moderna que inscribe su concepción de progreso y de modernidad. La indudable belleza de su estampa nocturna, iluminada, no logra acallar lo que ha sido destruido, ignorado, borrado, debajo. Quizás en el futuro el puente-batalla pueda transmutar en puente-festivo y convertirse en un símbolo que tomar.

Entre 2007 y 2011 emigraron 291.710 salvadoreños, 200.000 guatemaltecos y 100.000 hondureños, según datos del Banco Mundial.[18] Muchos de ellos habrán de ser retenidos (o «alojados», según el vocabulario oficial) por México o secuestrados, ultrajados, asesinados por el crimen organizado. Más de quinientas mil personas transitando por un país que tiene su efecto borde en la frontera sur. Los poderes que se levantan —ominosos— para detener o servirse de este flujo apelan al dispositivo inmunitario que reacciona contra la intromisión, contra el contagio.[19] Así, la zona inmunitaria representada en la metáfora del puente-país se constituye en un territorio complejo de entrecruces de diferentes, desiguales, variadas ideologías o visiones del mundo

[18] Ver informe «Migración neta» del Banco Mundial, disponible en http://tinyurl.com/on54glr (consultado el 23 de octubre de 2012).

[19] Espósito, Roberto, *Inmunitas. Protección y negación de la vida*, Buenos Aires, Amorrortu, 2005, pp. 13, 19.

Something similar occurs in the bridge-battle. The cable-stayed bridge is erected as a sign of the victory of proprietary powers, a modern epic that inscribes its notion of progress and modernity. The indisputable beauty of its lit-up nocturnal image cannot silence what has been destroyed, ignored, erased there below. Perhaps in the future the bridge-battle will transmute and become bridge-celebration, a symbol to be seized.

According to the World Bank, between 2007 and 2011, 291,710 Salvadorians, 200,000 Guatemalans, and 100,000 Hondurans left their countries.[18] Many of them will have been detained (or "hosted," to use the official term) by Mexican authorities or kidnapped, violated or murdered by organized crime. More than 500,000 people circulating through a country whose edge effect lies on its southern border. The powers that rise up, ominous, to bring to a halt or make use of this flow appeal to immunity and its devices which react against intromission, against contagion.[19] Thus, the immunitary zone that the bridge-country metaphor represents takes shape in a complex territory where many differing and unequal ideologies or visions of the world crisscross and coagulate around the figure of the migrant.[20]

As is manifested in the scene of the uncanny bridge, the path to the uncanny, the border can also be a zone of transition. Relentless loss of the rule of law, public sphere rendered cemetery, brutal violence in a landscape of death. The Tijuana-based weekly *Zeta* (one of

[18] See the World Bank's "Migración neta," available at http://tinyurl.com/on54glr (consulted on October 23, 2012).

[19] Espósito, Roberto, *Inmunitas. Protección y negación de la vida*, Buenos Aires: Amorrortu, 2005, pp. 13, 19.

[20] It is also necessary to evidence the edge effect on Mexico's northern border, with 1,805,238 emigrants from 2007 to 2011. The situation is very complicated and harsh, to put it mildly.

 Rossana Reguillo/Puentes en escenas

cuyo punto de condensación se centra en la figura del migrante.[20]

Sin embargo, el borde es también considerado zona de transición. Es ese el sentido que parece quedar de manifiesto en la escena del puente siniestro, lo devenir siniestro. La continua pérdida del Estado de derecho, lo público convertido en cementerio, la violencia brutal en un paisaje de muerte. Entre el 1º de diciembre de 2006 y el 31 de octubre de 2012 el semanario *Zeta*, de Tijuana (uno de los medios más serios que ha documentado el fenómeno del narcotráfico en México), calcula que el sexenio del presidente Felipe Calderón deja la cifra de 83.191 asesinatos relacionados con el crimen organizado. El efecto borde se abre entre la legalidad y la ilegalidad, generando un tercer espacio: la paralegalidad, categoría que propongo para comprender la economía política de la violencia.

Lo paralegal, a diferencia de lo ilegal, trabaja a plena luz de día, con la colaboración de todos: se graba, se documenta, exhibe los cuerpos mutilados que produce. Fluye en un texto paralelo, nómada, bizarro. El puente es aquí metáfora del cruce hacia el horror.

Finalmente, me parece que resulta evidente que en torno al puente resulta imposible optar por un punto de vista unívoco, porque su imagen, esa que «turba las nociones de espacialidad», es solamente aprehensible desde la subjetividad. La espacialización del relato del puente no es mera estrategia retórica, sino su constitutivo; el puente necesita de la escena para adquirir corporeidad. La escena y sus metáforas reponen facticidad: esto existe.

[20] Indudablemente, habría que dar cuenta del efecto borde en la frontera norte de México, con 1.805.238 emigrantes entre 2007 y 2011. La situación es, por decirlo suavemente, muy complicada y dura.

the most responsible media that has documented the phenomenon of drug trafficking in Mexico) calculates that the period between December 1, 2006 and October 31, 2012—Felipe Calderón's six-year term—witnessed 83,191 organized crime-related murders. The edge effect opens up between legality and illegality, giving rise to a third space: paralegality, the category I propose to grasp the political economy of violence.

The paralegal, unlike the illegal, operates in broad daylight, with everyone's support: it is recorded and documented, exhibiting the mutilated bodies it produces. It flows in a parallel text both nomadic and bizarre. Bridge here is metaphor for crossing into horror.

Finally, it seems clear that a univocal vision of the bridge is impossible because its image, that which "upsets notions of spatiality," can only be grasped by a subject, from subjectivity. The spatialization of the narrative of the bridge is not a mere rhetorical strategy, but a constituent element of the bridge, which requires the scene to become corporeal. The scene and its metaphors restore facticity: this exists.

The bridge articulates a complex and heterogeneous network of meanings that deploys differentiated uses and imaginaries: the bridge-horror, the bridge-celebration, the bridge-wound, and the bridge-battle are some of its figures, its faces in a present besieged by urgency. To name the bridge means to build a framework to circulate through its arteries and veins, to feel its pulse and listen to its breathing.

110 Rossana Reguillo/Bridges in Scenes

El puente se articula a una compleja red heterogénea de significados que moviliza usos e imaginarios diferenciados: el puente-horror, el puente-festivo, el puente-herida, el puente-batalla son algunas de sus figuras, de sus rostros en una contemporaneidad sitiada por la urgencia. Nombrar el puente es construir un andamiaje para transitar por sus arterias y sus venas, para sentir su pulso y escuchar su respiración.

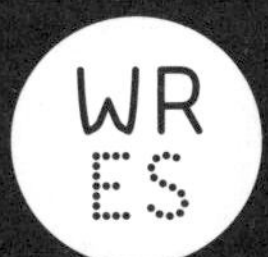

WRITERS
ESCRITORES
Ricardo Menéndez Salmón (SP)
The Two Shores
Las dos orillas

113

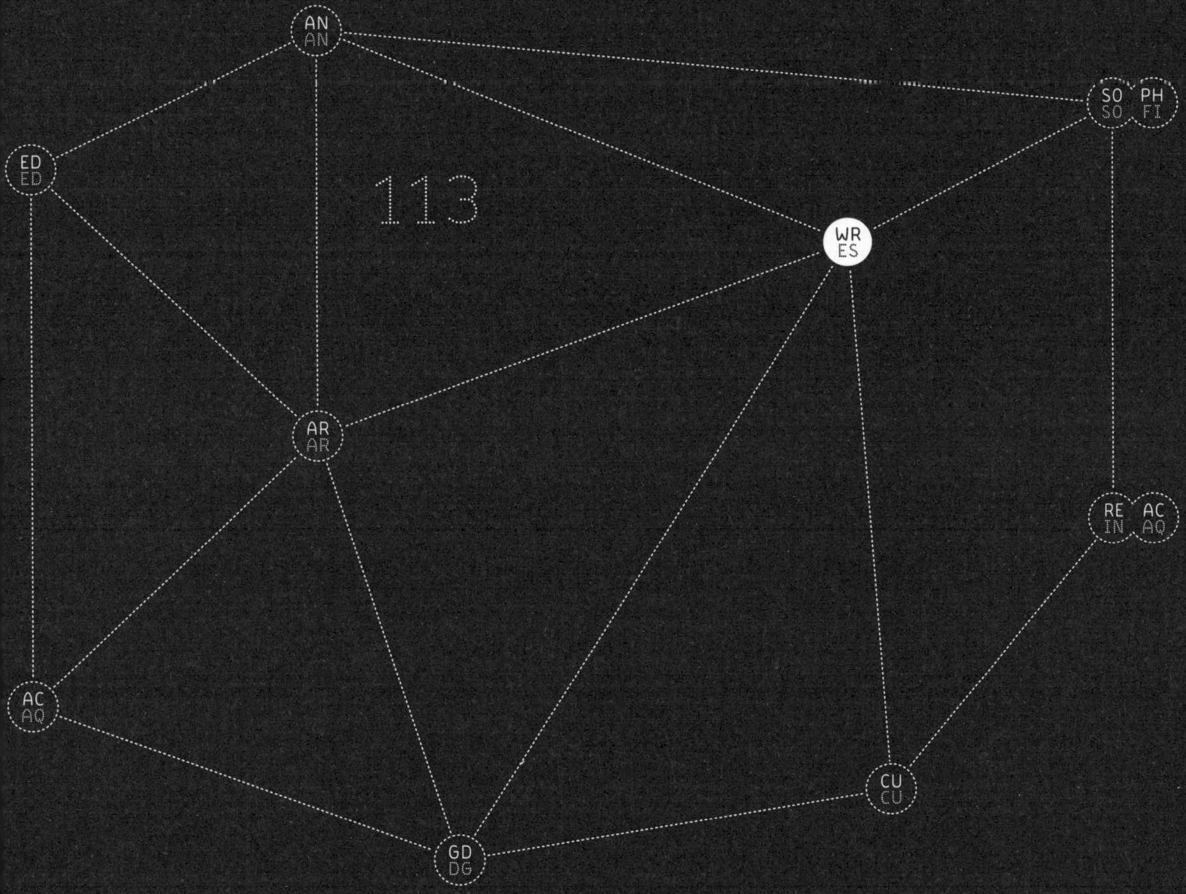

The Two Shores

When I take a look at my career as a published writer, from my first text, *La filosofía en invierno* [Philosophy in Winter, 1999], to my most recent, *Medusa,* published in 2012, I understand that it consists in its entirety of a dialogue—of drawing a bow, of mapping a common ground, *of raising a bridge*—between the two forms of writing that, in my view, are the most adept at capturing existence, at guiding it towards a plausible interpretation and, ultimately, attempting to grasp it: the novel and philosophy.

The terrain of the writer, of any writer, is not, in my view, truth—a word that, I must confess, incites in me a certain sense of caution—but plausibility, that is, creating a coherent world, one that rings true even if it defies the laws of reality, a world that is, in a word, inhabitable.

In *La ofensa* [The Offense], I wrote that what is most terrifying about the absurd is that it has its own logic. That is also, from the standpoint of a creator, what makes it interesting: the fact that we can read the worlds dreamed up by Borges, Lem and Manganelli without demanding that they respond to the logical criterion of truth versus falsehood. Indeed, when we read the worlds of those writers, they actually ensue; they are operative while they give us the sanctuary of beauty and show

Las dos orillas

Cuando contemplo mi trayectoria como escritor con obra publicada, desde mi primer texto, *La filosofía en invierno*, aparecido en 1999, hasta el último, *Medusa*, editado en 2012, comprendo que toda ella consiste en un diálogo —en tensar un arco, en cartografiar un país común, *en levantar un puente*— entre las dos formas de escritura que considero privilegiadas para dar cuenta de la existencia, orientarla hacia una interpretación plausible y, en definitiva, aspirar a conocerla: la novela y la filosofía.

Creo que el territorio del escritor, de cualquier escritor, no es la verdad, una palabra ante la que confieso sentir cierta prevención, sino la verosimilitud, esto es, la creación de un mundo que, incluso conculcando las leyes de la realidad, sea transitable, efectivo, coherente; en una palabra: habitable.

En *La ofensa* escribí que lo más aterrador del absurdo es que posea su propia lógica. También es lo más interesante desde el punto de vista del creador. Que podamos leer los mundos soñados por Borges, Lem o Manganelli sin sentir que deben atender al viejo criterio lógico verdad/falsedad. Al contrario, mientras los leemos, suceden, son eficaces y, además, nos regalan el asilo de la belleza y nos revelan nuestra ignorancia aunque también nuestra inteligencia, dos momentos decisivos en la formación de todo fruidor.

us our ignorance as well as our intelligence, two decisive instances in the making of any book lover.

Only one who thinks that literature must *necessarily* attempt to reflect a social, moral or intellectual truth would be displeased by these ventures into the kingdom of contingency. I confess that I feel quite uncomfortable in the company of writers who, in their eagerness to educate, point with categorical finger to what lies before their eyes. I believe that meandering around in fiction, manipulating the real until it becomes an aesthetic object, evidence of the non-mimetic—and decidedly anti-Aristotelian—nature of the relationship between life and art, is more enriching than any other poetic when it comes to talking about what makes us who we are.

To cite a well-known example, I believe that the best document in opposition to dictatorships produced in a world just getting over the horrors of World War II was a novel: *The Ides of March.* In it, the figure of Julius Cesar—perhaps the first dictator that the European tradition can call its own—shows in no uncertain terms the features of the moral beasts that were at that time—1948—still fresh in the collective imaginary. Rather than mentioning Hitler, Mussolini or Franco by name, Thornton Wilder set out to write a documentary novel about pre-Christian Rome, and the result is dazzling: the flames of the plausible—an unlikely correspondence between the most powerful man on earth and an exile on the Island of Capri who answers to the name of Lucius

115

Sólo quien piense que la literatura debe aspirar a reflejar *necesariamente* cierta verdad social, moral o intelectual sentirá desagrado ante estas excursiones al reino de lo contingente. Confieso sentirme bastante incómodo en compañía de aquellos escritores cuyo afán pedagógico les lleva a señalar con el dedo única y exclusivamente lo que está delante de su cara, pues considero que el rodeo a través de la ficción, la manipulación de lo real hasta convertirlo en objeto estético, la evidencia del carácter no mimético, decisivamente antiaristotélico, de la relación entre vida y arte, resulta más enriquecedor para hablar de cuanto nos define que cualquier otra poética.

Por servirme de un ejemplo conocido, pienso que el mejor documento levantado contra las dictaduras en el mundo recién recuperado de los horrores de la Segunda Guerra Mundial ha sido una novela, *Los idus de marzo,* en la que la figura de Julio César, quizá el primer dictador al que nuestra tradición europea puede asumir como propio, muestra el aspecto inequívoco de algunos de los monstruos morales que por aquel entonces, en el año 1948, aún estaban frescos en el imaginario colectivo. Mejor que decir Hitler, Mussolini o Franco, Thornton Wilder se embarca en una novela documental sobre la Roma precristiana y el resultado es deslumbrante: las galas de lo verosímil —la improbable correspondencia entre el hombre más poderoso del orbe y un exiliado en la isla de Capri que responde al nombre de Lucio Mamilio Turrino— se inflaman del viento de la verdad histórica. La imaginación de Wilder, encauzada por la voluntad de fabular sobre

Mamilius Turrinus—are fed by the spirit of historical truth. Determined to tell a tale about what was possible, about one of the countless plausible turns in what actually happened, Wilder's imagination gives shape to historically false but literarily coherent testimonies that organize not only a topnotch narrative, but also a remarkable interrogation, one more powerful than any commonplace historiography, of the whys and wherefores by which a dictator, and a worldview based on the thirst for power, are formed.

Similarly, fantasy is often what best attests to the state of our existence, and it's not necessary to be called Zola, Dreiser, Thackeray, Verga, Gorky or Galdós to prove this, often with unrivaled intensity. To formulate this enigma as a question and turn to another example, does any book better describe the subject in the 20th century than the one about a man who wakes up one morning to find himself transformed into a bug? Have social realism, critical realism and dirty realism been able to capture as keenly the *angst* of the last century, the dissolution of certain ethical categories and the questioning of the very concept of reality as this brief, absurd and impossible story about a man changed, for no discernible reason or motive, efficient or final cause, into a bug?

And so, plausibility over truth, the possibility of "as if" over the certainty of "like this." The writer must, of course, care about truth, about his or her truth, but that does not necessarily mean that it should

 Ricardo Menéndez Salmón/The Two Shores

aquello que fue posible, a propósito de una de las miles de bifurcaciones en las que se embosca lo sucedido, logra que la estructuración de unos testimonios históricamente falsos pero literariamente coherentes organice no sólo un material narrativo de primer orden, sino una inquisición extraordinaria, más poderosa que cualquier historiografía al uso, sobre los modos y costumbres mediante los que se construye un dictador y se levanta una cosmovisión de la voluntad de poder.

Atendiendo a otro ejemplo, a menudo no existe mejor expediente para arrojar luz sobre la condición de nuestra existencia que la fantasía. O, dicho de otro modo, no hace falta llamarse Zola, Dreiser, Thackeray, Verga, Gorki o Galdós para dar fe y hacerlo con una intensidad sin parangón. Planteado el enigma en forma interrogativa: ¿existe algún libro más rico para caracterizar al sujeto del siglo XX que aquel en que un hombre amaneció una mañana convertido en escarabajo? ¿Han logrado el realismo social, el realismo crítico o el realismo sucio perfilar con tanta agudeza el *Angst* del siglo pasado, la disolución de determinadas categorías éticas y el propio cuestionamiento del concepto de realidad que esa breve, absurda e imposible historia acerca de un hombre transformado sin razón, motivo ni causa final o eficiente en escarabajo?

Así pues, verosimilitud frente a verdad, vindicación del «como si» frente al «así». Al escritor la verdad, *su* verdad, debe importarle, sin duda, pero no necesariamente debe convertirla en alimento literario. O expresado en forma acaso aporética, insoluble,

become the substance of literature. Or, to put it in more aporetic, insoluble or even dramatic terms, it is entirely possible that nothing has done as much harm to the truth of socialism as socialist literature. Literature is not a net thrown over the world in the hope of capturing its shape, but rather a wonderful forgery, a manipulation of any and every rule; as Philip Roth puts it in *Operation Shylock,* the writer is none other than the person capable of performing "the prank of artistic transubstantiation" by which elements, even if changed around, preserve the appearance of autobiography although endowed with the powers of fiction.

André Gide writes in *The Vatican Cellars:*

Fiction there is—and history. Certain critics of no little discernment have considered that fiction is history that might have taken place, and history fiction that has taken place. We are indeed forced to acknowledge that the novelist's art often compels belief, just as reality sometimes defies it. Alas! There exists an order of minds so skeptical that they deny the possibility of any act as soon as it diverges from commonplace. It is not for them that I write.

Nor do I. Neither do I write for those who deny the implausible in the phenomenal world, nor those who rally against creative license in the artistic world.

 Ricardo Menéndez Salmón/Las dos orillas

incluso dramática: es posible que nada haya hecho tanto daño a la verdad del socialismo como la literatura socialista. La literatura no es una red que se lanza sobre el mundo aspirando a convertirse en su horma, sino una magnífica falsificación, una manipulación en toda regla o, como diría Philip Roth en *Operación Shylock,* el escritor no es más que aquella persona capaz de obrar el milagro artístico de la transubstanciación, consistente en hacer que los elementos modificados conserven la apariencia de autobiografía, pero otorgándoles los poderes de la ficción.

Escribe André Gide, en *Los sótanos del Vaticano:*

Hay dos cosas: la novela y la historia. Ciertos críticos sagaces han definido a la novela como la historia que pudo ser, y a la historia como una novela que había sucedido. Forzoso es, en efecto, reconocer que el arte del novelista alcanza a menudo la verosimilitud, mientras que lo ocurrido, en ocasiones, parece inverosímil. Por desgracia, ciertos espíritus escépticos niegan los hechos en cuanto se salen de lo corriente. No escribo para ellos.

Yo tampoco escribo para ellos. Ni para los que niegan lo inverosímil en el mundo fenoménico, ni para los que arremeten contra las licencias del creador en el mundo artístico.

Afirman que la ciencia se aproxima cada vez más a la explicación de los componentes últimos de la materia, esto es, al

They say that science is getting closer and closer to explaining the smallest components of matter, that is, to revealing the origin of life. I, however, deny the larger premise. Science does not explain a thing because the ultimate secret of existence has nothing to do with mathematical metaphors or radiant spheres that hold the intimate algebra of the universe. They may speak of protons, black holes, quarks and who knows what else, but so far no one has been able to explain to me why, at the annual car race in Hawaii in 1937, the back wheel of local idol John Kwatlu's vehicle landed, after coming off his car, on the head of his daughter rather than any of the other two thousand ecstatic fans witnessing the race.

This is a fragment from a story entitled "El manuscrito Chiavistelli" [The Chiavistelli Manuscript] that I wrote in 2003. It contains a number of tributes, including one in this paragraph to North American writer William Gaddis, author of masterpieces like *The Recognitions*, the story of an art forger. "El manuscrito Chiavistelli" is inspired on the short story by Max Beerbohm entitled "Enoch Soames" which Borges included in *The Book of Fantasy*. In Beerbohm's story, a mediocre writer makes a pact with the devil in order to find out what will happen to his work after his death.

In my story, the Enoch Soames character is Lorenzo Chiavistelli, a Florentine painter and contemporary of Leonardo da Vinci who, much

 Ricardo Menéndez Salmón/The Two Shores

desvelamiento del origen de la vida; sin embargo, yo niego la premisa mayor. La ciencia no explica nada porque el secreto último de la existencia nada tiene que ver con metáforas matemáticas ni radiantes esferas que atesoran el álgebra íntimo del universo. Hablan de protones, agujeros negros, quarks y qué sé yo cuántas cosas más, pero nadie ha logrado explicarme todavía por qué en la carrera anual de coches de Hawai del año 1937, el ídolo local, John Kwatlu, perdió una rueda trasera de su vehículo y ésta, entre más de dos mil enfervorizados espectadores que presenciaban la prueba, escogió la cabeza de su hija para posarse.

Este fragmento pertenece a un relato titulado «El manuscrito Chiavistelli», que escribí en 2003 y que esconde distintos homenajes. En este párrafo se esconde uno, que hace referencia a una novela del escritor norteamericano William Gaddis, autor de obras maestras como *Los reconocimientos*, la historia de un falsificador de obras de arte. «El manuscrito Chiavistelli» es un texto inspirado en una narración breve de Max Beerbohm titulada «Enoch Soames», recogida por Borges en su *Antología del cuento fantástico* y en la que un escritor vulgar pacta con el Diablo para saber qué será de su obra después de su muerte.

En mi relato, Enoch Soames es un pintor florentino contemporáneo de Leonardo da Vinci, Lorenzo Chiavistelli, que, para su decepción, comprobará que en el futuro su obra ha sido completamente ignorada. En todo caso, a Lorenzo le queda el consuelo

to his chagrin, learns that his work will be completely forgotten. Lorenzo is, however, comforted to find out during his journey to the future that the portrait by Leonardo entitled *La Gioconda* for which Lorenzo posed dressed as a woman enjoys a good deal of success and prestige. His soul, in the end, was sold for a hefty handful of coins, and literature, by means of plausible farce, has humbly lived up to Pessoa's celebrated dictum: pretense is the soul—but also the power—of poetry.

One of the questions I asked myself during the months leading up to my enrollment in college was, "What the hell are you going to study now?" By that time I wanted to be a writer, which is like saying I wanted to be a mountain climber: an early calling, it's true, but more an expression of desire than a plan of action. Because just how one becomes a writer is a mystery still unknown to me. Or because the answer to that supposed mystery is so simple that it does away with any possible romanticism: one becomes a mountain climber by climbing mountains, and one becomes a writer by writing books.

I no longer remember exactly why—I imagine by chance—but in the spring of 1989, while those doubts were vexing me, I borrowed a book from my grandfather's library. Published as part of the Colección Austral, the green-covered book was signed by a Scandinavian author with an impossible last name. It was about a problem that, as a teenager, I had experienced in the flesh. Entitled *The Concept of Anxiety*, the book

 Ricardo Menéndez Salmón/Las dos orillas

de haber posado disfrazado de mujer para un retrato del propio Leonardo y comprobar, en su viaje al futuro, que ese cuadro, titulado *La Gioconda*, goza de bastante prestigio entre el público. Su alma, en último término, ha sido vendida por un buen puñado de monedas, y la literatura, mediante una farsa verosímil, ha cumplido, humildemente, el célebre *dictum* pessoano: el fingimiento es el alma de la poesía. Pero también su poder.

Mientras apuraba los últimos meses antes de entrar en la universidad, una de las preguntas habituales que me hacía era: «qué demonios voy a estudiar ahora.» A esa edad yo ya quería ser escritor, lo cual es como decir que quería ser alpinista: una profesión de fe temprana, cierto, pero que constituía más la expresión de un deseo que el itinerario de una realidad. Porque cómo se convierte uno en escritor es un misterio para el que, a día presente, carezco de respuesta. O porque la respuesta para ese supuesto misterio es tan sencilla que acaba con toda tentación de romanticismo: uno se hace escritor como se hace alpinista; éste subiendo montañas, aquél escribiendo libros.

Mientras aquellas dudas me asaltaban, durante la primavera de 1989, ya no recuerdo bien cómo, aunque imagino que por azar, tomé prestado un libro de la biblioteca de mi abuelo. El libro, publicado en la Colección Austral, era de color verde, estaba firmado por un escandinavo de apellido imposible y trataba de un problema que, como adolescente, había venido experimentando en carne propia. Aquel libro se titulaba *El concepto de la*

had been published in 1844 under the pseudonym Vigilius Haufniensis used by a lame man named Søren Kierkegaard.

The book's subtitle was fair indication of how little I, at that young age, would be able to understand of a text like this. It read "A Simple Psychologically Orienting Deliberation on the Dogmatic Issue of Hereditary Sin." Nonetheless, I believe that this was the first time that the powers of philosophy did their work on me. I was captivated by a language, by a form of thought, by a way of combining words and making them yield ideas, images, connections thitherto unknown to me, at least in any systematic way. This was not like Poe's detective stories or tales of terror; it was not like Kafka's narratives; it was nothing at all like *The Catcher in the Rye*, that book about a maladjusted teen that my father had recommended to me. This, *this Kierkegaard*, was something else. Yet, within him were Poe and his psychological dilemmas, Kafka and his questioning of reality, Salinger and his conflict with his own body and intellect.

Years later, in 1995, after I had earned my degree in philosophy, I understood more clearly what that other thing that the book entitled *The Concept of Anxiety* had represented for me. I discovered it in the words of another philosopher who, not long after writing them, would jump out the window of his home in the face of his imminent death. One of the greatest stylists of the 20th century, this philosopher was named Gilles Deleuze, and in a book entitled *What is Philosophy?* he wrote:

angustia y lo había publicado un hombre deforme llamado Søren Kierkegaard, oculto tras el seudónimo de Vigilius Haufniensis, en Copenhague, Dinamarca, en el año 1844.

El subtítulo del libro resultaba lo bastante elocuente como para que se comprenda lo poco que yo, a aquella edad, pude entender de semejante texto. Éste rezaba: «Simple investigación psicológica orientada hacia el problema dogmático del pecado original». Y, sin embargo, creo que los poderes de la filosofía obraron allí para mí por vez primera. Me sentí atrapado por un lenguaje, por una forma de pensamiento, por un modo de combinar palabras y obtener con ellas ideas, imágenes, relaciones, que hasta entonces desconocía, al menos de un modo sistemático. Aquello no se parecía a los relatos detectivescos o de terror de Poe; aquello no se parecía a las narraciones de Kafka; aquello nada tenía que ver con cierto libro acerca de un adolescente inadaptado, *El guardián entre el centeno*, que mi padre me había invitado a leer. Aquello, *el Kierkegaard aquel*, era otra cosa. No obstante, dentro de él cabía Poe y sus dilemas psicológicos, cabía Kafka y su cuestionamiento de la realidad, cabía Salinger y su conflicto con el propio cuerpo y con la propia inteligencia.

Años más tarde, en 1995, cuando ya era licenciado en Filosofía, comprendí con nitidez qué otra cosa había representado para mí aquel libro titulado *El concepto de la angustia*. Lo descubrí en la declaración de otro filósofo, que no mucho después se arrojaría por la ventana de su casa ante la inminencia de la muerte. Ese filósofo, uno de los mayores estilistas del siglo XX,

When someone asks "what's the use of philosophy?" the reply must be aggressive, since the question tries to be ironic and caustic. Philosophy does not serve the State or the Church, who have other concerns. It serves no established power. The use of philosophy is to *sadden*. A philosophy that saddens no one, that annoys no one, is not philosophy. It is useful for harming stupidity, for turning stupidity into something shameful. Is there any discipline apart from philosophy that sets out to criticize all mystification, whatever their source and aim, to expose all the fictions without which reactive forces would not prevail?

The path from a hunchbacked 19th-century Dane to a suicidal 20th-century Frenchman, the journey between those two books that I took from the time I was eighteen until I was twenty-four, was full of other names and books. But, in one way or another, all of those names and all of those books were true to what I sensed in Kierkegaard: to the feeling that the fabric of philosophy is infinitely subtler than the fabric of any other literature. They have also been true to Deleuze's notion of philosophy as refuge from stupidity, as sanctuary from the temptation to become a fool, as a bridle to keep at bay some of the perverse forms assumed by power.

se llamaba Gilles Deleuze, y en un libro titulado *¿Qué es la filosofía?* dejó escritas estas palabras:

Cuando alguien pregunta para qué sirve la filosofía, la respuesta debe ser agresiva, ya que la pregunta se tiene por irónica y mordaz. La filosofía no sirve ni al Estado ni a la Iglesia, que tienen otras preocupaciones. No sirve a ningún poder establecido. La filosofía sirve para entristecer. Una filosofía que no entristece o no contraría a nadie no es una filosofía. Sirve para detestar la estupidez, hace de la estupidez una cosa vergonzosa. Sólo tiene este uso: denunciar la bajeza del pensamiento bajo todas sus formas. Por muy grandes que sean, la estupidez y la bajeza serían aún mayores si no subsistiera un poco de filosofía que, en cada época, les impide ir todo lo lejos que querrían.

Ese itinerario entre un danés jorobado del siglo XIX y un francés suicida del siglo XX, ese trayecto entre dos libros, desde mis 18 hasta mis 24 años, estuvo repleto de otros nombres y otros libros, pero todos esos nombres y todos esos libros, de un modo u otro, han permanecido fieles a la experiencia presentida en Kierkegaard, a la sensación de que el tejido filosófico es infinitamente más sutil que cualquier otro tejido literario, y también han permanecido fieles a la máxima de Deleuze, a la idea de la filosofía como asilo contra la estupidez, como refugio contra la tentación de convertirse en un necio, como brida para sujetar a ciertas formas perversas que asume el poder.

"Art and nothing but art," wrote Nietzsche. "We have art so that we do not perish of truth." What astounding clarity. Would it be possible to express in fewer words a greater, more intense or more formidable idea?

Once philosophy has been claimed as parapet, as place of resistance, as ward against idiocy, we are left with the problem of the sadness it incites. Because I refuse to live in that sorrow. Unlike Faulkner, if I had to choose between pain and nothing, I would choose nothing. But I also refuse to accept nothing. I want *something*. I want a lie that will allow me to live in the unbearable truth of the world, in the sadness of philosophy. Where might that wonderful lie be found? In art, of course; Nietzsche told us that. But within art, in what city, what neighborhood, what street might we find that lie at the height of its splendor? It can be found, I would say, in the novel, that great tale as long as it is wide, invented by Rabelais, Cervantes, Sterne and company.

But, then, why literature? Well, because the house of the story is the house of being. Man is not just the animal that eats bread (Homer), the animal that promises (Nietzsche) or the animal that wears glasses (Svevo); man is also the animal that tells, the owner of narration, the one who assigns names to everything that he is not: dreadful things and fellow organisms, the plethora of the living.

To write is, first and foremost, to name the world, to fill it with meaning, to procure a vector of sense for an entirely senseless reality, for

«El arte y nada más que el arte», escribió Nietzsche. «Tenemos el arte para no morir de la verdad». Qué increíble lucidez. ¿Se puede expresar, con menos palabras, una idea más grande, más intensa, más formidable?

Conquistada la filosofía como parapeto, como lugar de resistencia, como muleta contra la idiotez, nos queda el desconsuelo de la tristeza que provoca. Porque yo no me resigno a vivir en esa pena. Contrariamente a lo que sugería Faulkner, si tuviera que escoger entre la pena y la nada, escogería la nada. Pero es que tampoco me resigno a la nada. Yo quiero *algo*. Quiero una mentira que me permita vivir en la verdad insoportable del mundo, en la tristeza de la filosofía. ¿Dónde encontrar esa mentira magnífica? En el arte, claro, Nietzsche ya nos ha respondido. ¿Y dentro del arte, a qué ciudad, a qué barrio, a qué calle acudir para encontrar esa mentira elevada a su máximo esplendor? Yo diría que a la novela, a ese gran relato, tanto a lo largo como a lo ancho, inventado por Rabelais, Cervantes, Sterne y compañía.

Ahora bien, ¿por qué la literatura? Pues porque la casa del relato es la casa del ser. El hombre no es sólo el animal que come pan (Homero), el animal que promete (Nietzsche) o el animal que usa gafas (Svevo); el hombre es, además, el animal que cuenta, el dueño de la narración, quien pone nombres a todo aquello que no es él: las temibles cosas, el resto de organismos fraternos, la plétora de lo vivo.

Escribir es, antes que nada, nombrar el mundo, llenarlo de significado, procurar un vector de sentido a una realidad que

the random, accidental and ateleological existence of each one of us and of the vessel in which we travel. The need for great tales that support and define us, that hold us together, has always seemed to me to be the ultimate justification of literature, and writing's decisive debt to the oral tradition. A people with no narrators is a people with no horizon. Such a people might be able to obtain happiness, freedom and even justice, but it will never be able *to name them*. It will not know itself to be happy, free or just because it will not have fictions to symbolize those ideas. Perhaps that is why, of all the rallying cries of academic postmodernism, none is so dangerous as the one that cheers the supposed end of great narratives. In a world as fast and changing as this one, the appeal of a fragmented discourse held together by chaotic formal models hardly seems outlandish. But the call for the end of great narratives as the safeguard of meaningful life, a call that has been aired incessantly since the late 1970s, is something else entirely. That dismissal of the epic in great narrative strikes someone like me, whose approach to literature is akin to Onetti's when he said, "All I want to express is the adventure of man," as the declaration of the death of our culture.

Embracing defeat, literature has always opposed the cry, "Woe is me! The world is beyond comprehension." Never is the writer as human and munificent as in the excess of his or her ambition: Faulkner in *Absalom, Absalom!*, Broch in *The Death of Virgil*, DeLillo in *Underworld*. That

carece de él: esta existencia azarosa, accidental, ateleológica, de cada uno de nosotros y del recipiente en el que viajamos. La necesidad de grandes relatos que nos contengan, que nos definan, que nos recojan, siempre me ha parecido la justificación última de la literatura, la deuda decisiva de la escritura con la oralidad. Un pueblo sin narradores es un pueblo sin horizonte. Podrá conquistar la felicidad, la libertad e incluso la justicia, pero será incapaz de *decirlas*. No se sabrá feliz, libre ni justo porque carecerá de ficciones que simbolicen semejantes figuras. Quizá por eso, entre todas las banderas que la posmodernidad académica ha agitado, ninguna tan peligrosa como la que vocea el supuesto fin de las grandes narraciones. La tentación de un discurso fragmentario, amparado bajo modelos formales caóticos, no parece descabellada en un mundo tan veloz y plástico como el actual. Cosa distinta es la llamada, insistentemente escuchada desde finales de la década de los años 70 del pasado siglo, al agotamiento del gran discurso como depósito de la vida sentida. Para mí, que me aproximo a la literatura de modo parecido a como lo hizo Onetti («Todo lo que he querido expresar no ha sido otra cosa que la aventura del hombre»), esa renuncia a la expresión de semejante epopeya en un gran relato, se me antoja la expresión misma de la defunción de nuestra cultura.

Al grito de «¡Desespera! El mundo es inaprehensible», la literatura ha opuesto siempre el afán de su derrota. Nunca el escritor ha sido tan humano y tan benéfico como en la desmesura de su ambición: Faulkner en *¡Absalón, Absalón!*, Broch en *La muerte de*

endless failure that is literature, doomed to be always one step behind what it yearns to express, is in my view the most intelligent argument against the presentist and ahistorical temptation of these times.

And so we begin to discern the possible place of the work of art and, by extension, the novel. In the words of Camus:

> It marks both the death of an experience and its multiplication. It is a sort of monotonous and passionate repetition of the themes already orchestrated by the world: the body, inexhaustible image on the pediment of temples, forms or colors, number or grief.

It seems to me that, in this fragment from *The Rebel,* Camus got to the very core of the writer's genius and burden. Because the writer is a person who cultivates a hopeless hope. To use a classical figure that Camus himself admired greatly, it would not be outlandish to see in the novelist a Sisyphus who time and again hauls the rock of language up a slope that it will inevitably end up rolling down. The novel is an aporetic gesture, an attempt to reach an impossible goal, an aspiration at a relentlessly frustrated end. And, what's more, this gesture is not even new. The novelist, as Camus insinuates, works with a brief set of themes that are repeated time and again, themes that are only dignified by passion. It is endlessly fascinating that, despite the fact that human beings are so amazingly malleable, our universe of obsessions

124 Ricardo Menéndez Salmón/The Two Shores

Virgilio, DeLillo en *Submundo.* Ese fracaso perpetuo que es la literatura, condenada a permanecer un paso por detrás de aquello que anhela expresar, me parece el más inteligente alegato contra la tentación presentista y ahistórica de nuestro tiempo.

Empieza a vislumbrarse el lugar que puede ocupar la obra de arte y, por extensión, la novela. En palabras de Camus:

> Señala a la vez la muerte de una esperanza y su multiplicación. Es como una repetición monótona y apasionada de los temas ya orquestados por el mundo: el cuerpo, la imagen inagotable en el frontón de los templos; las formas o los colores, el número o la angustia.

Entiendo que Camus, en este fragmento de *El hombre rebelde,* vio muy dentro del genio y de la condena del escritor. Porque el escritor es una persona que cultiva una esperanza desesperanzada. Siguiendo un modelo clásico admirado por el autor francés, no sería descabellado advertir en el novelista a un Sísifo que acarrea, una y otra vez, la piedra del lenguaje a una ladera por la que, indefectiblemente, acabará rodando. La novela es un movimiento aporético, el intento de aproximarse hacia una meta que jamás se alcanza, la aspiración hacia una finalidad constantemente defraudada. Pero, además, ese movimiento ni siquiera es novedoso, sino que el novelista, como insinúa Camus, trabaja sobre una serie mínima de temas, que se repiten una y otra vez, y a los que sólo dignifica la pasión. No deja de resultar fascinante

holds so very few themes. Perhaps therein lies that final Thule that so many philosophers have pursued, that common foundation of what we call *human nature*. In other words, how many themes are there? Three? Thirty? Three hundred?

Let's turn, once again, to Camus:

A man's work is nothing but this slow trek to rediscover, through the detours of art, those two or three great and simple images in whose presence his heart first opened.

I have already said that my fascination with philosophy set in early and, thus, the word vocation, much to my delight, comes to mind. From the time I was very young I thought I understood that philosophy could provide me with the two things I longed for: universal—as opposed to specialized—knowledge, and a sort of biography of human reason. I believe that philosophy has, in fact, given me both: on the one hand, it has consoled me (in Socratic terms, it has "prepared me for death") and, on the other, it has released me from any religious temptation, showing me a sort of private history of intellectual heroism. Nonetheless, something was missing. And that something is what literature has given me, more specifically fiction, that "house forever" of which Vila-Matas speaks. In fiction I found the instrument that allowed me to articulate my passion for philosophy, for its heritage, in that parallel—but no less real—world

125

que los seres humanos seamos tan increíblemente plásticos, pero que nuestro universo de obsesiones resulte tan escaso en su número. Quizá ahí resida esa última Thule que muchas filosofías han perseguido, el sustrato común de lo que denominamos *naturaleza humana*. O dicho de otro modo: ¿cuántos temas existen? ¿Tres? ¿Treinta? ¿Trescientos?

Oigamos otra vez a Camus:

Una obra de hombre no es otra cosa que una larga marcha para volver a encontrar, por los meandros del arte, las dos o tres grandes imágenes a las que el corazón se abrió por primera vez.

Ya he sugerido que mi fascinación por la filosofía fue temprana. En ese sentido, me agrada pensar en la palabra *vocación*. Desde muy joven creí comprender que la filosofía podía dotarme de dos conquistas que anhelaba poseer: un conocimiento universal, no especializado, y una especie de biografía de la razón humana. Entiendo que ambos objetivos se lograron: la filosofía me regaló su aspecto consolador (por hablar en términos socráticos, me dotó de «un aprendizaje para la muerte») y me liberó de toda tentación religiosa, me mostró una especie de historia privada del heroísmo intelectual. Aun así, notaba que me faltaba algo. Y ese algo me lo dio la literatura, y más en concreto la ficción, esa «casa para siempre» de la que habla Vila-Matas. En la ficción hallé el instrumento que me permitía articular mi pasión por la filo-

that is the world of the imagination, the world of aesthetic artifacts.

My reading has mostly been in the Western philosophical tradition that begins with the Greeks and continues through the great 20th-century thinkers that partook of the endless source of Marxism, thinkers like the aforementioned Deleuze, as well as Castoriadis and Foucault. Through these crucial readings, I found the writers that have addressed the problems formulated by that tradition. Perhaps that is why I have never felt overly drawn to the tradition of Spanish-language literature, whether produced in Spain or Central or South America. I imagine this is partly due to the peculiar relationship between Spain and major strains of Western thought; my interests have always been more akin to other literatures with worldviews different from ours, literature from Central Europe or Russia, for instance. Thus, my major literary points of reference have been authors who write in German, like Kafka, Broch and Musil; in Polish, like Gombrowicz; and in Russian, like Dostoyevsky. With time, though, the horizon of my reading has expanded, and I have discovered a handful of other writers whom I now consider crucial: Stendhal, Melville, Conrad, Faulkner, Proust, Céline and Onetti, whose themes are hardly "Spanish."

The question is what all these writers have in common. The answer is that all of these great novelists are philosophical novelists, that is, the exact opposite of thesis novelists. For these writers, the novel

 Ricardo Menéndez Salmón/The Two Shores

sofía, por su acervo, en ese mundo paralelo, pero no menos real, que es el mundo de la imaginación, el mundo de los artefactos estéticos.

Mis lecturas se han nutrido de la tradición filosófica occidental, la que arranca de los griegos y llega hasta los grandes pensadores del siglo XX que velaron armas en la inagotable cantera del marxismo, como el mencionado Deleuze, Castoriadis o Foucault. A partir de estas lecturas seminales, he ido encontrando los escritores que han atendido a los problemas planteados por dicha genealogía. Quizás por ello nunca me he sentido demasiado interesado por la tradición literaria en español, ni por la que se ha hecho en España ni por la que se ha proyectado desde América Central o América del Sur. Supongo que la peculiar relación que España ha mantenido con las grandes corrientes de pensamiento ha influido en ello. Mis intereses han estado siempre más cercanos a otras literaturas con cosmovisiones distintas a la nuestra, caso de la centroeuropea o de la rusa. Así, mis referentes literarios han sido autores en lengua alemana, como Kafka, Broch y Musil, en polaco, como Gombrowicz, y en ruso, como Dostoievski. Luego, con el tiempo, mi horizonte de lecturas se ha ido expandiendo, y he descubierto a un puñado de escritores que hoy considero irrenunciables: Stendhal, Melville, Conrad, Faulkner, Proust, Céline u Onetti, que es tan poco «español» en sus temas.

La pregunta pertinente es: ¿qué tienen en común todos estos autores? La respuesta es que todos estos grandes novelistas fueron novelistas filósofos; esto es, precisamente lo contrario que nove-

is an outgrowth of philosophy; their creative genius devours thought,
digests it and then gives us something new that is, despite that living
substance now in their belly, something else, *something more*. A sort
of metamorphosis, of change from caterpillar to butterfly, ensues in
this fertile dialogue between philosophy and the novel, in this wonderful bridge stretched between two shores.

listas de tesis. La novela, pues, como decantación de la filosofía.
El novelista de genio devora el pensamiento, lo metaboliza y nos
devuelve un producto novedoso que, llevando esa sustancia viva
en su interior, es, sin embargo, otra cosa, *algo más*. Hay una suerte
de metamorfosis, de conversión del gusano en mariposa, en este
diálogo fecundo que se produce entre filosofía y novela, en este
puente magnífico que se alza entre dos orillas.

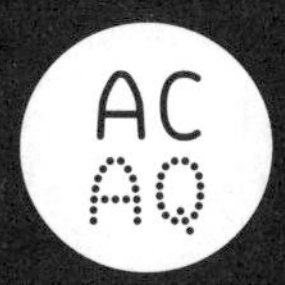

Fátima Vélez on/*sobre* Simón Vélez (CO)
The Architect in His Garden
El arquitecto en su jardín

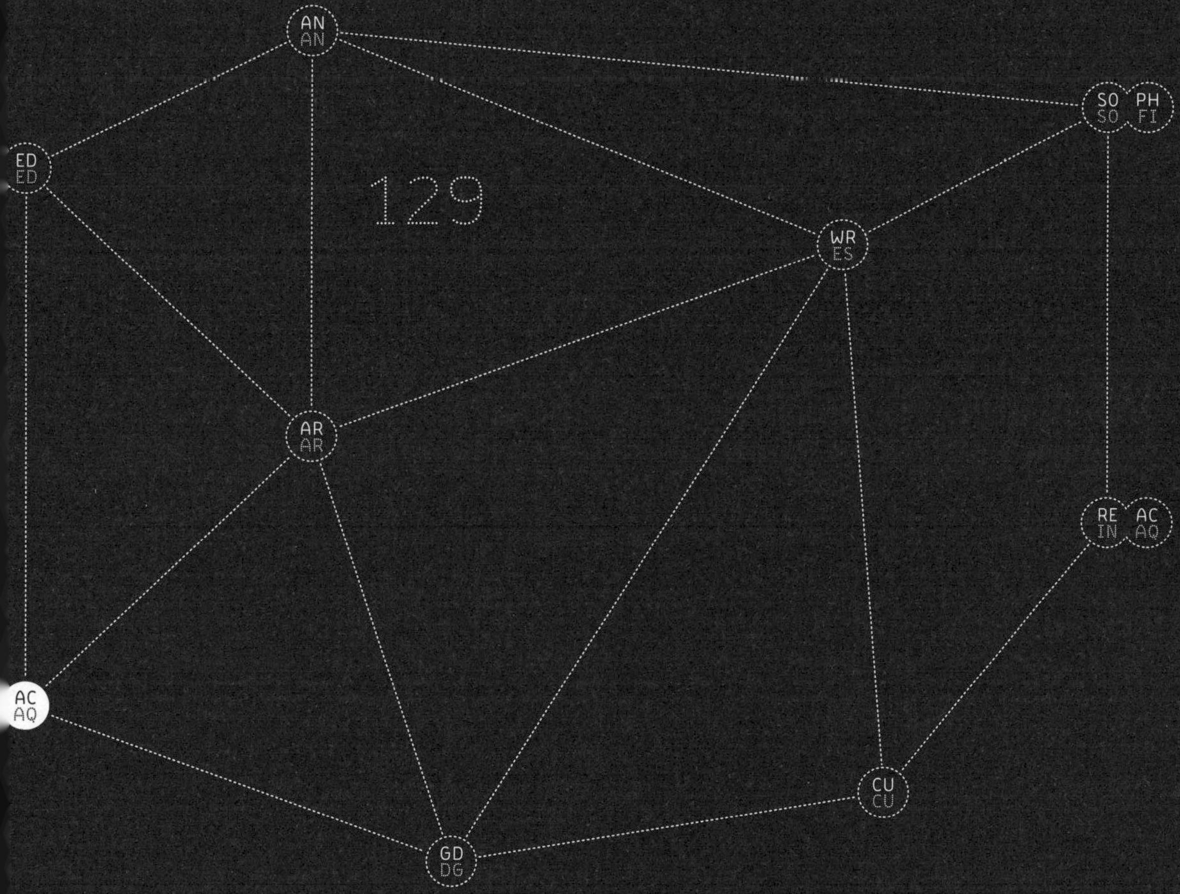

129

The Architect in His Garden

My father's garden is full of exotic species of bamboo from places with unpronounceable names, trees that he has brought back in his own hands from his travels around the world. Those big strong hairy hands that have created the reality all around me. He has become so enmeshed with his plants that it almost seems as if they had revealed their secrets, the geometric wisdom that underlies their shapes, to him. He tends his bamboo trees with such devotion, regardless of whether they are slender or thick, tall or short; black, yellow or green; from the garden of the emperor of a country in Asia or the yard of the richest man in Indonesia. When I see him standing before his plants, wearing the hat that he doesn't take off even to go into the finest of restaurants, the eyeglasses that fog up every fifteen minutes, along with khaki pants and white cotton shirt, I understand. No one can break that silence, that pact that seals his love of the wild world. When he gets together with his aristocratic friends to have a few glasses of whisky, he entertains them all with his politically incorrect jokes. But I always

El arquitecto en su jardín

El jardín de mi papá está poblado de bambúes exóticos provenientes de lugares impronunciables, que él ha traído con sus propias manos de sus viajes por el mundo. Grandes, fuertes y peludas manos creadoras de la realidad que me rodea. Él ha logrado compenetrarse de tal manera con sus plantas, que pareciera que éstas le revelaran sus secretos, el conocimiento geométrico de sus formas. Cuida con tal devoción a sus bambúes delgados, gruesos, altos, bajitos; negros, amarillos, verdes; traídos del jardín del emperador de algún país de Asia o del jardín del hombre más rico de Indonesia, que, al verlo frente a sus plantas, con el sombrero que no se quita ni para entrar a los restaurantes más elegantes, sus gafas de miope que se empañan cada quince minutos, sus pantalones caqui, su camisa blanca de algodón, entiendo. Nadie debe romper ese silencio, ese pacto de amor con su mundo salvaje. Cuando toma whisky con sus amigos oligarcas los divierte a todos con sus chistes políticamente incorrectos, pero me da la impresión de que él en realidad no está en esas reuniones, que quien quiera encontrarlo, verlo nítido en su esencia, tendrá que venir hasta aquí, a su casa de La Candelaria, el reino que lleva construyendo por más de cuarenta años. Es en este lugar donde

have the feeling that he is really elsewhere during those gatherings, that if you wanted to find him, to capture his true essence, you would have to come here, to his house in La Candelaria, the kingdom he has been building for over forty years. This is the place where, calm and untroubled, with no regrets or effort, he seems to have the serenity of someone who has been able to silence inner voices and keep his mind free of thoughts for days at a time. He appears to be in that state that experienced yogis have devoted their whole lives trying to obtain, without knowing for certain if they have, in fact, truly achieved it.

As I watch my father in his garden, fondling the leaves of his plants, playing with his grandchildren, I get a full view of who he is: Simón Vélez, the architect of bamboo-guadua, that material that made him famous twenty-five years ago, when a friend, on a fortunate whim, asked my father to build him some stables. The only condition was that they be made of bamboo-guadua. "Bamboo-guadua?" my father said to himself. Even though he was born and grew up in what is mistakenly called "the coffee region" of Colombia—and I say mistakenly because there are many more bamboo forests than coffee plantations, besides in Colombia coffee is grown everywhere, not only in the coffee region— it had never occurred to him to use bamboo-guadua. But just as the coffee region should be called the *guaduera* region, my father should not be known solely as the bamboo architect, since he explores many other materials as well. In fact, now when he is asked about bamboo,

tranquilo, sin tormentos, sin remordimientos, sin el más mínimo esfuerzo, parece tener la serenidad de quien ha logrado acallar su interior y mantener la mente en blanco durante días, cuando a yoguis veteranos les ha costado la vida entera y ni siquiera puede decirse con certeza que lo hayan conseguido.

En el jardín, acariciando sus plantas, jugando con sus nietos, alcanzo a tener una visión panorámica de mi padre, que al mismo tiempo es Simón Vélez, que al mismo tiempo es el arquitecto de la guadua, ese material que le dio la fama hace veinticinco años, cuando un amigo, en un capricho afortunado, le encargó unas pesebreras con la única condición de que tenían que ser en guadua ¿Guadua?, se preguntó mi papá. No se le había ocurrido, a pesar de haber nacido y crecido en la erróneamente llamada zona cafetera de Colombia —y digo erróneamente porque hay muchos más guaduales que plantaciones de café, además, en Colombia se siembra café en todas partes, no solo en la zona cafetera—. Pero así como la zona cafetera debería ser la zona *guaduera*, mi papá no debería ser sólo conocido como el arquitecto de la guadua, puesto que también explora con muchos otros materiales y cuando hoy en día le preguntan por la guadua contesta que él también trabaja con cemento, con acero, con maderas, y pese a que su prestigio venga de la guadua, afirma: «No soy un arquitecto de la guadua. Me pongo inmensamente feliz y no puedo parar de darle las gracias a un cliente cuando me pide algo en un material diferente al bambú. Porque creo que siempre hay que reinventarse, hay que pasar a otras cosas».

he says that he also works with cement, steel, and other woods. Even though he is famous for his work with bamboo, he states: "I am not the bamboo architect. It makes me endlessly happy, and endlessly grateful to a client, when I am asked to work in a material other than bamboo. Because I believe you always have to reinvent yourself, to move on."

Neurotic Zen philosopher who keeps his mind clear, neo-opportunist (as he himself calls his political party, which he founded).

Plants
grandchildren
bridges
roofs
golf
Mini Coopers (He always dreamed of having one, and now he has three. When they ask him why, he says because his daughters were becoming too sympathetic to communism and he had to help them heal.)

women (At another time: "Since I don't think about sex anymore," he says, "I can dedicate myself more fully to my work. I used to waste a lot of time thinking about women.")

That is my father in vertical form though, because of the horizontal nature of writing, I cannot narrate him in an endless column, one that stretches out to his real body, rather than this still vision from which I remember and write. Of the millions of images of him in the photo

Zen neurótico, conservador de mente abierta, neo-oportunista (como él mismo llama a su partido político, del cual es fundador).

Plantas
nietos
puentes
techos
golf
Mini Coopers (siempre soñó con tener uno y ahora tiene tres. Cuando le preguntan para qué, dice que porque sus hijas se estaban volviendo muy comunistas y había que regenerarlas).

mujeres (en otra época; «Ahora que no pienso en sexo», dice, «es cuando más puedo dedicarme a mi trabajo. Antes perdía mucho tiempo pensando en mujeres»).

Éste es mi papá en vertical, aunque la naturaleza horizontal de la escritura no me permita narrarlo en una columna infinita que se extienda hasta su cuerpo real, no como esta quieta visión desde la cual recuerdo y escribo. Mi memoria conserva una imagen en especial, entre las millones que debe haber de él guardadas en mi álbum interior. Una foto mía, a los cuatro años, sentada en sus rodillas, con una cara como si yo no quisiera dejar salir la sonrisa y la sonrisa me estuviera mordiendo la parte de adentro del cachete para escaparse. Por su parte, mi papá, sin posar, pero con una seducción innata ante la cual todos sucumbimos, mira a la cámara con sus ojos amarillo intenso, que hacen juego ——con el mejor de los gustos, como todo lo suyo—— con su camisa azul, a

album I carry within, one is particularly special. It's a photo of me, at the age of four, sitting on his knee, with an expression that looks as if I didn't want to let my smile come out, and so it was biting at the inside of my cheek to dig its way through. My father, meanwhile, is not posing, but his innate power of seduction, which brings us all to our knees, comes out. He is looking at the camera with those intense yellow eyes that match—in perfect taste, as always—his blue shirt which is about to fade into grey. In the background of our portrait is a red staircase, which I interpret as a symbol of ascent. This photo was taken the day my grandfather Robert died.

They say that my father's rebelliousness was without rival and so, at a time when it was common for parents to ignore their children, my grandfather decided to give as much time as necessary to this one son of his. He believed that it was his job as a father to channel that energy so that his son would become a genius, not a vagrant. According to my father, my grandfather taught him everything he knows about architecture. In fact, he could well have foregone university. He started the architecture program at the Universidad de Los Andes in Bogotá, but he never finished. Twenty years later, though, he was awarded an honorary degree, which meant that he could finally sign his blueprints himself and never again have to pay another architect to do that for him.

My father was given his first professional assignment at the age of eighteen when his grandfather Lino entrusted him with the design and

 Fátima Vélez sobre Simón Vélez/El arquitecto en su jardín

punto de convertirse en gris. Más al fondo de nuestro retrato, una escalera roja, que interpreto como un símbolo de ascenso. Esa foto fue tomada el día en que murió mi abuelo Robert.

Cuentan que no había nada comparado con la rebeldía de mi papá, por lo que mi abuelo decidió, en una época en que lo común era que los padres abandonaran a sus hijos, dedicarle todo el tiempo necesario a ese niño en particular, que su función como padre era canalizar esa energía para que su hijo fuera un genio y no un vagabundo. Según mi papá, mi abuelo le enseñó todo lo que sabe sobre arquitectura, tanto así que él habría podido prescindir sin problema de la universidad. Aunque estudió parte de la carrera de arquitectura en la universidad de Los Andes en Bogotá, no la terminó. Veinte años después recibió el grado Honoris Causa gracias al cual pudo al fin firmar los planos con su nombre y nunca más volver a pagarle a ningún arquitecto para que lo hiciera por él.

Mi papá empezó su carrera a los dieciocho años gracias a la confianza de su abuelo Lino, quien le encargó diseñar y construir la casa de una finca que poseía a orillas del mar. Nunca conocí en persona esa casa y ahora ya no existe, pero es como si hubiera estado en ella, pues muchas veces sale a relucir cuando mi familia habla sobre mi papá y su leyenda. Dicen que la casa semejaba un abismo, sin barandas, sin puertas, una casa nacida entre las piedras que parecía haber sido concebida para ofrecer en sacrificio al mar todo lo que en ella tuviera movimiento. Fue gracias a esta extraña casa, hecha a imagen y semejanza de su espíritu indo-

construction of a beach house. I never saw that house, which no longer exists, in person, but I feel as if I had been there, since it is discussed in glowing terms when my family talks about my father and his legend. They say that the house was like an abyss, with no railings or doors, a house that emerged from amidst the rocks as if conceived to sacrifice to the sea everything astir in it. It was thanks to this house, made in the likeness and image of his indomitable spirit, that my father could give free rein to his creativity without academic ties pinning him down. The only condition was that he construct a pleasant space where the whole family could get together to drink rum while listening to the sea pounding on the rocks. My grandmother and other members of the family agree that nobody ever felt entirely safe inside the house; they say they had trouble falling asleep because they were afraid of falling out of bed and straight over the precipice of rock and sea. My family, especially my grandfather and great-grandfather, were bewildered by the house built by the maverick and all the risks it presented. Nonetheless, they unanimously agreed that Simón the rebel—the one who would go to school barefoot, hurl cats into the river from the balcony of the house in San Antonio, hide snakes in the pillows of his female cousins—had talent, however strange that talent may be.

From then on, friends and friends of friends began to commission him to build similar houses, and this was how his designs came to take over the Colombian shores of the Atlantic near Sierra Nevada de Santa

mable, que mi papá pudo dar rienda suelta a su creatividad, sin ataduras académicas, con la única condición de construir un espacio agradable donde toda su familia pudiera reunirse a beber ron mientras escuchaban el golpe del mar contra las rocas. Mi abuela y otros miembros de la familia coinciden en que nadie se sintió del todo seguro dentro de la casa, dicen que no podían quedarse dormidos por miedo a caerse de la cama, directo al precipicio de piedra y mar. Y aun así, con todos los riesgos que tenía, la familia, en especial mi abuelo y mi bisabuelo, quedaron perplejos con la obra del descarriado y fueron unánimes en admitir que Simón el rebelde, el que iba descalzo al colegio, el que tiraba gatos al río desde el balcón de la casa de San Antonio, el que les metía culebras a las primas dentro de las almohadas, tenía talento, un talento muy raro, eso sí, pero talento al fin y al cabo.

A partir de entonces, los amigos y los amigos de los amigos empezaron a hacerle encargos de casas parecidas, y así fue como con sus diseños conquistó las orillas de la costa atlántica colombiana, cerca de la Sierra Nevada de Santa Marta. Eran finales de los 70 y él intuía la importancia de utilizar materiales naturales, de dar un buen uso a los árboles nativos y reforestar, de echar un vistazo a lo tradicional y replantearlo. En una época en que primaba el concreto, él insistió en la madera, aunque no de una manera convencional, siempre utilizando formas orgánicas que desafiaran las leyes de la ingeniería.

Además de mi abuelo y del cliente que le pidió construir las pesebreras en guadua, fue a través de la observación de la arqui-

Marta. It was the late 1970s and he sensed how important it was to employ natural materials, to make good use of native trees and to engage in reforestation, to heed and reformulate tradition. During a period when concrete was the favored material, he insisted on using wood, albeit unconventionally, with organic forms that challenged the laws of engineering.

It was thanks to observation of the popular architecture of the region where my father was born—and to my grandfather and the client who asked him to build a stable out of bamboo-guadua—that my father became what he is today. This region was his source of inspiration and his teacher. When visitors arrive in Quindío—the department of the coffee region that draws the most tourists—for the first time, they are surprised first and foremost by the majestic bamboo trees, which are the source of almost all the green the region has. In Quindío, people use bamboo-guadua to make everything: ashtrays, bracelets, necklaces and all sorts of crafts, as well as scaffolding, homes and bridges. But that's not why the people of Quindío are happy. They use bamboo because it's what's there. Though it's the most common and the cheapest material, coffee is the product that makes them proud. My father's inspiration lay in joining those two elements: the homes on the coffee plantations, his closest point of reference, were built out of wood and bamboo-guadua. Coffee brought with it a kind of architecture that is deeply rooted in my father and even today makes him proud. He finds

tectura popular de la región donde nació que mi papá pudo convertirse en lo que hoy es. Esta región fue su inspiración y su maestra. Cuando alguien llega al Quindío por primera vez, el más turístico de los tres departamentos que conforman la zona cafetera, se sorprende ante todo con la majestuosidad de los guaduales, que representan casi todo el verde de la región. En el Quindío la gente utiliza la guadua para todo, desde para hacer ceniceros, pulseras, collares y todo tipo de artesanía, hasta para construir andamios, casas y puentes. Sin embargo, esto no es lo que hace feliz a la gente del Quindío. Usan la guadua más o menos porque les toca, porque es lo más común y lo más barato, pero el café sigue siendo el producto que los enorgullece. La gran inspiración de mi papá surge de la unión de ambos elementos, pues las casas de las haciendas cafeteras, sus referentes más cercanos, fueron construidas en madera y guadua. El café trajo un cierto tipo de arquitectura que está muy latente en las raíces de mi papá y que aún hoy lo hace sentir orgulloso. No hay nada que le resulte más hermoso que estas casas bien conservadas; sin embargo, la mayoría han sufrido remodelaciones y han perdido su belleza original.

Como retribución, en un ejercicio dialéctico, mi papá le regaló a la región y al mundo la técnica elemental de inyectar cemento en los espacios huecos de las guaduas y unirlas por medio de tornillos de acero. Este descubrimiento, tan simple, tan lógico, que por alguna razón misteriosa no se le había ocurrido antes a nadie, se ha ido perfeccionando con los años y es lo que le ha

nothing more beautiful than a well-conserved plantation house, though most of them have been remodeled and lost their original beauty.

As retribution, in a dialectical exercise my father gave the region and the world a basic technique that entails injecting cement into the hollows of stalks of bamboo-guadua and binding them with steel screws. Though extremely simple and logical, this possibility had, for some mysterious reason, never occurred to anyone before. It has been perfected with the years, making it possible to erect defiantly large structures and to use the material however one may wish. This means exploring all the possibilities offered by bamboo-guadua in order to create geometric patterns and even use its rhizomes to make domes.

Though in the structures that my father builds bamboo-guadua is taken from its natural habitat to the realm of construction, it does not lose its indomitable nature: bamboo grows anyway it wants, taking unexpected turns and assuming unlikely positions. It is striking what happens when you walk under a road built between two bamboo forests and look up. The trees on both sides grow until they meet at the top and form triangular points that give you the feeling you are in a house of worship. It was on the basis of the strange form that results from the meeting of two bamboo forests that my father designed the only two churches he has ever built: the provisional cathedral in Pereira

 Fátima Vélez on Simón Vélez/The Architect in His Garden

permitido levantar estructuras de proporciones desafiantes, utilizar el material como le da la gana, llevar la guadua hasta sus más extremas consecuencias para lograr patrones geométricos y utilizar sus rizomas hasta para hacer cúpulas con ellos.

Mi papá logra en sus estructuras que la guadua, al pasar de su hábitat natural al ámbito de la construcción, conserve su naturaleza indómita, pues en los guaduales las plantas crecen como quieren y realizan movimientos y posturas insospechadas. Lo más impresionante es lo que sucede cuando uno pasa por debajo de una carretera construida entre dos guaduales y mira hacia arriba. Los guaduales de ambos lados crecen hasta encontrarse en la punta y así formar unos ángulos triangulares que hacen que uno se sienta en medio de un templo. Mi papá ha extraído de esta forma particular que surge del encuentro entre dos guaduales los diseños de las dos iglesias que ha construido: la catedral provisional de Pereira, que luego fue demolida porque estaba ubicada en un parqueadero privado, en arriendo, mientras terminaban de remodelar la catedral original; y el templo sin credo de un proyecto que está diseñando y construyendo en Cartagena.

Además de los aportes técnicos a la arquitectura con bambú, maderas y hierro, creo que a mi papá es importante escucharlo porque ha llegado a comprender, tal vez gracias a las enseñanzas de mi abuelo, que la relación entre hombre y techo va mucho más allá de la manera en que comúnmente se entiende la arquitectura. A veces, cuando me despierto en mi pequeña casa dentro de la gran casa, me quedo un rato mirando los patrones que forman

—which was later torn down—, located in a private parking lot that had been leased until remodeling of the original cathedral was finished; and a non-denominational house of worship that he is designing and building in Cartagena.

I believe that it is important to listen to my father, not only because of the technical contributions he has made to architecture in his use of bamboo, wood and iron, but also because, perhaps thanks to my grandfather's teachings, he has come to understand that the relationship between man and the roof over his head goes far beyond what is commonly understood as architecture. Sometimes, when I wake up in the small house I have within the bigger house, I spend a few moments looking at the patterns formed by the wood and I have the feeling that I am under something holy. It's not about idealizing my father; it's about understanding what it means to be under a roof that has been determined by nature, how lucky I am to form part of what my father calls "a classic case of architecture without architect." Because, just like the shantytowns that sprout up unplanned in the cities of this country of improvisers, our house has grown according to the family's needs. And for that, my father had to have a lot of space. He was able to buy all this land because when he moved to downtown Bogotá everything was undervalued. And so he bought up the neighboring houses and the yards of the neighboring houses until he had the entire block that he now owns, as well as a "royal road" in stone. We live in a yard with a

 Fátima Vélez sobre Simón Vélez/El arquitecto en su jardín

las maderas y tengo la sensación de que estoy bajo algo sagrado. No tiene nada que ver con que tenga idealizado a mi papá, sino con la comprensión de lo que significa estar bajo un techo que ha sido dictado por la naturaleza, lo afortunada que soy de formar parte de esto que mi papá llama «un caso clásico de arquitectura sin arquitecto», pues nuestra casa, así como los barrios de invasión tan comunes en las ciudades de este país de improvisadores, ha ido creciendo a partir de las necesidades familiares. Para eso él dispone de mucho espacio. Pudo comprar todo este terreno porque en la época en que se vino a vivir al centro de Bogotá todo estaba subvalorado. Así fue comprando las casas vecinas, y los jardines de las casas vecinas, hasta conseguir la manzana que hoy tiene, además de un camino real trazado en piedras. Vivimos en un jardín con casa, o debo decir «casas», porque cada uno de los hijos tiene su propia casita con cocina. Y desde que hay niños, éstos también tienen sus propios espacios.

Mi mente se desplaza ahora por el recuerdo de los dibujos de mi papá, hechos a mano en sus cuadernos franceses. Es extraño. Cuando me encuentro ante sus techos siento que son dibujos, y cuando estoy ante sus dibujos me da la impresión de que no pertenecen al papel, de que hay un mundo allí que está siendo habitado. En cualquier caso, resulta sorprendente que de un conjunto de trazos en un cuaderno salgan puentes reales: no sé hasta qué punto somos conscientes de que los espacios que habitamos, todo lo sólido por lo que nos movemos, fue en primera instancia una forma ideal, luego un dibujo y, finalmente, una realidad. Yo, que

house—or "houses," I should say, because each of his children has his or her own little house with kitchen. And since there have been kids around, they too have spaces of their own.

My mind wanders to the memory of my father's drawings, which he made in French sketchbooks. It's strange. When I am before his roofs, I experience them as drawings, and when I am before his drawing I have the feeling they don't belong on paper; they seem to hold an inhabited world. In any case, it's startling that a bunch of lines in a notebook gives rise to real bridges. I don't think we are entirely aware that the spaces we inhabit, the solid structures in which we circulate, were once an ideal form, then a drawing, and finally a reality. This is particularly startling to me; my work revolves around words, which are intangible and never turn into anything concrete, but leave a sensation. My father, evoked here, from the banks of language, is not going to come walking out of these words in the flesh. No one is going to run into him in the street.

Or maybe so, because there is indisputably something of him inhabiting these words.

The certainty, for instance, that there is nothing more cherished than a home and, hence, how important it is that we always want to come back to the space in which we relate to each other every day, that that space welcome us, be pleased to have us back, make us feel safe and warm.

But this, like everything that has to do with my father, is also a contradiction: as someone who lives in them in the flesh every day,

 Fátima Vélez on Simón Vélez/The Architect in His Garden

trabajo con algo intangible como las palabras, me sorprendo, porque estas palabras no se convierten en nada, dejan una sensación, y mi papá, recreado aquí, desde esta orilla, no va a salir caminando, lo más probable es que a este Simón nadie se lo encuentre por la calle.

O tal vez sí, porque es innegable que algo de él habita este testimonio.

Por ejemplo, la certeza de que no hay nada más preciado que una casa y que, por lo tanto, ese espacio con el que nos relacionamos todos los días debe ser un lugar al que uno siempre tenga ganas de volver; un lugar que nos reciba, que se ponga feliz de que regresamos, que nos haga sentir seguros, cálidos.

Sin embargo, esto, como todo cuanto tiene que ver con mi papá, también es una contradicción, porque debo decir —lo vivo en carne propia todos los días— que los espacios diseñados por él no son exactamente paradigmas de comodidad. Insisto en que hay mucho de su personalidad en ellos. Los espacios con la firma Vélez tienen la capacidad de hacernos sentir salvajes. Sus diseños y estructuras no sólo desafían la ingeniería; cuando uno está dentro de una estructura diseñada por él, siente que algo ha sido transgredido y no puede hacer otra cosa que maravillarse y convertirse en cómplice. Así, yo he llegado a sentirme en un buque del siglo XVI cuando, en realidad, estoy en un apartamento diseñado por él y construido por su equipo de maestros de obra y obreros en el piso 21 de un edificio del centro de Bogotá. Hay mucho de barco en todo lo que él hace.

I have to admit that the spaces he has designed are not exactly the paradigm of comfort. They do, though, capture his personality. The spaces produced by the Vélez Studio can make us feel wild. Their designs and structures defy engineering and, when you are inside them, you have the feeling that something has been trespassed and all you can do is marvel at them and become their accomplice. I have sometimes felt like I am in a 16th-century ship when, in fact, I am in an apartment on the 21st floor of a building in downtown Bogotá designed by him and built by his team of master builders and workers. Everything he does has a good measure of boat in it.

This very avant-garde formulation of space has its pros and cons. The pros have to do with the idea of the sublime, as well as the aesthetic use of an ecological material; the greatest con is that not everyone is really prepared to inhabit one of his homes.

Nonetheless, my father is obsessed with the problem of public housing. I'm not sure if that's because he is interested in changing the way a whole society inhabits its homes or because, as an architect of the wealthy, he will never become as famous as he would like. His obsession has grown and become more powerful, especially in the last eleven years, since he has had a country house near Girardot, a sweltering town with more mosquitoes than air. Every weekend, my father goes down to the house in Girardot to play golf with his rich and powerful friends. To get there from Bogotá, he has to go through Soacha,

 Fátima Vélez sobre Simón Vélez/El arquitecto en su jardín

Esta noción tan vanguardista de los espacios tiene sus pros y sus contras. Sus pros tienen que ver, además de con el uso estético de un material ecológico, con una idea de lo sublime; el mayor de los contras es que no todo el mundo está preparado para tener una casa suya.

Pese a todo, mi papá está obsesionado con el tema de la vivienda social, no estoy segura de si para transformar la manera de habitar de toda una sociedad o porque siendo un arquitecto de ricos nunca va a alcanzar toda la fama que él quisiera. Su obsesión crece y se hace más potente. Sobre todo desde hace once años, desde que tiene una casa de campo cerca de Girardot, un pueblo donde hace un calor infernal y en el que hay más mosquitos que aire. Todos los fines de semana mi papá baja a la casa de Girardot para jugar golf con sus amigos ricos y poderosos. Para llegar hasta allá debe salir de Bogotá por el municipio de Soacha, al extremo sur de la capital, con problemas de superpoblación que nadie se explica cómo van a resolverse. Las casas de Soacha son todas o viviendas sociales o casas improvisadas construidas con los más variados materiales, desde tejas de zinc, ladrillos y telas, hasta pedazos de vallas viejas, cemento sin pintar, o pintado de naranja intenso o de verde fosforescente. Pero a pesar del eclecticismo de la arquitectura de Soacha, uno jamás ve pedazos de madera, ni de guadua, ni de esterilla de bambú; si alguna de estas casas los tiene, están lo suficientemente camuflados como para que quien pase por ahí no vea miseria, pues por alguna razón los materiales naturales en Colombia están asociados con la pobreza.

in the southernmost part of the city, an area with overpopulation problems that no one can imagine how to solve. All the houses in Soacha are either public housing projects or makeshift structures built using an array of material: zinc tiles, bricks, pieces of canvas, even pieces of old billboards, unpainted cement or cement painted bright orange or phosphorescent green. No matter how eclectic the architecture of Soacha may be, you never see pieces of wood or bamboo-guadua or bamboo matting. Or, if anyone does use those materials, they camouflage them enough so that no passerby would notice and realize how poor the inhabitants are; for some reason, in Colombia natural materials are associated with poverty. Maybe that's why no one in Soacha would want to live in a house built by an architect like my father, even if it were free. And that is largely true throughout the country.

For instance, in 1999, when an earthquake devastated the department of Quindío, my father, with the support of the Coffee Growers' Federation, designed a housing project for the victims. Unfortunately, the project was never built for bureaucratic reasons (which abound in Colombia). There is, though, a now-abandoned model house in the town of Montenegro. Everything imaginable has been done to camouflage it amongst the other houses, undoubtedly so that, from the highway, you cannot tell what materials were used in its making. My father's aesthetic ideals seem diametrical to those of the people who need a home. In Colombia, most public housing projects are just a way to make

 Fátima Vélez on Simón Vélez/The Architect in His Garden

Por eso quizás nadie en Soacha querría vivir en una casa hecha por un arquitecto como mi papá, ni aunque fuera gratis. Y esta percepción parece general en todo el país.

Por ejemplo, cuando en 1999 un terremoto devastó el departamento del Quindío, mi papá, con el auspicio de la Federación de Cafeteros, diseñó un proyecto de vivienda para reubicar a los damnificados. Desafortunadamente, este proyecto nunca fue llevado a cabo por razones burocráticas (de esas que abundan en nuestro país), pero hay una casa modelo en el municipio de Montenegro que ahora está abandonada y que han hecho todo lo posible por camuflar entre las demás casas, supongo que para que los materiales con los que está construida no se vean desde la carretera. Los ideales estéticos de mi papá parecen ir a contracorriente de los de la gente que necesita una casa. La mayoría de los proyectos de interés social en Colombia son un negocio, quienes los construyen no se preocupan por el diseño. Como consecuencia las casas son feas, incómodas y tal vez hasta más caras de lo que podrían ser las casas diseñadas y construidas por Simón Vélez. Pero, por alguna razón, esas casas apeñuscadas, que se parecen más a la idea de escombro que de vivienda, producen una sensación de bienestar en la gente, y yo me pregunto qué fue primero, si el deseo de vivir en hornos sin ventanas, con el vecino prácticamente encima, o si esta situación fue producto de una resignación que se ha transmitido de generación en generación y que la gente confunde con la felicidad de tener casa propia.

money; the people who build them don't care about the design and, as a result, the houses are ugly, uncomfortable, and perhaps even more expensive than the ones designed and constructed by Simón Vélez. But, for some reason, those clusters of houses that look more like rubble than dwellings give people a sense of wellbeing. And I ask myself which came first: the desire to live in windowless ovens with neighbors right on top, or a sense of resignation passed from one generation to the next, which people confuse with happiness at having a house of their own.

My father is convinced that he could improve the way many people inhabit spaces on the aesthetic level, and that he could do so simply, affordably and safely. He knows that he would be able to respect the surrounding landscape or, in the specific case of Bogotá, perhaps even improve it. And it enrages him because he also knows that, to make a public housing project of the sort he would like with bamboo matting, or a pedestrian bridge in a poor neighborhood, he would have to do a lot of politicking, and that, he says "makes me so weary that I would prefer to do projects for rich folks the rest of my life."

Since what I like to do is to write—and even more to listen to—stories, what I like most about my father is that the stories about him are endless. That has made him into a mythical being, half hat, half bamboo-man. His friends as well as his archenemies, of which there are more than a few—he likes to have plenty of both, I guess to keep up the

Mi papá está convencido de poder mejorar estéticamente la manera de habitar de muchas personas, sabe que puede hacerlo de una manera simple, económica, segura, estética. Sabe que puede respetar el paisaje y, en el caso concreto de Bogotá, tal vez hasta mejorarlo. Y le da rabia porque también sabe que, para llegar a hacer un proyecto de vivienda social como el que quiere hacer con láminas de esterilla de bambú, o un puente peatonal en un barrio marginal, tiene que hacer mucho lobby, «y el lobby», dice, «me da pereza, prefiero entonces hacer proyectos para ricos el resto de mi vida».

Como a mí lo que me gusta es escribir, y más me gusta aún escuchar historias, lo que más me gusta de mi papá es que las historias sobre él son interminables. Esto lo ha convertido en un ser mítico, mitad sombrero, mitad hombre-bambú. Sus amigos o archienemigos, que no son pocos —pues le encanta tener un derroche de ambos bandos, supongo que para que el tamaño de su leyenda no disminuya—, cuentan, entre tantas cosas, que cuando en los 60 todo el mundo era comunista, a él le dio por hacerse de extrema derecha. Y les lanzaba voladores a sus propios amigos —los mismos que ahora cuentan las historias— desde el techo de la Universidad de Los Andes. Muchos años después yo estudié en esa misma universidad, que él supuestamente odiaba como sólo pueden odiar los hombres de ojos amarillos, pero, en su eterna contradicción elitista, no pierde oportunidad de decir en cada una de las entrevistas que le hacen que nos dejó estudiar en la peor universidad del país porque prefería mil veces que a

legend—tell, among of things, about how in the 1960s, when everyone was a communist, he supported the extreme right. And he would throw firecrackers at his friends—the ones who now recount these stories—from the roof of the Universidad de Los Andes. Many years later, I studied at that same university which, supposedly, he hated with venom only men with yellow eyes are capable of. But, in his eternal elitist contradiction, he never misses a chance to say, in every one of the interviews he gives, that he sent us to the worst university in the country because he preferred a thousand times over that his daughters put up with Los Andes rather than go to the public university.

He had cautioned me that under no circumstances should I let it be known at college that I was his daughter, but it was always popping out. I have always had a weakness for boasting about being the daughter of Simón Vélez: it fills me with a shiver of pride that I cannot hold in; sometimes I even steer a whole conversation so that I will be asked, "What's your father's name?" When I would bring classmates home, which was close to the university, and told them that he had created the paradise they were lucky enough to visit, they were all dumbfounded before the majesty of the stones from colonial buildings hauled away from what was once Cartucho Street, in the darkest area of Bogotá where the impoverished once lived; it is now a huge and useless park. My friends couldn't get over the fact that there was a house like this in the middle of downtown; from outside, you couldn't tell that

 Fátima Vélez on Simón Vélez/The Architect in His Garden

sus hijas se las comieran en Los Andes que en la Nacional, que es la universidad pública.

Él me había advertido que en la universidad ni se me ocurriera decir que yo era su hija, pero el secreto se me salía todo el tiempo. Siempre he tenido esa debilidad, me gusta alardear de ser hija de Simón Vélez, me produce un hormigueo de orgullo que no puedo contener y se me escapa en alguna frase, o a veces hasta oriento toda una conversación para que mi interlocutor se vea obligado a preguntarme: «¿Cómo se llama tu papá?». Cuando traía a mis compañeros a mi casa, que queda muy cerca de la universidad, y les contaba que él había creado el paraíso que tenían la fortuna de conocer, todos quedaban boquiabiertos ante la majestuosidad de las piedras de antiguas construcciones coloniales, sacadas en volquetas de lo que antes era la calle del Cartucho, la zona más oscura de Bogotá, donde vivían todos los indigentes y que ahora es un parque enorme y sin sentido. Mis amigos no salían del asombro de que hubiera una casa como ésta en pleno centro, porque además desde afuera no se aprecia nada, no parece extenderse un reino tras la inmensa puerta metálica, ni mucho menos detrás de ese grafiti enorme, feo y enigmático que reza «Grita cuando te quemes», que pareciera la advertencia de un herrero gigante para que nadie se acerque a sus dominios. Es difícil imaginar que lo que uno va a encontrarse es este jardín de tierra fría: bambúes, casas, caminos y espejos de agua que resumen más de cuarenta años de un trayecto incansable por crear una armonía salvaje entre naturaleza y arquitectura, por darle vida a un lugar

inside there was a vast kingdom behind the metal gate, let alone behind the enormous, ugly and mysterious words written in graffiti that said "Shout when you burning," like a warning from a giant blacksmith so that no one would dare approach his dominion. It's hard to imagine that what you will find behind the wall is this garden of *tierra fría:* bamboo, houses, paths, and reflecting ponds that sum up more than forty years of tireless determination to create wild harmony between nature and architecture, to give life to a place where architecture can reign free until the end of his days, with his hat on and the boundless contentment of someone who has always done just what he wants.

143 Fátima Vélez sobre Simón Vélez/El arquitecto en su jardín

donde el arquitecto pueda reinar a sus anchas hasta el fin de sus días, con el sombrero puesto y la plenitud de quien siempre ha hecho lo que quiere.

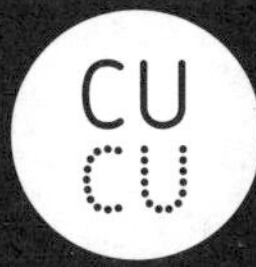

CURATORS
CURADORES
Oliver Zybok (DE)
**Freedom of Speech: Between Euphoric
Illusion and Escapist Disillusion**
Libertad de palabra. Entre la ilusión
eufórica y el desengaño escapista

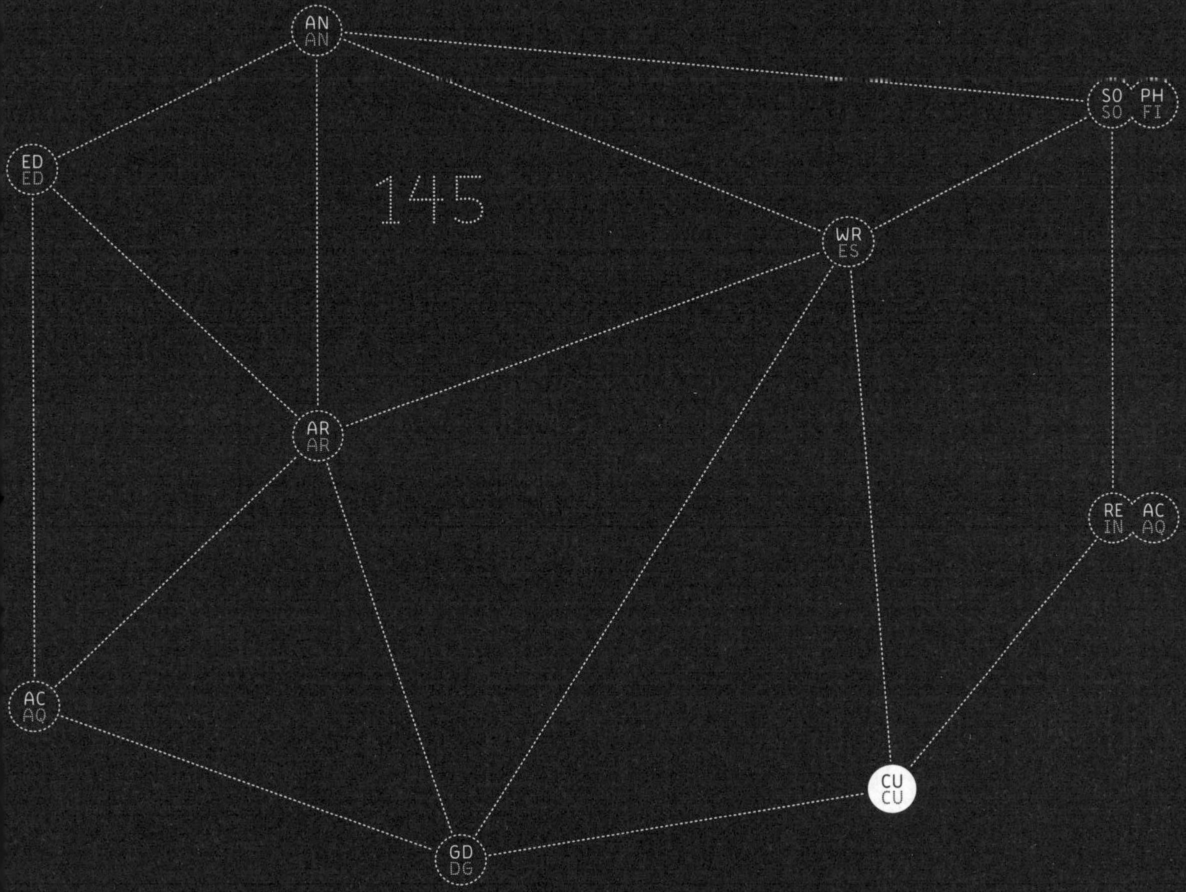

145

1. Overcoming the spectacle

It is no new insight that democracy can only evolve when the population really has—and exploits—the opportunity of actively shaping public life. "This is ambitious in expecting very large numbers of people to participate actively in serious political discussion and in framing the agenda, rather than be the passive respondents to opinion polls, and to be knowledgeably engaged in following political events and issues."[1] The political scientist and sociologist Colin Crouch (b. 1944) is speaking here of a utopian ideal that represents an important standard for democratic understanding. Now, for decades it has been impossible to overlook an increasing disillusionment with

[1] Crouch, Colin, *Coping with Post-Democracy*, London, 2000, p. 1.

146

Oliver Zybok/Freedom of Speech: Between Euphoric Illusion…

Libertad de palabra.
Entre la ilusión
eufórica y el
desengaño escapista

1. La superación del espectáculo

No constituye ninguna novedad decir que la democracia sólo puede desplegarse cuando la población obtiene de modo efectivo opciones que utiliza para participar activamente en la conformación de la vida pública. «Este ideal se basa en postulados ambiciosos: supone que un gran número de personas se involucre vivamente en debates políticos serios y no se limite a responder pasivamente encuestas de opinión; que las personas [....] se ocupen de los problemas y aconteceres políticos.»[1] El politólogo y sociólogo Colin Crouch (1944-) habla aquí de un ideal utópico que representa un criterio relevante para la comprensión democrática. Ahora bien, no puede obviarse que desde hace décadas existe en todas las naciones un sinnúmero de ciudadanos que sienten un hastío político resultado de motivos diversos y más o menos conocidos:

[1] Crouch, Colin, *Postdemokratie* [2003], Frankfurt, 2008, p. 9.

politics on the part of numerous citizens of every nation, the result of various, more or less well-known causes: from questionable political crisis management via manipulated elections and oligarchical lobbyism that favors business above all, all the way to downright lies designed to justify wars. With their detached attitude and boycott of elections, citizens voluntarily restrict their right to freedom of speech.

Now political disillusionment, on the one hand, and arbitrary political actions, on the other, work hand in hand to create tendencies that can certainly be termed post-democratic. But we should not make the mistake of equating the term "post-democracy" with the end of democracy; rather, it characterizes symptoms of decay. According to Jacques Rancière (b. 1940), democracy is not a form of government but rather a way of subjectivizing the political process,

> the system of forms of intervention that prevent the system of forms of government from closing in on themselves as a system of law and order. Current European conditions show that democracy appears at the same time as a formal system of subjectivizing the difference, a system that prevents the difference from hardening into irreducible otherness.[2]

This difference reveals itself especially in attempts at intercultural dialogue, where in particular a fear of totalitarian excesses mostly

[2] Rancière, Jacques, "Demokratie und Postdemokratie," in Badiou, Alain, and Rancière, Jacques, *Politik der Wahrheit* [1996], ed. and trans. into German by Rado Riha, Vienna-Berlin, 2010, p. 155.

Oliver Zybok/Libertad de palabra. Entre la ilusión eufórica...

cuestionable manejo político de las crisis, «lobbismo» oligárquico que sobre todo cuida de los intereses económicos, manipulación de las elecciones y mentiras que sirven para legitimar y justificar guerras. Con su actitud distante, con el boicot de las elecciones, los ciudadanos autolimitan voluntariamente su derecho a la libertad de palabra.

El fastidio respecto a la política y la arbitrariedad imperante en ella se combinan de manera armónica para producir tendencias que se pueden caracterizar categóricamente como posmodernas. Sin embargo, no se debe cometer el error de suponer que el concepto de «posdemocracia» supone el fin de la democracia; más bien designa síntomas de su decadencia. Según Jacques Rancière (1940-), la democracia no es un régimen de gobierno sino un modo de subjetivación de lo político,

> el sistema de las formas de intervención que impide al sistema de las formas gubernamentales encerrarse sobre él como un orden policial. La coyuntura europea actual nos muestra que ella es, simultáneamente, el sistema de las formas de subjetivación de la diferencia que impide a ésta fijarse en alteridad irreductible y en agrupación rencorosa.[2]

Esta diferencia se observa sobre todo en los intentos de diálogo intercultural, en los cuales la mayoría de las veces un miedo a los desvíos totalitarios ahoga en su origen toda clase de comunicación, y así, la aceptación de la «alteridad». En este contexto, Rancière

[2] Rancière, Jacques, «Demokratie und Postdemokratie», en Badiou, Alain y Rancière, Jacques, *Politik der Wahrheit* [1996], comp. por Rado Riha, Viena/Berlín, 2010, p. 155. [Vers. cast. Rancière, Jacques, «Democracia y postdemocracia», en *Ideas y Valores*, Bogotá, Universidad Nacional de Colombia, n° 98-99, septiembre de 1995].

nips any communication in the bud, and with it, the acceptance of "otherness." In this connection, Rancière understood the term post-democracy as a demystification of democracy.[3]

The social psychologist Harald Welzer (b. 1958) sees in democracy no modernization advantage. Precisely because, as Rancière tellingly describes, it does not represent a system of government, he sees post-democratic tendencies above all in the societies of today's so-called threshold and developing countries, which

> will not necessarily go along the path taken by the industrial countries organized in the OECD, with their preferences for democracy and human rights. Rather, they will develop forms of state organization that have no interest whatever in such things. … Western societies do not deliver the blueprint for state development to other parts of the world, but at best a rival, and at worst an obsolescent model.[4]

Alongside China and numerous other states, Russia too does not follow the guidelines of the OECD. Here the last twenty years have witnessed the establishment of a system which might be described as "authoritarian capitalism," in which the free expression of opinion is not permitted.

[3] Cf. ibid., p. 119.
[4] Welzer, Harald, "Auf Wiedersehen, Westen? Wie die Demokratie aus der Mode kommt," in *Vom Ende der Demokratie,* ed. by Oliver Zybok; Stange, Raimar, *Kunstforum International,* vol. 205, November/December 2010, p. 62.

entiende el concepto de posdemocracia como un desencantamiento de la democracia.[3]

El psicólogo social Harald Welzer (1958–) no le reconoce a la democracia ninguna ventaja modernizadora. Justamente porque la democracia, como la describe acertadamente Rancière, no constituye un orden de gobierno, él ve tendencias posdemocráticas, ante todo en las sociedades de los llamados países emergentes y los países en vías de desarrollo, que

> no seguirán obligatoriamente el camino que han tomado los países industrializados organizados en la OCDE con sus preferéncias por la democracia y los derechos humanos; más bien desarrollan formas de Estado que no se interesan en absoluto por tales cosas [....] Las sociedades occidentales no proporcionan el cianotipo de desarrollo estatal en otras partes, sino que, en el mejor de los casos, brindan un modelo competitivo, y en el peor, uno que se agota.[4]

Al igual que China y muchos otros países, Rusia no sigue las líneas directrices de la OCDE. Allí se estableció en los últimos veinte años un sistema que puede ser calificado de «capitalismo autoritario», en el cual no está permitida la libre expresión.

Pero ¿cómo se muestra en el arte una participación directa en el acontecer político y social, no de una forma limitada a un efecto positivo en el desarrollo artístico, sino de modo que se articule como enunciado claro, reflexión crítica y, así, como dere-

[3] *Ibid,* p. 119.
[4] Welzer, Harald, «Auf Wiedersehen, Westen? Wie die Demokratie aus der Mode kommt», en *Vom Ende der Demokratie,* comp. por Zybok, Oliver y Stange, Raimar, *Kunstforum International,* nº 205, noviembre–diciembre de 2010, p. 62.

But how is a direct participation in current political and social events manifested in art, and not just in the limited fashion, namely that it has a positive influence on artistic developments, but articulated as a clear statement, a critical reflexion, and thus as the right to freedom of speech? After the Second World War, in 1957, a group was formed, under the title Situationist International (SI), which, starting out from art, developed theories with the aspiration to influence culture and society, while criticizing any apolitical or detached political attitude. However, the group moved not just in artistic circles, but also in the intellectual and political arena. They moved between the two spheres and sought to combine them. We can speak here of an extremely flexible, amorphous grouping, whose leading members included Guy Debord (1931–1994) and Asger Jorn (1914–1973). The overriding aim of the SI was to link art and everyday life, in order that "people might through art become aware of their desires in principle."[5] Art was assigned a revolutionary role. The methods developed in the context of art always looked beyond the field of art, and were explicitly linked to political goals. The ultimate aim was a link-up between "routinization of art" and "poetization of everyday life."[6] A central theoretical approach in this connection is the concept of the construction of situations, from which measures such as the *dérive* (French: drifting) and the *détournement* (French: roughly, inversion, turning something on its head) emerge. These methods are in a relationship of tension

[5] Baumeister, Biene, and Negator, Zwi, *Situationistische Revolutionstheorie. Eine Aneignung — Vol. I: Enchiridion*, Stuttgart, 2005, p. 125.
[6] Cf. Kiwitz, Peter, *Lebenswelt und Lebenskunst. Perspektiven einer kritischen Theorie des sozialen Lebens*, Munich, 1986, p. 46 et seq. Also Chollet, Laurent, *Les Situationnistes. L'Utopie incarnée*, Paris, 2004, p. 36.

149

cho a la libertad de palabra? Después de la Segunda Guerra Mundial se formó, en 1957, bajo el par conceptual de Internacional Situacionista (I. S.), un grupo que argumentaba y desarrollaba teorías partiendo del arte, con la pretensión de influir en el plano cultural y social, y también de ejercer una crítica de toda posición apolítica o de distancia respecto a la política. Ahora bien, no actuaba sólo en un radio político, sino asimismo en un campo político-intelectual. Se movía entre los dos ámbitos e intentaba vincularlos. Se puede hablar de un grupo amorfo que era dúctil en su accionar, entre cuyos protagonistas se contaban Guy Debord (1931-1994) y Asger Jorn (1914-1973). El objetivo principal de la I.S. era el anudamiento de arte y vida cotidiana, para que por medio del arte «los hombres [pudieran] volverse conscientes de sus deseos».[5] Al arte se le atribuía un papel revolucionario. Los métodos desarrollados en este contexto se orientaban sin cesar más allá del ámbito artístico y estaban vinculados explícitamente con metas políticas. Se pensaba que en última instancia debía alcanzarse la «cotidianización del arte»[6] y la «poetización de la vida cotidiana». Un principio teórico central es aquí el concepto de la construcción de situación, del cual surgen prácticas tales como la *dérive* («el dejarse llevar», «el carecer de voluntad», «la deriva») y el *détournement* («atribuir otro significado», «la distracción», «la evasiva»). Estos métodos se encuentran en una relación de tensión con los conceptos de espectáculo y vida cotidiana, así como con el problema, muy relevante para la I.S., de la *récupération* («apropiación», «revaloración», «recuperación», etc.). Con el espectáculo se

[5] Baumeister, Biene y Negator, Zwi, *Situationistische Revolutionstheorie. Eine Aneignung — Vol. I: Enchiridion*, Stuttgart, 2005, p. 125.
[6] Cf. al respecto Kiwitz, Peter, *Lebenswelt und Lebenskunst. Perspektiven einer kritischen Theorie des sozialen Lebens*, Múnich, 1986, p. 46 y ss. También Chollet, Laurent, *Les Situationnistes. L'Utopie incarnée*, París, 2004, p. 36.

with the concepts "spectacle" and "everyday," and with the (for the SI) crucial problem of *récupération* (French: recycling, recovery). In the form of the spectacle, the accumulation and dominance of images in everyday life is addressed, a process which leads to human awareness and activities being subjected to a control that leads to passivity.[7] This indifference affects everyone: "To the passivity which is forced upon the expropriated masses is added the growing passivity of the ruling class …, who … enjoys a declining real power over the world."[8] In order to overcome indifference, artistic means should be used to stimulate non-activated creativity and unconscious desires, which open up new experiential horizons. In was in the city, the "model of capitalistically shaped time-space, architecture and town-planning [and] thus the most visible expression of … alienation," that the SI sited the spectacle. At the same time they also saw here "the potential for a revolutionary intervention, perceptible to all, in everyday life."[9] In view of the aspect of passivity and the relevance of the city as the site of the spectacle, the concepts of the construction of the situation and of "unitary urbanism" were developed. "A constructed situation is a means of approaching unitary urbanism, which forms the indispensable foundation of the construction of situations."[10] It is a countermeasure to the passivity that develops in the spectacle, a possibility of creativity for new living arrangements, new social bonds and the realization of repressed yearnings.[11]

[7] Cf. Barnard, Adam, "The legacy of the Situationist International: The production of situations of creative resistance," in *Capital & Class*, no. 84, p. 106.

[8] Vaneigem, Raoul, "Basisbanalitäten II" [1963], in *Situationistische Internationale 1958–1969. Gesammelte Ausgaben des Organs der Situationistischen Internationale*, vol. 2, Hamburg, 1977, p. 49.

[9] Benl, Andreas, "Eine Situation schaffen, die jede Umkehr unmöglich macht. Guy Debord und die Situationistische Internationale," in Baumann, Jochen; Müller, Elfriede, and Vogt, Stefan (eds.), *Kritische Theorie und Poststrukturalismus. Theoretische Lockerungsübungen*, Berlin-Hamburg, 1999, p. 67.

[10] Nieuwenhuis, Constant, and Debord, Guy, "Die Amsterdamer Erklärung" [1958], in *Situationistische Internationale 1958–1969. Gesammelte Ausgaben des Organs der Situationistischen Internationale*, vol. 1, Hamburg, 1976, p. 72.

[11] Cf. Barnard, Adam, op. cit., p. 112.

150

tematizan la aglomeración y el carácter dominante de las imágenes en la vida cotidiana, cuya consecuencia es que la conciencia y las actividades humanas sucumben a un control que lleva a la pasividad.[7] Esta indolencia afecta a todos los hombres: «A la pasividad impuesta a las masas despojadas se suma la creciente pasividad de los gobernantes, que gozan de un poder cada vez menor sobre el mundo».[8] Para superar la indiferencia, pues, se deben incitar con medios artísticos deseos inconscientes y potenciales creativos aún no activados que abran nuevos horizontes de experiencia. La I.S. ubicó el espectáculo en la ciudad, que es el «modelo del espacio-tiempo configurado por el capitalismo, de la arquitectura y el urbanismo [y] así la expresión más visible de la alienación», pero al mismo tiempo veía en ella «en potencia las oportunidades de una intervención revolucionaria de la vida cotidiana, perceptible para todos».[9] En virtud de la pasividad y la relevancia de la ciudad como lugar del espectáculo se desarrollaron los conceptos de construcción de situación y de urbanismo unitario. «Una situación construida es un medio de aproximarse al urbanismo unitario y éste constituye la base imprescindible para el desarrollo de la construcción de situaciones.»[10] Es una contramedida ante la pasividad que se desarrolla en el espectáculo, una oportunidad de creatividad para nuevas formas de vida, de nuevas condiciones sociales y de la realización de anhelos reprimidos.[11]

Toda la vida de las sociedades en las que imperan las condiciones de producción modernas parece una monstruosa acu-

[7] Cf. Barnard, Adam, «The Legacy of the Situationist International: the Production of Situations of Creative Resistance», en *Capital & Class*, nº 84, p. 106.

[8] Vaneigem, Raoul, «Basisbanalitäten II» [1963], en *Situationistische Internationale 1958–1969. Gesammelte Ausgaben des Organs der Situationistischen Internationale*, tomo 2, Hamburgo, 1977, p. 49.

[9] Benl, Andreas, «Eine Situation schaffen, die jede Umkehr unmöglich macht. Guy Debord und die Situationistische Internationale», en Baumann, Jochen; Müller, Elfriede, y Vogt, Stefan (comps.), *Kritische Theorie und Poststrukturalismus. Theoretische Lockerungsübungen*, Berlín / Hamburgo, 1999, p. 67.

[10] Nieuwenhuis, Constant y Debord, Guy, «Die Amsterdamer Erklärung» [1958], en *Situationistische Internationale 1958–1969. Gesammelte Ausgaben des Organs der Situationistischen Internationale*, tomo 1, Hamburgo, 1976, p. 72.

[11] Cf. Barnard, Adam, *op. cit.*, p. 112.

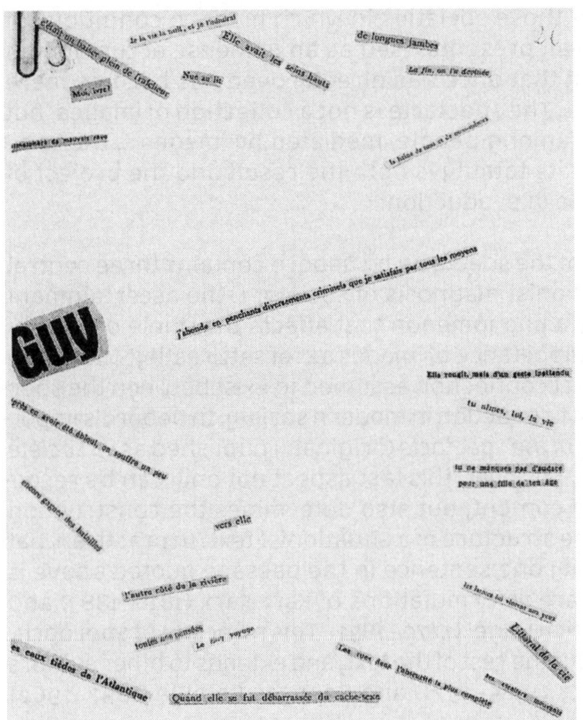

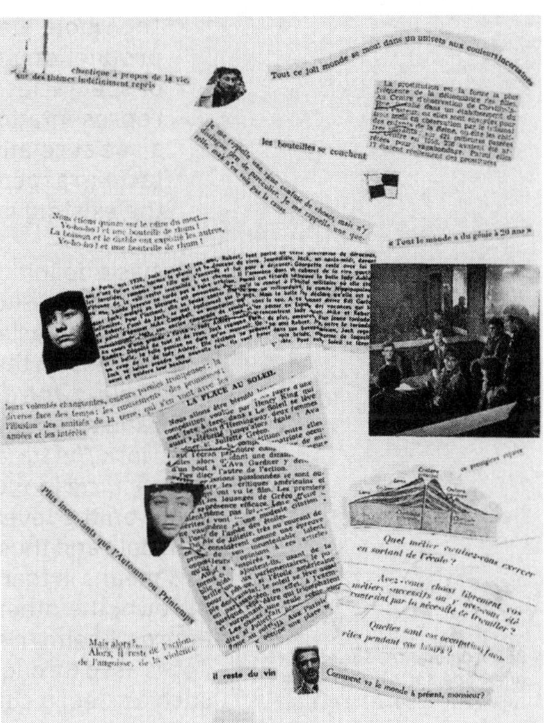

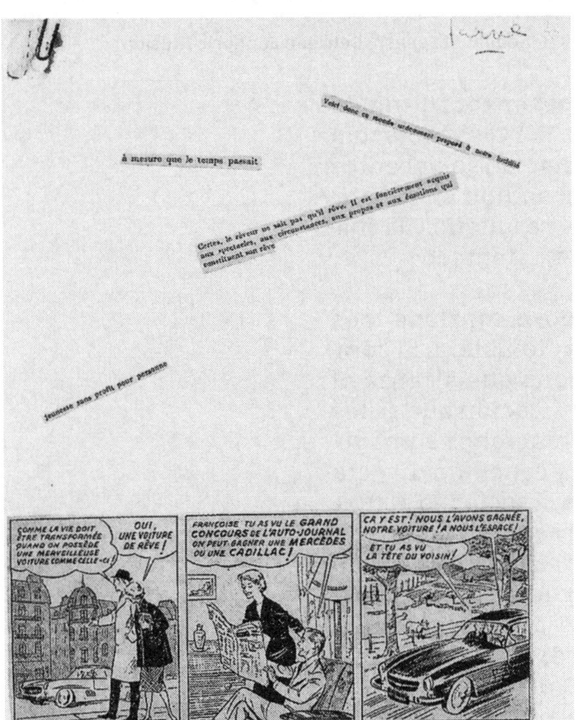

1

1 Guy Debord, *Mémoires*, 1957/58, collages, each 26.5 × 20.5 cm, Falckenberg Collection, Hamburg
Guy Debord, *Mémoires*, 1957/58, *collages*, 26,5 × 20,5 cm cada pieza, colección Falckenberg, Hamburgo

The whole life of those societies in which modern conditions of production prevail presents itself as an immense accumulation of spectacles. All that once was directly lived has become mere representation. … The spectacle is not a collection of images, but a social relation among people, mediated by images. …The spectacle grasped in its totality is both the result and the project of the existing mode of production.[12]

This basic definition of the spectacle by Debord contains three central aspects of the Situationist diagnosis of society: 1. the ascertainment that the spectacle is a phenomenon that affects the whole of society, 2. the stress on the importance of images as "ersatz reality" within the spectacle, 3. the direct connection assumed to exist between the spectacle and the mode of production in modern society. In Debord's important work *The Society of the Spectacle* (originally published as *La Société du spectacle* in 1967), however, this last aspect not only can be recognized on the level of content, but also determines the construction principle and thus the structure of a Situationist text. In practice, what this means is that only one sentence in the passage quoted above is his own; the others are reformulations of Karl Marx (1818–1883) and Georg Wilhelm Friedrich Hegel (1770–1831). This principle of appropriation is used throughout the rest of the text, and extends to other authors such as Georg Lukács (1885–1971) and Georges Bataille (1897–1962).

[12] Debord, Guy, *The Society of the Spectacle* [1967], New York, 1994, p. 12 et seq.

 Oliver Zybok/Freedom of Speech: Between Euphoric Illusion…

mulación de espectáculos. Todo lo que se experimenta de modo inmediato ha cedido a una representación [...] El espectáculo no es un conjunto de imágenes, sino una relación social entre personas mediada por imágenes [...] Comprendido en su totalidad, el espectáculo es al mismo tiempo el resultado y la fijación de objetivos del modo de producción existente.[12]

Esta definición del espectáculo que hace Debord contiene tres aspectos centrales del diagnóstico social situacionista: 1. la comprobación de que el espectáculo es un fenómeno que alcanza al conjunto de la sociedad, 2. el énfasis en la significación que se les atribuye dentro del espectáculo a las representaciones e imágenes en cuanto «sustitutos de la realidad» y 3. la conexión directa entre el espectáculo y el modo de producción de la sociedad actual. Este último aspecto no sólo puede reconocerse en el plano del contenido del famoso libro de Debord *La sociedad del espectáculo* (1967), sino que determina el principio constructor y con ello la estructura de un texto situacionista. Es decir, de la cita precedente sólo una frase pertenece al propio Guy Debord; el resto son formulaciones modificadas de Karl Marx (1818–1883) y Georg Wilhelm Friedrich Hegel (1770–1831). Este principio de apropiación se aplica en todo el texto e involucra a autores como Georg Lukács (1885–1971) y Georges Bataille (1897–1962). Para destacar la condicionalidad económica del espectáculo se anuda el análisis de éste con la economía política de Marx.[13] Esta derivación económica ofrece el punto de partida para «unir la crítica teórica de la sociedad

[12] Debord, Guy, *Die Gesellschaft des Spektakels* [1967], Berlín, 1996, S. 123 f. [Versión castellana: *La sociedad del espectáculo*, trad. de José Luis Pardo, Valencia, Pre-textos, 1999].
[13] Cf. Baumeister, Biene y Negator, Zwi, *op. cit.*, p. 40 y ss.

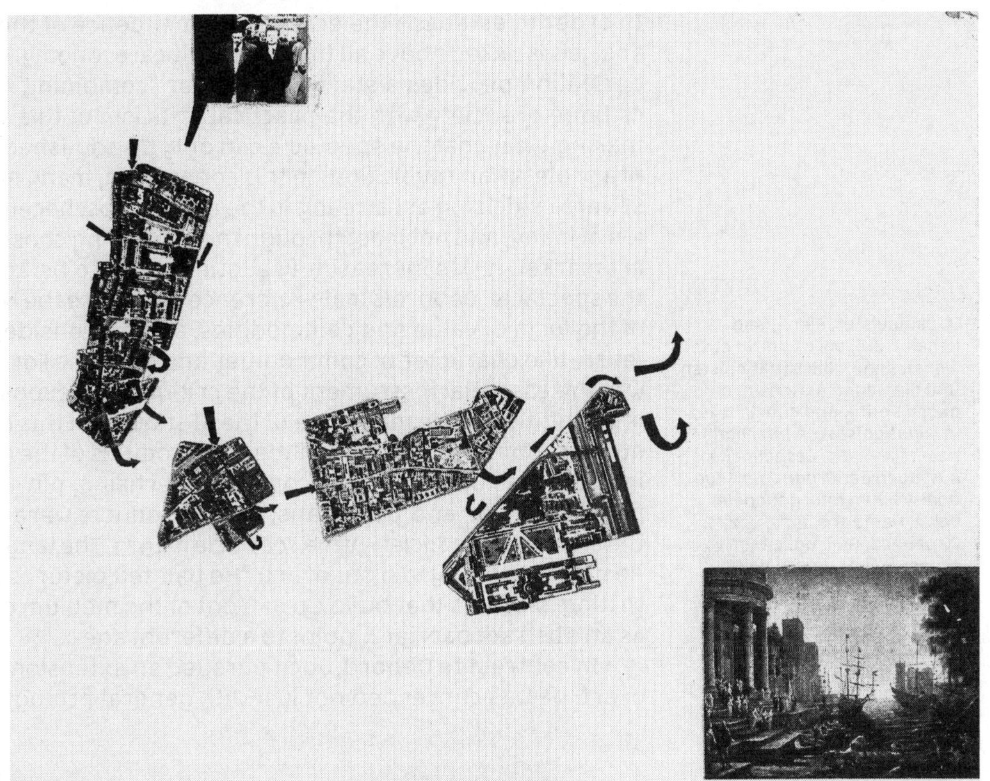

2

3

2 Guy Debord, *Axe d'exploration et échec dans la recherche d'un grand passage situationniste*, Sept./Oct. 1956, collage, 45 × 36 cm, Silverbridge Collection
Guy Debord, *Axe d'exploration et échec dans la recherche d'un grand passage situationniste*, sept./oct. de 1956, *collage*, 45 × 36 cm, Silverbridge Collection

3 *Internationale Situationniste*, magazine, no. 1–12, Silverbridge Collection
Internationale Situationniste, revista, nº 1-12, Silverbridge Collection

In order to establish the economic dependence of the spectacle, its analysis is linked above all to Marx's political economy.[13] This economic derivation provides a starting point for "combining the theoretical critique of society with the practical criticism of this society"[14] or of making clear that the spectacle can only be abolished in the context of a proletarian revolution. In this connection, many members of the SI were criticizing art already in the early 1960s, because, in the opinion of many, and not least through the increasing consolidation of the art market, it was increasingly allowing itself to be appropriated by the spectacle. Debord's main reference points are the Marxist analysis of the form of value and commodities, and his considerations on the fetish-like character of commodities and money.[15] For him, language was the essential instrument of the critique and exposure of prevailing conditions. The magazine of the SI showed in this context numerous misappropriation possibilities for products of the capitalist sham, including, as Debord saw it, comics, advertising, pin-ups, along with pictures of war and politicians; these products were also staged in the filming of *The Society of the Spectacle* in 1973. The language of theory he placed literally in front of art: "He painted pictures as 'directives,' writing-pictures that build up in front of the medium of painting and as an abstract barrier … point to a different age …."[16]

In contrast to Debord, Jorn pursued an extension of the concept of art; he was concerned not just with general ecological or political

[13] Cf. Baumeister, Biene, and Negator, Zwi, op. cit., p. 40 et seq.
[14] Viénet, René, "Die Situationisten und die neuen Aktionsformen gegen Politik und Kunst" [1967], in *Situationistische Internationale 1958–1969. Gesammelte Ausgaben des Organs der Situationistischen Internationale*, vol. 2, Hamburg, 1977, p. 279.
[15] Cf. Debord, Guy, op. cit., p. 47 et seq.
[16] Ohrt, Roberto, "Einleitung: Die Kunst war abgeschafft," in Ohrt, R. (ed.), *Das grosse Spiel. Die Situationisten zwischen Politik und Kunst*, Hamburg, 2000, p. 25.

con una crítica actuante»[14], es decir, para poner de manifiesto que la superación del espectáculo sólo puede darse de la mano de una revolución proletaria. En este contexto, ya a comienzos de los años sesenta surgió por parte de numerosos miembros de la I.S. una crítica del arte, pues éste, según una opinión generalizada, y no en último lugar por el progresivo establecimiento del mercado artístico, cada vez se dejaba subsumir más por el espectáculo. Las referencias principales de Debord son el análisis marxista del valor y la mercancía y los desarrollos sobre el carácter fetichista de la mercancía y el dinero.[15] Para él, el lenguaje era la herramienta esencial de la crítica y de la puesta al descubierto de la situación imperante. En este contexto, la revista de la I.S. mostró numerosas posibilidades de sustracción referidas a productos de apariencia capitalista, entre los cuales Debord contaba los cómics, la publicidad, las *pin-ups*, las imágenes de la guerra y de políticos, que exhibió en la versión fílmica de *La sociedad del espectáculo*, en 1973. En Debord, el lenguaje de la teoría está literalmente antepuesto al arte, «pintaba cuadros como "directivas", imágenes escriturales cuyas bases eran previas al medio de la pintura y que, como barrera abstracta, remitían a otro tiempo».[16]

A diferencia de Debord, Jorn persiguió una ampliación del concepto de arte; a él no le importaba solamente el planteo de interrogantes ecológicos o políticos, sino más bien desarrollar en el arte estrategias que ofrecieran soluciones a esas preguntas. A la manera de una insurrección revolucionaria, la obra de arte

[14] Viénet, René, «Die Situationisten und die neuen Aktionsformen gegen Politik und Kunst» [1967], en *Situationistische Internationale 1958–1969. Gesammelte Ausgaben des Organs der Situationistischen Internationale*, tomo 2, Hamburgo, 1977, p. 279.
[15] Debord, Guy, *op. cit.*, p. 172 y s.
[16] Ohrt, Roberto, «Einleitung: Die Kunst war abgeschafft», en *Das grosse Spiel. Die Situationisten zwischen Politik und Kunst*, Hamburgo, 2000, p. 25.

issues, but rather with developing strategies in art to provide solutions to these issues. As in a revolutionary uprising, he understood an artwork not as a loss, but rather as a surplus of energy.

The resulting value does not derive from the work, but is liberated in the beholders themselves. That is the simple and material explanation of the value of a work of art, and indeed of all "intellectual" values. The value of art, then, is, compared with practical values, a countervalue, and is measured in the reverse direction to these latter. Art is an invitation to waste energy, without any precise goal apart from what the beholder can bring to it. That is the waste. All those who are too miserly or totally incapable to exert themselves in this genre despise art. The artistic value is at the same time a senseless value, and also the expression of an individual's freedom of action. This does not mean that beholders can do with the work what they like, but they have at their disposal the new energies liberated within themselves. No one can control them. And if one has no energies to liberate, one sees nothing. This explains why art is socially disconcerting and politically so significant: it is the true source of politics, of inspiration.[17]

And, we might add, of freedom of speech.

[17] Jorn, Asger, *Heringe in Acryl. Heftige Gedanken zu Kunst und Gesellschaft*, ed. by Roberto Ohrt, Hamburg, 1987, p. 55.

155

no era concebida como gasto, sino como una especie de excedente de energía.

El valor no surge de la obra, sino que se libera en el observador mismo. Ésa es la explicación sencilla y material del valor de las obras de arte y, además, de todas las obras llamadas intelectuales. En consecuencia, el valor de la obra es, comparado con los valores prácticos, un contravalor y se mide en sentido contrario a aquéllos. El arte es una invitación a un derroche de energía sin otra meta precisa que la que pueda aportar el observador. Ése es el derroche. Quienes sean demasiado tacaños o enteramente incapaces de realizar un esfuerzo de este género aborrecerán el arte. El valor artístico es al mismo tiempo un valor sin sentido y la manifestación de la libertad de acción del individuo. Esto no quiere decir que cada observador pueda hacer con la obra de arte lo que quiera, pero sí disponer de modo independiente de las energías nuevas que se han liberado en él. Nadie puede controlarlas. Y si en este campo no hay energías, no se verá nada. Esto explica por qué el arte es socialmente inquietante y tan significativo políticamente. El arte es la verdadera fuente de la política, de la inspiración.[17]

Y, agreguemos, de la libertad de palabra.
A comienzos de 1961, Jorn ya casi no veía potenciales artísticos para el proyecto situacionista y abandonó el movimiento. Recha-

[17] Jorn, Asger, *Heringe in Acryl. Heftige Gedanken zu Kunst und Gesellschaft*, comp. por Ohrt, Roberto, Hamburgo, 1987, p. 55.

At the start of 1961 Jorn saw hardly any more potential in art for the Situationist project, and left the movement. He rejected the Marxist idea, preferred by Debord, of the relativization of the artist as a producer of modern culture. He was critical of the fact that the socialist movement was accelerating bourgeois reservations towards art, promoting its tendencies to "waste": "We do not stage the revolution in order to become poor."[18] From now on, the program was laid down by the political activists around Debord. After the SI finally came out against artistic practice as a means of creating sensibly constructed situations, it withdrew more and more into the sphere of theory, which, while influencing the student movement of 1968, could ultimately not provide any more concrete approaches to a solution, in other words, remained bogged down in criticism. They formulated aspirations to which at no time they did justice. Thus Roberto Ohrt (b. 1954) fairly asks: "Had anyone established, between some points of departure and actual practice, the approximate standpoint of the organization in reality in order to find out about the development of a change in this reality?"[19]

2. Situationist initiatives after the SI

A certain detachment from reality on the part of the members of the SI is evident from their overemphasis of the theoretical confrontation. One example is the *Traité de savoir-vivre à l'usage des jeunes généra-*

[18] *Asger Jorn*, exhib. cat., Städtische Galerie im Lenbachhaus, Munich, 1987, p. 75.
[19] Cf. Ohrt, Roberto, *Phantom Avantgarde. Eine Geschichte der Situationistischen Internationale und der modernen Kunst* [1989], Hamburg, 1997, p. 301.

zaba la idea marxista, privilegiada por Debord, de la relativización del artista en tanto productor de la cultura moderna. Su crítica era que el movimiento socialista reforzaba las reservas burguesas respecto al arte, respecto a sus tendencias de «derroche»: «No se hace la revolución para ser pobres.»[18] De ahí en adelante, los activistas políticos reunidos en torno a Debord determinaron la línea a seguir. Después de pronunciarse definitivamente contra la práctica artística como posibilidad de generar situaciones construidas pertinentes, la I.S. se retiró cada vez más a la esfera de una teoría que, si bien influyó en el movimiento estudiantil de 1968, al fin y al cabo no pudo proporcionar principios de solución concretos y quedó atascada en la crítica. Formuló reivindicaciones a cuya altura nunca estuvo. Así formula acertadamente la cuestión Roberto Orth (1954-): «¿Se había buscado entre ciertos postulados y una práctica el lugar aproximado de la organización en la realidad que le permitiera reconocer una transformación de esa realidad?».[19]

2. Iniciativas situacionistas después de la I.S.

Dado el énfasis excesivo puesto en la discusión teórica puede observarse en los miembros de la I.S. cierta lejanía respecto a la realidad. Un ejemplo es el *Manual del arte de la vida para las jóvenes generaciones* (1968), de Raoul Vaneigem (1934-). Allí el autor describe qué relaciones sociales son necesarias y exhorta a evitar la lógica del mercado y el sistema salarial. En conjunto puede hablarse de un programa de difícil realización, una detallada

[18] *Asger Jorn*, catálogo de la exposición en la Städtische Galerie im Lenbachhaus, Múnich, 1987, p. 75.
[19] Cf. Ohrt, Roberto, *Phantom Avantgarde. Eine Geschichte der Situationistischen Internationale und der modernen Kunst* [1989], Hamburgo, 1997, p. 301.

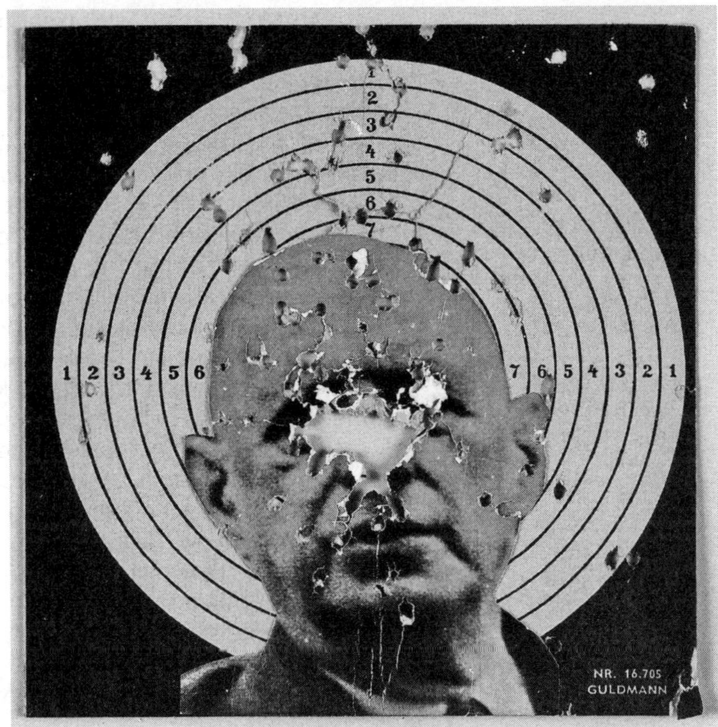

4

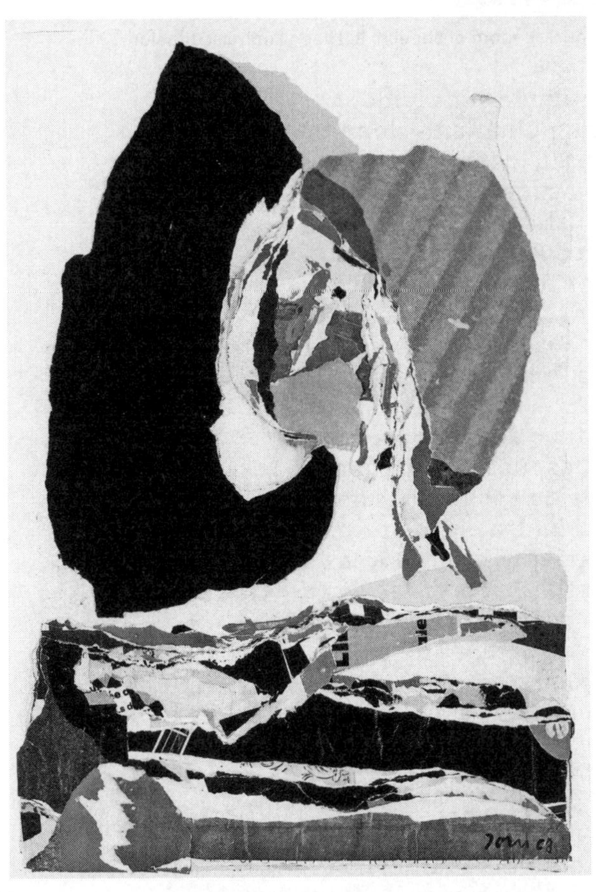

5

4 *The Destruction of RSG-6*,
Odense, 1963, 27×24 cm,
Silverbridge Collection
The Destruction of RSG-6,
Odense, 1963, 27×24 cm,
Silverbridge Collection
5 Asger Jorn, *La femme si près*,
1968, décollage, 86.5×56 cm,
private collection,
©Donation Jorn, Silkeborg/
2013, ProLitteris, Zurich
Asger Jorn, *La femme si près*,
1968, décollage, 86,5×56 cm,
colección privada,
©Donation Jorn, Silkeborg/
2013, ProLitteris, Zurich

tions (1967) (literally: "Manual of Savoir-vivre for the Use of Young Generations," but published in English as *The Revolution of Everyday Life*) by Raoul Vaneigem (b. 1934). He describes which social relationships are necessary, urges readers to find ways round the logic of the market and the wage system. All in all, one can talk of a difficult-to-realize program, the formulation of a moral imperative that cannot be lived in practice.[20] The field of the actions, by contrast, was very largely determined by the happenings and Fluxus activities, which, by drawing the public into them, likewise sought to bridge the chasm between art and life. The Situationist action mostly dispensed with the spectator as an activist. Even though the Fluxus movement addressed the disappearance of the artwork in the process, the artists did sell what was left over on the art market, albeit at first with an ironic undertone, as the buyer was purchasing a work in the process of decay, a wasting asset that sooner or later would no longer exist.

Actionism in art was ultimately often closer to real life than that of the SI. After Joseph Beuys (1921–1986) occupied the secretariat of the Düsseldorf Art Academy on 15 October 1971, in order to protest against a controversial admissions policy and thus to allow sixteen rejected applicants the opportunity to study there, he successfully rebelled against the politicians, but also received a caution. Almost exactly a year later, on 10 October 1972, he repeated the occupation, and after the expiry of an ultimatum, was dismissed, with immediate

[20] Cf. Vaneigem, Raoul, *Handbuch der Lebenskunst für die jungen Generationen* [1968], Hamburg, 2008.

 Oliver Zybok/Freedom of Speech: Between Euphoric Illusion…

formulación de un imperativo moral que no puede ser vivido.[20] Por el contrario, el campo de la acción estuvo ampliamente dominado por actividades al estilo *happening* y del Fluxus, con las que, involucrando al público, también se intentaba superar las oposiciones entre arte y vida. En la acción situacionista, por lo general, no se consideraba al espectador como activista. Aun cuando en el movimiento Fluxus se tematizó la desaparición de la obra de arte en el proceso, los artistas reciclaban para el mercado del arte los restos de las acciones, si bien al principio con un dejo irónico, ya que el comprador adquiría un trabajo en derrumbe que en algún momento dejaba de existir.

Al fin y al cabo, el accionismo en el arte estuvo a menudo más cerca de la vida que el accionismo de la I.S. Después de realizar una ocupación de la secretaría de la Academia de Bellas Artes de Düsseldorf el 15 de octubre de 1971 en protesta contra el polémico procedimiento de admisión y así posibilitarles el acceso a la carrera a dieciséis postulantes rechazados, Joseph Beuys se rebeló eficazmente contra la política, pero también recibió una advertencia. Casi exactamente un año después, el 10 de octubre de 1972, repitió la ocupación y, vencido un ultimátum, Johannes Rau (1931-2006), ministro de Educación de Renania del Norte-Westfalia, lo despidió sin demora. La serigrafía *La democracia es divertida* (1973) muestra el momento en que Beuys abandona con sus estudiantes, bajo custodia policial, la academia, y sobreimpreso en la serigrafía el título reproducido como rúbrica. Al despido siguieron numerosas manifestaciones y huelgas, así como notas interna-

[20] Cf. Vaneigem, Raoul, *Handbuch der Lebenskunst für die jungen Generationen* [1968], Hamburgo, 2008.

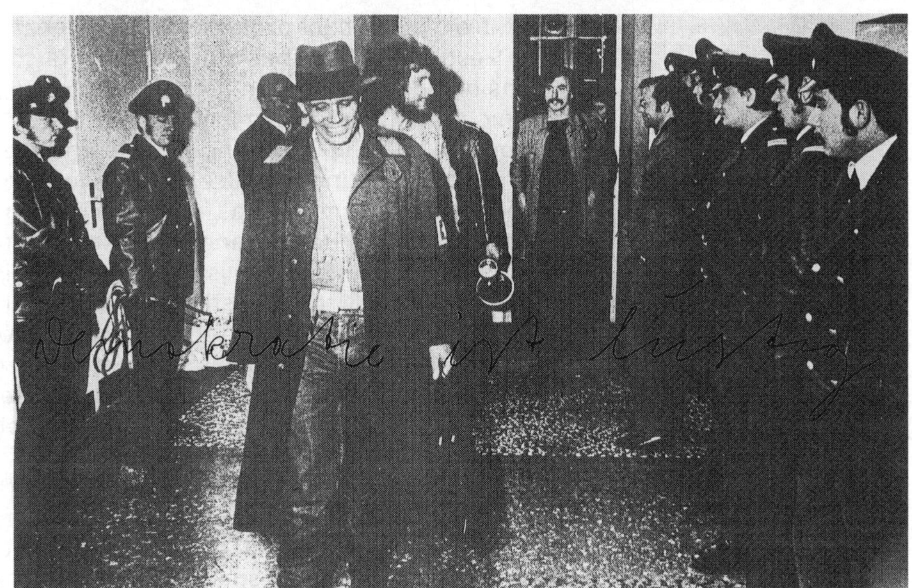

6

Politik der Magie?

Offener Brief von Broodthaers an Beuys / „Unsere Beziehung ist schwierig geworden"

Marcel Broodthaers, der Philosoph unter den Düsseldorfer Künstlern, kann Josef Beuys, dem Magier, nicht länger folgen. Broodthaers, der Brüsseler, spricht und denkt französisch, ist schon deshalb der Ratio und dem Denken in geschichtsbewußten Kategorien verpflichtet. Für seinen öffentlichen Abschiedsbrief an den rheinischen Magier wählte er die Form eines historischen Fundstücks: Broodthaers, der in französischem Denken geschulte Flame, läßt Jacques Offenbach, den aus Köln stammenden Komponisten luziden „französischen" Esprits, an Wagner schreiben, den germanischen Magier des Gesamtkunstwerks — oder auch an Beuys, den Magier des Kunst-ist-Leben-ist-Politik-Romantizismus.

Zur Entschlüsselungs-Hilfe: Unmittelbarer Anlaß des Briefes ist die Ausstellung aktueller Kunst aus Düsseldorf, Paris und Amsterdam im New Yorker Guggenheim-Museum. Zu dem von Kunsthallen-Direktor Jürgen Harten zusammengestellten Düsseldorfer Beitrag gehören auch Arbeiten von Broodthaers und von Beuys, der zur Eröffnung am Donnerstag über den Atlantik fliegen will.

Broodthaers läßt Offenbach über Wagners Mäzen Ludwig II. von Bayern meditieren und meint in diesem Fall das renommierte New Yorker Kunstinstitut. Er vergleicht Wagner (Beuys) mit jenem aus Ludwigs Schlössern (den Hallen des Guggenheim-Museums) verjagten Hans H. (Haake), dessen politisch brisanter Beitrag — Dokumentation der Immobilien-Besitzverhältnisse in New York City — im Guggenheim-Museum unerwünscht war.

*

Düsseldorf, 28. 9. 1972

Lieber Beuys,
es ist lange her, seit ich Dir einen offenen Brief geschrieben habe (Juni 1968). Heute ergibt sich wieder ein Anlaß, Dir zu schreiben. Ich versage mir allerdings den Kunstgriff. Zu oft werden diese offenen Briefe durch Polemik entwertet und durch die Veränderlichkeit der Umstände überholt. In einem verfallenen Haus in Köln, das selbst schon schwer zu entdecken war, habe ich einen Brief gefunden. Ich habe ihn entziffert; Staub und Regen haben hier einige Worte, dort ganze Sätze ausgelöscht. Das Papier, auf dem ich nur mühsam die Unterschrift Jacques Offenbachs entziffern konnte, war den chemischen Einflüssen der Verunreinigungen zum Opfer gefallen und dadurch so brüchig geworden, daß ich es vorgezogen habe, den Brief abzuschreiben; die handgeschriebene Form habe ich beibehalten, um die geschriebene Ehre meiner Handschrift zum Unterpfand für die Echtheit des Briefes zu geben.
M. B.

Lieber Wagner, Köln, . . . 18 . . .
Ich habe soeben die letzte Note der „Großherzogin von Gerolstein" geschrieben. Wie weit bin ich doch von Tristan und Isolde entfernt! Und ich weiß, daß ich mich noch weiter entfernen werde.
(Noten-Bruchstücke im Manuskript).
Ja und nein — Was die Nachwelt dazu sagen wird? — Vielleicht — Zweifel kommen mir — Dann — 1848 —, von 1849. Dein Aufsatz „Die Kunst und die Revolution" — von Magie —

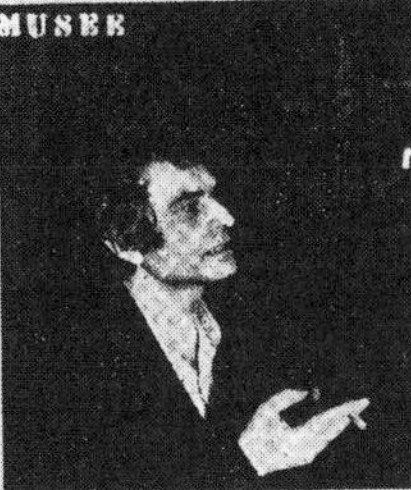

„Dies ist gewiß die letzte Mitteilung": Marcel Broodthaers in seinem „Musée" am Burgplatz.
RP-Bild: Klaus Medau

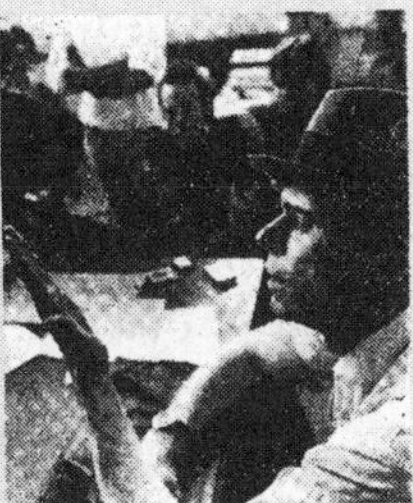

Ins New Yorker Guggenheim-Museum wie einst Richard Wagner zu König Ludwig? - Josef Beuys.
RP-Bild: Werner Gabriel

Köln, . . . 18 . . .

Lieber Wagner,
Ich habe soeben die letzte Note der „Großherzogin von Gerolstein" geschrieben. Wie weit bin ich doch von Tristan und Isolde entfernt! Und ich weiß, daß ich mich noch weiter entfernen werde.

— und —

Ja und nein — Was die Nachwelt dazu sagen wird?
— Vielleicht — Zweifel kommen mir — Dann
„Die Kunst und

„Wie weit bin ich doch von Tristan und Isolde entfernt!" — Probe aus dem handgeschriebenen Brief von Marcel Broodthaers an Beuys.

Politik? — derer Du Dir sicherlich bewußt bist. Die Politik der Magie? der Schönheit oder der Häßlichkeit? — Messias! — Im Kampf gegen den Verfall der Kunst wäre demnach das Musikdrama die einzige Form, die alle Künste vereinigen könnte. Ich bin kaum mit der Position einverstanden, die Du beziehst, und auf jeden Fall erkläre ich meine Ablehnung, wenn Du in einer Definition der Kunst die der Politik mit einschließen willst — Magie? — Mein lieber Wagner, unsere Beziehung ist schwierig geworden. Dies ist gewiß die letzte Mitteilung, die ich Dir sende (Anmerkung: Aus dem in Köln gefundenen Brief scheint hervorzugehen, daß Offenbach die Absicht aufgegeben hat, ihn seinem Adressaten zukommen zu lassen).

König Ludwig II. ließ Hans H. von seinen Schlössern weisen. Ihre Majestät zieht Dich jenem Spezialisten der Flötenkompositionen vor. Das kann ich verstehen. Wenn es sich dabei um eine künstlerische Entscheidung handelt — Aber ist nicht diese Leidenschaft, die der Monarch für Dich an den Tag legt, gleichermaßen von einer politischen Entscheidung getragen? Ich hoffe, daß Dich diese Frage eben so sehr beunruhigt wie mich.

Welchen Zwecken dienst Du, Wagner? Warum? Wozu?
Elende Künstler die wir sind.
Vive la Musique!

Jacques Offenbach

P.S. Ein Exemplar der beiden Oktavbände von Stendhals Roman — Le Rouge et le Noir — lag ebenfalls im Schutt auf dem Boden. Kein Stuhl, kein Tisch. Weiter gab es nichts in dieser Dachkammer. Diese Souvenirs bewahre ich sorgfältig.
M

7

6 Joseph Beuys, *Demokratie ist lustig*, 1973, silkscreen print on board, with handwritten text, 75 × 114.5 cm, edition: 80, private collection, ©2013, ProLitteris, Zurich
Joseph Beuys, *Demokratie ist lustig*, 1973, serigrafía impresa sobre madera, con texto manuscrito, 75 × 114,5 cm, edición: 80 copias, colección privada, ©2013, ProLitteris, Zurich

7 "Politik der Magie? Offener Brief von Broodthaers an Beuys/'Unsere Beziehung ist schwieriger geworden'", in *Rheinische Post*, October 3, 1972
"Politik der Magie? Offener Brief von Broodthaers an Beuys/'Unsere Beziehung ist schwieriger geworden'", en *Rheinische Post*, 3 de octubre de 1972

effect, from his post of professor at the academy by the then North Rhine Westphalian state minister of Science (also responsible for institutions of higher education), Johannes Rau (1931–2006). The photographic model for the 1973 silkscreen print *Demokratie ist lustig* [Democracy Is Funny] shows the moment when Beuys left the academy with his students under police supervision, and above, the title is reproduced. The dismissal was followed by numerous demonstrations and strikes by the students, and not least by protests by fellow artists on an international scale. Beuys challenged the dismissal in the courts, which led to a legal wrangle lasting for years, ending in an out-of-court settlement in 1980: under its terms, he was allowed to retain his professorial title and the use of his studio (room 3) in the academy, and from then on it served as the office of his Free International University (FIU), proclaimed in 1977. In return, Beuys accepted the ending of his contract of employment.[21]

His intransigence in this case illustrates very clearly that his art was in many ways geared to a reflexive confrontation with political conditions, and that its most important foundation was the active use of the right to freedom of speech. But he was frequently accused of staging and using his actions in such a way that they served to create myths. One piece of evidence for this is the open letter from Marcel Broodthaers (1924–1976) to Beuys, which appeared in the local Düsseldorf newspaper, the *Rheinische Post*, in 1972.[22] Even though the

Oliver Zybok/Freedom of Speech: Between Euphoric Illusion…

21 Cf. Stüttgen, Johannes, *Der ganze Riemen. Der Auftritt von Joseph Beuys als Lehrer — die Chronologie der Ereignisse an der Staatlichen Kunstakademie Düsseldorf 1966–1972*, Cologne, 2008, pp. 983–1028.

22 "Politik der Magie? Offener Brief von Broodthaers an Beuys / 'Unsere Beziehung ist schwieriger geworden'," in *Rheinische Post*, 3 October 1972, n.p.

cionales de protesta de otros artistas. La demanda interpuesta por Beuys contra el despido dio lugar a un litigio de años, que terminó en 1980 con un acuerdo. Beuys conservó el título de profesor y el derecho de uso del atelier (sala 3) en la academia, que desde entonces hizo las veces de sede administrativa de su Free International University (FIU), fundada en 1977; como contrapartida, aceptó la disolución del vínculo laboral.[21]

La intransigencia de Beuys en este caso pone en evidencia que, en muchos de sus componentes, su arte está diseñado para un diálogo reflexivo con circunstancias políticas, diálogo que tiene como base fundamental el uso activo de la libertad de palabra. Pero Beuys a menudo se vio expuesto al reproche de haber concebido o utilizado sus proyectos, sus acciones y —no en última instancia— su despido de modo que fueran apropiados para la construcción de un mito. Una prueba es la carta abierta de Marcel Broodthaers (1924-1976) a Beuys, aparecida en 1972 en el *Rheinische Post*.[22] Aunque el destinatario de la carta abierta se da a entender de modo inequívoco, Broodthaers eligió para sí el simbólico seudónimo de Jacques Offenbach (1819-1880), aquel compositor que tenía preferencias por la sátira político-cultural y con sus operetas creaba parodias de las grandes óperas. En él, Broodthaers veía el extremo opuesto de la mística de Richard Wagner (1813-1883). Wilfried Dickhoff (1953-) escribe: «Él [Broodthaers] rechaza una definición del arte que incluyera a la política y que supusiera que del arte emana una magia política eficaz en la transformación del campo social, es decir, rechazaba un "concepto ampliado de

21 Cf. Stüttgen, Johannes, *Der ganze Riemen. Der Auftritt von Joseph Beuys als Lehrer — die Chronologie der Ereignisse an der Staatlichen Kunstakademie Düsseldorf 1966–1972*, Colonia, 2008, pp. 983-1028.

22 «Politik der Magie? Offener Brief von Broodthaers an Beuys / "Unsere Beziehung ist schwieriger geworden"», en *Rheinische Post*, 3 de octubre de 1972, sin número de página.

writer and the recipient of the open letter were perfectly well known, he chose to use for himself the symbolic pseudonym "Jacques Offenbach," i.e., the name of the composer (1819–1890) who had a predilection for political and cultural satire and used his operettas to parody grand opera. Broodthaers saw in him a counterpole to the mysticism of Richard Wagner (1813–1883). "He rejected a definition of art which includes the definition of politics and takes on a political magic deriving from art which has an influence in the social field, in other words, an 'extended concept of art' in the sense of Beuys. He sees in this, ultimately, an irresponsible blurring of art and politics, such as was already apparent in … Wagner's musical drama, written as a *gesamtkunstwerk*," writes Wilfried Dickhoff (b. 1953).[23] For the recipient, Broodthaers chose the pseudonym "Richard Wagner," and criticized the way art and politics were interwoven into "magic" in the works of Beuys. These works "reproduce precisely what they purport to oppose, they serve the power which they imagine they can change for the better by using forms with an allegedly magic effect, but which in reality they only decorate and sugarcoat, albeit in brazenly arrogant naivety, mostly reluctantly."[24]

The occasion for Broodthaers' open letter was the exhibition *Amsterdam – Paris – Düsseldorf* at the Solomon R. Guggenheim Museum in New York, in which he was represented along with Beuys. Offenbach (Broodthaers) accuses Wagner (Beuys) of a "complaisant flute-playing

[23] Dickhoff, Wilfried, "Magie. Art et Politique. Zur Jetztzeit eines Buches von Marcel Broodthaers aus dem Jahre 1973," in *Parkett*, no. 80, Zürich-New York, 2007, p. 16.
[24] Ibid.

arte" en el sentido de Beuys. En última instancia, una irresponsable confusión de arte y política tal como ya estaba planteada en los dramas musicales de Wagner, escritos como obras de arte totales».[23] Así pues, Broodthaers eligió para el destinatario el seudónimo de Richard Wagner y criticó en los trabajos de Beuys el modo en que arte y política se funden como «magia». Los trabajos «reproducen exactamente aquello a lo que parecen oponerse, sirven al poder que se imaginan transformar en algo bueno mediante fórmulas con efecto supuestamente mágico, pero al que en realidad sólo adornan de modo diferente y embellecen, más allá de que la mayoría de las veces lo hagan contra su voluntad y con una ingenuidad impertinente en su osadía».[24]

La ocasión que dio pie a la carta abierta de Broodthaers fue la exposición *Ámsterdam - París - Düsseldorf* en el museo Solomon R. Guggenheim de Nueva York, en la que él participaba junto a Beuys. Offenbach (Broodthaers) le reprocha a Wagner (Beuys) ejecutar una «complaciente melodía cortesana de flautas»,[25] porque en esa muestra exhibió casi exclusivamente afiches de su *Organización para la democracia directa*. En esa selección de obra, Broodthaers veía un sometimiento al sistema dominante, una reacción para él casi temerosa cuya causa encontró en el proyecto de Hans Haacke (1936–) sobre la situación inmobiliaria de Nueva York, censurado un año atrás. Con el trabajo *Shapolsky et al. Manhattan Real Estate Holdings, a Real-Time Social System, as of May, 1971*, Haacke había puesto al descubierto los tejemanejes delictivos en el rubro inmobiliario de Nueva York entre 1951 y 1971, ante los

[23] Dickhoff, Wilfried, «Magie. Art et Politique. Zur Jetztzeit eines Buches von Marcel Broodthaers aus dem Jahre 1973», en *Parkett*, nº 80, Zúrich-Nueva York, 2007, p. 16.
[24] *Ibid.*
[25] «Politik der Magie? Offener Brief von Broodthaers an Beuys», *op. cit.*, sin número de página.

at court,"[25] because in this presentation he exhibited, almost exclusively, posters for his *Organisation für direkte Demokatie*. He saw this choice of works as fawning to the prevailing system, a reaction which comes across as almost timid, whose reason he saw in the censored project a year earlier by Hans Haacke (b. 1936) on the real estate situation in New York. For with the work *Shapolsky et al. Manhattan Real Estate Holdings, a Real-Time Social System, as of May 1, 1971* Haacke cast some light on the shady dealings in the New York real-estate sector between 1951 and 1971, of which the legal authorities seemed to take a surprisingly benign view. The complex of works was part of the planned solo exhibition at the Guggenheim Museum, which the then director Thomas Messer (b. 1920) cancelled amid public protest six weeks before the scheduled opening. Edward Frey (1935–1992), the curator of the show, expressed his solidarity with Haacke and was dismissed. *Shapolsky et al. Manhattan Real Estate Holdings, a Real-Time Social System, as of May 1, 1971* "comprises 146 photographic views of New York buildings, six overviews in tabular form of business transactions, one explanatory panel, and plans of Harlem and the Lower East Side. Each photograph is accompanied by a typewritten text that describes the location of the building depicted and the relevant financial transactions."[26] It is likely that Broodthaers also took an, if anything, dubious view of Haacke's work, for it also put across a political message.[27] With the open letter, he criticized Beuys's timid reaction

[25] "Politik der Magie? Offener Brief von Broodthaers an Beuys/'Unsere Beziehung ist schwieriger geworden'," op. cit., n.p.
[26] Sztulman, Paul, "Hans Haacke," in *documenta X—Kurzführer*, Ostfildern-Ruit, 1997, p. 84.
[27] Cf. Dickhoff, W. (ed.), *Marcel Broodthaers—Kunst Heute*, no. 12, Cologne, 1994, p. 122.

cuales la justicia se mostró asombrosamente tolerante. La obra era parte de una muestra individual ya convenida en el museo Guggenheim, que en medio de protestas el entonces director Thomas Messer (1920-2013) canceló seis semanas antes de la inauguración. El curador, Edward Fry (1935-1992), se solidarizó con Haacke y fue despedido. *Shapolsky et al. Manhattan Real Estate Holdings, a Real-Time Social System, as of May, 1971* «se compone de ciento cuarenta y seis postales fotográficas de edificios neoyorquinos, seis gráficos sobre transacciones comerciales, una placa explicativa y planos de Harlem y Lower East Side. Cada fotografía está acompañada de un texto mecanografiado que describe la situación del edificio reproducido y las transacciones financieras en cuestión».[26] Broodthaers también consideró el trabajo de Haacke con cierto escepticismo, pues transmitía igualmente un mensaje político,[27] pero con su carta abierta criticó la reacción más bien inofensiva de Beuys a las confrontaciones de Haacke con el poder político, cuando un año después tuvo, en el lugar mismo del escándalo, la posibilidad de reaccionar de modo adecuado ante lo sucedido. Para Broodthaers esta actitud reservada era la prueba de una adecuación a las condiciones imperantes causada por intereses orientados narcisísticamente. De hecho, es pertinente preguntarse si, de haber hecho una referencia directa al proyecto de Haacke, Beuys habría conseguido montar su retrospectiva de 1979 en el Guggenheim. Como fuera, sí se especuló que algunos donantes del museo estaban envueltos de algún modo en los tejemanejes inmobiliarios y por eso habían impedido la muestra.

[26] Sztulman, Paul, «Hans Haacke», en *documenta X—Kurzführer*, Ostfildern-Ruit, 1997, p. 84.
[27] Sobre esto, cf. *Marcel Broodthaers—Kunst Heute*, nº 12, editado por Dickhoff, Wilfried, Colonia, 1994, p. 122.

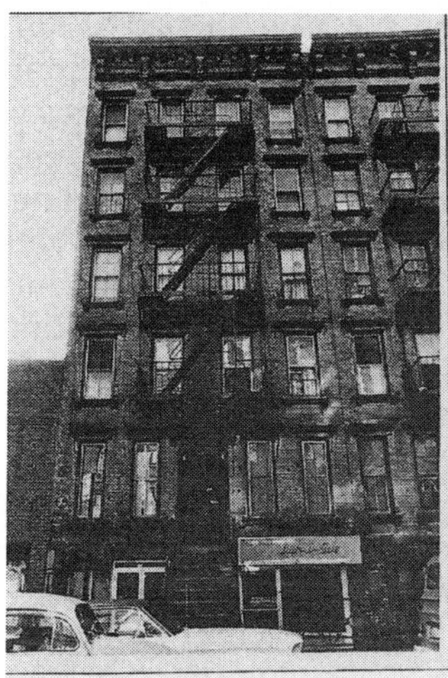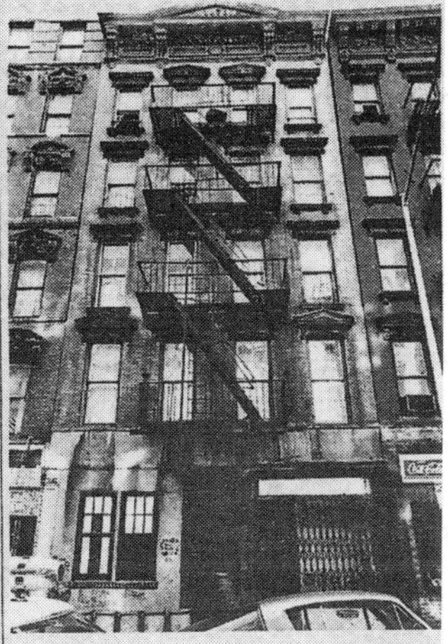

216 E 3 St.
Block 385 Lot 11
5 story walk-up old law tenement

Owned by Harpael Realty Inc., 605 E 11 St., NYC
Contracts signed by Harry J. Shapolsky, President('63)
                    Martin Shapolsky, President('64)
Principal Harry J. Shapolsky(according to Real Estate
Directory of Manhattan)

Acquired 8-21-1963 from John the Baptist Foundation,
c/o The Bank of New York, 48 Wall St., NYC
for $237 000.-(also 7 other bldgs.)

$150 000.- mortgage @ 6% interest, 8-19-1963, due
8-19-1968, held by The Ministers and Missionaries
Benefit Board of the American Baptist Convention,
475 Riverside Drive, NYC (also on 7 other bldgs.)

Assessed land value $25 000.-, total $75 000.- (including 212-14 E 3 St.) (1971)

228 E 3 St.
Block 385 Lot 13
24 x 105' 5 story walk-up old law tenement

Owned by Harpael Realty Inc.   605 E 11 St.   NYC
Contracts signed by Harry J. Shapolsky, President('63)
                    Martin Shapolsky, President('64)

Acquired from John The Baptist Foundation
c/o The Bank of New York, 48 Wall St. NYC
for $237 000.- (also 5 other properties) , 8-21-1963

$150 000.- mortgage (also on 5 other properties) at 6%
interest as of 8-19-1963 due 8-19-1968
held by The Ministers and Missionaries Benefit board of
The American Baptist Convention, 475 Riverside Dr. NYC

Assessed land value $8 000.- total $20 000.-(1971)

8

8 Hans Haacke, *Shapolsky et al. Manhattan Real Estate Holdings, a Real-Time Social System, as of May 1, 1971,* 1971 (detail), mixed media, dimensions variable, Musée national d'art moderne, Centre Georges Pompidou, Paris, ©2013, ProLitteris, Zurich
Hans Haacke, *Shapolsky et al. Manhattan Real Estate Holdings, a Real-Time Social System, as of May 1, 1971,* 1971 (detalle), técnica mixta, dimensiones variables, Musée national d'art moderne, Centre Georges Pompidou, París, ©2013, ProLitteris, Zurich
9 Silke Wagner, *münsters GESCHICHTE VON UNTEN,* 2007, in association with the Umweltzentrum-Archiv-Verein, Münster, concrete epoxy resin, posters, h. 340 cm, on the occasion of the exhibition *skulptur projekte münster 07,* Münster, courtesy Galerie Wilma Tolksdorf, Berlin, photo: Roman Mensing/artdoc.de
Silke Wagner, *münsters GESCHICHTE VON UNTEN,* 2007, en asociación con el Umweltzentrum-Archiv-Verein, Münster, hormigón, resina epoxi, pósteres, h 340 cm, con motivo de la exposición *skulptur projekte münster 07,* Münster, por gentileza de la Galerie Wilma Tolksdorf, Berlín, foto: Roman Mensing/artdoc.de

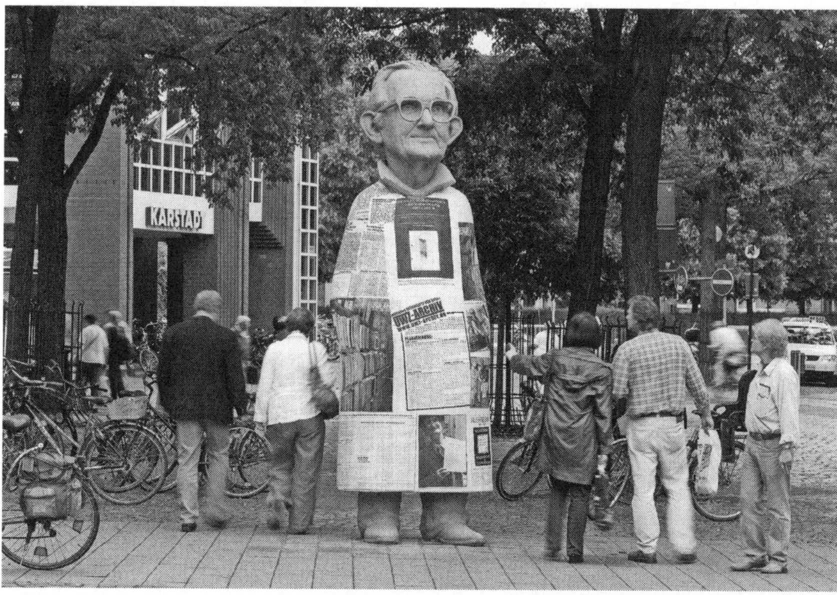

9

to his confrontations with the powers that be, for, after all, had he not, one year later, had the opportunity to react in an appropriate manner to the events on the spot? For Broodthaers, this reticent behavior was evidence of fawning to prevailing conditions, for reasons of narcissistic interest. And indeed, one may well ask whether Beuys, had he made direct reference to the Haacke project, would have had his retrospective in the Guggenheim in 1979, for after all, there were suspicions that individual trustees of the museum were involved in the real-estate shenanigans, and consequently would have prevented the exhibition.

One can say that Haacke, with *Shapolsky et al. Manhattan Real Estate Holdings, a Real-Time Social System, as of May 1, 1971,* had created a work in the spirit of the Situationists: following research in the urban space (*dérive*), the context of the "find" is analyzed (*détournement*) and thus the basis of a Situationist construction created, which provoke the reactions of the "society of the spectacle." Following these briefly sketched historical examples, the question now arises as to whether, and if so, where Situationist initiatives are to be found in the art of the present day. In this connection, reference must be made to the works and actions of Silke Wagner (b. 1968), which have always had a political background. On the occasion of the *skulptur projekte* in Münster in 2007, she developed a collaboration with the Umweltzentrum-Archiv-Verein, which is based there. For the work *münsters GESCHICHTE VON*

Oliver Zybok/Freedom of Speech: Between Euphoric Illusion…

Se puede decir que con *Shapolsky et al. Manhattan Real Estate Holdings, a Real-Time Social System, as of May, 1971* Haacke planteó un trabajo de orientación situacionista: después de la búsqueda en el espacio urbano (*dérive*), se analiza el contexto del hallazgo (*détournement*) y así se crea la base de una construcción situacionista que provoca reacciones de la «sociedad del espectáculo».

Luego de los ejemplos históricos aquí brevemente bosquejados, surge la pregunta de si se muestran en el arte actual iniciativas situacionistas, y en ese caso, dónde. En este contexto se debe hacer referencia a los trabajos y acciones de Silke Wagner (1968-), que siempre tienen un trasfondo político. En 2007, con ocasión de los *skulptur projekte* de Münster, trabajó en colaboración con la asociación Archivo del Centro de Medio Ambiente. Este archivo del movimiento social medioambiental fue punto de partida para el trabajo *münsters GESCHICHTE VON UNTEN* [La historia de Münster desde abajo], y en la cooperación se dieron oportunidades de «reunir perspectivas teóricas y metódicas de diferentes disciplinas, en busca de denominadores comunes, coincidencias tácticas o, por lo menos, desacuerdos productivos».[28] En su investigación, Wagner se topó con Paul Wulf (1921-1999), a quien los nacionalsocialistas esterilizaron por la fuerza en 1938. A lo largo de más de treinta años, Wulf luchó por una reparación y se involucró social y políticamente en forma muy intensa, sobre todo en relación con la denuncia de delitos de los nacionalsocialistas. *Münsters Geschichte von unten* constaba de dos partes: por un lado, una

[28] «Silke Wagner — Haltung als Gestaltung. Ein Gespräch mit Raimar Stange», en *Vom Ende der Demokratie,* comp. por Zybok, Oliver y Stange, Raimar, *op. cit.,* p. 196.

UNTEN [Münster's History from Below] this archive of the social movement was the starting point, and the collaboration provided opportunities of "bringing together different disciplinary, theoretical and methodological perspectives—in the search for overlaps, tactical common features, or at least productive misunderstandings."[28] In her research, Wagner came across Paul Wulf (1921–1999), who was compulsorily sterilized by the Nazis in 1938. For more than thirty years he fought for compensation, and played a very active political role, above all when it came to revealing Nazi activities. *münsters GESCHICHTE VON UNTEN* consisted of two parts: a 3.4-meter concrete sculpture in the form of an advertising column,* a portrait of Wulf, which was erected in Münster city center, and the setting-up of a website of digitalized materials from the Umweltzentrum-Archiv-Verein—a document to freedom of speech.

The sculpture was thus not just a tribute to Paul Wulf the person, but at the same time documented a piece of contemporary "left-wing" Münster history. It was plastered with new posters every three weeks. We began with Paul Wulf's life-story and his political work; this was followed by the story of the battles with the squatters in Münster, the political censorship of texts, and the antinuclear movement in Münster. The aim of the website was to generate a new public for the archive which would outlive *skulptur projekte.*[29]

[28] "Silke Wagner – Haltung als Gestaltung. Ein Gespräch mit Raimar Stange," in *Vom Ende der Demokratie,* ed. by Oliver Zybok and Raimar Stange, op. cit., p. 196.
* Low column of large diameter, usually located on public squares or on street corners, on which people glue posters or advertising. [N. of the Ed.]
[29] Ibid., p. 197.

165

escultura de cemento de 3,4 m de altura, un retrato de Wulf que funcionaba como una columna de afiches,* fue instalada en el centro de Münster; por otro, la construcción de una página web a partir de materiales digitalizados pertenecientes a la asociación Archivo del Centro de Medio Ambiente. Un documento de la libertad de palabra.

Así, la escultura no era sólo un homenaje a la persona de Paul Wulf, sino que al mismo tiempo documentaba un fragmento de historia «izquierdista» de Münster. Cada tres semanas se pegaban afiches nuevos. Comenzamos con la biografía de Paul Wulf y su trabajo político-social, después siguió la historia de la lucha de ocupación de casas en Münster, así como las de la censura política de textos y el movimiento antinuclear de Münster. La idea era que la página web generara un nuevo espacio público para el archivo y que esto perdurara más allá del tiempo de los *skulptur projekte.*[29]

El grupo The Yes Men (Andy Bichlbaum y Mike Bonanno) se mueve entre el arte político y las estrategias minuciosamente planeadas de nuevas modalidades de protesta. Así, puede ser considerado también dentro de la tradición situacionista. Su atención se centra en temas actuales como la globalización, el clima y el medio ambiente, o en la crítica del capitalismo, etc. En su mira se encuentran empresas que con sus productos o en los procesos de fabricación causan daños irreparables a la sociedad y el entorno.

* Columna baja, de diámetro ancho, que se encuentra habitualmente en plazas o esquinas y en la que se pegan afiches y anuncios. [N. de la T.]
[29] *Ibid,* p. 197.

The group The Yes Men (Andy Bichlbaum and Mike Bonanno) move somewhere between political art and precisely planned aesthetic strategies of new protest possibilities, and can also be seen in the Situationist tradition. They direct their attention towards current themes such as globalization, climate and the environment, critique of capitalism, etc. In particular, they target their criticism against companies who, because of their product range or manufacturing methods, cause irreparable damage to society or the environment. The strategy of The Yes Men consists in an affirmative defamiliarization of company-immanent structures. At the *International Payments Conference* in London in 2005, Bichlbaum and Bonanno, as purported representatives of the pharmaceutical company Dow Chemical, demonstrated a computer program on risk assessment. With this "Acceptable Risk Calculator," one could identify allegedly suitable locations for chemical factories. However, the distinguishing feature of the locations thus identified was that wage levels and possible compensation claims did not meet the standards of Western nations. This, it was said, was the only way a company could make a profit today, and not be ruined by disasters or their later consequences. The professional presentation of this merciless revelation meant that the audience took a long time to see through the true intention behind it. A year before, The Yes Men had taken part in an event in Alberta, Canada, directed against ExxonMobil.

La estrategia de The Yes Men consiste en el extrañamiento positivo de estructuras inmanentes a las firmas. En la Conferencia de Pagos Internaciones de 2005 en Londres, Bichlbaum y Bonanno presentaron como supuestos representantes del consorcio farmacéutico Dow Chemical un programa informático para el cálculo de riesgo. Teóricamente, con este Acceptable Risk Calculator se podían localizar sitios apropiados para la instalación de fábricas químicas. Éstos se caracterizaban ante todo porque el nivel salarial y las eventuales pretensiones de indemnización en caso de accidentes estaban por debajo de los estándares de las naciones occidentales. Sólo así sería rentable hoy una empresa y no agotaría sus recursos en caso de que se diera una catástrofe de consecuencias a largo plazo. El modo profesional con que expusieron esta implacable revelación hizo que los espectadores no fueran conscientes hasta el final del propósito de la presentación. Un año antes, en un evento en Alberta (Canadá), The Yes Men actuó contra ExxonMobil.

Ante un público de trescientos representantes de consorcios petroleros mostraron un nuevo producto [....] Bajo el pretexto de haber descubierto una nueva forma de energía alternativa, ilustraron el modelo de negocios de esa empresa. En un conmovedor mensaje en video, un trabajador de ExxonMobil se declaró dispuesto a dejar que después de su muerte lo procesaran para hacer velas [....] En los rostros de los lobbistas petroleros, que sostenían velas entregadas por The Yes Men, se dibujó una expresión de espanto.[30]

[30] Tollmann, Vera, «ökoguerilla. Umdenken, Klima retten…», en *Existenz am Limit. Kunst und Klimawandel*, comp. por Zybok, Oliver y Stange, Raimar, *Kunstforum Internatíonal*, nº 199, octubre-diciembre 2009, p. 130 y ss.

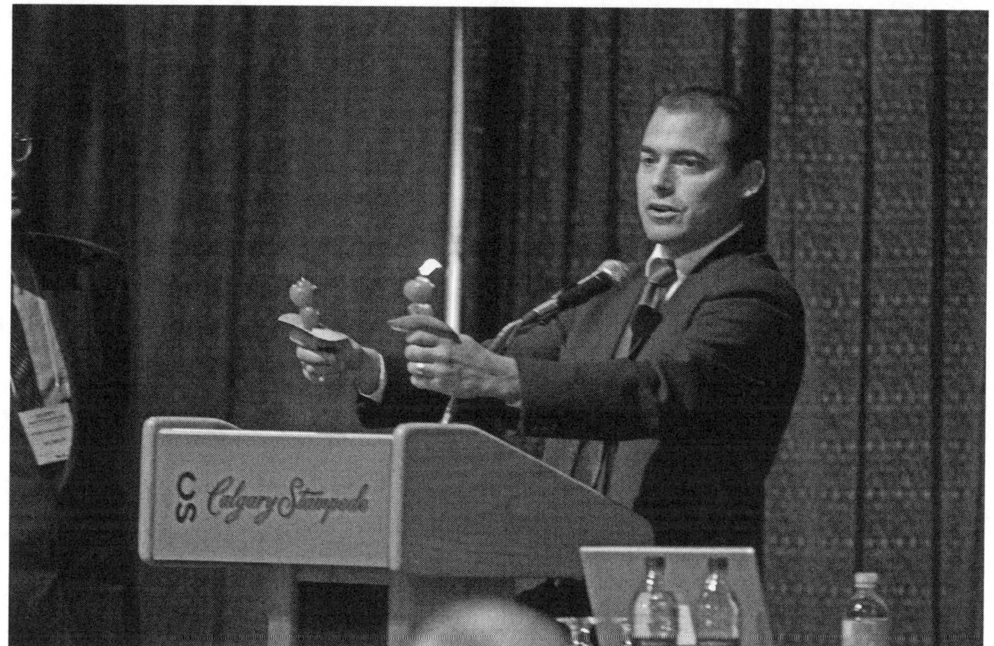

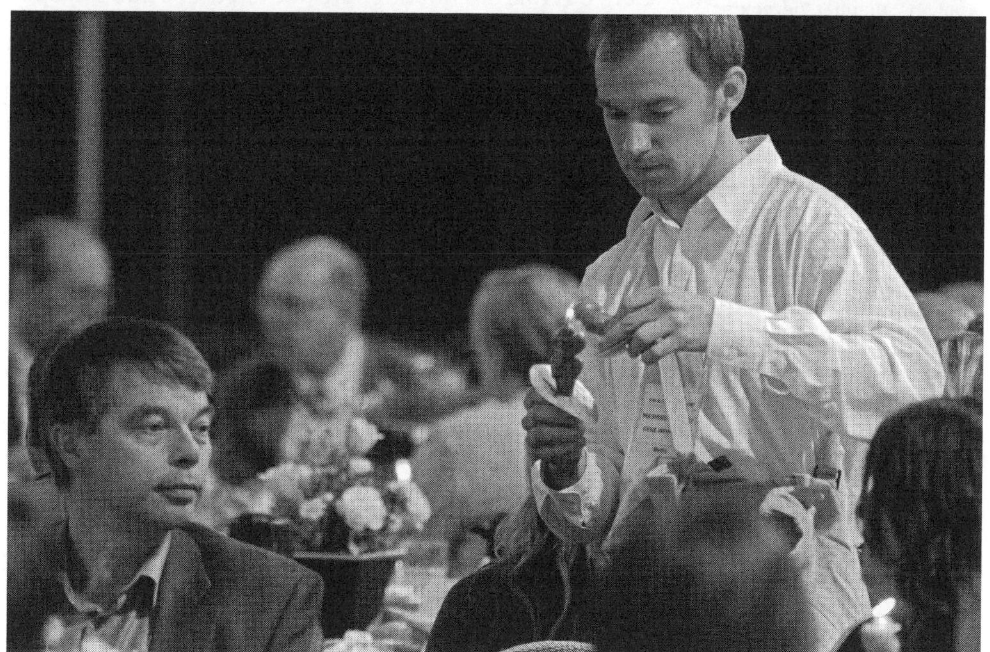

10 *The Yes Men Fix the World,*
2009, film stills,
directors: Andy Bichlbaum,
Mike Bonanno, Kurt Engfehr
The Yes Men Fix the World,
2009, fotogramas,
directores: Andy Bichlbaum,
Mike Bonanno, Kurt Engfehr

In front of an audience of 300 oil company representatives, they demonstrated a new product .... Under the pretence of having discovered a new alternative source of energy, they explained their business model. An employee of ExxonMobil … declared his readiness, in a moving video message, to have his body processed into candles after his death. … The horror on the faces of the oil lobbyists, who were holding candles handed out by The Yes Men, was plain to see.[30]

Some actions by the Swiss artist Gianni Motti (b. 1958) exhibit a conceptual closeness to those of The Yes Men. In 1999 he took part in a session of the UN Human Rights Commission disguised as an Indonesian delegate, and made a speech on behalf of the rights of ethnic minorities. Three years later he celebrated the Queen's golden jubilee in London in his own way: with a drunken Palace guard in uniform, played by one of his assistants. Motti's work is characterized by a confrontation with political issues. By means of subversive interventions, he undermines entrenched patterns of behavior. Thus in 2003 he joined the Raëlian Movement, a sect whose goal is to make people immortal by cloning. In the process, he filmed their leader, Raël, and the goings-on around him. Motti was actually expecting a confrontation, but this did not happen. Rather, there was a preparedness to talk. A photograph shows the characters "I ♥ G. M." composed of the naked

[30] Tollmann, Vera, "Ökoguerilla. Umdenken, Klima retten …," in *Existenz am Limit. Kunst und Klimawandel*, ed. by Oliver Zybok and Raimar Stange, *Kunstforum International*, vol. 199, October–December 2009, p. 130 et seq.

 Oliver Zybok/Freedom of Speech: Between Euphoric Illusion…

Algunas acciones del artista suizo Gianni Motti (1958-) exhiben una cercanía conceptual con las de The Yes Men. En 1999, haciéndose pasar por delegado indonesio, participó de una sesión de la Comisión de Derechos Humanos de la ONU y pronunció un discurso a favor de los derechos de las minorías étnicas. Dos años más tarde celebró a su manera el aniversario de la coronación de la reina en Londres: junto a un guardia de palacio borracho, papel que asumió uno de sus asistentes. La obra de Motti está marcada por la discusión con planteamientos políticos. A través de intervenciones subversivas evita modelos de conducta establecidos. Así, en 2003 se introdujo en el círculo de los raelianos, una secta cuya meta es hacer que los hombres alcancen la inmortalidad gracias a los clones. Filmó a su líder, Rael, y lo que sucedía en torno a él. En realidad, Motti esperaba una confrontación, pero ésta no se produjo. El trato estuvo caracterizado por la disposición al diálogo. Una fotografía muestra las letras «I ♥ G. M.» formadas por los cuerpos desnudos de los discípulos. Según Rael, significaban «I love genetic modification». Motti las interpretó como «I love Gianni Motti» y expuso su trabajo con este título.

Después de estos ejemplos de posiciones artísticas que hacen uso de la libertad de palabra bajo la forma de un accionismo, presentaremos a un artista que evidencia construcciones situacionistas pero sin participar directamente en las acciones. Las obras del artista turco Yüksel Arslan (1933-), residente en París desde 1962, despliegan una auténtica significación simbólica. Su posición

bodies of the disciples. According to Raël, they meant "I love genetic modification," but Motti interpreted them as "I love Gianni Motti" and also exhibited the work under this title.

After these examples of artists who made use of their right to freedom of speech in the form of actionism, I shall now introduce one who reveals Situationist constructions, without getting involved directly in actions. The artistic work of the Turkish artist Yüksel Arslan (b. 1933), who has lived in Paris since 1962, develops a positively symbolic significance. His artistic position is characterized by theoretic questions which are close to the existentialist ideas of the Situationists. Arslan's depictions and commentaries (many works include texts, formulas and explanations) deal with critical, socially relevant themes. He does not use classical paints, but mixes pigments with various vegetable extracts, bodily fluids, other natural elements (blossoms, grass, etc.) and additional substances such as oil, coal, and stone. The process of paint production is, for Arslan, an important component of creating the picture, and does not represent a separate preparation of the "actual" artistic work. He describes his works as "artures," a portmanteau word from "art" and the French/English suffix often used in artistic genres, such as picture, sculpture or miniature. A recurring feature of Arslan's work is the confrontation with the relationship, seen as complementary, between thought and mysticism, myth, science, music, literature and the visual arts, as well as politics

artística está marcada por planteamientos teóricos próximos al pensamiento existencialista de los situacionistas. Las descripciones y comentarios de Arslan —en muchos de sus trabajos hay texto, fórmulas y análisis— abordan temas críticos relevantes para la sociedad. No usa colores clásicos sino que mezcla pigmentos con diferentes extractos vegetales, fluidos corporales, otros elementos naturales (flores, césped, etc.) y sustancias adicionales como aceite, carbón, piedras y otras. Para Arslan, el proceso de producción de los colores es componente importante del hallazgo de la imagen y no constituye una instancia preparatoria separada del verdadero trabajo artístico. Él llama a sus obras *arture*, una composición de la palabra *art* y la terminación francesa usual para los géneros artísticos, como *peinture*, *sculpture* o *miniature*. En los trabajos de Arslan casi siempre se problematiza la relación, que él concibe como complementaria, entre pensamiento y misticismo, mito, ciencia, música, literatura y arte pictórico, así como entre política y sociedad. En sus dos series de *arture* basadas en la obra principal de Marx, *El capital* (1867-1894), llamadas *Le Capital* (1969-1975) y *Actualisation du Capital* (1975-1980), formula plásticamente una crítica del capitalismo que muestra su cercanía a las teorías marxistas, especialmente al análisis de la forma de valor y la forma de mercancía. En sus trabajos sobre papel aborda dos líneas tradicionales de la crítica del capitalismo: por un lado, la objeción que tematiza al capitalismo como fuente de pobreza, desigualdad y desintegración social; por otro, el peligro de la pérdida de autonomía individual, autenticidad y creatividad;

and society. In his two "arture" series based on Marx's central work *Capital* (1867–1894), namely *Le Capital* (1969–1975) and *Actualisation du Capital* (1975–1980), he formulates, in pictures, a critique of capitalism that makes clear his closeness to Marxist theories, in particular in the analysis of the form of value and goods. In his works on paper, he deals with two lines of tradition in the critique of capitalism: on the one hand, the accusation that capitalism is the source of poverty, inequality and social disintegration, and on the other, the threat to individual autonomy, authenticity and creativity: exploitation and alienation.[31] In the work entitled *arture 188* (1978) he illustrates the close connection between capital and politics. In the foreground, a business deal is sealed by a handshake between two political representatives on whose sleeves the flags of numerous nations are to be seen. In the background, we see the corporate logos of a number of transnational corporations, lined up in front of which are the industry proxies, depersonalized by animal heads. This form of anonymization is used by Arslan in both series, where the heads of workers or industrialists are replaced by hands, coins, or, as here, animal heads.

The thematic closeness of Arslan and Debord is unmistakable, not only because both combine text and pictures, but also because of their Marxist attitude. According to Debord, the "society of the spectacle" underwent a centuries-long preparation, and came under the spotlight with the "surplus" created by early capitalism—as the total

[31] Cf. Boltanski, Luc and Chiapello, Ève, *Der neue Geist des Kapitalismus* [1999], Konstanz, 2003, p. 79 et seq.

 Oliver Zybok/Freedom of Speech: Between Euphoric Illusion…

explotación y alienación.[31] En el trabajo *arture 188* (1978) ilustra la estrecha relación entre capital y política. En primer plano, un apretón de manos entre representantes políticos, en cuyas mangas pueden apreciarse banderas de numerosas naciones, sella un acuerdo comercial. De fondo se ven los logos de muchas empresas activas en el plano internacional, y delante, los potentados de la industria, desindividualizados gracias a cabezas de animales. Arslan pone en práctica una y otra vez esta forma de anonimización reemplazando las cabezas de trabajadores o industriales por manos, monedas o, como ya se dijo, cabezas de animales.

La cercanía semántica de Arslan y Debord es innegable, no sólo porque para comunicar ambos combinan texto e imagen, sino por su posición de cuño marxista. Según Debord, la «sociedad del espectáculo» ha sido preparada a lo largo de siglos y pasó a primer plano con el «excedente» que el capitalismo se creó a sí mismo en su desarrollo… como dominio total de lo abstracto sobre el mundo. Esto abstracto sería el dinero, una «concepción del mundo transferida a lo material», con efectos tremendos. El dinero, dice, transforma a todos y a todo en una mercancía, y cada mercancía no se determina por su valor práctico o ideal, sino que al mismo tiempo sería un fetiche que aspiraría a un protagonismo incondicional e intentaría reprimir todas las otras imágenes mercancía.

Pero si el dinero ha dominado la sociedad como representación de la equivalencia central, es decir, del carácter intercambiable de bienes múltiples cuyo uso seguía siendo incom-

[31] Sobre esto, cf. Boltanski, Luc y Chiapello, Ève, *Der neue Geist des Kapitalismus* [1999], Constanza, 2003, p. 79 y ss.

domination of the world by the abstract. This "abstract" is money, a *"weltanschauung* transferring into the material" of incredible power, transforming everything and everyone into a commodity, where every commodity is determined not just by its tangible or intangible value, but at the same time a fetish, demanding unconditional attention and seeking to suppress all other commodity images.

The spectacle is the flip side of money. It, too, is an abstract general equivalent of all commodities. But whereas money has dominated society as the representation of universal equivalence—the exchangeability of different goods whose uses remain uncomparable—the spectacle is the modern complement of money: a representation of the commodity world as a whole which serves as a general equivalent for what the entire society can be and can do.[32]

3. The compulsive tendency to self-fulfilment and the effects on freedom of speech

The excessive presence of egoism in the present-day me-first ratrace society has resulted in a pronounced narcissism. Everyone seeks to adapt his image to the times. In the following section, I shall suggest that this compulsive urge to self-fulfilment has effects on the use of freedom of speech. Against this background, the American sociologist Richard Sennett sees the "Romantic 'quest for personality'," in its

[32] Debord, Guy, op. cit., p. 24 et seq.

parable, el espectáculo es su complemento moderno, desarrollado donde la totalidad del mundo mercantil aparece en bloque, como una equivalencia general a cuanto el conjunto de la sociedad pueda ser o hacer. [32]

3. La inclinación compulsiva a la autorrealización y sus efectos en la libertad de palabra

La desbordada presencia del egoísmo en la competitiva sociedad actual tiene como consecuencia un marcado narcisismo. Todos intentan adecuar su imagen a la época con versatilidad. A continuación se mostrará que este delirio compulsivo por la autorrealización produce efectos en el uso de la libertad de palabra. Dado este estado de cosas, para el sociólogo norteamericano Richard Sennett (1943-) la «búsqueda de la personalidad» —que en su forma masificada y vulgarizada constituye un indicador del «miedo al propio sentir»—, el anhelo de «autorrealización», la glorificación de la «vivencia personal»[33] y la evaluación de la sociedad según este criterio son síntomas de una crisis de las civilizaciones occidentales. La reducción al sí mismo auténtico, a la intimidad y la inmediatez del sentir, la pérdida de la autodistancia y el apagamiento de la socialidad fundamental de los ámbitos más diversos, desde la sexualidad hasta el espacio público y la política, llevan, según Sennett, a una permanente compulsión a la revelación, a la pérdida de la expresividad y la capacidad de vivenciar, a la incapacidad de relacionarse y al narcisismo característico de la sociedad actual. Dentro de tal sociedad, «la confirmación de la pregunta

[32] Debord, Guy, op. cit., p. 39.
[33] Cf. Sennett, Richard, *Verfall und Ende des öffentlichen Lebens. Die Tyrannei der Intimität*, Fráncfort del Meno, 1986, p. 18.

vulgarized form an indicator of the "anxiety about what one feels," the yearning for "self-realization," the glorification of "individual experience"[33] and the judgment of society according to this criterion as symptoms of a crisis in Western civilizations. The reduction to the authentic self, to intimacy and the immediacy of feeling, the loss of self-detachment and the shutting-out of the fundamentally social nature of a whole range of spheres, from sexuality to public life and politics, lead, in Sennett's view, to a permanent compulsion to let it all hang out, to the loss of expressiveness and the ability to experience, to an inability to form relationships, and to the narcissism characteristic of present-day society. "In such a society, the test of whether people are being authentic and "straight" with each other is a peculiar standard of market exchange in intimate relations."[34] The price the individual has to pay, however, consists not just in the losses mentioned above, but in the return of an old constraint—that of "Puritanism" and compulsive "self-justification,"[35] always oscillating between euphoric illusion and escapist disillusion. The egoism of the present-day seems to have taken a paradoxical turn: according to Sennett, narcissism has intensified the compulsive search for the self and "reawakened the most corrosive elements of the Protestant ethic in a culture which is no longer either religious or convinced that material wealth is a form of moral capital."[36]

Excessive narcissism excludes freedom of speech. People talk to

[33] Cf. Sennett, Richard, *The Corrosion of Character. The Personal Consequences of Work in the New Capitalism*, New York, 1998, p. 5 et seq.
[34] Ibid., p. 8.
[35] Cf. ibid., p. 11.
[36] Ibid., p. 19.

172   Oliver Zybok/Freedom of Speech: Between Euphoric Illusion…

de si los hombres se tratan auténtica y "abiertamente" se vuelve un criterio decisivo en el mercado de trueque de las relaciones íntimas».[34] El precio que han de pagar los individuos consiste no sólo en las pérdidas mencionadas, sino en el retorno de una antigua compulsión: la del «puritanismo» y la «autojustificación» compulsiva,[35] siempre en una oscilación entre la ilusión eufórica y el desencanto escapista. El egoísmo actual parece haber tomado un giro paradójico: según Sennet, el narcisismo agudiza la búsqueda compulsiva del sí mismo y «llama así a una nueva vida a los agobiantes elementos de la ética protestante... y esto en una sociedad que ni es religiosa ni está convencida de que el bienestar material constituya una especie de capital moral».[36]

El narcisismo exagerado excluye la libertad de palabra. Uno habla consigo mismo o sobre sí mismo, pero no con otros sobre otros u otra cosa. Tal vez este hecho haya sido también uno de los motivos del fin de la I.S. La intransigencia de algunos que vieron su postura como el único camino razonable llevó a la escisión. Sin embargo, hasta hoy pueden observarse en diferentes planos artísticos y políticos aplicaciones y evoluciones del pensamiento de la I.S. Además de los ya mencionados ejemplos artísticos, puede afirmarse que sus métodos y teorías se retomaron, entre otros ámbitos, en desarrollos subculturales, como en el punk, especialmente en el caso de los Sex Pistols,[37] en el movimiento Reclaim the Streets o en el Occupy, en los Climate Camps de los activistas de cuestiones climáticas, así como en la cultura del *jamming* y el *abdusting* surgida a finales de los años ochenta. También la pla-

[34] *Ibid*, p. 21.
[35] *Ibid*, p. 26.
[36] *Ibid*.
[37] A Malcolm McLaren (1946–2010), mánager de los Sex Pistols, le influyeron mucho las ideas de la I.S.

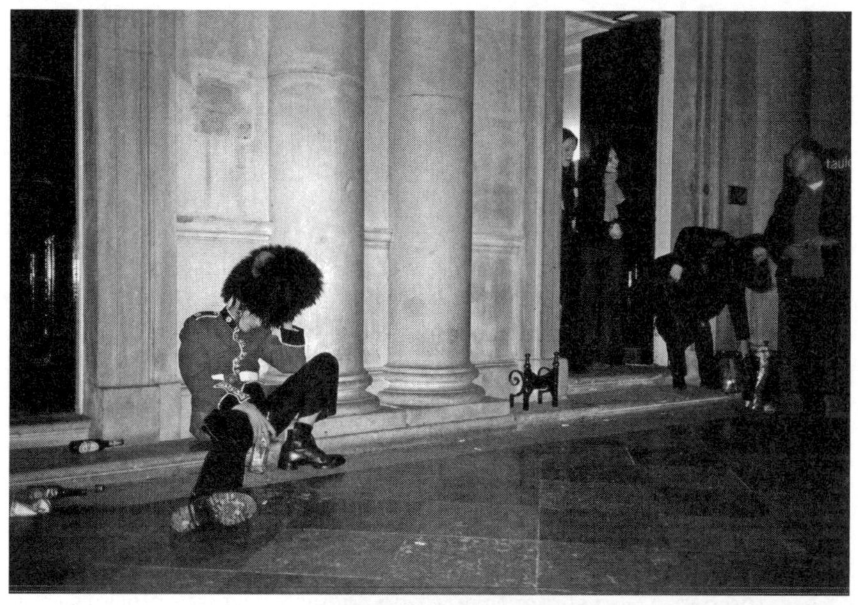

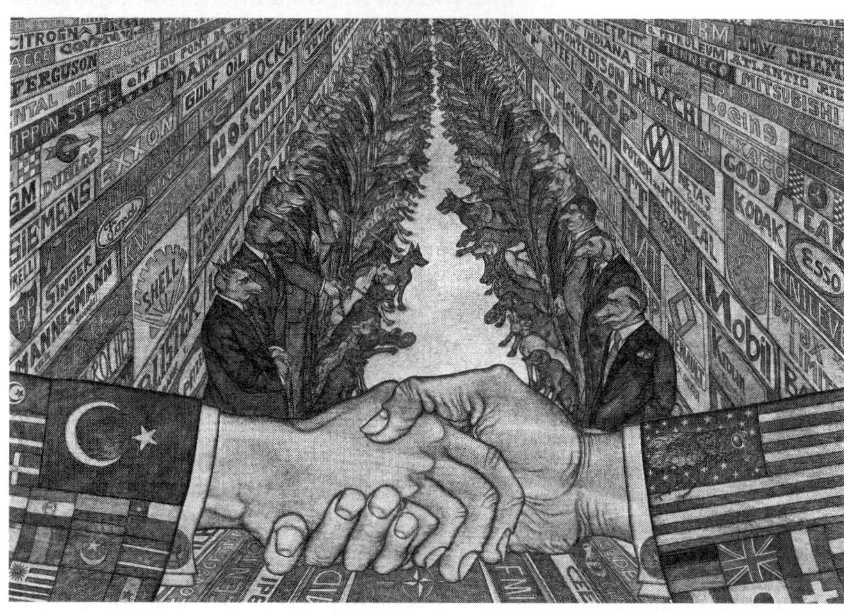

11 Gianni Motti, *Queen's Golden Jubilee*, 2002, C-print, 75×100 cm, edition: 3+2 AP, courtesy of the artist

Gianni Motti, *Queen's Golden Jubilee*, 2002, copia color, 75×100 cm, edición: 3+2 AP, por gentileza del artista

12 Yüksel Arslan, *Arture 188*, 1978, mixed media on paper, 50.5×71.5 cm, University of Istanbul Collection

Yüksel Arslan, *Arture 188*, 1978, técnica mixta sobre papel, 50,5×71,5 cm, Colección de la Universidad de Estambul

or about themselves, not to other people or about other things. This may also have been one reason for the end of the SI. The split was caused by an inability or unwillingness to compromise on the part of individuals who see their attitude as the only reasonable one. Thus to this day we can observe applications and further developments of the ideas of the SI on various artistic and political levels, above all their unconditional revelation of social grievances. Well-known adoptions of their methods and theories can be seen, alongside the already listed artistic examples, for instance in certain subcultural phenomena, such as Punk, and in particular the Sex Pistols,[37] in the Reclaim the Streets or Occupy movements, and in the Climate Camps of the environmental activists, as well as in the Culture Jamming and Adbusting of the late 1980s. And even the online platform WikiLeaks, which has placed politically explosive material on the net, making it accessible to the general public under motto "In doubt we publish," and thereby opening up a new dimension in freedom of speech, was operating in the tension field of the Situationist *détournement* and *dérive*. The project, financed by donations, was regarded as difficult to censor, either technically or in law. It was above all political pressure applied to the financial backers, the harsh punishments awaiting convicted whistleblowers (possibly including even the death penalty in the United States), and accusations of rape (now a common method of discrediting male members of society, regardless of guilt or innocence) against the platform's

[37] Malcolm McLaren (1946–2010), the Sex Pistols' manager, was heavily influenced by the ideas of the SI

174

taforma online WikiLeaks, cuando puso en la red explosivo material político, lo hizo accesible a la opinión pública bajo la máxima *«In doubt we publish»* («En caso de duda, lo publicamos») y así inauguró una nueva dimensión de la libertad de palabra y operó en el campo de fuerzas del *détournement* y la *dérive* situacionistas. El proyecto, financiado por donaciones, era difícil de censurar, tanto en el plano técnico como en el jurídico. Medidas represivas desde la política contra los patrocinadores, penas severas para los informantes, a quienes en los Estados Unidos puede caber la pena de muerte, la acusación de violación —un método ahora corriente para desacreditar a personas de sexo masculino, sin importar si son culpables o inocentes— contra el famoso vocero de la plataforma de filtraciones, Julian Assange (1971-), detuvieron el recién conquistado flujo de la libertad de palabra, que se dirigía contra la «década del dominio de la seguridad digital».[38]

Después de exponer posiciones artísticas contemporáneas (Silke Wagner, The Yes Men, Gianni Motti y Yüksel Arslan) que ilustran a modo de ejemplo las múltiples posibilidades de libertad de palabra en el contexto de construcciones situacionistas, se plantea al momento de la conclusión el interrogante de cuándo existe un peligro para la libertad de palabra y cuándo y por qué no se hace uso de ella. En este punto es ineludible referir a la individualización compulsiva actual, que ya ha adquirido rasgos neuróticos, de la que habla Sennet. Para ser percibido como algo especial y distinto de la generalidad, el individuo ya no necesita inventarse de nuevo, puede permanecer como es. La televisión privada invita

[38] Dreyfus, Suelette y Assange, Julian, *Underground. Die Geschichte der frühen Hacker-Elite — Tatsachenroman* [1997], Berlín, 2011, p. 574.

prominent spokesman Julian Assange (b. 1971) that stopped the newly won stream of freedom of speech directed against the decade of the domination of computer security.[38]

Having mentioned some individual contemporary artists—Silke Wagner, The Yes Men, Gianni Motti and Yüksel Arslan—who exemplify the many and various possibilities of freedoms of speech in the context of Situationist constructions, I should like to finish by asking when there is a danger to freedom of speech, and when and why it is not utilized. At this point, one returns willy-nilly to the neurotic present-day compulsive individualization addressed by Sennett. In order for the individual to be perceived as something special by the community at large, he or she no longer needs to reinvent himself or herself, but can remain as he or she is. People are invited by commercial television broadcasters not to discuss issues of general relevance, in other words topics of social interest, but to expose their own fads and foibles. These are the people who attend only to their own selves, and the ancient Greeks had a word for them: "idiots." If certain interest groups in society had not egged them on to behave in this way, they would in all probability be ashamed of their actions. But with the illusory promise that precisely these embarrassing performances make them authentic, unique and free of outside manipulation, people flock in their masses to shed their inhibitions and to accept the sought-after description of "artist," which excuses anything. What we have here is

[38] Cf. Dreyfus, Suelette and Assange, Julian, *Underground: Tales of Hacking, Madness and Obsession on the Electronic Frontier,* Sydney, 1997, p. 498.

175

a personas no para analizar cuestiones relevantes para todos, es decir, temas de interés social, sino para exponer sus excentricidades. Son los que no cultivan nada sino su propia particularidad y para los cuales había en la antigua Grecia una denominación específica: «idiotas». Si determinados grupos de interés no los hubieran animado a semejante conducta, con toda probabilidad se avergonzarían de su obrar. Pero con la ilusoria promesa de, mediante estas embarazosas presentaciones, ser auténticos, únicos y liberarse de una determinación exterior, hay cientos de personas que están dispuestas a desinhibirse y dejar que les pongan el «valioso» predicado de «artistas» que todo lo disculpa. Se trata aquí de una exhortación a lo asocial y un llamado social al narcisismo individual.

Un efecto parecido al de los medios electrónicos tienen algunas estrategias publicitarias que no dejó de perfeccionar la industria de consumo en los últimos años para aumentar las ventas. Se hace publicidad con la promesa de que, al comprar un producto, el proyecto de vida de uno adquirirá originalidad.[39] Se instrumentalizan las pretensiones de autorrealización, toda nueva imagen de sí mismo se convierte en contenido cifrado de la siguiente estrategia publicitaria. Además de los efectos mediáticos, desde los años ochenta se han producido transformaciones en la vida laboral, donde ya no se considera al empleado una persona que depende de una institución, sino un creativo «emprendedor» de sí mismo. Al abordarse como una producción laboral individual, de lo que se habla es de una «subjetivación

[39] Cf. al respecto Shields, Rob (comp.), *Lifestyle Shopping. The Subject of Consumption,* Londres, 1992.

a paradoxical encouragement to antisocial behavior and a social appeal to demonstrate individual narcissism.

A similar effect to that of the electronic media can be seen in certain advertising strategies, which the consumer-goods industry has continually "improved" in recent years in order to increase sales. Goods are sold with the promise that, by buying them, purchaser will acquire the originality of their own life design.[39] Self-fulfilment aspirations are instrumentalized, each new self-image becomes the encrypted content of the next advertising strategy. Alongside the media effects, since the 1980s there have been changes in the world of work which see the employee no longer as institutionally dependent, but as a creative "entrepreneur." When an individual worker's performance is under discussion, the word is now of a "normative subjectivization of work."[40] The individual's own initiative is incorporated, but only to a limited degree, because his or her motivation must be tailored to the profile of the activity he or she is to perform, and benefit the company. In this sense, hierarchies, team-autonomy and self-direction are guaranteed. A new system of aspiration has developed that makes employment dependent on a convincing will toward self-fulfilment at work. At the same time, scope for deregulation measures has appeared. The disappearance of company security is justified by the increased preparedness to take responsibility on the part of the individual employee.[41]

39 Cf. Shields, Rob (ed.), *Lifestyle Shopping. The Subject of Consumption*, London, 1992, *passim*.
40 Cf. Baethge, Martin, "Arbeit, Vergesellschaftung, Identität. Zur zunehmenden normativen Subjektivierung der Arbeit," in *Soziale Welt*, 42/1, 1991, pp. 6–19.
41 Cf. Sennett, Richard, op. cit.

 Oliver Zybok/Freedom of Speech: Between Euphoric Illusion…

normativa del trabajo».[40] La propia iniciativa del individuo es incluida pero sólo en una medida restringida, pues su motivación debe estar recortada según el perfil exigido por la actividad y favorecer el bien de la empresa. En este sentido se garantizan las jerarquías, la autonomía grupal y la autodirección. Ha surgido un nuevo sistema de exigencias que hace que la actividad dependa de una convincente voluntad de autorrealización en el trabajo. Al mismo tiempo, surgió un margen para medidas desregularizadoras. La caducidad de las garantías en el ámbito laboral se legitima a través de la incrementada disposición del individuo a asumir responsabilidades.[41]

Así, las crecidas pretensiones de autorrealización se han transformado en fuerza productiva de la economía capitalista, con la consecuencia de que, invocando sus necesidades supuestamente mudadas, se les exige a los empleados mayor compromiso, flexibilidad e iniciativa que bajo el capitalismo regulado por el Estado social. No son, pues, solamente las limitaciones causadas por medidas represivas de motivación política las que representan un peligro para la libertad de palabra, tales como el encarcelamiento de Ai Weiwei (1957–) dispuesto por el gobierno chino en 2011 o la prohibición de la representación de las Torres Gemelas en obras de arte en los Estados Unidos después del ataque terrorista de 2001, prohibición que perjudicó a artistas como Jon Kessler (1957–).[42] Antes bien, el peligro lo constituyen las coacciones que cada uno se impone a sí mismo en el delirio de la autorrealización, que incluyen el impulso de estar en el centro de la escena

40 Cf. Baethge, Martin, «Arbeit, Vergesellschaftung, Identität. Zur zunehmenden normativen Subjektivierung der Arbeit», en *Soziale Welt*, 42/1 (1991), pp. 6–19.
41 Cf. Sennett, Richard, *Der flexible Mensch. Die Kultur des neuen Kapitalismus*, Frankfurt am Main, 1998.
42 Cf. *Jon Kessler: The Palace at 4 A.M.*, Ausst.-Kat. P.S.1 Centro de Arte Contemporáneo, Nueva York; Phoenix Kulturstiftung / Sammlung Falckenberg, Hamburgo-Milán, 2007.

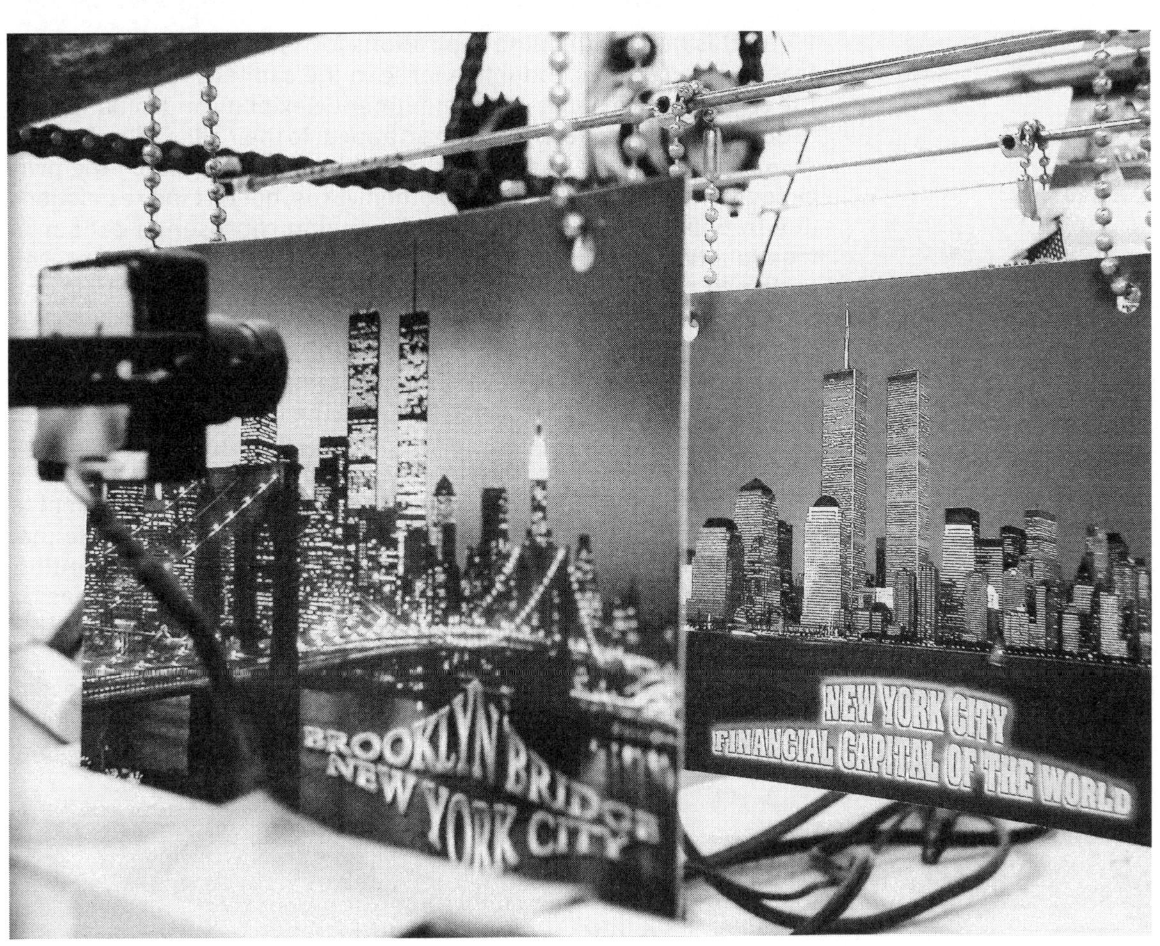

13

13 Jon Kessler, *The Palace at
4 A.M.*, 2005 (detail), mixed
media, dimensions variable,
installation view, P.S.1
Contemporary Art Center,
Long Island City, New York,
photo: Tom Powel, New York
Jon Kessler, *The Palace at
4 A.M.*, 2005 (detalle), técnica
mixta, dimensiones
variables, vista de la instalación, P.S.1 Contemporary
Art Center, Long Island City,
Nueva York,
foto: Tom Powel, Nueva York

In this way the growing aspirations for self-fulfilment have been transformed into a productive force in the capitalist economy, with the consequence that more commitment, flexibility and initiative are required of employees, based on an appeal to their allegedly changed needs, than was the case under a capitalism regulated by the principles of the welfare state. It is, in other words, not just the restrictions due to politically motivated repression that represent a danger to freedom of speech, such as the arrest of Ai Weiwei (b. 1957) ordered by the Chinese government in 2011, or the prohibition on depicting the Twin Towers in artworks in the United States after 9/11, which has constrained artists such as Jon Kessler (b. 1957).[42] It is above all the restrictions that each and every one of us imposes on him/herself, in the self-fulfilment mania (which includes the urge to be at the center of things) that represent a problem, and lead to our taking away our own freedom of speech. If we look beyond the structural changes in the electronic media, in advertising and in the field of employment to everyday individual needs and expectations, we can conclude that self-fulfilment has degenerated into a narcissistic, stressful entitlement mentality through which people disfranchise themselves by their own stupidity.

Just as the observer of democratic capitalism right up to the middle of the 20th century could hope (or fear) that the system would

[42] Cf. *Jon Kessler: The Palace at 4 A.M.*, exhib. cat., P.S.1 Contemporary Art Center, New York; Phoenix Kulturstiftung / Sammlung Falckenberg, Hamburg-Milan, 2007.

y que llevan a que nosotros mismos nos privemos de la libertad de palabra. Si se añaden las transformaciones estructurales surgidas en los medios electrónicos, en la publicidad y en el ámbito laboral con respecto a las necesidades y expectativas cotidianas individuales, puede concluirse que la autorrealización ha degenerado en una modalidad reivindicativa de pensamiento, con deformaciones narcisistas y cargada de estrés, con la que el hombre se incapacita a sí mismo mediante la propia estupidez.

Así como el observador del capitalismo democrático hasta mitad del siglo XX podía tener la esperanza o el temor de que el sistema forzosamente sucumbiría o encontraría su superación debido a un exceso de la crítica posibilitada por los medios, del mismo modo el observador del poscapitalismo posdemocrático del nuevo siglo puede temer que el sistema forzosamente sucumbirá debido a un exceso de la estupidez generada por los medios. Sea como sea, hombres estúpidos parecen inundar los espacios público y mediático, igual que los zombies nuestras más sombrías pesadillas.[43]

[43] Metz, Markus y Seeßlen, Georg, *Blödmaschinen. Die Fabrikation der Stupidität*, Berlín, 2011, p. 744.

be overcome thanks to (or alternatively would run aground on) a surplus of criticism made possible by the media, the observer of the post-democratic post-capitalism of the new century must fear … that the system must run aground on a surplus of media-generated stupidity. Stupid people seem in any case to be flooding the public space and the media alike, just as zombies flood our darkest nightmares.[43]

[43] Metz, Markus and Seesslen, Georg, *Blödmaschinen. Die Fabrikation der Stupidität,* Berlin, 2011, p. 744.

Oliver Zybok/Libertad de palabra. Entre la ilusión eufórica…

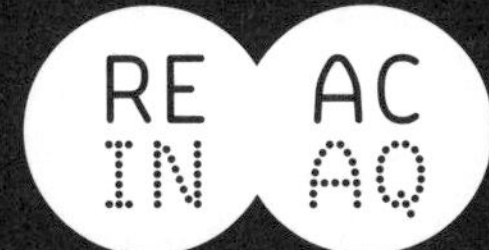

RESEARCHERS & ARCHITECTS
INVESTIGADORES & ARQUITECTOS
Carlo Ratti , Nashid Nabian & Luca Simeone (IT/IR)
Of Borders Selectively Crossed and
Domains Carefully Bridged: Interdisciplinarity
and Research-driven Design
Acerca de límites traspasados de manera
selectiva y dominios cuidadosamente
interconectados: interdisciplinaridad
y diseño impulsado por la investigación

181

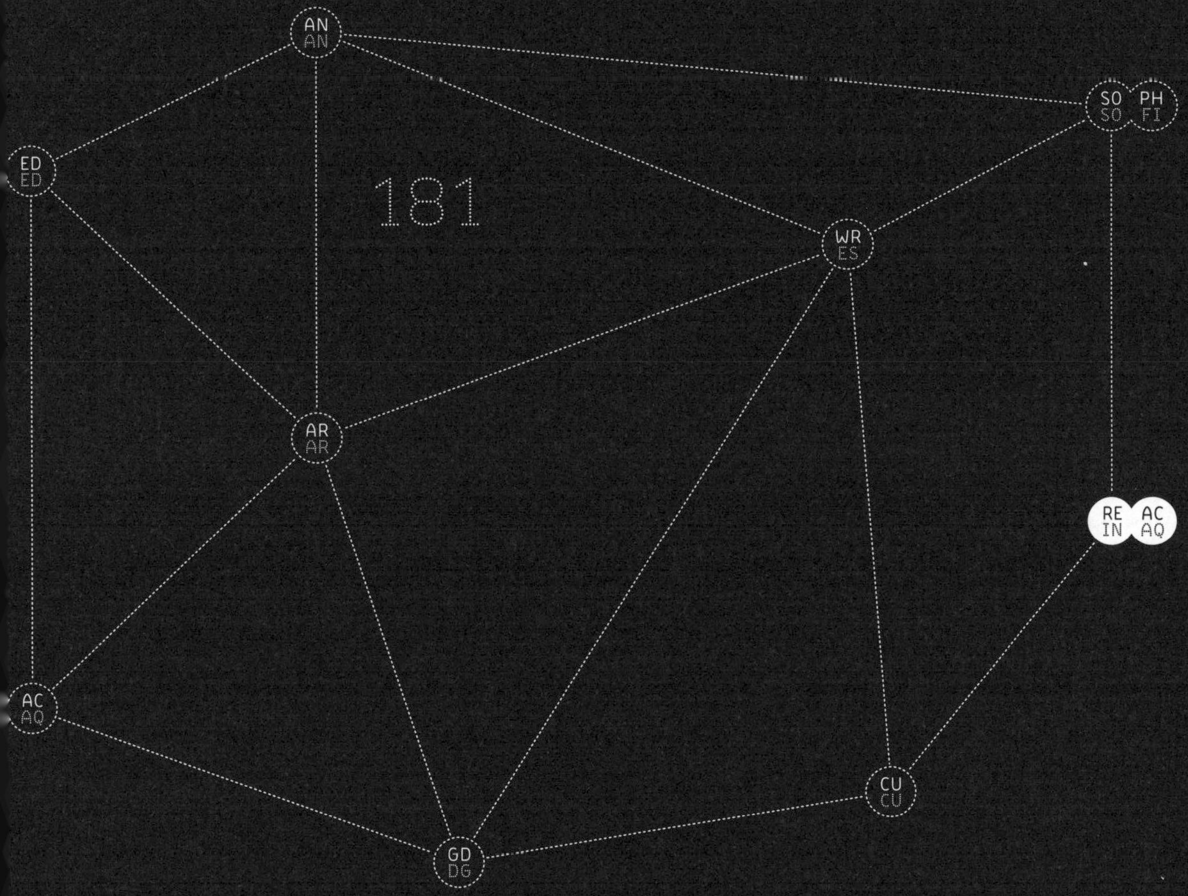

Of Borders Selectively Crossed and Domains Carefully Bridged: Interdisciplinarity and Research-driven Design

[1] For more information, see Barry, A.; Born, G., and Weszkalnys, G., "Logics of Interdisciplinarity," *Economy and Society,* 37(1), 2008, pp. 20–49; Nowotny, H., "The Potential of Transdisciplinarity," *Rethinking Interdisciplinarity,* 2003, p. 1; Nowotny, H., Scott, P., and Gibbons, M., *Re-thinking Science: Knowledge and the Public in an Age of Uncertainty,* Oxford-Malden: Wiley-Blackwell, 2001; Galison, P. and Stump, D.J. (eds.), *The Disunity of Science: Boundaries, Contexts, and Power,* Stanford, CA: Stanford University Press, 1996.

In recent scientific writings, disciplinary boundaries are often seen as lines that can be selectively crossed in order to reach the multivocality and critical thinking needed to deal with the ambiguity and unpredictability of real-life problems. Doing so offers a wider spectrum of interpretive perspectives and better tools for operating within

Carlo Ratti, Nashid Nabian & Luca Simeone/Of Borders Selectively…

Acerca de límites traspasados de manera selectiva y dominios cuidadosamente interconectados: interdisciplinaridad y diseño impulsado por la investigación

[1] Para más información al respecto, véanse Barry, A.; Born, G. y Weszkalnys, G., «Logics of Interdisciplinarity», en *Economy and Society,* 37 (1), 2008, pp. 20-49; Nowotny, H., «The Potential of Transdisciplinarity», en *Rethinking Interdisciplinarity,* 2003, p. 1; Nowotny, H., Scott, P. y Gibbons, M., *Re-thinking Science: Knowledge and the Public in an Age of Uncertainty,* Oxford-Malden, Wiley-Blackwell, 2001; Galison, P. y Stump, D.J. (eds.), *The Disunity of Science: Boundaries, Contexts, and Power,* Stanford, Stanford University Press, 1996.

the complexity of the real world.[1] Bridging differing knowledge domains and crossing disciplinary boundaries are also among the main components of what has been defined as "mode-2" scientific production. Mode-2 has been proposed as a new form of knowledge production that emerged in the late 20th century, in which the "context of application" is a crucial component of knowledge-production processes and practices. Traditional research (defined as mode-1 knowledge production) is internally initiated by researchers in academic contexts and is carried out within disciplinary borders. However, mode-2 knowledge production is context-driven, involving interdisciplinary teams brought together to respond to real-world problems and challenges.[2] In this entry, we would like to use MIT SENSEable City Lab's design experiments and organizational culture as a case study of interdisciplinary, research-driven design and design-driven research groups.[3]

Perhaps one way of exploring this shift from mode-1 knowledge production to mode-2's logic of operation is to study maps and illustrations that represent different views of various domains of knowledge: *circles of knowledge* or *maps of science* have always tried to illustrate how human knowledge is integrated through the arts and sciences with the use of relevant technologies. They provide interesting information about how, in each historical period, boundaries are drawn and different disciplines are delineated in relation to each other,

[2] For more information, see Gibbons, M. et al., *The New Production of Knowledge: The Dynamics of Science and Research in Contemporary Societies,* London: Sage Publications Ltd., 1994; Nowotny, H. et al., 2001, op. cit.

[3] Donaldson, A.; Ward, N. and Bradley, S., "Mess among Disciplines: Interdisciplinarity in Environmental Research," *Environment and Planning A,* no. 42, 2010, pp. 1521–1536; Hirsch Hadorn, G. et al. (eds.), *Handbook of Transdisciplinary Research,* 1st ed., New York: Springer, 2008; Papert, S., *The Children's Machine,* New York: Basic Books, 1994.

En las últimas publicaciones científicas, a menudo se considera a los límites disciplinarios como líneas que es posible traspasar de manera selectiva con el fin de alcanzar el pensamiento plural y crítico necesario para abordar la ambigüedad y el carácter impredecible de los problemas que plantea la vida real. Afrontar esta tarea demanda un amplio espectro de perspectivas de interpretación y mejores herramientas para operar dentro de la complejidad del mundo real.[1] La interconexión de dominios de conocimiento diferenciados y el cruce de límites disciplinares también se cuentan entre los componentes de lo que se ha definido como el «modo 2» de producción científica. El modo 2 es una forma de producción de conocimiento surgida a fines del siglo XX en la que el «contexto de aplicación» constituye un componente crítico de los procesos y prácticas de producción de conocimiento. La investigación tradicional (definida como producción de conocimiento de «modo 1») comienza por decisión de los investigadores, dentro de contextos académicos, y transcurre dentro de los límites de una determinada disciplina. La producción de conocimiento de modo 2, en cambio, es alentada por el contexto y supone la participación de equipos interdisciplinarios reunidos para dar respuesta a problemas y desafíos del mundo real.[2] En este artículo, nos gustaría utilizar los diseños experimentales y la cultura organizacional del MIT SENSEable City Lab como estudio de caso de grupos de investigación interdisciplinarios, donde se produce diseño impulsado por la investigación e investigación impulsada por el diseño.[3]

Se puede explorar de qué manera el modo 1 de producción de

[2] Para más información al respecto, véanse Gibbons, M. et al., *The New Production of Knowledge: The Dynamics of Science and Research in Contemporary Societies,* Londres, Sage Publications Ltd., 1994; Nowotny, H. et al., 2001, *ibid.*

[3] Donaldson, A.; Ward, N. y Bradley, S., «Mess among Disciplines: Interdisciplinarity in Environmental Research», en *Environment and Planning A,* n° 42, 2010, pp. 1521–1536; Hirsch Hadorn, G. et al. (eds.), *Handbook of Transdisciplinary Research,* Nueva York, Springer, 2008; Papert, S., *The Children's Machine,* Nueva York, Basic Books, 1994.

the domains they cover, and their application to finding solutions for real-life problems.

For example, in the 17th century, William Ames's philosophical treatise *Technometry* provided a synoptic correlation of the arts and sciences. With a configuration built on the metaphor of the encyclopedia, Ames' circle of knowledge systematically delineated the uses of each individual discipline, adequately circumscribing their boundaries and their ends. It laid out a system of the disciplines (Logic, Grammar, Rhetoric, Math, Physics, and Theology), then went about illustrating their application to finding solutions for real-life problems (how to discourse well, how to speak and write well, how to speak and write ornately, how to quantify well, how to analyze nature well, and how to live well). Each and every discipline is a discrete domain with little to share in terms of tools, methodologies, and the problem sets that it deals with.[4]

Later on, this separationist understanding of natural sciences and technologies and their relation to human knowledge changed drastically. In 1948, Harold Johann Thomas Ellingham—a professor of chemistry at the Imperial College of Science, Technology and Medicine in London—produced a hand-drawn map showing the relationships between the branches of natural science and technology. The illustration was based on the distance-similarity metaphor, in which disciplinary domains similar to each other were more proximate in space, with

[4] http://tinyurl.com/lyf56x8; http://tinyurl.com/olcdj2t; Lee W., "Introduction," in Ames, William, *Technometria*, Philadelphia: University of Pennsylvania Press, 1979, pp. 38–39.

conocimiento se volcó a la lógica de funcionamiento del modo 2 a través del estudio de los mapas e ilustraciones que representan distintas vistas de varios dominios de conocimiento: los *círculos de conocimiento o mapas de ciencia* siempre intentaron ilustrar los modos en que el conocimiento humano integra las artes y las ciencias por medio del uso de tecnologías relevantes. Brindan interesantes perspectivas acerca del modo en que, en cada período histórico, se trazan los límites y se diferencian las distintas disciplinas unas de otras, así como los dominios que cubren esas disciplinas y su aplicación a la hora de encontrar soluciones a problemas de la vida real.

Por ejemplo, en el siglo XVII, el tratado filosófico *Technometry*, de William Ames, ofrecía una correlación sinóptica de las artes y las ciencias. Con una configuración basada en la metáfora de la enciclopedia, el círculo del conocimiento de Ames esbozaba sistemáticamente los usos de cada disciplina específica, circunscribiendo sus límites y sus fines. Organizaba un sistema de las disciplinas (Lógica, Gramática, Retórica, Matemática, Física y Teología) para a continuación ilustrar su aplicación en la búsqueda de soluciones a distintos problemas de la vida real (cómo razonar con propiedad, cómo hablar y escribir con propiedad, cómo hablar y escribir con estilo florido, cómo cuantificar con propiedad, cómo analizar la naturaleza y cómo vivir con propiedad). Cada una de las disciplinas constituye un dominio discreto que tiene poco para compartir con los demás en términos de herramientas, metodologías y el conjunto de problemas con el que se enfrenta.[4]

[4] http://tinyurl.com/lyf56x8; http://tinyurl.com/olcdj2t; Lee W., «Introduction», en Ames, William, *Technometria*, Filadelfia, University of Pennsylvania Press, 1979, pp. 38–39.

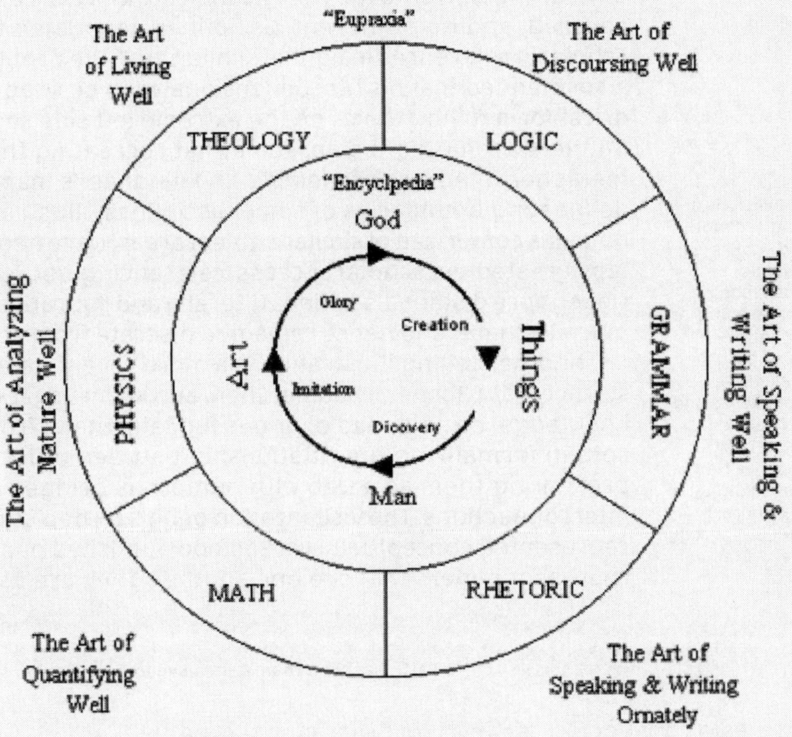

The Circle of Knowledge. Illustration by William Ames, retrieved from Scott, David Hill, "A Vision of *Veritas*: What Christian Scholarship Can Learn from the Puritans' 'Technology' of Integrating Truth," 1999 (http://tinyurl.com/lyf56x8). El círculo del conocimiento. Ilustración de William Ames. Fuente: Scott, David Hill, «A Vision of *Veritas*: What Christian Scholarship Can Learn from the Puritans' "Technology" of Integrating Truth», 1999 (http://tinyurl.com/lyf56x8).

additional cross-disciplinary relationships indicated by the direction of the labels on the map. Furthermore, Ellingham overlaid the coverage of each of the available index and abstracting services in the United Kingdom onto the chart to indicate which areas of science they covered, and how different disciplines negotiated the same set of scholarly references in light of similar, real-life problems. Ellingham also intended that his two-dimensional map be wrapped into a cylindrical form to how topics on the extreme left side segued into those on the extreme right side, somewhat recreating the encyclopedic metaphor of Ames' *Technologia*. In Ellingham's map of science, the delineating boundaries of some disciplines, illustrated as adjacent domains comprised of similar subject areas, were negotiated by overlaps created via scholarly cross-referencing between them. Meanwhile, more distant disciplines (literally and figuratively) did not have much to share, and hence remained discrete from each other.[5]

Another telling illustration is a more recent data-driven map of science. Katy Borner, Chaomei Chen, and Kevin Boyack's postmodern knowledge-domain map diverges fundamentally from its predecessors in formalizing the relationship between different disciplines, presenting them as a web with numerous bridges and rhizomatic interconnections. The visualization begins by depicting *all* of science, represented conceptually via 800,000 published papers. The circles represent papers that cite one another. They are associated with a

5 Ellingham, H.J.T., "Divisions of Natural Science and Technology," in *Report and Papers Submitted to The Royal Society Scientific Information Conference*, London: Burlington House, 1948; Ellingham, H.J.T., *A Chart Illustrating Some of the Relations between the Branches of Natural Science and Technology*, 1948. Courtesy of The Royal Society. In "7th Iteration (2010): Science Maps as Visual Interfaces to Digital Libraries," *Places & Spaces: Mapping Science*, edited by Katy Börner and Michael J. Stamper (http://scimaps.org).

Más adelante, esta concepción separatista de las ciencias naturales y la tecnología en su relación con el conocimiento humano habría de cambiar drásticamente. En 1948, Harold Johann Thomas Ellingham —profesor de química del Imperial College of Science, Technology and Medicine de Londres— dibujó un mapa que mostraba las relaciones existentes entre las ramas de las ciencias naturales y la tecnología. La ilustración estaba basada en una metáfora de proximidad y distancia, en la que cada dominio disciplinar similar a otro se situaba más próximo a éste en el espacio, estableciéndose a su vez relaciones interdisciplinarias adicionales, indicadas por la dirección de las etiquetas en el mapa. Asimismo, Ellingham dispuso sobre el gráfico la cobertura de cada uno de los índices y servicios abstractos existentes en Gran Bretaña, con el propósito de indicar qué áreas científicas cubrían y cómo, a la luz de problemas de la vida real similares, distintas disciplinas manejaban el mismo conjunto de referencias académicas. Ellingham también tuvo la idea de trasladar este mapa bidimensional a una forma cilíndrica para demostrar que los tópicos del lado izquierdo fluían suavemente hacia los del derecho, recreando de alguna manera la metáfora enciclopédica de la *Technologia* de Ames. En el mapa de la ciencia de Ellingham, los límites de algunas disciplinas resultaban más permeables y los representaba como dominios adyacentes que comprendían áreas temáticas parecidas, por medio de superposiciones generadas de acuerdo con referencias académicas cruzadas. Mientras tanto, las disciplinas más alejadas (tanto literal como gráficamente) no

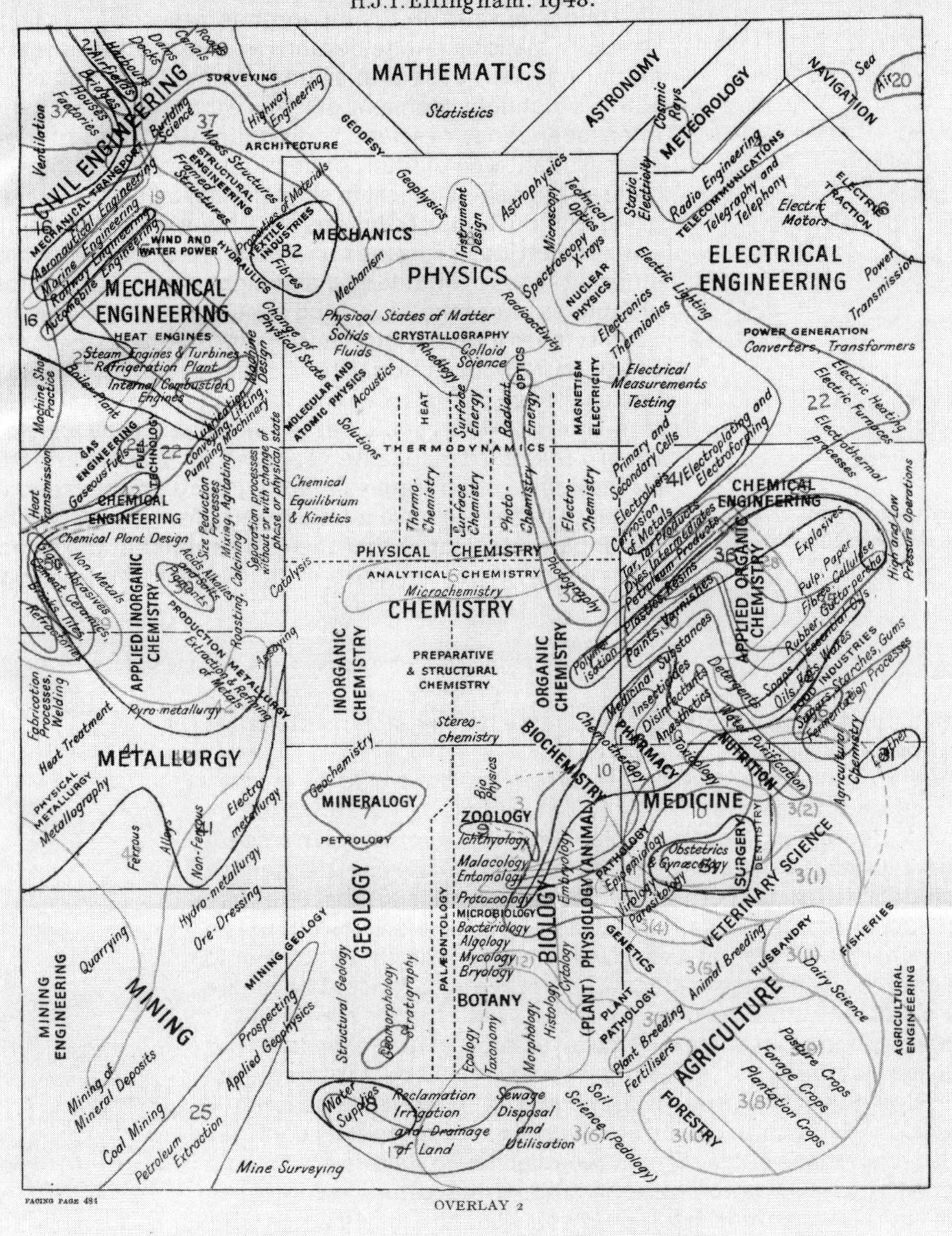

A CHART ILLUSTRATING SOME OF
THE RELATIONS BETWEEN THE BRANCHES OF NATURAL SCIENCE AND TECHNOLOGY
H.J.T.Ellingham. 1948.
MATHEMATICS
Statistics
SURVEYING
Highway Engineering
ARCHITECTURE
GEODESY
CIVIL ENGINEERING
Roads
Canals
Docks
Harbours
Airfields
Bridges
Houses
Factories
Ventilation
Building Science
STRUCTURAL ENGINEERING
Framed Structures
Properties of Materials
MECHANICAL ENGINEERING
MECHANICAL TRANSPORT
Aeronautical Engineering
Marine Engineering
Railway Engineering
Automobile Engineering
HYDRAULICS
WIND AND WATER POWER
TEXTILE INDUSTRIES
Fibres
MECHANICS
Mechanism
PHYSICS
Geophysics
Instrument Design
Astrophysics
Microscopy
Technical Optics
Spectroscopy
X-rays
NUCLEAR PHYSICS
Radioactivity
Physical States of Matter
CRYSTALLOGRAPHY
Solids
Fluids
Rheology
Colloid Science
MOLECULAR AND ATOMIC PHYSICS
Acoustics
OPTICS
MAGNETISM
ELECTRICITY
HEAT
Surface Energy
Radiant Energy
THERMODYNAMICS
ASTRONOMY
Cosmic Rays
METEOROLOGY
NAVIGATION
Sea
Air
Static Electricity
Radio Engineering
TELECOMMUNICATIONS
Telegraphy and Telephony
ELECTRIC TRACTION
Electric Motors
Electric Lighting
ELECTRICAL ENGINEERING
Power Transmission
Electronics
Thermionics
POWER GENERATION
Converters, Transformers
Electrical Measurements
Testing
Primary and Secondary Cells
Electrolytic Corrosion of Metals
Electroplating and Electroforging
Electro-Chemistry
Electric Heating
Electric Furnaces
Electrothermal Processes
HEAT ENGINES
Steam Engines & Turbines
Refrigeration Plant
Internal Combustion Engines
Machine Shop Practice
Boiler Plant
Heat Transmission
GAS ENGINEERING
Gaseous Fuels
FUEL TECHNOLOGY
Lubrication
Conveying, Lifting, Pumping Machinery
Machine Design
Solutions
Chemical Equilibrium & Kinetics
Catalysis
Thermo-Chemistry
Surface Chemistry
Photo-Chemistry
CHEMICAL ENGINEERING
Chemical Plant Design
Separation processes with or without change of physical state
Size Reduction Processes
Mixing, Agitating
Roasting, Calcining
Drying
APPLIED INORGANIC CHEMISTRY
Non Metals
Abrasives
Glass Ceramics
Cement
Pigments
Acids Alkalis
Salts
Refractories
PRODUCTION METALLURGY
Extraction & Refining of Metals
Pyro-metallurgy
Fabrication Processes
Welding
Heat Treatment
PHYSICAL METALLURGY
Metallography
METALLURGY
Electro-metallurgy
Ferrous
Alloys
Non-Ferrous
Hydro-metallurgy
Ore-Dressing
CHEMISTRY
ANALYTICAL CHEMISTRY
Microchemistry
PREPARATIVE & STRUCTURAL CHEMISTRY
INORGANIC CHEMISTRY
ORGANIC CHEMISTRY
PHYSICAL CHEMISTRY
stereo-chemistry
Photography
Polymerisation
Paints, Varnishes
Plastics, Resins
Dyes, Intermediates
Tar, Tar Products
Petroleum Products
CHEMICAL ENGINEERING
APPLIED ORGANIC CHEMISTRY
Explosives
Pulp, Paper
Fibres, Cellulose
Rubber, Gutta-percha
Essential Oils
Soaps
Oils, Fats, Waxes
Detergents
FOOD INDUSTRIES
Sugars, Starches, Gums
Fermentation Processes
High and Low Pressure Operations
Agricultural Chemistry
Leather
Medicinal Substances
Insecticides
Disinfectants
Anaesthetics
PHARMACY
Chemotherapy
Antitoxins
NUTRITION
Water Purification
GEOCHEMISTRY
MINERALOGY
PETROLOGY
Bio-Physics
ZOOLOGY
Ichthyology
Malacology
Entomology
Protozoology
MICROBIOLOGY
Bacteriology
Algology
Mycology
Bryology
BIOLOGY
PHYSIOLOGY (ANIMAL)
Embryology
Cytology
Histology
Morphology
Taxonomy
Ecology
BOTANY
PALAEONTOLOGY
GEOLOGY
Structural Geology
Geomorphology
Stratigraphy
PHYSIOLOGY (PLANT)
PATHOLOGY
Epidemiology
Virology
Parasitology
GENETICS
PLANT PATHOLOGY
Plant Breeding
Fertilisers
BIOCHEMISTRY
MEDICINE
Obstetrics & Gynaecology
SURGERY
DENTISTRY
VETERINARY SCIENCE
Animal Breeding
HUSBANDRY
Dairy Science
FISHERIES
AGRICULTURE
FORESTRY
Pasture Crops
Forage Crops
Plantation Crops
AGRICULTURAL ENGINEERING
MINING ENGINEERING
Quarrying
MINING
Prospecting
Applied Geophysics
Mining of Mineral Deposits
Coal Mining
Petroleum Extraction
MINING GEOLOGY
Mine Surveying
Water Supply
Reclamation
Irrigation and Drainage of Land
Sewage Disposal and Utilisation
Soil Science (Pedology)
FACING PAGE 491
OVERLAY 2

string of phrases that relate to their fields, and are connected by lines of various heaviness and length, depending on the cross-linkages. There is no discrete boundary condtion defining the extremities of disciplines in relation to one another, reflecting the fact that with access to massive online databases, information is shared across disciplines with ease and at unprecedented volumes. Here, the authors highlight "domains of knowledge" by mapping the growing interdependence of scientific disciplines through citation indexes. The resultant web of interconnections, less hierarchical and more natural, almost biological in shape, is based on the analysis of hundreds of thousands of citations. As a "knowledge-domain" map, the visualization illustrates the radial patterns and connections amongst different types of knowledge, and highlights relationships between disciplines where the branching connections overlap.[6]

It is these intersecting fields that prove most relevant to today's condition. Nowadays, complex scientific problems with no easy solution challenge scientists to find new ways of integrating knowledge from multiple fields and diverse skill sets. A 2008 article on Group Theory in *Nature* magazine reported on science and humanities' increasingly collaborative *nature* by spotting the trend in original research papers to have multiple authors from various disciplines. The article speculated that this is a product of the science's [and humanities'] research complexity, the fact that working in teams

[6] Marris, Emma, "2006 Gallery: Brilliant Display," *Nature,* no. 444, 21 December 2006, pp. 985–991.

 Carlo Ratti, Nashid Nabian & Luca Simeone/Of Borders Selectively…

tenían mucho que compartir, por lo que permanecían apartadas unas de otras.[5]

Otra reveladora ilustración ofrece un mapa de la ciencia basado en información más reciente. El mapa de dominios de conocimiento posmoderno de Katy Börner, Chaomei Chen y Kevin Boyack difiere sustancialmente de sus predecesores en la manera en que formaliza las relaciones existentes entre las distintas disciplinas, presentándolas como una red con numerosos puentes e interconexiones rizomáticas. La visualización comienza por medio del despliegue de *toda* la ciencia, representada conceptualmente por ochocientos mil *papers* publicados. Los círculos representan *papers* que se citan entre sí. Están asociados a una serie de frases que se relacionan con sus campos y se interconectan mediante líneas de distinto grosor y extensión, según los vínculos de interrelación. No hay ningún límite discreto que defina los confines de las disciplinas entre sí, reflejando el hecho de que el acceso a enormes bases de datos *online* permite el intercambio de información entre las distintas disciplinas con gran facilidad y en un volumen sin precedentes. Aquí, los autores destacan los «dominios de conocimiento» cartografiando la creciente interdependencia de las disciplinas científicas por medio de índices de citación. La red de interconexiones resultante, menos jerárquica y más natural, de forma casi biológica, está basada en el análisis de miles de millares de citas. En tanto mapa de los «dominios del conocimiento», esta imagen ilustra los patrones radiales y las conexiones existentes entre distintos tipos de conocimiento, y destaca las

[5] Ellingham, H. J. T., «Divisions of Natural Science and Technology», en *Report and Papers Submitted to The Royal Society Scientific Information Conference,* Londres, Burlington House, 1948; Ellingham, H. J. T., *A Chart Illustrating Some of the Relations between the Branches of Natural Science and Technology,* 1948. Por gentileza de The Royal Society. En «7th Iteration (2010): Science Maps as Visual Interfaces to Digital Libraries», en *Places & Spaces: Mapping Science,* Katy Börner y Michael J. Stamper (eds.). (Disponible en http://sci-maps.org).

Relationships among Scientific Paradigms

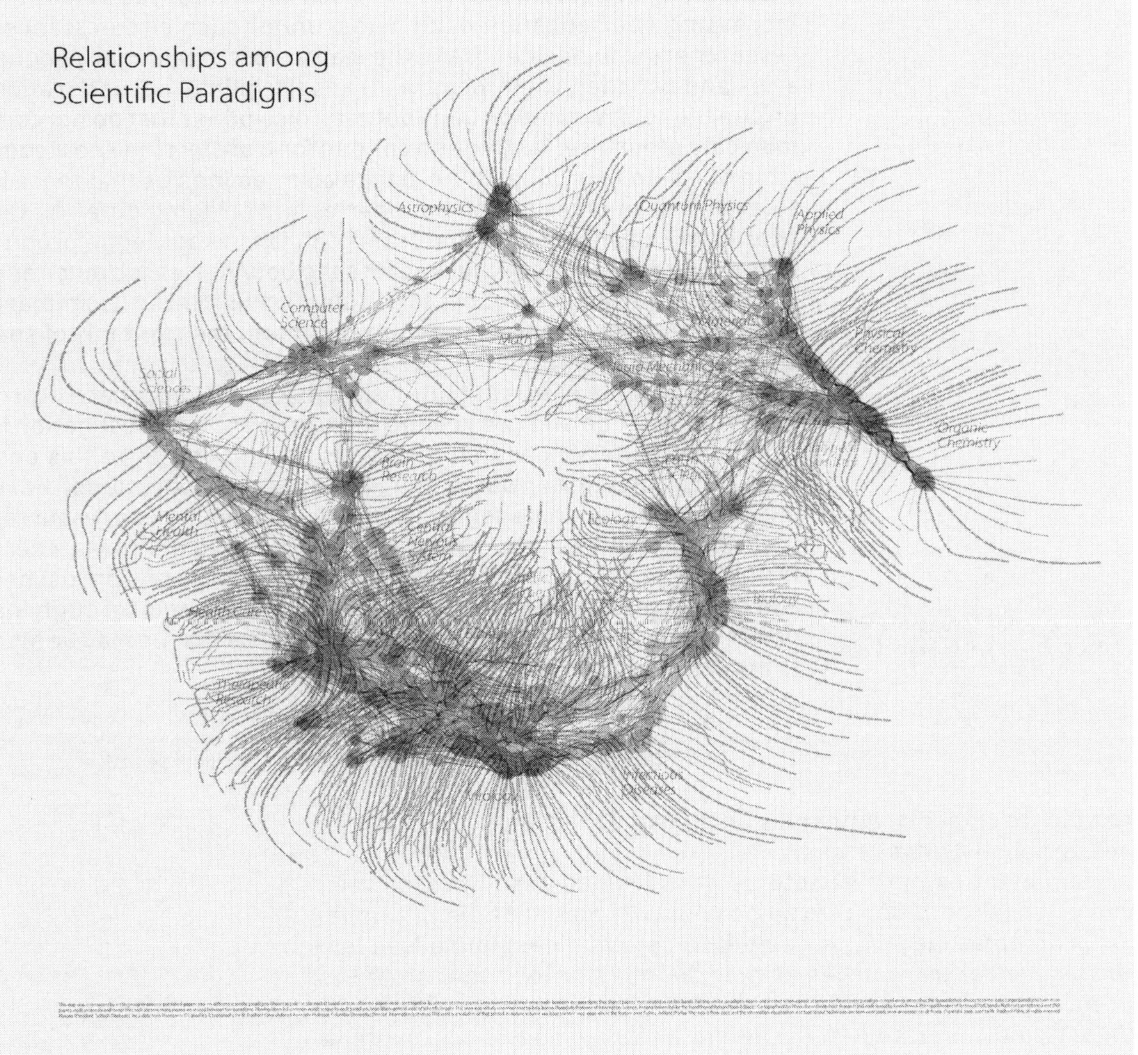

A data-driven map of science
by K. Boyack, D. Klavans,
W.B. Paley (data: Thompson ISI,
commissioned: K Borner for
http://scimaps.org) (retrieved
from http://tinyurl.com/cv6kl8).
Relación entre los paradigmas
científicos.
Un m apa de la ciencia basado
en datos, de K. Boyack,
R. Klavans, W. B. Paley (datos:
Thompson ISI, por encargo:
K. Börner para http://scimaps.
org). (Fuente: http://tinyurl.
com/cv6kl8).

create many opportunities for future self-promotion, as well as the increasing specialization of all fields. Under such circumstances, researchers who decide to take the leap across disciplinary boundaries and broaden their focus via transdisciplinary collaboration, bridge the communication gaps between disciplines that do not communicate otherwise, "acting as a conduit for transferring knowledge from one field to another." The article also reminds us that there is always a risk in crossing the boundaries and bridging differing territories of knowledge, and that teams can fail in knowledge production, if they spread themselves across the boundaries too much and if the boundaries are not crossed selectively: "[Interdisciplinary teams] are most successful when they contain the right mix of specialism and diversity."[7]

Transdisciplinarity is a "high-risk high-reward" approach in producing knowledge and can change the way scientific investigation is conducted and multifaceted questions are answered. To this end, many organizations, particularly academic institutions, have invested in educational programs, facilities, and enhanced resources to encourage interdisciplinary research, trying to get researchers from differing disciplines familiar with one another's approaches and languages. These institutions believe that it is only through the power of a diverse approach to today's problems that we may be able to realize lasting solutions.

[7] Whitfield, John, "Group Theory," *Nature*, no. 455, 9 October 2008, pp. 720–723.

190   Carlo Ratti, Nashid Nabian & Luca Simeone/Of Borders Selectively…

relaciones interdisciplinarias en que se superponen las conexiones de sus distintas ramas.[6]

Son estos campos de intersección los que resultan más relevantes en la condición contemporánea. En nuestros días, complejos problemas científicos de no fácil solución desafían a los científicos a encontrar nuevas formas de integrar los conocimientos de múltiples campos, así como diversos conjuntos de habilidades. Un artículo publicado en la revista *Nature* en 2008 acerca de la teoría de grupo afirmaba que tanto las ciencias como las humanidades muestran un grado cada vez mayor de colaboración, revelado por la tendencia de los *papers* de investigación originales a contar con varios autores provenientes de distintas disciplinas. El artículo suponía que ello es producto de la complejidad de la investigación en ciencias [y humanidades], del hecho de que trabajar en equipo crea numerosas oportunidades de autopromoción a largo plazo y, asimismo, de la creciente especialización de todos los campos. En tales circunstancias, los investigadores que deciden dar el salto y atravesar límites disciplinares para ampliar su perspectiva por medio de la colaboración transdisciplinaria cubren las brechas de comunicación entre disciplinas que de otra manera no se conectarían, «actuando como conductos de transferencia de conocimiento entre un campo y otro». El artículo también nos recuerda que siempre existe cierto riesgo al cruzar los límites e interconectar distintos territorios de conocimiento, y que los equipos pueden fracasar en la producción de conocimiento si se dispersan demasiado a través de los límites, así como si estos

[6] Marris, Emma, «2006 Gallery: Brilliant Display», en *Nature*, nº 444, 21 de diciembre de 2006, pp. 985–991.

To achieve this goal, people from different disciplines need to sit down, talk to each other, and share ideas, despite the fact that they speak different dialects, use dissimilar methods, apply varied skill sets, tools, and technologies; or have different cultures, jargon, and ways of thinking. Of course, it takes both time and effort for people to internalize unfamiliar perspectives, to get educated beyond specific disciplinary training, and to truly start understanding each other and resolving the conflicting nature of their differing methods and concerns (which may range from theoretical concerns, to concerns about statistics and measurements, to the quantification or qualification of phenomena under scrutiny). Through this extra effort, preconceived boundaries are negotiated and selectively crossed to go towards true teamwork, were scientific disciplines are mixed and different skill sets are brought together and multiple areas of expertise are blended. To achieve this status, the organizational culture of the research entity has to be structured in a way that facilitates true cross-fertilization.[8]

Although a large part of academia praises interdisciplinary modes of knowledge production, there are still organizational and cultural barriers that slow down the actual implementation of a significant number of interdisciplinary research projects. There are practical difficulties in creating effective interdisciplinary research settings when much of academia is still organized into bureaucratic

[8] Adams, Jill U., "Interdisciplinary Research: Building Bridges, Finding Solutions," *Science*, no. 23, November 2007, pp. 1315–1318.

Carlo Ratti, Nashid Nabian & Luca Simeone/Acerca de límites...

límites no se traspasan de manera selectiva: «[Los equipos interdisciplinarios] gozan de mayor éxito cuando encuentran la combinación exacta de especialización y diversidad.»[7]

La transdisciplinareidad es un abordaje de «alto riesgo y altas recompensas» en la producción de conocimiento y puede cambiar el modo en que se lleva a cabo la investigación científica y se contestan preguntas que plantean múltiples aristas. Con tal propósito, muchas organizaciones, en particular las instituciones académicas, han invertido en programas educativos, instalaciones y mejora de recursos con el propósito de alentar la investigación interdisciplinaria, en un decidido intento por conseguir que los investigadores de las distintas disciplinas se familiaricen con los abordajes y lenguajes de otras. Estas instituciones están convencidas de que sólo gracias al poder de un abordaje distinto seremos capaces de encontrar soluciones duraderas a los problemas de hoy.

Para alcanzar este objetivo, las personas provenientes de las distintas disciplinas deben sentarse, hablar entre sí y compartir ideas, incluso aunque hablen dialectos distintos, usen métodos dispares, apliquen habilidades, herramientas y tecnologías variadas o traigan consigo diferentes culturas, jergas y modos de pensar. Desde luego, hacen falta tiempo y esfuerzo para que las personas internalicen perspectivas que no les resultan familiares, para que se eduquen fuera de su formación disciplinar específica y para que comiencen a entenderse verdaderamente entre sí y a resolver la conflictiva relación entre sus distintos métodos e intereses (que pueden ser teóricos, estadísticos y de medida, cuanti-

[7] Whitfield, John, «Group Theory», en *Nature*, nº 455, 9 de octubre de 2008, pp. 720–723.

pyramids and disciplinary silos; the tenure system is still largely based on narrowly focused research in sub-disciplines; differences in language, literature, ways of working, and communication have often been considered serious limitations in situations where disciplines meet and interact.

One of the future challenges for academia will be to overcome these barriers and create environments that favor productive, complex interdisciplinary interchanges in order to acquire a delicate balance between complexity and chaos. This is even more relevant when it comes to design, the institutions involved in teaching it, and advancing research relevant to its different fields. SENSEable City Lab, a research group nested within the City Design and Development group at the Massachusetts Institute of Technology's Department of Urban Studies and Planning, tries to address these challenges through its organizational culture and interdisciplinary mode of operation. SENSEable City Lab acts as an initiative that coagulates the multiple creative streams and productive energies of in-house interdisciplinary researchers and external collaborations with other institutions, laboratories, companies. The Lab generates disruptive work that ranges from innovative product design like the Copenhagen Wheel (a responsive system that transforms ordinary bicycles into hybrid sensors/actuators that provide real-time feedback on pollution, traffic congestion, and road conditions),[9] to urban-scale,

[9] For information on the project, please visit its dedicated webpage http://tinyurl.com/ls24kr.

 Carlo Ratti, Nashid Nabian & Luca Simeone/Of Borders Selectively…

ficación o cualificación de los fenómenos sujetos a escrutinio). Este esfuerzo extra permite debatir sobre los límites preexistentes y traspasarlos de manera selectiva para apuntar hacia un verdadero trabajo en equipo, donde las disciplinas científicas se mezclen, se unan distintos conjuntos de habilidades y se fundan múltiples áreas de pericia. Para lograrlo, es necesario estructurar la cultura organizacional de la entidad de investigación de manera tal que facilite una verdadera fertilización cruzada.[8]

Si bien buena parte de la academia celebra los modos interdisciplinarios de producción de conocimiento, todavía existen barreras organizacionales y culturales que retrasan la auténtica implementación de un significativo número de proyectos interdisciplinarios de investigación. La decisión de crear entornos de investigación interdisciplinaria efectiva presenta dificultades prácticas en la medida en que buena parte de la academia todavía se organiza en pirámides burocráticas y silos disciplinares, el sistema de antigüedad todavía se basa en gran medida en una concepción de la investigación limitada a un marco subdisciplinar determinado, y las diferencias existentes en términos de lenguaje, literatura, modos de trabajo y comunicación a menudo han sido consideradas serias limitaciones en situaciones de encuentro e interacción entre disciplinas.

Uno de los desafíos a largo plazo de la academia será superar estas barreras y crear entornos que favorezcan intercambios interdisciplinarios productivos y complejos con el propósito de alcanzar un delicado equilibrio entre la complejidad y el caos. Esto

[8] Adams, Jill U., «Interdisciplinary Research: Building Bridges, Finding Solutions», en *Science*, n° 23, noviembre de 2007, pp. 1315-1318.

situated sensing systems like Trash|Track (which affixed hundreds of small, location-aware tags to different types of trash in order to reveal the final destination of our everyday objects, and the waste-management practices behind the removal process).[10]

Over the past seven years, roughly 350 collaborators, representing more than 60 different scientific disciplines, have collaborated on over 50 projects at SENSEable City Lab. With its interdisciplinary, context-driven, problem-focused approach, the Lab truly embodies "mode-2" knowledge-production practices and represents a unique landscape in which to investigate organizational and cultural components conducive to interdisciplinarity. More specifically, at SENSEable City Lab, interdisciplinarity seems to be favored by some particular organizational traits.

The front door of the Lab is almost always open during the day; Lab members and collaborators constantly flow in and out. It follows an extremely flexible engagement process: hundreds of people have collaborated with SENSEable City Lab's projects over time, some of them for longer periods, while others only for a limited period; some members live in Cambridge and have a specific (or exclusive) engagement with the Lab, while others collaborate on a part-time basis, maintaining their affiliations with other MIT departments, other universities, other research centers, or industrial and governmental bodies. The Lab also relies on a widely distributed network of

[10] For information on the project, please visit its dedicated webpage http://tinyurl.com/n2u9mf.

resulta aún más decisivo cuando se trata del diseño, de las instituciones involucradas en su enseñanza y de la investigación puntera que pudiera resultar relevante en sus distintos campos. El SENSEable City Lab, un grupo de investigación radicado en el grupo de Planificación y Diseño Urbano del Departamento de Estudios y Planificación Urbana del Massachusetts Institute of Technology, intenta abordar estos desafíos por medio de su cultura organizacional y su modo de funcionamiento interdisciplinario. El SENSEable City Lab es una iniciativa en la que confluyen las múltiples corrientes creativas y energías productivas de un conjunto de investigadores interdisciplinarios fijos que participan en el proyecto, así como de colaboradores externos de otras instituciones, laboratorios y compañías. El Lab produce un trabajo disruptivo que va desde un innovador diseño de producto, como la Copenhagen Wheel (un sistema receptivo que convierte las bicicletas comunes y corrientes en sensores/activadores híbridos que ofrecen *feedback* en tiempo real acerca de la contaminación, las congestiones de tránsito y las condiciones del camino),[9] a sistemas sensibles de escala urbana como el Trash|Track (que fija miles de pequeños localizadores a distintos tipos de desechos con el propósito de revelar el destino final de nuestros objetos cotidianos, así como las prácticas en el manejo de la basura, más allá del proceso de recolección).[10]

Durante los últimos siete años, unos trescientos cincuenta colaboradores de más de sesenta disciplinas científicas distintas han participado en más de cincuenta proyectos en el SENSeable

[9] Para mayor información acerca de este proyecto, por favor visite la página web http://tinyurl.com/ls24kr.

[10] Para mayor información acerca de este proyecto, por favor visite la página web http://tinyurl.com/n2u9mf.

collaborators scattered across several countries of the world.

In organizational terms, SENSEable City Lab is not structured as a bureaucratic pyramid with a traditional, vertical reporting system. Small teams are the key elements of a more flexible organizational order. Each team is in charge of one or more projects. Some of the projects have a predetermined outcome and a clearly specified deadline. Others start as ideas that get shaped along the way, and are therefore initially oriented towards more loosely defined outcomes. The duration of a project can span from a few weeks to several months or years. The number of members per team varies from a few people for smaller projects, to several dozens for larger ones.

Although there are some management positions that have jurisdiction over the entire group, teams are usually the key units for managing all these projects. A network of authority and control based on knowledge of a specific task replaces the traditional hierarchical structure. Within the team, tasks and responsibilities are distributed according to available personal expertise and the operational context. Mutual adjustment and redefinition of tasks are common within and across teams. A complex horizontal and vertical integration is constantly reshaped as a relational configuration, collectively drawn by internal connectedness and emergent behaviors. Order is not imposed from the top down, but appears as teams work together and respond to internal and external inputs and changes.

 Carlo Ratti, Nashid Nabian & Luca Simeone/Of Borders Selectively...

City Lab. Gracias a su abordaje interdisciplinario basado en el contexto y orientado a la resolución de problemas, el Lab verdaderamente encarna las prácticas de producción de conocimiento de «modo 2» y representa un espacio único para analizar los componentes organizacionales y culturales propicios para la interdisciplinariedad. En el SENSEable City Lab la interdisciplinariedad parece verse favorecida por algunas características organizacionales puntuales.

De día, la puerta de entrada del Lab está casi siempre abierta. Sus miembros y colaboradores entran y salen sin parar. Esto guarda relación con un proceso de compromiso extremadamente flexible: cientos de personas han participado en distintos proyectos del SENSEable City Lab a lo largo del tiempo, algunas de ellas durante largos períodos, mientras que otras sólo por períodos muy breves; algunos miembros viven en Cambridge y tienen un compromiso específico (o exclusivo) con el Lab, mientras que otros colaboran con dedicación parcial, manteniendo su relación con otros departamentos del MIT, otras universidades, otros centros de investigación o incluso organismos industriales o gubernamentales. El Lab también recurre a una vasta red de colaboradores repartidos por distintos países del mundo.

En términos organizacionales, el SENSEable City Lab no se estructura como una pirámide burocrática con un sistema tradicional de responsabilidad vertical. El elemento clave de un orden organizacional más flexible lo constituyen pequeños equipos, cada uno de los cuales está a cargo de uno o más proyectos. Algunos de

Usually, teams are initially shaped by the Lab's senior members, but the distribution of roles is flexible. Individual teams may be managed by a leader, depending on the size of the project. Team leaders are generally not professionals specifically trained in project-management techniques, but members of the Lab who have knowledge and competencies suited to the task. Since some projects have a longer lifespan, leadership may change during different phases. This organizational culture, with its subsequent decentralization of power, is very effective in creating an environment where people have confidence that they can make significant contributions; it creates a sort of "distributed ownership." Ownership and trust mechanisms are also cultivated through some important organizational rituals, such as the Pecha Kucha meetings held every Tuesday, frequent brainstorming sessions, and a yearly retreat for all members in a special location to collectively discuss and reshape the Lab's vision.

The Lab is also involved in inquiry and discovery-based learning, offering numerous graduate workshops and seminars at MIT. During the course of these semester-long seminars and workshops, students, researchers, and professors work together with external partners on real-world projects, mixing theory and practice to carry out research activity in a "mode-2" type of knowledge production. Moreover, as an interdisciplinary setting, the Lab embodies the model of a contact zone, a social space where academic and other cultures meet,

Carlo Ratti, Nashid Nabian & Luca Simeone/Acerca de límites…

estos proyectos tienen un fin predeterminado y una fecha de finalización específica; otros comienzan como ideas que van tomando forma en el camino y, por tanto, están orientados desde el inicio hacia fines definidos de manera mucho más libre. La duración de un proyecto puede ir de unas pocas semanas a varios meses o años. El número de miembros por equipo varía de unas pocas personas a varias docenas.

Si bien existen ciertos cargos administrativos que tienen jurisdicción sobre todo el grupo, por lo general los equipos son las unidades clave encargadas de la gestión de cada proyecto. La tradicional estructura jerárquica es así reemplazada por una red de autoridad y control basada en el conocimiento de las tareas específicas. Dentro de cada equipo, las tareas y responsabilidades se reparten según la experiencia personal y el contexto de funcionamiento. El ajuste mutuo y la redefinición de tareas son comunes dentro de los equipos, así como entre ellos. Una compleja integración horizontal y vertical se transforma de manera constante en una configuración relacional, trazada colectivamente por las conexiones internas y los comportamientos emergentes. El orden no se impone de arriba abajo, sino que aparece a medida que los equipos trabajan en conjunto y responden a cambios y situaciones internas y externas.

Por lo general, al principio los equipos son conformados por los miembros más antiguos del Lab, pero la distribución de funciones es flexible. Cada equipo debe tener un director, según el tamaño del proyecto. Los directores de equipo por lo general no

clash, grapple with each other,[11] and coexist in a state of continuous tension and dialogue. This dynamic, energetic quality is what James Clifford refers to when he defines contact zones as, "Relational ensembles sustained through processes of cultural borrowing, appropriation, and translation—multidirectional processes."[12]

SENSEable City Lab could provide a paradigm for fostering an interdisciplinarity that ignites people's imaginations and passions. The Lab's organizational culture is articulated as such so that disciplinary boundaries are deliberately and selectively crossed to favor meaningful and productive interchanges. For example, the Lab has hosted researchers from radically different backgrounds: urban planners, architects, interaction designers, mechanical engineers; but also experts in theology, game programming, Russian studies, medieval studies, sports, music, space science, Asian arts, economics, etc. The Lab's adaptive organizational structure actively facilitates the processes of cultural borrowing, appropriation, and translation, as individuals weave their knowledge, narratives, and points of view into this polycentric system, fluctuating inside and outside of their disciplinary borders.

MIT SENSEable City Lab operates on the premise that finding design solutions for complex, real-world problems calls for further, authentically interdisciplinary adventures, ones in which both academia and industry build connections that profoundly reshape the

[11] Pratt, M.L., "Arts of the Contact Zone," *Profession*, no. 91, 1991, p. 34.
[12] Clifford, J., *On the Edges of Anthropology*, Chicago: Prickly Paradigm Press, 2003, p. 34.

 Carlo Ratti, Nashid Nabian & Luca Simeone/Of Borders Selectively…

son profesionales específicamente entrenados en técnicas de gestión de proyectos, sino miembros del Lab que tienen el conocimiento y las competencias adecuados para la tarea. Dado que algunos proyectos tienen una vida más extensa, la dirección puede cambiar en sus distintas fases. Esta cultura organizacional, con su consiguiente descentralización de poder, es muy efectiva a la hora de crear un entorno donde las personas sientan que tienen la posibilidad de realizar contribuciones significativas; genera, por otro lado, una suerte de «propiedad distribuida». Ciertos ritos organizacionales —como las reuniones o *pecha kucha* realizadas todos los martes, las frecuentes sesiones de *brainstorming* y un retiro anual del que participan todos los miembros, en una ubicación especial donde se discute y se reforma colectivamente la visión del Lab— favorecen un sentido de pertenencia, así como mecanismos de confianza.

El Lab también está involucrado en la enseñanza basada en la investigación y el descubrimiento, por lo que ofrece numerosos talleres de posgrado y seminarios en el MIT. En el transcurso de estos seminarios y talleres semestrales, los estudiantes, investigadores y profesores trabajan junto a socios externos en proyectos que operan en el mundo real, mezclando teoría y práctica para desarrollar una actividad de investigación consecuente con la producción de conocimiento de tipo «modo 2». Además, como establecimiento interdisciplinario, el Lab encarna el modelo de una zona de contacto, un espacio social donde lo académico se reúne, colisiona y entra en contacto con otras culturas,[11] produ-

[11] Pratt, M. L., «Arts of the Contact Zone», en *Profession*, nº 91, 1991, p. 34.

way research that generates design is carried out. To this effect, the Copenhagen Wheel and many other projects at MIT SENSEable City Lab that are envisioned, designed, developed, and prototypically implemented as a result of interdisciplinary teamwork push the boundaries of how designers may rethink the relationship between research and design. Research by design and design by research: this is how interdisciplinary design projects should be implemented. The process starts with a vision of how we can use a plethora of new technologies and scientific discoveries across disciplines to transform our interaction with the built environment. This is then developed into a partial implementation in the city—an "urban demo"—that allows the researcher-designers to gather feedback from people and study the project's effectiveness in creating positive lifestyles. Extensive scientific work, where the main questions raised by the vision are addressed, follows this phase. At this point, scientific exploration benefits from a transdisciplinarity that evaluates contributions from fields as diverse as science, mathematics, design, and sociology.

Nowadays, many new technologies and scientific discoveries are forcefully entering architectural design and drastically changing the ways in which we understand, design, and inhabit space. The perimeter of our discipline is being redefined, transforming it from a discreet one with clear boundaries to one with diffused extremities

ciendo una coexistencia en continuo estado de tensión y diálogo. Es a esta característica dinámica y energética a lo que se refiere James Clifford al definir las zonas de contacto como «grupos relacionales sostenidos por medio de procesos de préstamo, apropiación y traducción cultural, procesos multidireccionales».[12]

El SENSEable City Lab podría ofrecer un paradigma capaz de alentar un tipo de interdisciplinariedad que encienda la imaginación y la pasión de las personas. La cultura organizacional del Lab se articula de modo tal que los límites entre las distintas disciplinas sean traspasados de manera deliberada y selectiva con el propósito de favorecer intercambios significativos y fértiles. Por ejemplo, el Lab ha acogido a investigadores con antecedentes radicalmente distintos: urbanistas, arquitectos, diseñadores de interacción, ingenieros mecánicos, pero también expertos en teología, programación de juegos, estudios rusos, estudios medievales, deportes, música, ciencias del espacio, artes asiáticas, economía, etcétera. La adaptativa estructura organizacional del Lab facilita de manera activa los procesos de préstamo, apropiación y traducción cultural, a medida que los individuos, fluctuando dentro y fuera de sus límites disciplinares, elaboran conocimiento, relatos y puntos de vista en el marco de este sistema policéntrico.

El MIT SENSEable City Lab funciona sobre la premisa de que encontrar soluciones de diseño a problemas complejos del mundo real exige aventuras auténticamente interdisciplinarias, en las que academia e industria construyan conexiones capaces de refor-

[12] Clifford, J., *On the Edges of Anthropology*, Chicago, Prickly Paradigm Press, 2003, p. 3.

that both span across other disciplines, and need to be constantly provoked and re-negotiated. This allows the researcher-designer to envision an "architecture beyond architecture" as new interdisciplinary field.

mular profundamente el modo en que se origina y se lleva adelante la investigación que genera el diseño. A tales efectos, la Copenhagen Wheel y muchos otros proyectos del MIT SENSEable City Lab que se imaginan, se diseñan, se desarrollan y se implementan en prototipo como resultado de un trabajo interdisciplinario en equipo vulneran la manera en que los diseñadores piensan las relaciones existentes entre investigación y diseño. Investigación por medio del diseño y diseño por medio de la investigación: es así como debieran implementarse los proyectos de diseño interdisciplinarios. El proceso comienza con una idea acerca de cómo podría utilizarse un gran conjunto de nuevas tecnologías y descubrimientos científicos procedentes de distintas disciplinas para transformar nuestra interacción con el entorno construido. Esto se convierte luego en una implementación parcial para la ciudad —un «demo urbano»— que permite a los investigadores-diseñadores recolectar *feedback* del público y estudiar la efectividad del proyecto en la creación de estilos de vida positivos. A esta fase le sigue el trabajo científico en profundidad, donde se abordan las cuestiones fundamentales que plantea la idea. En este punto, la exploración científica se beneficia de una transdisciplinariedad que incorpora contribuciones de campos tan distintos como la ciencia, la matemática, el diseño y la sociología.

En la actualidad, muchas nuevas tecnologías y descubrimientos científicos se incorporan por la fuerza al diseño arquitectónico, transformando de manera radical nuestros modos de entender, diseñar y habitar el espacio. El perímetro de nuestra disciplina

está siendo redefinido y dejando de ser un ámbito discreto con límites claros para convertirse en uno con extremos difusos interconectados con otras disciplinas, un ámbito que demanda estímulo y atención constantes. Esto permite al investigador-diseñador imaginar una «arquitectura más allá de la arquitectura» como un nuevo campo interdisciplinar.

Copenhagen Wheel

The idea behind the Copenhagen Wheel is very simple and addresses a real condition: thanks to pervasive electronics and ubiquitous computing, our objects are starting to "talk back to us," opening up unprecedented possibilities in the daily interaction between people and the built environment. What could this mean for a rather traditional object, such as a bicycle?

We set forth to find out in 2009, as part of an interdisciplinary research collaboration with the City of Copenhagen. After several months of working with a team that included designers, mechanical engineers, computer scientists, programmers, and interaction designers, we came up with the concept of the Copenhagen Wheel. The wheel is a fully self-contained, e-bike retrofit that captures the energy dissipated while cycling and braking (as hybrid cars do) and saves it for when you need a bit of a boost. With no external batteries or wires and no throttle, the wheel is controlled primarily by your feet, amplifying your torque like a shadow cyclist silently multiplying each of your pedal strokes.

The wheel also collects data; it can interface with your smartphone via a wireless Bluetooth connection. Information about location, speed, and biked miles can be used for urban incentives—something similar to a frequent-flyer program, but good for the environment. At the same time, pollution levels, traffic congestion, and road condi-

Copenhagen Wheel

La idea detrás de la Copenhagen Wheel es muy sencilla y aborda una cuestión real: gracias al uso generalizado de la electrónica y a la ubicuidad de la computación, nuestros objetos comienzan a «respondernos», abriendo posibilidades sin precedentes en las interacciones cotidianas entre las personas y el entorno construido. ¿Qué podría significar esto en el caso de un objeto bastante tradicional, como una bicicleta?

Fue lo que nos interesó averiguar en 2009, como parte de una investigación interdisciplinaria en colaboración con la ciudad de Copenhague. Tras varios meses de trabajo junto a un equipo integrado por diseñadores, ingenieros mecánicos, ingenieros informáticos, programadores y diseñadores de interacción, llegamos al concepto de la «Copenhagen Wheel». La rueda supone una modernizada y autónoma *e-bike* que captura la energía que se disipa al pedalear y frenar (al igual que hacen los autos híbridos) y la almacena para ser utilizada en aquellos momentos en que el ciclista necesita un empujoncito extra. Sin baterías externas, cables ni válvulas de regulación, la rueda es controlada fundamentalmente por los pies del ciclista, ampliando el juego de fuerzas como si un segundo ciclista invisible multiplicara en silencio cada pedalada.

La rueda, además, recolecta información: puede conectarse con un teléfono inteligente por medio de una conexión Bluetooth inalámbrica. La información reunida sobre la ubicación, velocidad y millas recorridas se puede utilizar como parte de un programa

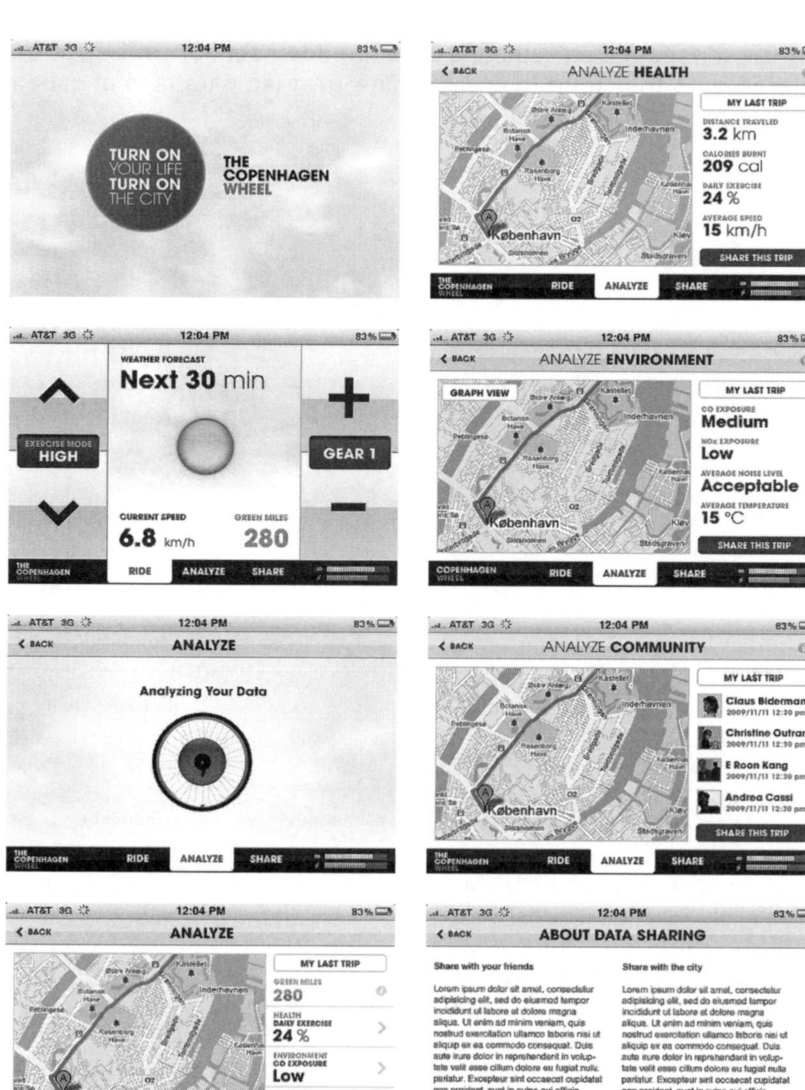

Screen shots from the
Copenhagen Wheel iPhone app,
MIT SENSEable City Lab©
Capturas de pantalla de la
aplicación para iPhone
de la Copenhagen Wheel,
MIT SENSEable City Lab©

Project Team: Carlo Ratti,
Director|Assaf Biderman,
Associate Director|Christine
Outram, Project Leader|Rex
Britter|Andrea Cassi|Xiaoji
Chen|Jennifer Dunnam|Paula
Echeverri|Myshkin Ingawale|
Ari Kardasis|E Roon Kang|
David Lee|Vincenzo Manzoni|
Sey Min|Max Tomasinelli,
Photographer|Mark Yen

tions—sensed in real time via an embedded sensor unit—can be shared onto the Cloud to create a fine-grained database of urban environmental information.

de incentivos urbanos (algo similar a un programa de viajeros frecuentes, pero positivo para el medio ambiente). Al mismo tiempo, es posible compartir datos sobre los niveles de contaminación, las congestiones de tránsito y las condiciones del camino —percibidas en tiempo real por medio de un sensor incorporado— con una Cloud remota, para crear una minuciosa base de datos de información ambiental urbana.

Equipo a cargo del proyecto:
Carlo Ratti, director|
Assaf Biderman, director
asociado|Christine Ou-
tram, líder de proyecto|Rex
Britter|Andrea Cassi|Xiaoji
Chen|Jennifer Dunnam|
Paula Echeverri|Myshkin In-
gawale|Ari Kardasis|
E Roon Kang|David Lee|
Vincenzo Manzoni|Sey Min|
Max Tomasinelli, fotógrafo|
Mark Yen

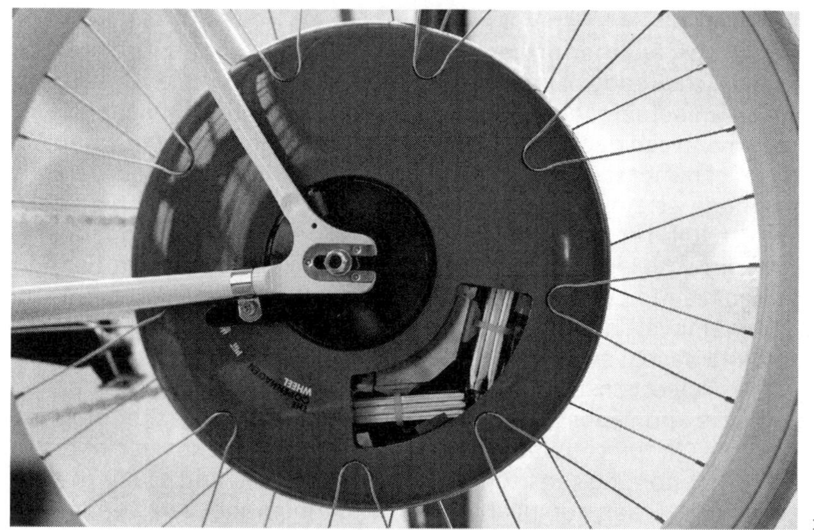

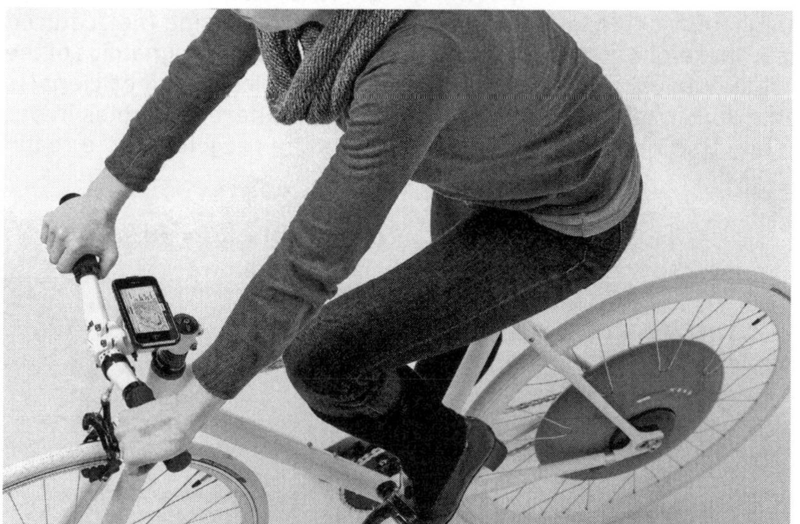

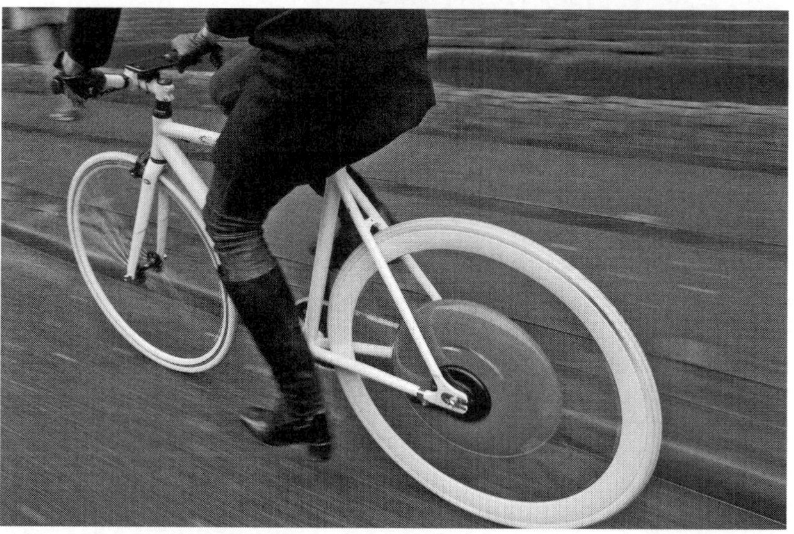

1 Close-up of the Copenhagen Wheel. Photograph by Max Tomasinelli, MIT SENSEable City Lab©
Vista en detalle de la Copenhagen Wheel. Fotografía de Max Tomasinelli, MIT SENSEable City Lab©
2 The Copenhagen Wheel installed on a bicycle.
3 Photograph by Max Tomasinelli, MIT SENSEable City Lab©
La Copenhagen Wheel instalada en una bicicleta. Fotografía de Max Tomasinelli, MIT SENSEable City Lab©

Trash|Track

Trash|Track, another project by MIT SENSEable City Lab, addresses a very real challenge of urban living: promoting a culture of recycling both as an actual mode of operation and as a cultural image of how urban living can decrease urban waste. This is important to establish a sense of ownership and belonging that contributes to the urbanite's self-image as a member of a collective social entity. To this effect, cyber-structures of social networking can provide various opportunities to incentivize recycling between their members. Additionally, situated technologies can be deployed in the waste-management and urban-removal chain to secure the maximum efficiency of waste treatment and waste recycling on a large-scale and centralized mode.

The project consists of digitally enhanced tags that can be attached to objects and report their location to an Internet backbone infrastructure via the cellular network. Trash|Track makes use of these location-reporting tags to track urban disposal and study the efficiency of the urban-removal chain. The platform allows designers and planners to make well-informed, high-level decisions about how a given constructed landscape is managed by analyzing the acquired data. Therefore, a multiplicity of questions about the dynamics of the urban-removal chain can be addressed empirically: Is it efficient? Is hazardous waste managed properly, or are there loopholes in our system that need to be taken care of? Is the recycled waste really

Trash|Track

Trash|Track, otro proyecto del MIT SENSEable City Lab, aborda un desafío muy concreto de la vida urbana: la promoción de la cultura del reciclaje como un modo real de funcionamiento y como imaginario cultural acerca de cómo la vida urbana puede disminuir su producción de residuos. Es importante establecer una sensación de propiedad y pertenencia que contribuya a la propia imagen del urbanita como miembro de una entidad social colectiva. A tales efectos, las ciberestructuras de las redes sociales pueden brindar distintas oportunidades de incentivar el reciclaje entre sus miembros. Además, es posible desplegar tecnologías de posicionamiento en la gestión de los residuos y la cadena de recolección urbana con el propósito de asegurar una máxima eficiencia del tratamiento y reciclaje de residuos en un modelo centralizado y a gran escala.

El proyecto consiste en una serie de etiquetas digitalmente mejoradas que pueden adherirse a distintos objetos para informar sobre su ubicación a una infraestructura central en Internet por medio de la red celular. Trash|Track hace uso de estas etiquetas de posicionamiento para rastrear los residuos urbanos y estudiar la eficiencia de la cadena de recolección. La plataforma permite a diseñadores y planificadores tomar decisiones informadas, de alto nivel, sobre el modo en que se está gestionando un determinado paisaje humano, por medio del análisis de los datos recolectados. Esto permite abordar de manera empírica una gran multiplicidad de preguntas acerca de la dinámica de la cadena de

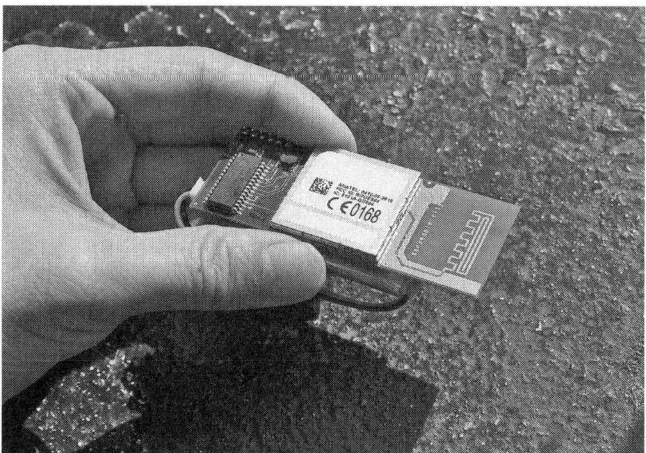

1

2

1 Diagram illustrating the
  information flow on
  Trash|Track system,
  MIT SENSEable City Lab©
  Diagrama que ilustra el flujo
  de información en el sistema
  Trash|Track, MIT SENSEable
  City Lab©
2 Close-up view of the
  Trash|Track tag,
  MIT SENSEable City Lab©
  Vista en detalle de la etiqueta
  Trash|Track, MIT SENSEable
  City Lab©

recycled, or does it end up in dumps? The Trash|Track system can have a great impact on the nature of the perceptual relationship that a city or region develops with their waste. Generally, people assume that once they dispose of waste, it is no longer their responsibility. Offering a real-time view of how the disposed items travel through the landscape of their daily lives will perceptually expand each citizen's sphere of responsibility from the domestic space to the space of the city. For example, witnessing that a pile of recycled paper ends up somewhere in a dump and is never actually recycled can be quite an arresting experience. Perhaps such real-time urbanity can result in a more responsible urbanity after all. Yet, smart trash is but one possible scenario in a more comprehensive concept of a world populated with smart objects. Given the right technological platform, the only limits are those in our imaginations.

This project was made possible with support of The Architectural League of New York as part of the exhibition *Toward the Sentient City*. To realize the project, partnerships with companies such as Waste Management, Sprint, and Qualcomm were created. Urban demos of the platform were conducted by soliciting the collaboration of interested members of the public who tagged their trash, as well as the City of Seattle, which served as the test bed. There was not just an interdisciplinary team of researchers and designers involved in the implementation of the project, but it was also envisioned as a thor-

recolección de residuos: ¿es eficiente? ¿Existe un adecuado manejo de los residuos peligrosos o hay errores en el sistema de los que es preciso ocuparse? Los desperdicios de reciclaje, ¿realmente se reciclan o terminan en los basurales? El sistema Trash|Track puede tener un gran impacto en la relación que una ciudad o región establece con sus residuos. Por lo general, las personas asumen que una vez que se han deshecho de la basura, ésta deja de ser su responsabilidad. Ofrecerles una imagen en tiempo real que les permita advertir que los objetos desechados viajan a través del paisaje de su vida cotidiana permitirá expandir la esfera de responsabilidad percibida por cada ciudadano desde el espacio doméstico al espacio de la ciudad. Advertir, por ejemplo, que una pila de papel reciclado termina en un basural y nunca llega a ser verdaderamente reciclada puede ser una experiencia bastante llamativa. Tal vez este tipo de vida urbana en tiempo real pueda tener como resultado una vida urbana más responsable. No obstante, la basura inteligente es sólo uno de los posibles escenarios de un concepto más amplio de un mundo poblado por objetos inteligentes. Con una plataforma tecnológica correcta, los únicos límites son aquellos que ponga nuestra imaginación.

Este proyecto fue posible gracias al apoyo de The Architectural League de Nueva York como parte de la exhibición *Toward the Sentient City*. Para llevarlo a cabo, se establecieron relaciones con empresas como Waste Management, Sprint y Qualcomm. Para poner en práctica las demostraciones urbanas de la plataforma se solicitó la colaboración de miembros del público que estuvieran

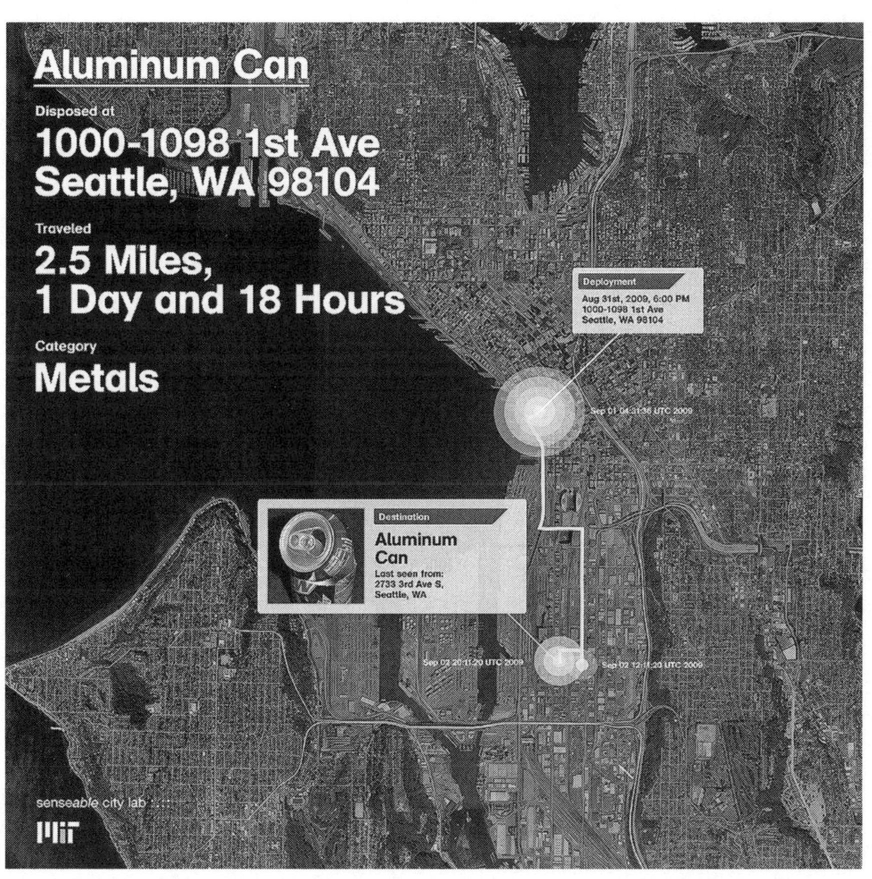

Example of data visualization
for Trash|Track, illustrating
the route that an aluminum can
travels within the waste-removal
chain of the city, MIT SENSEable
City Lab©
Ejemplo de la visualización
de datos de Trash|Track, donde
puede verse la ruta recorrida
por una lata de aluminio dentro
de la cadena de recolección de
residuos de la ciudad,
MIT SENSEable City Lab©

Project Team: Carlo Ratti, Director|Assaf Biderman, Associate Director|Dietmar Offenhuber, Team Leader|Eugenio, Team Leader (Concept)|Musstanser Tinauli, Team Leader (First Phase)|Kristian Kloeckl, Team Leader (Second Phase)|Lewis Girod, Engineering|Jennifer Dunnam|E Roon Kang|Kevin Nattinger|Avid Boustani|David Lee, Programming|Alan Anderson|Clio Andris|Carnaven Chiu|Chris Chung|Lorenzo Davolli|Kathryn Dineen|Natalia Duque Ciceri|Samantha Earl|Sarabjit Kaur|Sarah Neilson|Giovanni de Niederhausern|Jill Passano|Elizabeth Ramaccia|Renato Rinaldi|Francisca Rojas|Louis Sirota|Malima Wolf|Eugene Lee|Angela Wang|Armin Linke, Video|Rex Britter, Advisor|Stephen Miles, Advisor|Tim Gutowski, Advisor|Lead Volunteers: Tim Pritchard, Jodee Fenton, Lance Albertson, Chad Johansen, Christie Rodgers, Shannon Cheng, Jon Dreher, Andy Smith, Richard Auger, Michael Cafferty, Shalini Ghandi.

oughly participatory project where citizens would contribute to a fine-grained sensing initiative to better understand the relationship that a city has with its recyclable waste within the greater context of United States.

interesados en que etiquetaran su basura, así como habitantes de la ciudad de Seattle, que sirvió de banco de pruebas. En la implementación del proyecto no sólo participó un equipo interdisciplinario de investigadores y diseñadores, sino que también fue imaginado como un proyecto abierto a la participación de aquellos ciudadanos que estuvieran dispuestos a contribuir con una iniciativa de minuciosa percepción para entender mejor la relación que la ciudad tiene con sus desechos reciclables dentro del contexto mayor de Estados Unidos.

Equipo a cargo del proyecto: Carlo Ratti, director|Assaf Biderman, director asociado|Dietmar Offenhuber, líder de equipo|Eugenio, líder de equipo (concepto)|Musstanser Tinauli, líder de equipo (primera fase)|Kristian Kloeckl, líder de equipo (segunda fase)|Lewis Girod, ingeniería|Jennifer Dunnam|E Roon Kang|Kevin Nattinger|Avid Boustani|David Lee, programación|Alan Anderson|Clio Andris|Carnaven Chiu|Chris Chung|Lorenzo Davolli|Kathryn Dineen|Natalia Duque Ciceri|Samantha Earl|Sarabjit Kaur|Sarah Neilson|Giovanni de Niederhausern|Jill Passano|Elizabeth Ramaccia|Renato Rinaldi|Francisca Rojas|Louis Sirota|Malima Wolf|Eugene Lee|Angela Wang|Armin Linke, video|Rex Britter, asesor|Stephen Miles, asesor|Tim Gutowski, asesor Líderes de voluntarios: Tim Pritchard, Jodee Fenton, Lance Albertson, Chad Johansen, Christie Rodgers, Shannon Cheng, Jon Dreher, Andy Smith, Richard Auger, Michael Cafferty, Shalini Ghandi.

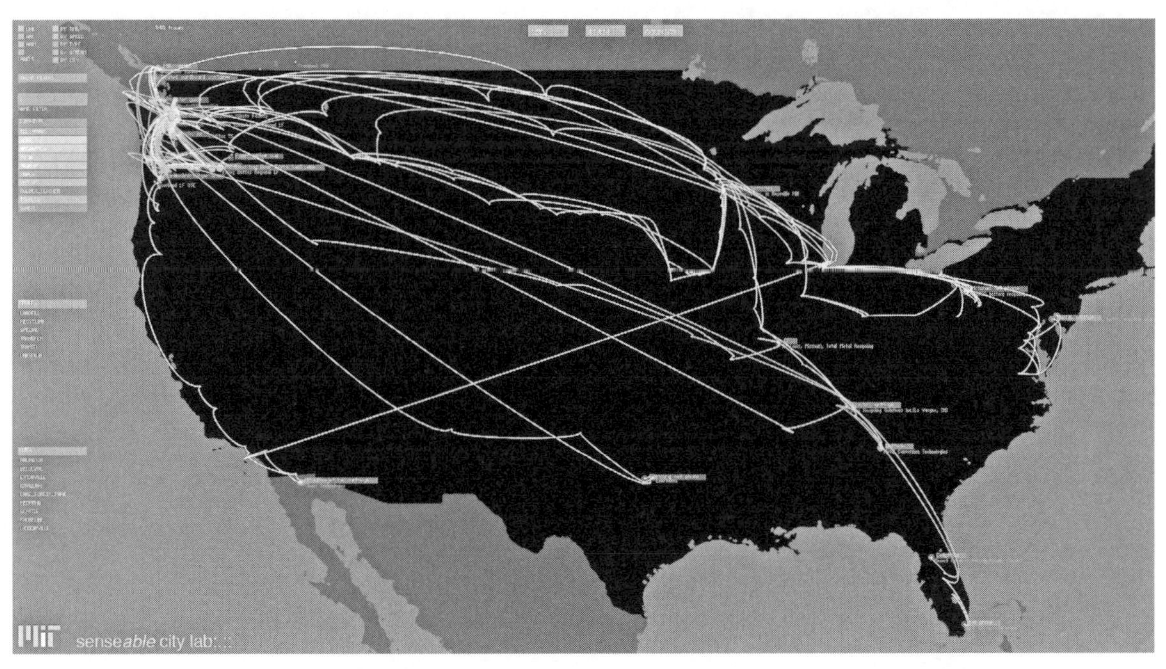

Visualization of aggregate data
about how recyclable waste
travels throughout the United
States, MIT SENSEable City Lab©
Visualización de datos totales
sobre los recorridos de los
desechos reciclables a través
de Estados Unidos,
MIT SENSEable City Lab©

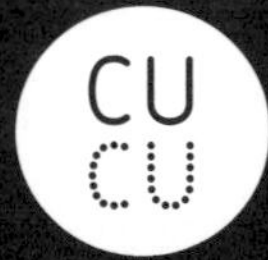

Diana Wechsler (AR)
**Christian Boltanski,
Stubborn Toil *between* Art and Life**
Christian Boltanski,
una obstinada labor *entre* arte y vida

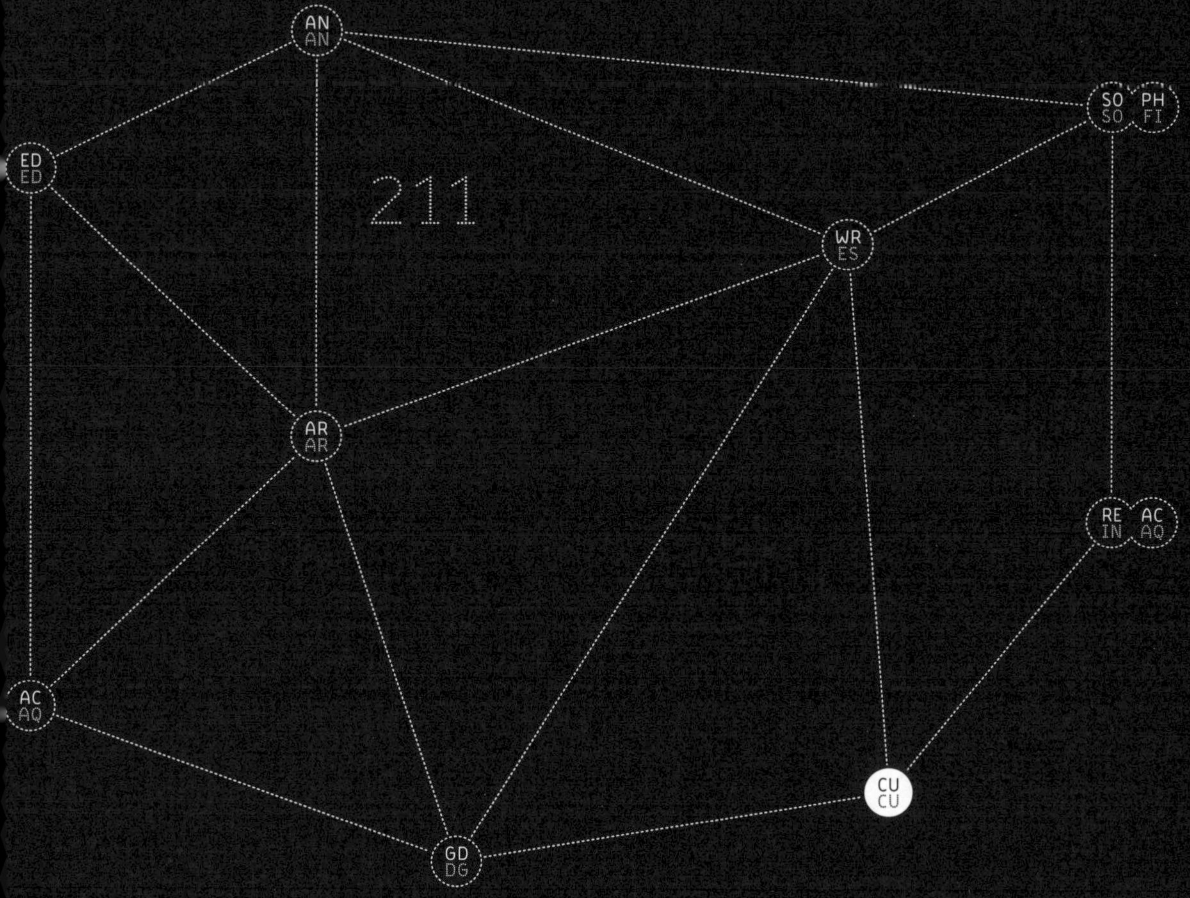

Christian Boltanski, Stubborn Toil *between* Art and Life

In Christian Boltanski's aesthetic formulation, the terms art and life are inalienable. Fruit of a stubborn conviction, his work takes shape in the "between," the place where the now longstanding battle to reconnect art and life is waged. Each of his works reveals the intention to restore the capacity of that relatively autonomous space to take hold amidst vital experiences and constitute itself as one of them.

The conception of "between" is crucial to my understanding of Boltanski's art. For some time, it has been difficult to define anything in more absolute terms: a reading located between several questions, at their intersection or point of tension, has become—at least from my position as a researcher-curator—the only place from which to think. Thus, I have conceived Argentine art between reality and utopia, contemporary art between pasts and presents, and, now, Boltanski's work between art and life.

Christian Boltanski, una obstinada labor entre arte y vida

Arte y vida son dos términos indisociables en la propuesta estética de Christian Boltanski. Fruto de una obstinada convicción, su trabajo se define en el "entre", es allí donde da la batalla, la ya antigua batalla por religar el arte con la vida. En cada trabajo revela su intención de devolver a este espacio de autonomía relativa su capacidad de situarse entre las experiencias vitales y constituirse como una más.

En un solo párrafo, la palabra "entre" aparece varias veces. Hace ya tiempo que resulta difícil definir algo en términos más absolutos: el situar la lectura entre varias cuestiones, en su intersección o en su tensión, termina apareciendo como la única alternativa posible para pensar, al menos desde mi posición de investigadora-curadora. Así, he pensado el arte argentino entre la realidad y la utopía, el arte contemporáneo entre pasados y presentes, y, en este caso, el trabajo de Boltanski, entre el arte y la vida.

Is art really something other than life? It would seem that the moment art gained autonomy it began to leave behind a specific mandate and to reflect instead, in some cases, the obsessions of artists themselves and, in others, the demands of an enclosed world, the art world. Nonetheless, just as the historical avant-gardes denied that alienated fate, throughout the 20th century many artists asked what their place in the world—and the effects of their specific practice—should be.

Of those artists, I would like to take a look at Boltanski and his position. I find his work in the gaps of memory particularly interesting. Indeed, I have worked on and with that strain of his production in the context of the *Boltanski. Buenos Aires* project for the last two years. The material of Boltanski's previous and current work is memory in its different forms and, as such, the human condition at the borders between life and death. He makes use of the evocative power of objects, their unique ability to appear as signs of memory, as parts of a narrative—one or a thousand, as many memories as there are viewers who participate in the work. I would like to dwell on this point for a moment: Boltanski's work requires a *mitspieler,* an active viewer who interacts with the pieces, allowing them to mobilize different dimensions of memory, whether the viewer's own individual memory in all its multiplicity or possible encounters with collective memory. That is why his installations are increasingly theatrical, occupying spaces with

213

¿Es que el arte es otra cosa distinta de la vida? Al parecer, en el momento en que conquistó su autonomía empezó a alejarse de un mandato específico, pasando a responder, algunas veces, a las propias obsesiones de los artistas; otras, a las demandas de un mundo acotado, el del arte. Sin embargo, así como las vanguardias históricas han renegado de ese destino disociado, numerosos artistas, en el curso del siglo XX, se plantearon la cuestión de cuál ha de ser su lugar en el mundo y cuál la incidencia de su práctica específica.

Entre ellos, me interesa revisar la posición de Boltanski, cuya labor en los intersticios de la memoria me resulta especialmente interesante, y sobre y con el que he trabajado durante los últimos dos años para llevar adelante el proyecto *Boltanski. Buenos Aires.* En su producción histórica, tanto como en la actual, el material es —de distintas formas— la memoria, y con ella, la condición humana en los bordes entre la vida y la muerte. Se sirve de la capacidad de evocación de los objetos, de su condición peculiar de presentarse como indicios de memoria, partes de una narración, una y miles, tantas como espectadores participen de la obra. En este punto vale la pena detenerse un instante: la obra de Boltanski requiere un *mitspieler,* un espectador activo que interactúe con las piezas dejando que ellas activen distintas dimensiones de la memoria, la suya individual en sus múltiples y posibles encuentros con la colectiva. Por eso propone instalaciones cada vez más teatrales, ocupa espacios en los que sitúa elementos que interfieren el tránsito del público, obligándolo a verlos y experi-

elements that obstruct the public's circulation, making that public see that circulation and experience it time and again, in works like *Personne* (Grand Palais, 2010), *Chance* (Venice, French Pavilion at the 55th Biennale, 2011), *Migrantes* [Migrants] (Hotel de Inmigrantes, Muntref, Buenos Aires, 2012) and the re-edition of *Tant que nous sommes vivants* (Teatro Villa, Regio Emilia, 2005 and 2012), to name just a few recent pieces.

To return to the question of "between" in which Boltanski circulates, he stated in a recent lecture:

> I believe that the artist's role and the questions that artists ask themselves have always been pretty much the same. The questions I ask are the ones that have been asked since the beginning of humanity. I don't believe in the idea of progress in art; art is no better today than it was fifteen years ago. That's for sure. In fact, it's always more or less the same thing, the same question. A different language, a language of the times, is used to ask the same questions. Throughout the ages, artists, philosophers, or simply human beings in search of understanding have asked questions and asked themselves questions. I have asked myself questions to which, unfortunately, I don't have the answers. But those questions have helped me move forward and ask myself new questions. That's part of both the Buddhist and the Hassidic traditions. I believe that at the beginning of an artist's life there is trauma:

 Diana Wechsler/Christian Boltanski, Stubborn Toil *between* Art and Life

mentarlos una y otra vez. Así en *Personne* (Grand Palais, 2010), *Chance* (Venecia, Pabellón Francés en la 55ª Bienal, 2011) o *Migrantes* (Hotel de Inmigrantes, Muntref, Buenos Aires, 2012) y la reedición de *Tant que nous sommes vivants* (Teatro Villa, Regio Emilia, 2005 y 2012), mencionando sólo los trabajos de los últimos años.

Retomando la cuestión del "entre" en la que Boltanski se mueve, ha señalado en una charla reciente:

> Creo que el rol del artista es más o menos siempre el mismo y las preguntas que se hacen son siempre las mismas. Yo hago preguntas que fueron hechas desde los inicios de la humanidad y no creo que haya idea de progreso en el arte. El arte no es mejor hoy que hace quince años. Esto es una certeza, pero de hecho es más o menos siempre lo mismo, la misma pregunta. Se hacen las mismas preguntas y se utiliza un lenguaje propio, de su tiempo, para hacer las mismas preguntas. Desde siempre, el artista, el filósofo y simplemente todo ser humano que busca comprender, hace preguntas y se hace preguntas. Me hice preguntas a mí mismo, para las cuales lamentablemente no tengo respuestas, pero estas preguntas me ayudaron a avanzar y a hacerme nuevas preguntas. Es algo muy tradicional, tanto en la tradición budista como en la jasídica. Pienso que en el principio de la vida de un artista hay traumas, algunas cosas que no llega a comprender, que no llega a explicarse, y toda su vida va a tratar, por medio de su trabajo, de sentirse mejor con este *shock* inicial. Este *shock* a menudo

things that he cannot quite understand, that he cannot explain to himself. And, through his work, the artist spends his whole life trying to get over that initial shock. That shock is often associated with psychoanalysis, but it can also be related with historic events, as it is in my case. So I think that one tries to work out one's own problem. And, in some small way perhaps, by working out your own problem you can work out other people's problems.

Art is a constant back-and-forth between the personal and the collective. If an artist's work is successful, it is able to speak to people who are very different from one another, and get them to feel the same feeling, or at least something analogous. An artist can only talk about what lies between himself and others, some sort of common experience. There are a lot of common human experiences: we have all lost a loved one; we are all equally frightened of death; we all long for harmony, search for God, sex; we all experience astonishment before natural beauty. Artists have dealt with five or six themes since the beginning of time. I ask myself these questions, just like everyone else. The most important thing is that I believe that each and every one of us is unique and, therefore, prodigious, even though we are always forgotten so soon. One remembers one's grandfather, but not one's great-grandfather, let alone one's great-great grandfather. All of those unique

 Diana Wechsler/Christian Boltanski, una obstinada labor *entre* arte y vida

está relacionado con el psicoanálisis, pero también puede estar relacionado, como es mi caso, con acontecimientos históricos. Entonces pienso que uno trata de resolver su propio problema. Resolviendo el problema propio se llega tal vez, en una pequeña medida, a resolver el problema de los otros.

El arte es un constante ir y venir entre lo personal y lo colectivo. Si el trabajo del artista funciona, logra hablar a gente muy diferente que va a sentir lo mismo, o al menos algo análogo. Un artista sólo puede hablar de lo que está entre él y los otros. Se habla siempre de una especie de experiencia común. Muchas experiencias humanas son comunes: todos hemos perdido a un ser querido, todos sentimos igual miedo frente a la muerte, todos anhelamos la armonía, la búsqueda de Dios, el sexo, el asombro frente a la belleza de la naturaleza. Hay cinco o seis temas tratados por los artistas desde el inicio de los tiempos. Como todo el mundo, me hago esas preguntas, y la más importante es que creo que cada uno de nosotros es único y por ello prodigioso, aunque al mismo tiempo siempre, rápidamente, se llega al olvido. Uno se acuerda de su abuelo, pero no se acuerda del bisabuelo y mucho menos del tatarabuelo. Todos esos humanos únicos e importantes son de gran fragilidad, una de las cuestiones que me planteé cuando comencé mi actividad.

and important human beings are so very fragile. That was one of the things I was wondering about when I became an artist.

The individual and the collective are among the "between" terms that Boltanski formulates as his work pursues a reflection on the human condition, on its fragility. The different ways he places himself at that juncture are what lead him to explore different formats.

In *Between Times* (2003), for example, he works with his own image to reveal basic aspects of the human experience. The work consists of a video projected on to a sheet, an inevitable reference to the Holy Shroud; the sheet flutters slightly in a breeze set off by a small fan hidden behind it. What we see is a sequence of photographic portraits of the artist from the age of five to sixty; the changes in his face are made visible to the viewer in a loop of successive images that fade into one another in a sort of eternal return. The synthesis of this notion is still more absolute in the series of portraits of newborns or "extremely young babies," as Boltanski puts it, "just one day old." He goes on:

> What I am interested in showing here is that their fates are not yet written; they are a sort of blank page and, at the same time, when you look at them you have the feeling you are looking at corpses. What I mean is that those children who are just a few hours old already have within them old age. It is as if they possessed great knowledge and death were already in them.

 Diana Wechsler/Christian Boltanski, Stubborn Toil *between* Art and Life

Lo individual y lo colectivo son algunos de los términos del "entre" que se plantea Boltanski para situar su obra en busca de una reflexión sobre la condición humana, sobre su fragilidad. Las maneras de colocarse en esta encrucijada lo llevan a explorar diferentes formatos.

Entre tiempos (Between Times, 2003), por ejemplo, es el nombre de uno de sus trabajos que, centrado en su propia imagen, busca revelar aspectos básicos de la experiencia humana. El video, proyectado sobre una sábana —referencia ineludible al Santo Sudario— que se mueve levemente por la brisa que emite un pequeño ventilador oculto por detrás, expone ante nuestros ojos, en una secuencia de fotos-retrato suyas (desde la edad de cinco años hasta los sesenta), los cambios que se imprimen en el rostro y se hacen visibles ante el espectador en los fundidos sucesivos de imágenes en *loop,* como un eterno retorno. Algo que cobra una síntesis más absoluta en la serie de retratos de recién nacidos,

> … bebés que son extremadamente jóvenes —afirma Boltanski—, ya que sólo tienen un día. Lo que me interesa mostrar allí es que sus destinos aún no están escritos, que son como una especie de hoja en blanco, y al mismo tiempo, cuando uno los mira, tiene la impresión de estar ya viendo cadáveres, es decir, que en esos niños, que cuentan con tan sólo unas horas, ya hay vejez, como si poseyeran un gran saber y la muerte ya se encontrara en ellos.

All of them are both the same and different, today like yesterday, revealing an equalizing constant.

Boltanski's gesture is similarly equalizing in his *Heart Archives*: since 2008, he has installed "recording booths" to feed his archives —which are stored permanently in a hut on the island of Teshima, Japan—at different places around the world. In his own words:

> In my work, I always try to fight death. I collect names and photos, and collecting heartbeats also seems like a way of staving off "disappearance." Still, if you go to the island of Teshima and listen to the beats, you are going to think about the person's absence, not his presence. If you look at a photograph of someone who has died, you are going to think about their absence, not their presence. It's the same with the heartbeats: they reflect the absence of persons, since there was someone there. … What's beautiful is how each beat is different; that's the memory of each one.

The heartbeats are collected in "recording booths," aseptic spaces furnished like doctors' offices with few references to anything other than their function: sounding people and exploring their heartbeats to then, with their consent, record them and place them in the *Heart Archives*. The person who operates the machine in the booth is dressed like a doctor or paramedic, with white smock and identification in pocket. They are the ones who, somewhat severely, explain to each

 Diana Wechsler/Christian Boltanski, una obstinada labor *entre* arte y vida

Todos iguales y diferentes, hoy como ayer, revelando una constante igualadora.

En este sentido, también es igualador el gesto de Boltanski de constituir los *Archivos del corazón*: desde 2008 instala periódicamente en distintos sitios del mundo sus *Cabinas de registro* para alimentar los *Archivos* que se almacenan en la isla de Teshima, en Japón, donde hay una choza destinada exclusivamente para esta función. En sus propias palabras:

> En mi trabajo siempre trato de pelear contra la muerte. Recopilo nombres y fotos, y recopilar latidos también parece ser un modo de pelear contra la "desaparición". Sin embargo, si vas a la isla de Teshima y escuchas los latidos, vas a pensar en la ausencia de la persona, no en su presencia. Si miras la foto de alguien que ya ha fallecido, vas a pensar en su ausencia y no en su presencia. Lo mismo pasa con los latidos: reflejan la ausencia de las personas cuando los escuchas, ya que allí hubo alguien. [...] Lo hermoso es que cada latido es diferente, es el recuerdo de cada uno.

Los latidos son recogidos en *Cabinas de registro*, espacios ambientados como consultorios médicos, asépticos, con escasas referencias a cualquier cosa que no sea su función, la de auscultar a la gente y explorar sus latidos para —con su consentimiento— grabarlos e integrarlos en los *Archivos del corazón*. En este espacio, quien opera la máquina luce como un médico o paramédico, con bata blanca y una identificación en el bolsillo. Con severidad,

donor what the operation entails, as well as the fact that their heart-beats will join hundreds of others from across the globe and then be stored in an island in Japan. But perhaps the strangest part of the experience for those who donate heartbeats is when they learn that, with this action, they are participating in a "work of art." That gap between the art world and what is not the art world is where Boltanski chooses to locate this action, and many others. The purpose: to go beyond museums, galleries and other art spaces in order to capture other audiences and generate other reactions. That is, to occupy the borders of both worlds and re-connect them.

Thus, Boltanski's work attempts to reconfigure reality time and again by appropriating everyday objects like coats and other garments, furniture and other objects—tables, chairs, boxes, files, books, photographs, etc.—in order to dislocate them, presenting them as part of something missing, endowing the fact of their presentation with that which shows, through its very materiality, what is missing, what conceals and what is absent. Hence, in Boltanski's work presence and absence, real and imaginary, past and present, life and death, individual and collective are terms that exist in a state of tension, placing his work in a complex and paradoxical space *between* art and life.

él es el responsable de explicar a cada donante de qué se trata la operación a la que se expondrá, así como el hecho de que sus latidos se sumarán a centenares de otros, procedentes de las más distantes latitudes, y a su vez serán almacenados en una isla destinada a este fin en Japón. Pero quizás el dato más curioso para muchos de los que se prestan a esta acción de donación de latidos es cuando se les informa de que con esto están participando en una "obra de arte". Es en el intersticio entre el mundo del arte y lo que no lo es donde Boltanski elige situar esta acción, así como muchas de sus obras. El propósito: salir del museo, la galería o el espacio de arte para capturar otros públicos, generar otras reacciones. En suma, ubicarse en los bordes de ambos mundos y procurar re-ligarlos.

De esta forma, es posible afirmar que la obra de Boltanski busca reconfigurar la realidad una y otra vez al apropiarse de elementos cotidianos, como abrigos u otro tipo de prendas, muebles y objetos variados —mesas, sillas, cajas, archivos, libros, fotos, etc.—, para deslocalizarlos, presentándolos como parte de algo que falta, poniendo en el hecho de su presentación aquello que muestra desde su materialidad tanto como lo que falta, lo que oculta o está ausente. Así, presencia y ausencia, lo real y lo imaginario, pasado y presente, vida y muerte, lo individual y lo colectivo, aparecen en el trabajo de Boltanski como términos que conviven en tensión para colocar su obra en un complejo y paradójico sitio *entre* el arte y la vida.

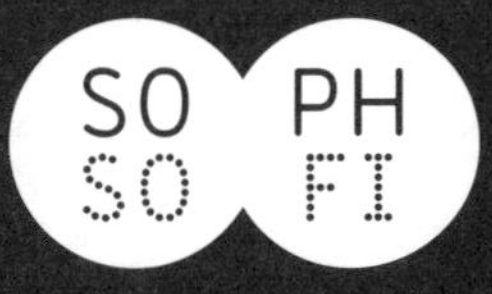

SOCIOLOGISTS & PHILOSOPHERS
SOCIÓLOGOS & FILÓSOFOS
Saskia Sassen (NL)
Old Borders and New Bordering
Capabilities: Cities as Frontier Zones
Viejas fronteras y nuevas
capacidades de delimitación:
las ciudades como zonas fronterizas

221

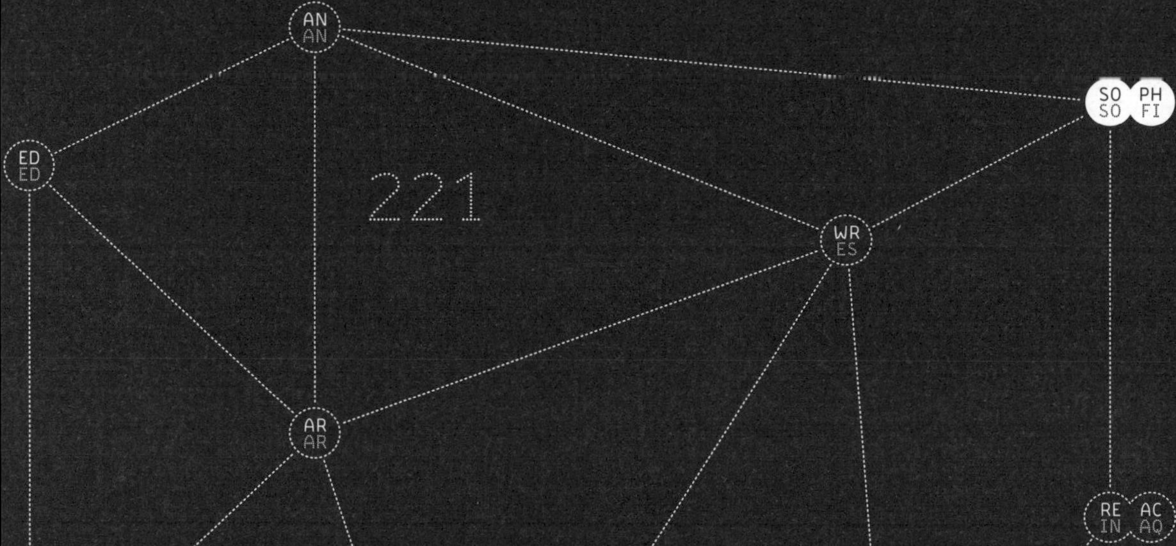

Old Borders and New Bordering Capabilities: Cities as Frontier Zones[1]

The large complex city, especially if global, is a new frontier zone. Actors from different worlds meet there, but there are no clear rules of engagement. Where the historic frontier, as seen from imperial centers, was in the far stretches of the "colonies," today it is deep inside those imperial centers. These cities, whether in the global north or south, have become a strategic frontier zone for global corporate capital. Much of the work of forcing deregulation, privatization, and new fiscal and monetary policies on the host governments had to do with creating the formal instruments to construct their equivalent of the old military "fort" of the historic frontier: the regulatory environment they need in city after city worldwide to ensure a global space of operations.

[1] This is based on the author's *Territory, Authority, Rights: From Medieval to Global Assemblages,* Princeton: Princeton University Press, 2008.

Viejas fronteras y nuevas capacidades de delimitación: las ciudades como zonas fronterizas[1]

La ciudad compleja y extensa, especialmente si es global, constituye un nuevo espacio de frontera. Actores de mundos diversos se encuentran en ella. Pero no hay reglas establecidas para estos encuentros. La frontera histórica, vista desde el centro de los imperios, estaba en los lejanos confines de las colonias. Hoy esa frontera está en el interior de nuestras grandes ciudades. Ya sea que se ubiquen en el norte global o en el sur, se han convertido en zonas fronterizas estratégicas para el capital corporativo global. Buena parte del esfuerzo por imponer la desregulación, la privatización y las nuevas políticas fiscales y monetarias a los gobiernos receptores se hizo en los centros del poder económico de estas

[1] Basado en Sassen, Saskia, *Territory, Authority, Rights: From Medieval to Global Assemblages,* Princeton, Princeton University Press, 2008. (Edición en español: *Territorio, autoridad y derechos: de los ensamblajes medievales a los ensamblajes globales,* Buenos Aires-Madrid, Katz, 2010).

2 Elsewhere ("The Global Street: Making the Political," *Globalizations*, vol. 8, no. 5, October 2011, pp. 565–571) I have examined a particular angle of this disjuncture by focusing on everyday life in cities at a time of growing velocities, the ascendance of process and flow over artifacts and permanence, massive structures that are not at a human scale, and branding as the basic mediation between individuals and markets. The work of design produces narratives that add to the value of existing contexts, and at its narrowest, to the utility logics of the economic corporate world.

But these cities have also become a strategic frontier zone for those who lack power, those who are disadvantaged, outsiders, discriminated minorities. The disadvantaged and excluded can gain *presence* in such cities, presence vis-à-vis power and presence vis-à-vis each other. This signals the possibility of a new type of politics, centered in new types of political actors. It is not simply a matter of having or not having power. These are new hybrid bases from which to act, spaces where the powerless can make history even when they do not get empowered.

One outcome we are seeing in city after city is the making of informal politics by actors-with-a-project —whether these actors are with power or without. It is particularly the work of making the public and making the political in urban space that becomes critical at a time when national political space is increasingly dominated by powerful actors, both private and public, that are basically not accountable to the larger public. There is a kind of public-making work that can produce disruptive narratives, and make legible the local and the silenced. The large complex global cities are one key space for this making.[2] It is, I argue, one of the few frontier spaces with all the inequities, conflicts and potentials for making such a space entails. It is the possibility of *making* that concerns me here, given the ascendance of increasingly parallel bordered spaces for respectively those whose advantage grows and those who lose ground.

223

ciudades. Esta creación de instrumentos formales para aventajar al capital global (y no a los pequeños emprendedores de la ciudad) es el equivalente sistémico del viejo "fuerte" militar de la frontera histórica. El fuerte de frontera de nuestro presente es el ambiente regulador que las grandes empresas y los grandes capitales financieros necesitan imponer en una ciudad tras otra, a través del mundo, para asegurarse un espacio operacional global que responda a *sus* necesidades.

Pero estas ciudades también se han convertido en una zona fronteriza estratégica para quienes carecen de poder, los desfavorecidos, los marginales, las minorías discriminadas. Los desfavorecidos y excluidos pueden ganar *presencia* en ese tipo de ciudades, tanto frente al poder como unos con respecto a otros. Esto señala la posibilidad de un nuevo tipo de política, centrada en nuevas especies de actores políticos. No se trata simplemente de tener o no tener poder, sino de nuevas bases híbridas desde las que actuar, espacios donde los desvalidos puedan hacer historia incluso si no gozan de poder.

Uno de los resultados que podemos ver en una ciudad tras otra es la gestación de una política informal promovida por "actores con un proyecto", tengan o no poder. Es, sobre todo, el esfuerzo de generación de lo público y de lo político en el espacio urbano lo que se torna crítico, en una época en que el espacio político nacional está cada vez más dominado por poderosos actores, provenientes tanto del sector privado como del sector público, que, en lo esencial, no deben responder ante la mayoría. Existe un

New bordering capabilities

This emergent frontier-space function arises in a context of increasingly hardwired borderings inside cities and across cities. Gated communities are but the most visible moment of these borderings. The uses that global corporate capital makes of "our" cities are part of that hard bordering. The common assertion that we are a far less bordered world than thirty years ago only holds if we consider the traditional borders of the interstate system, and then only for the cross border flow of capital, information and particular population groups. Far from moving towards a borderless world, let me argue that even as we lift some of these barriers for some sectors of our economies and society, these same sectors are actively making new types of borderings that are transversal and impenetrable. It is in this context that the complex global city becomes a frontier space with political consequences.

Today the border is a mix of regimes with variable contents and locations. Borders always have been that in some way.[3] But each epoch has its specifics, and my focus here is on the current global epoch that takes off in the 1980s. Different flows, of capital, information, professionals, undocumented, each constitutes bordering through a particular sequence of interventions, with diverse institutional and geographic locations. The actual geographic border is part of the cross-border flow of goods if they come by ground transport, but not

[3] See Sassen, Saskia, *Territory…*, op. cit., chapter 2.

 Saskia Sassen/Old Borders and New Bordering Capabilities

trabajo de generación de lo público capaz de conducir a narrativas disruptoras y de hacer legible lo local y lo silenciado. Las grandes y complejas ciudades globales son un espacio clave para este trabajo de generación.[2] Se trata, en mi opinión, de uno de los pocos ámbitos fronterizos que poseen todas las desigualdades, los conflictos y los potenciales como para realizar lo que tal espacio implica. Es la posibilidad de *hacer*, de generar, de construir la que me interesa recuperar aquí, en un espacio segregado donde algunos van aumentando sus ventajas y otros van perdiendo.

Nuevas capacidades de delimitación

Esta función emergente de espacio fronterizo surge en un contexto de delimitaciones cada vez más integradas de los espacios dentro de las ciudades y a través de ellas. Las urbanizaciones privadas no son sino la instancia más visible de estos confinamientos. El uso que el capital corporativo global hace de "nuestras" ciudades forma parte de esa delimitación de línea dura. La afirmación común de que hoy tenemos un mundo con muchas menos fronteras que hace treinta años sólo se sostiene si consideramos las fronteras tradicionales del sistema interestatal, y para el tráfico interfronterizo de flujos de capital, información y grupos específicos de población únicamente. Lejos de encaminarnos hacia un mundo sin fronteras, permítanme sostener que, al tiempo que levantamos algunas de esas barreras para ciertos sectores de nuestra economía y de nuestras sociedades, esos mismos sectores están construyendo activamente nuevos tipos de fronteras de

[2] En otro texto ("The Global Street: Making the Political," *Globalizations*, vol. 8, nº 5, octubre de 2011, pp. 565-571) he examinado un ángulo particular de esta disyunción, al enfocar la vida cotidiana en las ciudades en un momento de crecientes velocidades, predominio de los procesos y el fluir por encima de los artefactos y la permanencia, grandes estructuras que no se encuentran a escala humana, y desarrollo de las marcas como forma básica de mediación entre individuos y mercados. El trabajo de diseño produce narrativas que se añaden al valor de los contextos existentes y, en su versión más estrecha, a la lógica de utilidad del mundo económico corporativo.

of capital, except if actual cash is being transported. Each border-control intervention can be conceived of as one point in a chain of locations. In the case of traded goods these might involve a pre-border inspection or certification site. In the case of capital flows the chain of locations will involve banks, stock markets, and electronic networks. The geographic borderline is but one point in the chain; institutional points of border control intervention can form long chains moving deep inside a country.

The sites for the enforcement of border regimes range from banks to bodies; this is one image we might use to capture the multiple locations that constitute "the" border. When a bank executes the most elementary money transfer to another country, the bank is one of the sites for border-regime enforcement. A certified good represents a case where the object itself crossing the border is one of the sites for enforcement: the emblematic case is a certified agricultural product. But it also encompasses the case of the tourist carrying a tourist visa and the immigrant carrying the requisite certification. Indeed, in the case of immigration, it is the body of the immigrant himself or herself which is both the carrier of much of the regime and the crucial site for enforcement; and in the case of an unauthorized immigrant, it is, again, the body of the immigrant that is the carrier of the violation of the law and of the corresponding punishment (i.e., detention or expulsion).

Let me elaborate on this mix of themes.

 Saskia Sassen/Viejas fronteras y nuevas capacidades de delimitación

carácter transversal e impenetrable. Es en ese contexto donde la ciudad global compleja se transforma en un espacio fronterizo con consecuencias políticas.

Hoy en día la frontera es una mezcla de regímenes de contenidos y localizaciones variables. En cierto sentido, las fronteras siempre han sido eso.[3] Pero cada época tiene sus especificidades, y quiero concentrarme en la época global actual, que surge en la década de 1980. Los distintos flujos, sean de capital, de información, de profesionales o de indocumentados, constituyen cada uno una delimitación fronteriza mediante una secuencia particular de intervenciones en diversos espacios institucionales y geográficos. La frontera geográfica es parte del flujo transfronterizo de bienes —si son transportados por vía terrestre—, pero no de capital, a menos que se traslade dinero en efectivo. Cada intervención de control en la frontera puede ser concebida como un punto de una cadena de lugares. En el caso de los bienes comercializados, ésta puede incluir una inspección previa a la frontera o una certificación de origen. Pero en el de los flujos de capital, involucra bancos, mercados bursátiles y redes electrónicas. La frontera geográfica no es más que un punto de esa cadena: los puntos institucionales de control fronterizo pueden formar largas cadenas que se internan profundamente en el país.

Los lugares para el cumplimiento obligado de los regímenes fronterizos abarcan desde las instituciones bancarias hasta los cuerpos, imagen que podemos usar para referirnos a los múltiples sitios que constituyen "la" frontera. Cuando un banco lleva a cabo

[3] Véase Sassen, Saskia, *Territory…*, *op. cit.*, capítulo 2.

Accumulating advantages or losses

This variety of bordering sites and instruments tends to aggregate into a stark bipolar differentiation.[4] A large segment of actors, from firms to professionals, moves in protected transversal bordered spaces. These bordered spaces are impenetrable. No coyote can take you across those novel borderings. At the other extreme, are the less protected, those who need to justify their claim to entry, whether tourists from particular countries and ethnicities or migrant workers. At its most extreme, this aggregates into a less protected, more persecuted mix of people for whom the crossing of the border has degraded into an operation marked by the violation of their most basic rights as human beings.

Two distinct bordered spaces are taking shape: both cut across traditional borders, but they do so in very different ways. The cross-border space of corporations and high-level professionals enhances protection and opportunity. The cross-border space of migrants, whether documented or not, is marked by a shift from opportunity to confinements of all sorts; at its sharpest this becomes a space of capture and detention. In this context, the city can become a refuge, and even more important, a space where powerlessness becomes complex and, in so doing, enables the powerless to make a history and to make the political.

[4] I have developed this at length in *Territory...*, op. cit., chapters 5 and 8.

la transferencia más elemental de dinero a otro país, se convierte en uno de los puntos para la vigilancia obligada del régimen fronterizo. Un bien de origen certificado representa un caso en el que el objeto mismo que cruza la frontera se constituye en uno de los lugares donde se localiza el cumplimiento de la ley. El ejemplo emblemático es el producto agrícola certificado. Pero también abarca el caso del viajero con su visa turística y del inmigrante que tiene la documentación exigida. Es más; en el caso de la inmigración, es el cuerpo del propio inmigrante el que se convierte en portador de buena parte del régimen que gobierna una frontera y en sitio crucial para la ejecución de la ley. Y en el caso del inmigrante sin los documentos requeridos, es su cuerpo mismo el portador de la violación de la ley y del castigo que corresponde a esa violación.

Explicaré más detalladamente estos diversos temas.

Acumular ventajas o pérdidas

Esta variedad de sitios e instrumentos fronterizos tiende a incrementar una diferenciación bipolar flagrante.[4] Un parte importante de los actores, desde las grandes compañías hasta los profesionales, se mueve en espacios transversales acotados y protegidos. Dichos espacios son impenetrables. No existe el "coyote" capaz de llevarte al otro lado de esas nuevas fronteras. En el extremo opuesto se hallan los más desprotegidos, aquellos que tienen que justificar su petición de entrada, ya sean turistas de algún país o grupo étnico determinado o trabajadores migrantes. En su grado

[4] He desarrollado este aspecto en detalle en *Territory...*, op. cit, capítulos 5 y 8.

A direct effect of globalization, especially corporate economic globalization, has been to create increasing divergence among different border regimes. Thus the lifting of border controls on a growing variety of capital, services and information flows has taken place even as other border regimes maintain closure, and impediments to cross-border flows are made stronger, e.g., the migration of low-wage workers. We are also seeing the construction of specific "borderings" to contain and govern emerging, often strategic or specialized, flows that cut across traditional national borders, as is the case, for instance, with the new regimes in NAFTA and WTO, especially the GATTs, for the cross-border circulation of high-level professionals. Where in the past these professionals may have been part of a country's general immigration regime, now we have an increasing divergence between the latter and the specialized global, rather than national, regime governing these professionals.

The multiple regimes that constitute the border as an institution can be grouped, on the one hand, into a formalized apparatus that is part of the interstate system and, on the other, into an as yet far less formalized array of novel types of borderings lying largely outside the framing of the interstate system. The first has at its core the body of regulations covering a variety of international flows — flows of different types of commodities, capital, people, services, and information. No matter their variety, these multiple regimes tend to cohere around

más extremo, a esto se suma un grupo variado de gente menos protegida y más perseguida para la cual el cruce de la frontera se ha degradado hasta convertirse en una operación marcada por la violación de sus derechos más básicos como seres humanos.

Dos espacios acotados están tomando forma. Ambos atraviesan las fronteras tradicionales, aunque lo hacen de modos muy diferentes. El espacio transfronterizo de las corporaciones y los profesionales de alto nivel enfatiza la protección y la oportunidad. El espacio transfronterizo de los migrantes, tengan o no papeles, está marcado por el cambio de la oportunidad por el confinamiento de todo tipo: en su versión más extrema, se transforma en un espacio de captura y detención. En este contexto, la ciudad puede convertirse en un refugio y, lo que es más importante, en un espacio donde la carencia de poder se complejiza y, al hacerlo, permite que los desposeídos de poder puedan construir una historia y una condición política.

Un efecto directo de la globalización, especialmente de la globalización económica corporativa, ha sido la creación de una divergencia progresiva entre los diferentes regímenes fronterizos. De ahí que el levantamiento de los controles sobre una creciente variedad de capitales, servicios y flujos de información se haya puesto en marcha al mismo tiempo que otros regímenes fronterizos mantienen la clausura y refuerzan los impedimentos a los flujos transfronterizos, como, por ejemplo, en el caso de la migración de mano de obra barata. Además, estamos siendo testigos de la construcción de "acordonamientos" específicos para

a) the state's unilateral authority to define and enforce regulations, and *b)* the state's obligation to respect and uphold the regulations coming out of the international treaty system or out of bilateral arrangements.

The second major component, the new type of bordering dynamics arising outside the framing of the interstate system, does not necessarily entail a self-evident crossing of borders; it includes a range of dynamics arising out of specific contemporary developments, notably emergent global law systems and a growing range of globally networked digital interactive domains. It also includes, and this is pertinent to the question of cities, the recurrent instantiation of the global in a certain type of space, with the global city only the most familiar and strategic of these spaces. This is a type of space that mixes critical elements enabling some of the most powerful and some of the least powerful to execute their "projects." Power enhancement and legitimating for the former, and "making presence" for the latter, where making presence includes a range of contradictory dynamics, such as the *making* of their space partly enabled by racism and segregation, e.g., the immigrant community, and the fact that many become key workers in the maintenance of the former, the powerful, who would have a bit of a crisis without these types of low-wage and often oppressed workers. In this dynamic contradiction, the powerless make presence.

 Saskia Sassen/Old Borders and New Bordering Capabilities

contener y controlar los flujos emergentes, con frecuencia estratégicos o especializados, que atraviesan las fronteras nacionales tradicionales, como en el caso de los nuevos regímenes del NAFTA o de la OMC, especialmente los GATT, para la circulación de profesionales de alto nivel. Si en el pasado esos profesionales formaban parte del régimen general de inmigración de un país, hoy en día vemos una progresiva divergencia entre éste y el régimen especial de carácter global (más que nacional) aplicable a ellos.

Los regímenes múltiples que constituyen la frontera como institución pueden agruparse, por un lado, en un aparato formalizado que es parte del sistema interestatal y, por otro, en un esquema mucho menos formalizado de nuevos tipos de delimitación distribuidos mayormente fuera del marco de dicho sistema. El primer caso está constituido en torno de un conjunto de regulaciones que cubren una diversidad de flujos internacionales —de diferentes clases de mercancías, capitales, personas, servicios e información—. Independientemente de su variedad, estos regímenes múltiples tienden a coincidir en torno de *a)* la autoridad unilateral del Estado para definir y poner en vigor regulaciones y *b)* la obligación del Estado de respetar y mantener las normas emanadas del sistema de tratados internacionales o acuerdos bilaterales.

El segundo componente principal, es decir, el nuevo tipo de modalidades de demarcación, que escapa al marco del sistema interestatal, no implica necesariamente el cruce obvio de fronteras, e incluye todo un espectro de dinámicas proveniente de desa-

The claim to a national bordered territory as a parameter for authority and rights has today entered a new phase.[5] State exclusive authority over its territory remains the prevalent mode of final authority in the global political economy; in that sense, then, state-centered border regimes—whether open or closed—remain as foundational elements in our geopolity. But these regimes are today less absolute formally than they were once meant to be. Critical components of this territorial authority that may still have a national institutional form and location are actually no longer national in the historically constructed sense of that term; they are, I argue, denationalized components of state authority: they look national but they are actually geared towards global agendas, some good (e.g., global civics), some not so good at all (e.g., global high-finance).

In short, the formation of global law or globally networked interactive domains entails a multiplication of bordered spaces. But the national notion of borders as delimiting two sovereign territorial states is not quite in play. Global law systems are not centered in state law—that is to say, they are to be distinguished from both national and international law; the most powerful example is TRIPS, which bypasses the national jurisdiction of states.[6] And global digital interactive domains are mostly informal, hence outside the existing treaty system; they are often basically ensconced in sub-national localities (whether neighborhoods or financial centers) that are part of cross-border networks.

[5] For a more detailed development of this issue, see "Neither Global nor National: Novel Assemblages of Territory, Authority, and Rights," *Ethics & Global Politics*, vol. 1, no. 1–2, 2008, pp. 1–19.

[6] I develop this subject at length in *Territory…*, op. cit., chapter 5. I include also the making of a transnational space for the so-called global firm which constitutes of state after state creating a special set of rights and protections for such firms, and in that sense making a new type of global jurisdiction that consists of a multisited space carved out of national jurisdictions using national law to make it.

rrollos contemporáneos, sobre todo los sistemas legales globales emergentes y la creciente variedad de dominios interactivos digitales en red. Comprende, además —algo que resulta pertinente en relación con la cuestión de las ciudades—, la representación recurrente de lo global en ciertos tipos de espacio, de los cuales la ciudad global es el más familiar y estratégico. Se trata de un espacio que mezcla elementos críticos que permiten que algunos de los más poderosos y algunos de los menos poderosos ejecuten sus "proyectos". En el caso de los primeros, se verifican el incremento y la legitimación del poder. En el de los segundos, se trata de "marcar presencia", lo que abarca todo un espectro de dinámicas contradictorias, tales como hacerse con un espacio en parte posibilitado por el racismo y la segregación —es decir, la comunidad inmigrante—, y también el hecho de que muchos de los menos poderosos se convierten en trabajadores clave en el mantenimiento de los más poderosos, quienes se encontrarían en crisis de no contar con esa mano de obra barata, a menudo oprimida. En esta dinámica contradictoria, los desposeídos de poder marcan presencia.

La afirmación de un territorio nacional delimitado por fronteras como parámetro de autoridad y de determinados derechos ha entrado hoy en una nueva fase.[5] La autoridad exclusiva del Estado sobre su territorio continúa siendo el modo predominante de autoridad final en la economía política global. En ese sentido, los regímenes fronterizos centrados en el Estado —ya sean abiertos o cerrados— siguen siendo elementos fundacionales de nues-

[5] Para un desarrollo más detallado de este tema, véase "Neither Global nor National: Novel Assemblages of Territory, Authority, and Rights," *Ethics & Global Politics*, vol. 1, nº 1-2, 2008, pp. 1-19.

Bordering inside the nation-state

The "border function" is increasingly embedded in the product, the person, the instrument: a mobile agent that endogenizes critical features of the border. For instance, in financial flows, the actual border "moment" is often deep inside a country—a bank certifying the legitimacy of a money wire. Certified agricultural products often have their first border "moment" in the country where the product is grown.

The new types of borderings include the formalizing of a subject with cross-border portable rights: these are the new transnational professionals who move with the protections of the global trade regime, not only WTO but also the proliferation of regional trade organizations. It allows these professionals to circulate across borders and move freely through the networks that connect the seventy-five plus global cities in the world today. This is a transversal border that cuts across conventional state borders, but is a tighter border than those geographic borders, and even than the weaponized fence between Mexico and the US (and possibly that the EU wants to build in the Mediterranean and off West Africa). The professionals who move through this regime are in a space that separates them radically from working class and poor migrants. It is a border that cannot be crossed—the instruments to enter that space are far less accessible than a trafficker, a coyote. And even the courage to take a run over the

 Saskia Sassen/Old Borders and New Bordering Capabilities

tra geopolítica. Sin embargo, estos regímenes son hoy menos absolutos en términos formales de lo que alguna vez se pretendió. Los componentes críticos de esta autoridad territorial, que aún pueden conservar una forma y una localización institucionales nacionales, ya no son, en realidad, nacionales en el sentido de la construcción histórica del término. En mi opinión, hoy son componentes desnacionalizados de la autoridad estatal: aunque parecen nacionales, en realidad están orientados por objetivos globales; algunos favorables (como los movimientos cívicos globales), otros no tanto (como las altas finanzas globales).

En pocas palabras, la formación de una legislación global o de dominios interactivos globales en red conlleva una multiplicación de los espacios fronterizos. Pero la noción nacional de frontera como delimitación de dos Estados territoriales soberanos no está en juego. Los sistemas legislativos globales no se centran en las leyes estatales; es decir, deben ser diferenciados tanto de la legislación nacional como de la internacional. El ejemplo más patente es el Acuerdo sobre los Aspectos de los Derechos de Propiedad Intelectual Relacionados con el Comercio (Acuerdo sobre los ADPIC o, en inglés, TRIPS), que pasa por sobre la jurisdicción nacional de los Estados.[6] Los dominios interactivos digitales globales, por otra parte, son mayormente informales y, en razón de ello, ajenos al sistema de tratados existente: a menudo se hallan cómodamente instalados en localidades subnacionales (ya sean barrios o centros financieros) que forman parte de las redes transfronterizas.

[6] He tratado este tema en forma extensa en *Territory...*, *op. cit.*, capítulo 5. Incluyo también la constitución de un espacio transnacional para las llamadas compañías globales que toma forma, Estado tras Estado, dando origen a un conjunto especial de derechos y salvaguardas para dichas compañías. En ese sentido, origina un nuevo tipo de jurisdicción global, consistente en un espacio de múltiples sitios insertos en las jurisdicciones nacionales, que emplea la legislación nacional para llevar a cabo esa implantación.

river and into the desert or hide in a truck or a fast train cannot get you across that border.

The other historic agents in this shifting meaning of the territorial border are multinational corporations and global financial firms. The formalizing of their right to cross-border mobility is producing a large number of highly protected bordered spaces that cut across the conventional border. If there is one sector where we can begin to discern new stabilized bordering capabilities and their geographic and institutional locations, it is in the corporate economy. But also the global city is such a space.

The sharp shifts from geographic borders to transversally bordered spaces are now far more common and formalized for major corporate economic actors than they are for citizens and migrants. The global city is one space where these segmentations are enacted. Neoliberal policies, far from making this a borderless world, have actually multiplied the bordered spaces that allow firms and markets to move across conventional borders with the guarantee of multiple protections as they enter national territories. Firms are now enveloped with a range of new types of institutionalized protections through these new transversal bordering capabilities, while citizens and migrants keep losing protections under neoliberal regimes.

Such specialized types of re-territorializing represent an insertion of a transversal bordered space into the exclusive territory of

Fronteras dentro del Estado-nación

La "función fronteriza" se encuentra cada vez más subsumida en el producto, la persona o el instrumento: un agente móvil que reproduce los rasgos críticos de la frontera. A modo de ejemplo, en los flujos financieros, el "momento" de la frontera real se halla con frecuencia en pleno interior de un país: un banco que certifica la legitimidad de un giro electrónico de dinero. Los productos agrícolas certificados a menudo tienen su primer "momento" fronterizo en el país donde se cultivan.

Los nuevos tipos de delimitación fronteriza incluyen la formalización de un sujeto con derechos transfronterizos móviles: éstos son los nuevos profesionales transnacionales que se desplazan con la protección del régimen de comercio global, no sólo de la OMC, sino también de las proliferantes organizaciones comerciales regionales. Eso permite a estos profesionales circular a través de las fronteras y moverse libremente siguiendo las redes que conectan las setenta y cinco principales ciudades globales del mundo de hoy. Se trata de una frontera transversal que trasciende los límites estatales convencionales, pero mucho más compacta que las geográficas, incluso más que la valla limítrofe erizada de armamento que separa México de los Estados Unidos (y posiblemente más que el muro que la Unión Europea quiere levantar en el Mediterráneo y los márgenes de África Occidental). Los profesionales que se desplazan por este régimen ocupan un ámbito que los separa radicalmente de la clase trabajadora y de los inmigrantes pobres. Hablamos de una frontera que no puede ser cruzada: los

state authority. But they are not to be confused with the latter. In that sense, they denationalize what has historically been constructed as national. This is a highly bordered event, but the nature of this border is foundationally different from that of the nation-state, that is, from interstate borders.

Cities as frontier spaces: the hard work of keeping them open

In this context the city is an enormously significant space, more an assemblage of diverse elements that make it far more complex and diverse than those transversal bordered spaces. The city is a space that can still encompass internal conflicts and diversity. But if the city is to survive as a space of great complexity and diversity—and not become merely a built-up terrain or cement jungle—it will have to find a way to go beyond the fact of conflicts—conflicts that result from racisms, from governmental wars on terror, from the future crises of climate change.

Historically cities have tended to transform conflict into the civic—through commerce, through the need of peaceful coexistence in dense urban environments. In contrast, the logic of national states is to militarize the response to conflict. This capacity of the city also implies the possibility of making new subjects and identities. For instance, often it is not so much the ethnic, religious, phenotype that dominates in urban settings, but the urbanity of the subject and of the setting.

 Saskia Sassen/Old Borders and New Bordering Capabilities

instrumentos para acceder a su espacio son mucho menos accesibles que un traficante o "coyote". Ni siquiera el coraje para lanzarse a cruzar el río e internarse en el desierto o de esconderse en un camión o en un tren rápido sirve para atravesarla.

Los otros agentes históricos en este cambio del significado de la frontera territorial son las corporaciones multinacionales y las compañías financieras globales. La formalización de su derecho de movilidad más allá de las fronteras está produciendo un elevado número de espacios fronterizos sumamente protegidos que trascienden las fronteras convencionales. Si existe un sector donde podemos comenzar a discernir nuevas capacidades de delimitación fronteriza con sus localizaciones geográficas e institucionales es, precisamente, la economía corporativa. Pero también la ciudad global es un lugar de la misma especie.

Los marcados cambios que supone el paso de las fronteras geográficas a los espacios fronterizos transversales son hoy mucho más comunes y formalizados para los actores principales de la economía corporativa que para los ciudadanos y los inmigrantes. La ciudad global es un ámbito en el que se ponen en práctica estas segmentaciones. Las políticas neoliberales, lejos de hacer de este mundo un lugar sin fronteras, han acrecentado los espacios acordonados que les permiten a las compañías y a los mercados circular a través de las fronteras convencionales, con la garantía de múltiples protecciones según acceden a los territorios nacionales. Las grandes compañías están rodeadas de toda una serie de nuevas formas de resguardo institucionalizado

Yet these shifts to the urbanity of subject and setting do not simply fall from the sky. It is often the need for new solidarities confronted by major challenges that can bring this shift about. The acuteness and overwhelming character of the major challenges cities confront today can serve to create conditions where the challenges are bigger and more threatening than the internal conflicts and hatreds. This might force us into joint responses and from there onto the emphasis of an urban, rather than individual or group subject and identity—such as an ethnic or religious subject and identity.

Cities are one of the key sites where new norms and new identities are *made*. Cities have played this role at various times and in various places, and under very diverse conditions. This role can become strategic in particular times and places, as is the case today in Europe. One important instance in the making of norms concerns immigration. What must be emphasized here is the hard work of making open cities and repositioning the immigrant and the citizen as urban subjects, rather than essentially different subjects as much of the anti-immigrant and racist commentary does.

I address this issue from the perspective of the capacity of urban space to make norms and make subjects that can escape the constraints of dominant power systems—such as the nation-state, the war on terrorism, the growing weight of racism. In my reading, over and over again across time and space, the challenges of incorporating

mediante estas nuevas capacidades transversales de delimitación fronteriza, mientras que los ciudadanos y los migrantes están cada vez más desprotegidos bajo los regímenes neoliberales.

Estas formas especializadas de reterritorialización representan una inserción del espacio transversal acordonado en el territorio exclusivo de la autoridad estatal. Pero no deben confundirse con este último. En ese sentido, dichas formas desnacionalizan lo que históricamente se ha constituido como nacional. Es, pues, un acontecimiento claramente fronterizo, si bien la naturaleza de esta frontera es fundacionalmente diferente de aquella del Estado-nación, es decir, de la frontera interestatal.

Las ciudades como espacios fronterizos: la dura tarea de mantenerlas abiertas

En este contexto, la ciudad conforma un espacio enormemente significativo, algo más cercano a un ensamblaje de diversos elementos que la convierte en algo mucho más complejo y diverso que esas áreas transversales acordonadas. La ciudad es un espacio que aún puede albergar conflictos internos y diversidad. Pero para que subsista como espacio de gran complejidad y diversidad, y no se convierta simplemente en una acumulación de construcciones o en una jungla de cemento, tendrá que hallar una vía para ir más allá de los conflictos que son resultado del racismo, de las guerras contra el terrorismo por parte del gobierno, de las crisis futuras provocadas por el cambio climático.

the "outsider" became the instruments for developing the civic in the best sense of the word. Responding to the claims of the excluded has had the effect of expanding the rights of citizenship. And very often restricting the rights of immigrants has been part of a loss of rights by citizens.

The major challenges that confront cities (and society in general) have increasingly strong feedback loops that contribute to a disassembling of the old civic urban order. The so-called "war on terrorism" is perhaps one of the most acute versions of this dynamic—that is, the dynamic whereby fighting terrorism has a strong impact on diminishing the old civic urban order. Climate change and its impacts on cities could also be the source of new types of urban conflicts and divisions. But I would argue that these challenges do contain their own specific potential for making novel kinds of broad front platforms for urban action and joining forces with those who may be seen as too different from us. Fighting climate change can bring together on one side of the battle, citizens and immigrants from many different religions, cultures and phenotypes. Similarly, fighting the abuses of power of the state in the name of fighting terrorism can create similar coalitions bringing together residents who may have thought they could never collaborate with each other, but now that there is a bigger threat to civil rights that will also affect citizens, not only immigrants, novel solidarities are emerging. The spread of asymmetric war and climate

 Saskia Sassen/Old Borders and New Bordering Capabilities

Históricamente, las ciudades han tendido a transformar el conflicto en elemento cívico, a través del comercio y de la necesidad de una coexistencia pacífica en los ambientes urbanos de alta densidad. Por contraste, la lógica de los Estados nacionales consiste en militarizar la respuesta al conflicto. Esta capacidad de la ciudad también implica la posibilidad de generar nuevos sujetos e identidades. Un ejemplo: a menudo no es tanto el fenotipo étnico o religioso lo que predomina en los ambientes urbanos, sino la urbanidad del sujeto y del entorno. Pese a todo, este vuelco hacia la urbanidad del sujeto y del entorno no es algo que haya caído del cielo; con frecuencia surge de la necesidad de nuevas solidaridades ante desafíos importantes. La urgencia y la condición imperiosa de los grandes retos a los que se ven enfrentadas las ciudades hoy pueden servir para crear condiciones en las que los desafíos sean mayores y más amenazantes que los conflictos y los odios internos. Eso puede forzarnos a buscar respuestas conjuntas y, a partir de ahí, a dar mayor importancia a una identidad y un sujeto urbanos, y ya no individuales o grupales, como en el caso de un sujeto y una identidad étnicos o religiosos.

Las ciudades son uno de los sitios clave donde se *gestan* nuevas normas y nuevas identidades. En distintos períodos y lugares, y bajo diversas condiciones, les ha correspondido este papel. Se trata de una función que puede tornarse estratégica en determinados sitios y momentos, como ocurre hoy en Europa. Un ejemplo importante se refiere a la gestación de las normas relativas a la inmigración. Se debe destacar aquí el duro trabajo que implica

7 One synthesizing image we might use to capture these dynamics is the movement from centripetal nation-state articulation to a centrifugal multiplication of specialized assemblages.
8 Sassen, Saskia and Dotan, Natan,"Delegating, not Returning, to the Biosphere: How to Use the Multi-scalar and Ecological Properties of Cities," *Global Environmental Change,* vol., 21 no. 3, 2011, pp. 823–834.
9 See Sassen, Saskia, *Territory…,* op. cit., chapters 2 and 6. The emergent landscape I am describing promotes a multi-plication of diverse spatiotem-poral framings and diverse normative mini-orders, where once the dominant logic was toward producing grand uni-tary national spatial, temporal, and normative framings (see Sassen, Saskia, op. cit., chapters 8 and 9).

change will affect both the rich and poor, and addressing them will demand that everybody join the effort. Furthermore, while sharp economic inequalities, racisms, and religious intolerance have long existed, they are now becoming political mobilizers in a context where the center no longer holds—whether this is an imperial center, the national state, or the city's bourgeoisie.

Against the background of a partial disassembling of empires and nation-states, partly through the new closed transversal systems, the city emerges as a strategic site for contesting all these borderings.7 Where in the past national law might have been *the* law, today subsidi-arity, but also the new strategic role of cities, make it possible for us to imagine a return to urban law. For instance, in the US, a growing number of cities have passed local laws (ordinances) that make them sanctuaries for undocumented immigrants; other cities have passed environmental laws that only hold for the particular cities.8 We see a resurgence of urban law-making, a subject I discuss in depth elsewhere.9

In my larger project I identified a vast proliferation of such partial assemblages that remix bits of territory, authority, and rights, once ensconced in *national* institutional frames. The specifics and the nor-mative import of such partial assemblages vary enormously. In the case of Europe, these novel assemblages include those resulting from the formation and ongoing development of the EU, but also those

Saskia Sassen/Viejas fronteras y nuevas capacidades de delimitación

hacer ciudades abiertas y reacomodar al inmigrante y al ciudadano como sujetos urbanos y no como sujetos esencialmente diferentes, tal como lo plantea el comentario antiinmigratorio y racista.

Enfoco este asunto desde la perspectiva de la capacidad del espacio urbano para construir normas y crear sujetos capaces de escapar a las restricciones impuestas por los sistemas de poder dominantes, tales como el Estado-nación, la guerra contra el terro-rismo y el creciente peso adquirido por el racismo. Según mi interpretación, una y otra vez, a través del espacio y el tiempo, los retos de incorporar al "marginal" *(outsider)* se han convertido en instrumentos para el desarrollo de lo cívico en el mejor sentido de la palabra. Responder a los reclamos de los excluidos ha tenido como efecto la expansión de los derechos de ciudadanía. Y, en muchas ocasiones, la restricción de los derechos de los inmi-grantes ha estado vinculada a una pérdida de derechos de los ciudadanos.

Los grandes desafíos que enfrentan las ciudades (y la sociedad en general) tienen ciclos de retroalimentación cada vez más mar-cados que contribuyen a desmontar el viejo orden cívico urbano. La llamada "guerra contra el terrorismo" es, tal vez, una de las versiones más destacadas de este tipo de dinámica, es decir, una forma de proceder mediante la cual la lucha contra el terrorismo ejerce un fuerte impacto en la disminución de viejo orden cívico de la ciudad. De igual modo, el cambio climático y su impacto en las ciudades también puede ser fuente de nuevos tipos de conflic-tos y divisiones urbanas. Pero, en mi opinión, estos retos poseen

resulting of a variety of cross-city alliances around protecting the environment, fighting racism, and other worthy causes. And they result from sub-national struggles and the desire to make new regulations for self-governance at the level of the neighborhood and the city. A final point to elaborate the strategic importance of the city for shaping new orders is that, as a space, the city can bring together multiple very diverse struggles and engender a larger, more encompassing push for a new normative order.

These developments signal the emergence of new types of sociopolitical orderings that can coexist with older orderings, such as the nation-state, the interstate system, and the older place of the city in a hierarchy that is dominated by the national state. Among these new types of orderings are complex cities that have partly exited that national, state-dominated hierarchy and become part of multiscalar, regional, and global networks. The last two decades have seen an increasingly *urban* articulation of global logics and struggles, and an escalating use of urban space to make political claims not only by the citizens of a city's country, but also by foreigners.

 Saskia Sassen/Old Borders and New Bordering Capabilities

su propio potencial específico para introducir nuevas plataformas de amplio alcance para desarrollar acciones urbanas y unir fuerzas con aquellos que pueden ser vistos como muy distintos de nosotros. Combatir el cambio climático puede reunir en un mismo bando a ciudadanos e inmigrantes de muchas religiones, culturas y fenotipos diferentes. De forma similar, la lucha contra los abusos del poder del Estado cuando enarbola la causa contra el terrorismo puede crear coaliciones parecidas que reúnan a residentes que jamás habrían creído ser capaces de colaborar unos con otros pero que, ante una amenaza aún mayor a los derechos civiles, que afecta no sólo a los inmigrantes sino a todos los ciudadanos, se vinculan con nuevas formas de solidaridad. La expansión de la guerra asimétrica y el cambio climático repercutirán tanto en los ricos como en los pobres: hacerles frente requerirá un esfuerzo conjunto. Además, aunque las marcadas desigualdades económicas, el racismo y la intolerancia religiosa existen desde hace mucho, hoy en día se están convirtiendo en factores de movilización política en un contexto en el que el centro ya no se sostiene, sea el centro imperial, el Estado nacional o la burguesía urbana.

Ante un horizonte de un desmontaje parcial de los grandes imperios y los Estados nacionales, en parte a través de nuevos sistemas transversales cerrados, la ciudad emerge como un sitio estratégico para combatir esos nuevos acordonamientos fronterizos.[7] Si en el pasado la ley nacional era la única ley, hoy en día la subsidiariedad, así como el nuevo papel estratégico de las ciudades, hacen posible que nos imaginemos un retorno a la ley urbana. Así,

[7] Una imagen que sintetiza todo esto, y que nos puede servir para aprehender esas dinámicas, es el desplazamiento desde la articulación centrípeta del Estado-nación hacia una multiplicación centrífuga de ensamblajes especializados.

por ejemplo, en los Estados Unidos un número cada vez mayor de ciudades han aprobado normas locales (ordenanzas) que las convierten en santuarios para los inmigrantes indocumentados. Otras ciudades han sancionado leyes medioambientales que sólo rigen para ellas.[8] Vemos así un resurgimiento de la creación de leyes por parte de la ciudad, un tema que he analizado con profundidad en otro ensayo.[9]

En mi proyecto más amplio, he identificado una vasta proliferación de dichos ensamblajes parciales que recombinan partes de territorio, autoridad y derecho, antes resguardados en marcos institucionales de carácter *nacional*. Las especificaciones y el significado normativo de tales ensamblajes varían enormemente. En el caso de Europa, estos nuevos ensamblajes incluyen aquellos que son resultado de la formación y el desarrollo continuado de la Unión Europea, así como los que son consecuencia de una variedad de alianzas entre ciudades en torno a temas como la protección medioambiental, la lucha contra el racismo y otras causas meritorias. Todos derivan de esfuerzos subnacionales y del deseo de crear nuevas reglas para el autogobierno a nivel de barrio y de ciudad. Un último punto en la elaboración de la importancia estratégica de la ciudad en la configuración de nuevos órdenes proviene del hecho de que, como espacio, la ciudad puede reunir múltiples y muy diversos esfuerzos para engendrar un empuje mayor y más abarcador hacia un nuevo orden normativo.

Todos estos aspectos señalan el surgimiento de nuevos tipos de ordenamientos sociopolíticos capaces de coexistir con otros

[8] Sassen, Saskia y Dotan, Natan, "Delegating, not Returning, to the Biosphere: How to Use the Multi-scalar and Ecological Properties of Cities," *Global Environmental Change*, vol. 21, nº 3, 2011, pp. 823–834.
[9] Véase Sassen, Saskia, *Territory…, op. cit.,* capítulos 2 y 6. El paisaje emergente que describo promueve una multiplicación de diversos marcos espaciotemporales y variadas normativas de microoorden donde antes la lógica predominante estaba encaminada a la producción de grandes marcos normativos espaciotemporales de carácter unitario y alcance nacional. Véase Sassen, Saskia, *op. cit.,* capítulos 8 y 9.

más antiguos, como el Estado-nación, el sistema interestatal y el antiguo lugar de la ciudad en una jerarquía dominada por el Estado nacional. Entre estos nuevos tipos de ordenamientos se encuentran ciudades complejas que, en parte, han abandonado esa jerarquía nacional dominada por el Estado para integrar redes en diversas escalas, regionales y globales. Las dos últimas décadas han sido testigos de una progresiva articulación urbana de la lógica y la lucha globales, así como de una escalada del uso del espacio urbano para levantar reivindicaciones políticas no sólo por parte de los ciudadanos de una ciudad del país, sino también por parte de los extranjeros.

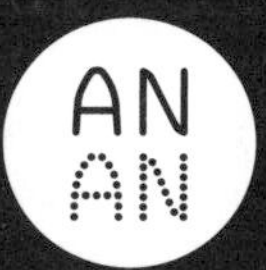

ANTHROPOLOGISTS
ANTROPÓLOGOS
Alejandro Grimson (AR)
Liminality, Interculturality
Liminalidad, interculturalidad

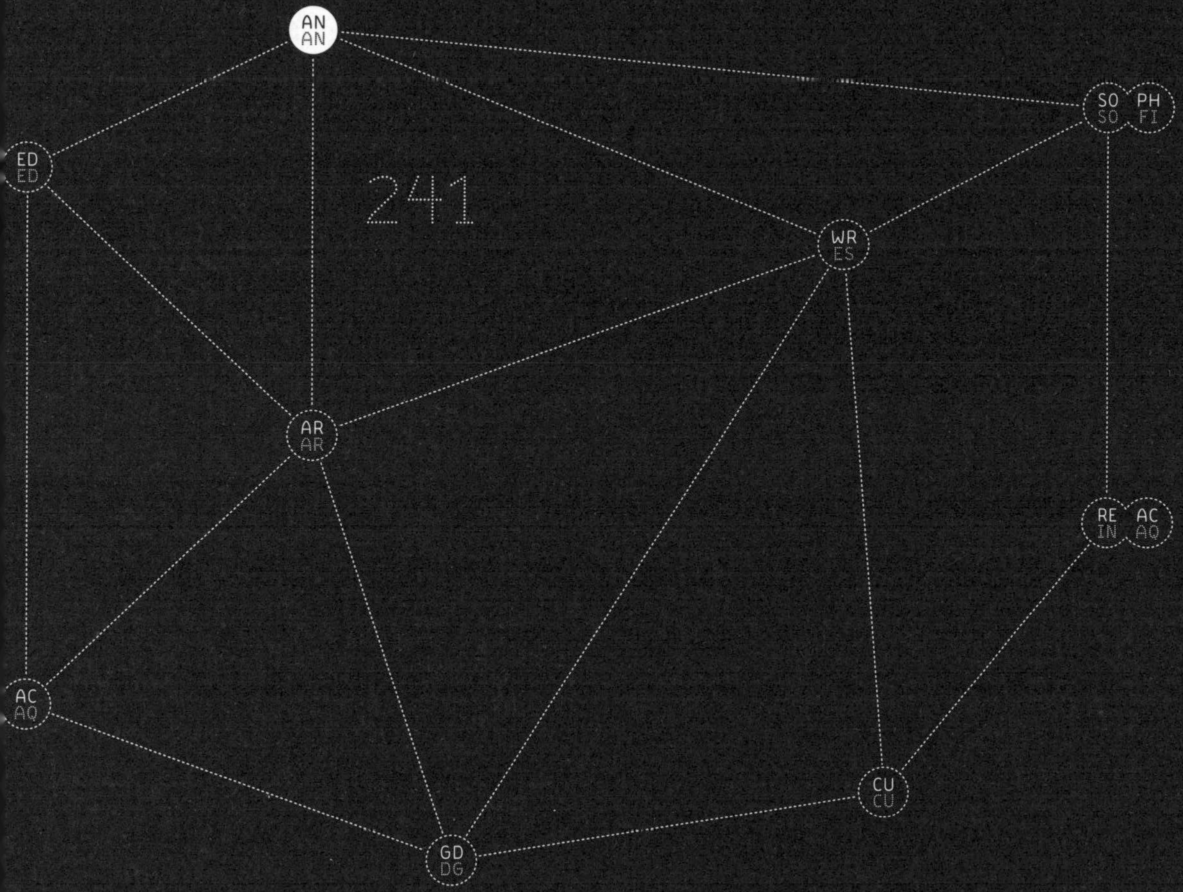

241

Liminality, Interculturality

A border and a bridge have something in common: the moment of pure transition from one side to the other, the time (instants, eternities) when I am not in my country nor am I abroad, when I am not at home nor am I in the street. The threshold moment. You're about to go into your new home, about to go back to your hometown after years away, about to graduate, to get married, to have a child. Before taking that step, you are in a certain state, you are a certain type of person; after you take it, something crucial will have changed. But there is a *meanwhile*, a being on the edge, neither in nor out: there is time there. Duration is not the source of significance. Though it may only be an instant, there will be no lack of intensity. That is liminality.

The exhibition *Of Bridges & Borders* which took place in the Proa Foundation in Buenos Aires in January 2011 included an installation by Lang/Baumann that consisted of a staircase that did not come from or lead to anywhere; it literally hung in the air. At stake in that piece was pure liminality. A staircase is a vertical spiraled bridge, one that takes

Liminalidad, interculturalidad

La frontera y el puente tienen algo en común: el momento de la pura transición entre un lado y el otro, el tiempo (instantes, eternidades) en que no estoy en mi país pero tampoco en el extranjero, en que no estoy en mi casa pero tampoco en la calle. El momento del umbral. Estás por entrar a tu nueva casa, estás por regresar a tu ciudad después de años de ausencia, estás por graduarte, casarte, por tener un hijo. Antes de dar ese paso estás en un estado, sos un tipo de persona; después de ese paso, algo crucial habrá cambiado. Pero hay un *mientras*, un estar en el propio límite, ni adentro, ni afuera: allí hay tiempo. La prolongación no hace a la relevancia. Puede ser un instante, lo que no habrá es ausencia de intensidad. Es la liminalidad.

En la exposición de *Of Bridges & Borders* que tuvo lugar en la Fundación Proa, en Buenos Aires, en enero de 2011 había una instalación de la pareja de artistas Lang/Baumann que consistía en una escalera que no viene ni lleva a ninguna parte, literalmente en el aire. La apuesta allí es la liminalidad pura. Una escalera es un puente vertical, espiralado. El puente te hace transitar de un piso a otro de tu casa. O de un país a otro. ¿Cómo puede un puente

you from one floor of your house to another. Or from one country to another. How can a bridge not touch worlds? If it has steps, if it goes up and down, if it has a banister, it's a staircase. But it's not: it's not enough for it to bark, have four legs and wave its tail. It also has to connect levels or universes. And the staircase in *Of Bridges & Borders* didn't do that. It could be a still unmaterialized project for a staircase. But in *Of Bridges…* it interrogated modes of transition and pure forms.

Van Gennep was the first anthropologist to address liminality. His celebrated work *Rites of Passage* is about the rites by which we are removed from one world (the world of the unmarried, the world of non-adults, the world of our countrymen) and enter into another (the world of graduates, of workers, of parents). Van Gennep showed how passage from one territory to another necessarily entails passing through markers that indicate the existence of a neutral zone. Whoever goes from one territory to another is, for a time, "floating between two worlds." That *margin* and those spatial markers can be found in a town, a city, a neighborhood, a house of worship, a home. *Crossing the threshold* always means entering into a new world. There are rites of entry around thresholds and doors that can be gone through "violently or with the consent of the inhabitants of the world entered into." There are rites of first entry:

 Alejandro Grimson/Liminalidad, interculturalidad

abstenerse de tocar mundos? Si tiene escalones, si asciende o desciende, si tiene baranda, es una escalera. Sin embargo, no lo es: no basta con que ladre, tenga cuatro patas y agite la cola. Además, debe poner en contacto niveles o universos. Y la de *Of Bridges & Borders* no lo hace. Podría ser un proyecto de escalera aún no realizado. Pero en *Of Bridges…* constituye la pregunta sobre el modo de transición y sobre la pura forma.

Van Gennep fue el primer antropólogo en ocuparse de la liminalidad. Su obra célebre se titula *Ritos de pasaje*. Se trata de los ritos por los cuales quedamos separados de un mundo (el mundo de los solteros, el mundo no adulto, el mundo de nuestros compatriotas) y nos agregamos a otro (el mundo de los graduados, de los trabajadores, de los padres). Van Gennep mostraba que los pasajes de un territorio a otro atraviesan necesariamente marcas que señalan la existencia de una zona neutra. Quienquiera que pase de un territorio a otro, durante un tiempo «flota entre dos mundos». La existencia de ese *margen* y de marcas espaciales puede aplicarse a un pueblo, una ciudad, un barrio, un templo, una casa. *Cruzar el umbral* es siempre agregarse a un mundo nuevo. Existen ritos de agregación relativos al umbral y a las puertas, que pueden traspasarse «violentamente o con el consentimiento de los habitantes del mundo en que se penetra». Hay ritos de la primera entrada,

ritos de entrada de un dominio o de una situación en otra, y es natural que habiendo entrado en un dominio o una situa-

…rites of entry from one domain or situation into another, and it is natural that, once the new domain or situation has been entered, the repetition of the first act has a decreasing importance. Furthermore, psychologically *the second act* no longer presents anything new; it marks the beginning of habituation.

If in the transition, in the height of ritual, there is something sacred that tears us away from daily life, when liminality becomes routine the intensity of the crossing is undermined.

Bridges and borders have something in common: they imply two. At least. In order to connect or to separate there must be, or it must be possible for there to be—in fact or in imagination—more than one side. There is a river, a canyon, a mountain. A north and a south side, an east and a west. Or three sides.

The bridge joins those sides. Sometimes they are worlds. When they are cultural worlds, however, the bridge does not join them, it brings them into contact. It does not crossbreed or mix them, or if it does it is only by default. It connects them. But that connection is not communion between the sides, countries, cultures. Contact always implies a difference, the chance of the unexpected. Incomprehension—like violence and love—is human.

Political borders can use the law to formalize pre-existing divisions. That is only the case sometimes, though we tend to believe it's always

 Alejandro Grimson/Liminality, Interculturality

ción nuevas, la repetición del primer acto sólo tenga ya una importancia decreciente. Por lo demás, psicológicamente, el segundo acto no ofrece ya nada nuevo y marca el comienzo del automatismo.

Si en la transición, si en el apogeo del ritual, hay algo de sagrado que nos arranca del día a día, la rutinización de la liminalidad va socavando la intensidad del cruce.

Puentes y fronteras tienen algo en común: implican dos. Como mínimo. Para poder conectar o separar debe existir, o debe poder hacerse existir, real o imaginariamente, más de un lado. Hay un río, un cañón, una montaña. Un lado norte y un lado sur, este y oeste. O tres lados.

El puente une esos lados. A veces, los lados son mundos. Cuando son mundos culturales, el puente no los unifica: los articula. No los hibrida, no los mezcla, nunca al menos por *default*. Los comunica. Pero la comunicación no es comunión entre los lados, los países, las culturas. El contacto siempre implica una diferencia, siempre está abierto a lo inesperado. La incomprensión también es humana, no menos que la violencia o el amor.

La frontera política puede formalizar en la ley los lados preexistentes. Eso ocurre en ciertas ocasiones, pero tendemos a creer que sucede siempre. Otras veces, en cambio, la ley es puramente creadora de la diferencia. La distancia cultural puede ser un efecto de la maquinaria política y no su causa natural.

Se supone que puente y frontera son lo opuesto. El puente une,

true. Other times it's the law that creates difference. Cultural difference can be an effect of political machinery rather than its natural cause.

Bridge and border are thought to be opposites. The bridge joins, the border divides. An anatomical vision of the social world insists on locating organs with distinct functions, but the social—with its process, flow and contingency—always exceeds functionalism. That vision attempts to organize the unexpected and, when the gaze is averted, it can see the border actually producing contact, a zone of dialogue, encounter, conflict. If binaries are left behind, "encounter" is no longer the opposite of "dispute"; there can be no dispute without contact.

The bridge brings into contact; it only joins from the standpoint of an engineering that does not address the social uses of things. Drawing closer does not always yield recognition, understanding or love, which are, at the same time, so different from one another. In getting closer, that which was remote or squarely in the realm of absence is heard, seen, smelled. Of course, I am not riveted by everything I smell for the first time. Why would the facts bear out a well-intentioned utopian humanism that largely ignores the fact that certain human beings or practices or facets of human groups incite fear and revulsion in others? Is it possible to take in and understand that which I cannot share, whether because I perceive myself to be removed in style from what I now see or because I register my own repulsion at my peers' disdain for othernesses?

la frontera separa. La perspectiva anatómica del mundo social persevera en localizar órganos con funciones diferenciadas, pero lo social siempre desborda al funcionalismo por el proceso, el flujo y la contingencia. Instituye lo inesperado y, cuando la mirada gira, puede percibir la frontera generando contacto. Zona de diálogo, de encuentro y de conflicto. Si se logra escapar de los binarismos, «encuentro» ya no será lo opuesto a «disputa». No hay disputas sin contactos.

El puente articula; sólo une para una ingeniería que no aborde los usos sociales de las cosas. Al acercar no siempre se produce reconocimiento, comprensión o amor, que, por otra parte, son cosas tan distintas. Al acercar se escucha, se ve, se huele aquello que era remoto o pertenecía exclusivamente a la ausencia. No todos los olores que descubro me fascinan, claro está. ¿Por qué habría de verificarse en los hechos un humanismo utópico bien intencionado, pero poco atento a cómo ciertos seres humanos, o ciertas prácticas o aspectos de grupos humanos, causan espanto y repulsión en otros? ¿Es posible registrar y entender aquello que no puedo compartir, sea porque me perciba distante del estilo de aquel que ahora veo, sea porque advierta mi propia repugnancia ante el desprecio de las alteridades por parte de mis compatriotas?

¿Por qué «acercar» debería implicar «unir»? Ojalá nuestras buenas intenciones fueran hechos sociales observables. Pero si uno no está dispuesto a renunciar a ese deseo, hacen falta dos pasos imprescindibles: reconocer los hechos tal como se nos apa-

Why should "approaching" imply "joining"? If only our good intentions were actual social facts. Unless we are willing to give up that wish, though, two crucial actions must be taken: we must recognize the facts just as they seem to us, and we must be willing to review our good intentions. Why should the radical absence of any form of violence mean coming together in a way that blurs difference? Crossing the border of that thought means understanding how much violence has been generated by uniformitarianism.

Bridges create the illusion of more—and more intense—encounters. For those who can only imagine getting from one shore to the other by crossing a well-structured bridge, the lack of a bridge is a void. But that liminal space holds an intensity of practices and meanings. It is a void only to the eyes of those who see the landscape in terms of intervention. Someone *bridge-centric* sees the limit solely as a lack, perceives only the viaduct that is not there, the walkway that could be built. This person never takes in what is actually there, the dance of motion and stillness that does not move to the absence of concrete or steel or wood. A change in perspective would mean listening to the music actually heard in the real borders, the powerful presences of those who inhabit the margin, who make a living from invisible crossings, those for whom that landscape of waves, currents, winds, as well as their own skillful handling of barges, is natural.

recen y estar dispuestos a revisar nuestras buenas intenciones. ¿Por qué la ausencia radical de toda violencia debería implicar unión en un sentido de difuminación de la diferencia? Cruzar la frontera de ese pensamiento es comprender cuán generador de violencia ha sido el uniformismo.

El puente genera la ilusión de la mayor frecuencia e intensidad de los encuentros. Para quienes sólo pueden imaginarse el cruce de una orilla a otra a través de puentes bien estructurados, la falta de puente aparece como un vacío. Sin embargo, en ese espacio liminal reside una intensidad de prácticas y sentidos. Sólo hay vacío para el que mira el paisaje desde el lugar de la intervención. El «puentecéntrico» es quien ve en un límite sólo una carencia, quien registra el viaducto que no hay, quien percibe la pasarela que podría edificarse, pero nunca consigue captar lo que existe efectivamente allí, los movimientos y las quietudes que no bailan al ritmo de la ausencia del diseño de concreto o de hierro o de madera. Una rotación de perspectiva implicará captar la música que se escucha en las fronteras realmente existentes, las presencias contundentes de quienes habitan al borde, quienes viven del cruce invisible, quien considera natural ese paisaje gobernado por las olas, las corrientes, los vientos y las destrezas que se tengan con las barcazas.

Mesopotamia

Vayamos, entonces, al río y a ciertos ríos. El Tigris y el Éufrates son un capítulo de la historia universal, si bien todos los ríos

Mesopotamia

Let's turn, then, to the river, or to certain rivers. The Tigris and the Euphrates are in themselves a whole chapter in universal history, although all rivers constitute endless semiotic work. The potentiality of all borders and of all bridges can at times coagulate to form microscopic stories. It's just a question of being willing to cross the limit of understanding, the border of difference.

There is, in South America, another Mesopotamia that has at its center the Paraná River. Its name—which means "father of the sea" in Guarani—indicates the power that that people assigned it. The Paraná River acts as the border between Argentina, Paraguay and Brazil, just as the Amazon River, the largest in the world, acts as the border between Colombia, Peru and Brazil.

Is a river a border? The history of these currents of water of varying length, intensity, color and flavor vastly predates the history of disputes over them and their layers of official names. The "father of the sea" goes through part of the Americas, flowing from northeast of Rio de Janeiro to where, by means of and after its delta, it meets the Uruguay River, "the river of birds," the site where the indigenous names culminate. The Paraná and the Uruguay Rivers form a "sweet water sea" (as, upon seeing its vastness, Juan Díaz de Solís[1] called it) that would later be given its definitive name: the Río de la Plata. That name, however, is in no way descriptive, but rather attests to the hope of reaching

[1] Juan Díaz de Solís was the commander of the Spanish expedition that reached what is now the Río de la Plata in 1516.

constituyen trabajos semióticos sin fin. La potencialidad general de todas las fronteras y de todos los puentes puede, a veces, condensarse en historias microscópicas. Sólo se trata de estar dispuesto a atravesar el límite de la comprensión, la frontera de la diferencia.

En el sur de América existe otra Mesopotamia que tiene por protagonista al río Paraná. Su nombre alude a la potencia adjudicada a él por los guaraníes, que lo llamaron «padre del mar». Sirve de frontera hoy a Argentina, Paraguay y Brasil, de igual modo que el río Amazonas, el más extenso del mundo, hace lo propio entre Colombia, Perú y Brasil.

¿Un río es una frontera? La historia de esos cursos de agua, de diversas extensiones, intensidades, colores y sabores, es muy anterior a la historia de las nominaciones, las disputas y los estratos de designaciones. El «padre del mar» atraviesa una parte de América, desde el noroeste de Río de Janeiro hasta encontrarse, a través y después de su delta, con el Uruguay, el río de los pájaros, allí donde culminan los términos indígenas. El Paraná y el Uruguay forman un «mar dulce» (así lo designó Juan Díaz de Solís[1] por su enorme extensión) que más adelante obtendría su nombre definitivo: el Río de la Plata. Dicha designación no tiene nada de descriptiva, sino de mera ilusión: la de arribar a los Andes. Era una época marcada no sólo por la conquista, sino por las prácticas comerciales, cuando Potosí figuraba entre las ciudades más pobladas del planeta.

[1] Juan Díaz de Solís comandó la expedición española que en 1516 arribó al actualmente designado Río de la Plata.

the Andes. This was an era marked not only by conquest, but also by commercial interest, a time when Potosí was one of the most populated cities in the world.

The social perception of rivers is a result of the varying meanings they are given in different cultures. Small creeks as well as "rivers with no shores" (to use writer Juan José Saer's phrase) serve to separate universes. Cities and megalopolises are crossed and built around major rivers and broad channels. Rivers that, unlike the Danube, which separates Buda from Pest or the East River, that separates Manhattan from Brooklyn, do not divide but rather serve as the basis for an urban identity, like the Seine or the Thames. Nevertheless, bodies of water, just like mountains, can be lucky or unlucky enough to become political borders at a given historical moment.

Thus, in the 16th and 17th centuries the Paraná and Uruguay Rivers, whose banks were inhabited by many different groups, became hubs where, despite their remote settings, Jesuit Missions were established and built. This very peculiar experiment came to an end at the same time that the theory of natural borders emerged.

From contact to dissociation
The fact that Jesuit Reductions were founded on both banks of the rivers is of interest here as evidence of the historic and changing social meanings of currents of water. The Missions, in their context, show us

248

La percepción social de los ríos deriva del sentido que se les otorga en las diversas culturas, que no siempre es el mismo. Pequeños arroyos son la referencia de una separación de universos tanto como extensos *ríos sin orillas* (como tituló el escritor Juan José Saer). Ciudades y megalópolis son atravesadas y levantadas alrededor de ríos, de cauces importantes, de dilatadas márgenes. Ríos que no siempre dividen, como Buda de Pest, como Manhattan de Brooklyn, sino que muchas veces constituyen la identidad urbana, como el Sena o el Támesis. Sin embargo, al igual que las montañas, las aguas pueden correr la suerte o la desgracia de convertirse en límites políticos en un momento histórico particular.

De ese modo, durante los siglos XVI y XVII el Paraná y el Uruguay, habitados por múltiples grupos humanos, se convirtieron en espacios de comunicación alrededor de los cuales, en territorios de emplazamientos dificultosos, se instalaron y construyeron las misiones jesuíticas. Una experiencia peculiarísima que encontró su fin contemporáneamente a la emergencia de la teoría de las fronteras naturales.

De la comunicación a la disociación
Que las reducciones jesuíticas fueran fundadas a ambas orillas de los ríos interesa aquí como constatación del carácter histórico y cambiante de los significados sociales de los cursos de agua. Las misiones, en su contexto, nos enseñan cómo los procesos de poblamiento, conquista y expansión territorial resultaron crea-

how processes of settlement, conquest and territorial expansion relentlessly created and propagated border situations.

The Spanish and the Portuguese collided often and clashed over territories and indigenous populations. One such encounter, the result of the expanding borders of each kingdom, was between the *bandeirantes* and the populations of the Missions.

The Jesuit Reductions would be founded on what was, for the Spanish, a zone of defense of the road to Upper Peru and of settlements in the Río de la Plata. In this region, thousands of stubbornly resistant members of the Guarani and other indigenous peoples were hunted by colonizers for labor. Since they could not force the Indians into submission with arms, the Jesuits attempted to control them by religious conversion in order to move the border to the east and north of the Río de la Plata.

At the same time, due to greater agricultural production in Brazil, the Portuguese needed to find a larger labor supply. As a result of difficulties in the slave trade, they had to turn to the Indians, which meant that starting in the late 16th century slave hunting of the local population began. The *bandeiras* were private expeditions that furthered the territorial ambitions of the Portuguese crown. Nevertheless, in the late 1620s the *bandeirantes* headed south and ended up attacking the Jesuit Missions, causing the clergymen to flee along with thousands of Indians.

249

dores y multiplicadores incesantes de situaciones de frontera.

Españoles y portugueses se topaban con frecuencia, desarrollando disputas entre ellos sobre territorios y poblaciones aborígenes. Uno de dichos encuentros recurrentes, resultado de la expansión de las fronteras de ambos reinos, fue el de los *bandeirantes* con las poblaciones de las misiones.

La región donde se fundarían las reducciones jesuíticas representaba para los españoles una zona de defensa del camino al Alto Perú y de sus establecimientos en el Río de la Plata. En ella, miles de guaraníes y otros pueblos aborígenes eran buscados por los colonizadores como mano de obra, pese a presentar una tenaz resistencia. Ya que no pudieron someterlos por las armas, los jesuitas intentaron controlar a los indios a través de la evangelización con el objetivo de desplazar la frontera hacia el este y el norte del Río de la Plata.

Por su parte, los portugueses, fruto de la expansión de la producción agrícola en Brasil, se vieron en la necesidad de incrementar la mano de obra. Las dificultades que experimentaba el tráfico de esclavos los obligaron a recurrir a los indígenas, por lo que desde fines del siglo XVI comenzaron las cacerías para apropiarse de esclavos locales. Las *bandeiras* eran expediciones de carácter privado que, a su vez, favorecían las ambiciones territoriales de la corona lusitana. Sin embargo, a fines de 1620 los *bandeirantes* se dirigieron hacia el sur y terminaron atacando las misiones jesuíticas, de modo que los religiosos emprendieron un éxodo con miles de aborígenes.

This clash between *bandeirantes,* Jesuits and Indians created a highly conflictive border situation. It was not a confrontation between the official regiments of the kingdoms, but rather a situation in which border agents were subject to clashes that were tied to the interests and policies of both crowns.

In the midst of all this, though, there was a convergence of interests. While through their alliance with the Jesuits and with the Spanish crown the Guaranis were able to defend their territory and population from the *bandeiras* and the *encomenderos,* the Missions furnished the crown with a military barrier to stave off the advance of the Portuguese. The Viceroy of Peru authorized the Guaranis from the Reductions to use firearms. In addition, in recognition of their service consolidating the border, they were exempt from the *encomienda* and granted tax benefits. Thus, a Jesuit-Guarani army that became a crucial military resource for the crown was formed.

A complex commercial system began to develop in the extensive border region whose epicenter is the current Triple Frontier between Brazil, Argentina and Paraguay. The traffic of merchandise that passed hands there came to be considered "contraband," whose etymology lies in the Italian word *contra,* or against, and *bando,* or legal proclamation.

En ese choque entre *bandeirantes,* jesuitas e indígenas se creó una situación de frontera altamente conflictiva. No se trataba de un confrontamiento entre los regimientos oficiales de los reinos, sino que, más bien, había agentes fronterizos sujetos a enfrentamientos que, a la vez, se articulaban con los intereses y políticas de ambas coronas.

Pese a todo, se produjo una convergencia de intereses. Mientras que los guaraníes encontraban en su alianza con los jesuitas y la corona española la posibilidad de defender su territorio y su población de las *bandeiras* y de los encomenderos, la corona erigía con las misiones una barrera militar frente al avance portugués. El virrey del Perú autorizó a los guaraníes de las reducciones a hacer uso de armas de fuego. Además, como recompensa por contribuir a la consolidación de la frontera, fueron exceptuados de la encomienda y obtuvieron ventajas impositivas, de modo que se formó un ejército jesuítico-guaranítico que se convirtió en un recurso militar insoslayable para la corona.

En esa extensa región fronteriza donde hoy la Triple Frontera entre Brasil, Argentina y Paraguay constituye un epicentro, comenzó a desarrollarse un complejo sistema comercial. Este tráfico de mercaderías pasó a ser considerado «contrabando» (etimológicamente: «contra el bando del rey»).

La frontera natural

El siglo XVIII instauró la idea de «frontera natural». A diferencia del tratado de Tordesillas, en el que el confín entre España y Por-

The natural border

The idea of the "natural border" took hold in the 18th century. If in the Treaty of Tordesillas, signed in the 15th century, the boundary between Spain and Portugal was agreed to be placed in regions of the high seas unknown to either party, the Treaty of Madrid, signed in 1759, attempted to find a boundary between the two kingdoms that was derived from nature, that is, rivers, seas or mountains. Only where there were no imposing physical limits would borders have to be found or devised. In the typography of what is now the Triple Frontier, the only thing available was rivers; the question was which rivers and why.

The work of Félix de Azara is an 18th-century milestone in the idea of drawing borders between states on the basis of "abundant rivers." Azara was sent to Asunción to draw the boundaries between the province of Paraguay (as part of the new Viceroyalty of the Río de la Plata) and Brazil. As is evident in his letters to the viceroy, Azara found himself entangled in a problem that, to a large extent, revolved around the existence and location of certain rivers. His work was based on the premise that it was a question of finding the rivers that establish the boundaries between kingdoms, an assumption that was later borne out by large borders between the two countries.

The Treaty of Madrid handed Colonia del Sacramento, located on the Sweet Water Sea, over to Spain, while Spain recognized Portuguese control of the lands located to the east of the Uruguay River. Thus, the

251

tugal se pactó en territorios de ultramar desconocidos por ambos en el siglo XV, en el tratado de Madrid de 1750 se pretendió encontrar una demarcación que proveyera la naturaleza para distinguir un reino de otro: ríos, mares o montañas. Allí donde no hubiera límites físicos contundentes, habría que encontrarlos o inventarlos. Ciertamente, en la topografía de la actual Triple Frontera sólo podían hallarse ríos, pero cuáles y por qué.

La idea de trazar las fronteras entre los Estados a través de «ríos caudalosos» encuentra un hito fundamental en el siglo XVIII en el trabajo de Félix de Azara, quien fue enviado a Asunción para demarcar los límites entre la provincia del Paraguay (como parte del nuevo virreinato del Río de la Plata) y Brasil. En gran medida, el problema en el que Azara queda enredado —y que se trasluce en sus cartas al virrey— es una discusión sobre la existencia de ciertos ríos y su ubicación. En su trabajo subyace el postulado de que se trata de encontrar los ríos que establezcan la distinción entre los dos reinos, presupuesto que se vio posteriormente materializado en amplias fronteras entre ambos países.

El tratado de Madrid entregó a España la Colonia del Sacramento, situada en el Mar Dulce, mientras que este reino reconocía la titularidad portuguesa sobre las tierras ubicadas al este del río Uruguay. Así, el río era elegido como nueva frontera entre ambas coronas. Siete pueblos de las misiones quedaban ahora en territorio portugués, ya que el río había pasado de ser espacio de comunicación a límite de separación.

river was chosen to mark the new border between the two crowns. Seven towns in the Missions were now in Portuguese territory, since the river had gone from being a place of contact to a dividing line.

Open indigenous opposition ensued when Spain and Portugal began to draw borders, giving rise to the Guarani War. Though the active resistance to these imposed borders was defeated, this exceptional armed confrontation can be understood on the basis of the specific circumstances surrounding the Missions, which led the Indians and the Jesuits to have a stake in preserving the border that they themselves had constructed.

From that time on, the anything-but-natural notion of natural borders became the paradigm used to define political borders in the Southern Cone. The history of later disputes over the boundaries between Spain and Portugal, first, and between Brazil and Argentina, later, revolved around which rivers "truly" constituted the "natural" boundaries between kingdoms or states.

Signifying the boundary

In the late 1870s, French-born writer Alejo Peyret wrote of the intense commercial traffic on the frontier of the Paraná River. A typical 19th-century traveler, Peyret witnessed the era during which the Paraná River became an international boundary. From then on, the Paraguayans east of the great river would be foreigners. It was necessary,

 Alejandro Grimson/Liminality, Interculturality

Cuando España y Portugal comenzaron a trazar los confines, tuvo lugar una abierta oposición indígena y se desató la guerra guaranítica. El activo rechazo a la imposición de esas fronteras fue, no obstante, derrotado. El carácter excepcional de este enfrentamiento armado puede comprenderse por las circunstancias específicas de las misiones, que llevaron a indígenas y jesuitas a desear conservar la frontera que ellos mismos habían construido activamente.

La concepción, nada natural, de las fronteras naturales se constituyó desde entonces en el paradigma para definir las fronteras políticas del Cono Sur. La historia de posteriores disputas sobre los límites entre España y Portugal, primero, y entre Brasil y Argentina, después, es un debate sobre cuáles son los ríos que «verdaderamente» constituyen los límites «naturales» entre los reinos o Estados.

Significar el límite

A fines de 1870 el escritor de origen francés Alejo Peyret hacía referencia a un intenso tráfico comercial en la frontera del Paraná. Peyret, uno de los viajantes característicos del siglo XIX, fue testigo de la época en la cual el Paraná se fijó como límite internacional. Desde entonces, los paraguayos serían «extranjeros», al este del gran río. Sin embargo, la constitución jurídica del límite necesitaba ser complementada con su definición simbólica. En ese marco, Peyret produce desde sus cartas a un diario porteño algunas de las distinciones identitarias más perdurables: Paraguay

though, to complement the legal boundary with a symbolic divide. In this context, Peyret's letters to a Buenos Aires newspaper produced a number of long-standing marks of identity: Paraguay is a place of disorder and poverty, of strange customs and laziness when it comes to work. The state must make itself felt in the Argentine Missions in order to further development and finish the task of conquering that territory—still peopled by Indians—for the nation once and for all. One of the charges to be performed was declaring a "formal war" on the Indians' language so that these societies would become less removed "from modern society," since in the Missions "either Portuguese or Guarani is heard; Spanish is the exception."

Thus, it is not by chance that when Peyret traveled down the Paraná River on a steamboat, he entertained his fellow passengers and the members of the crew in the evening by reading out loud from José Hernández's celebrated *Martín Fierro* while his audience paid "more than religious attention." *Martín Fierro* had gone from being a serial published in Buenos Aires newspapers to a book of poems. While sailing down the Paraná River, Peyret recited the verses of the work that years later would become a symbol of Argentine identity; *Martín Fierro* would be translated into the most far-flung languages, thus drawing out symbolic boundaries and making meanings for legal boundaries. During that journey down the definitive political boundary, the river was treated as the line that distinguished temperaments and national styles.

253

es un espacio de desorden y pobreza, de costumbres extrañas y de carencia de voluntad para el trabajo. El Estado debe hacerse presente en las misiones argentinas para impulsar su desarrollo y terminar de conquistar ese territorio, aún poblado por aborígenes, para la nación. Entre sus tareas estará la de declarar una «guerra formal» al idioma de los aborígenes para que estas sociedades no estén tan distantes «de la sociedad moderna», ya que en las misiones, «cuando no se oye portugués, se oye guaraní: el castellano es la excepción», decía.

Por ello, no es casual que cuando Peyret recorre el Paraná en un vapor, por las noches entretenga a los pasajeros y a los hombres de servicio del barco con una lectura en voz alta a la que todos prestan «la atención más religiosa». Se trata del célebre *Martín Fierro*, de José Hernández, que ya había pasado de ser un folletín publicado en los diarios porteños a un libro de poemas. Mientras navegaba el Paraná, Peyret recitaba los versos de la obra que años después se convertiría en un símbolo de la argentinidad y sería traducida a las más extrañas lenguas, trazando así límites simbólicos y fabricando sentidos a los límites jurídicos. En esa navegación por el definitivo límite político se trabaja el río como línea que distingue modos de ser y estilos nacionales. En cada palabra se reconvierte al agua en un divisor de identidades.

Una vez que se acordó la división actual, a fines del siglo XIX, no hubo más disputas limítrofes. O, mejor dicho, las diferencias y los enfrentamientos entre los Estados inauguraron capítulos más sutiles, aunque no siempre menos riesgosos. El hecho de que

With each word, the water was reaffirmed as a divider of identities.

Once current borders were established in the late 19th century, there were no more border disputes. Or, rather, differences and clashes between the states began to take on more subtle, if not always less risky, forms. It is by no means a matter of chance that even though a bridge between Uruguayana and Paso de los Libres was opened in 1945, it was not until four decades later that the next bridge—the Fraternity Bridge—was inaugurated. Those were four decades of blossoming military imagination about how neighbors would invade or could be invaded.

The erotics of warlike frontier metaphors blossomed as well. Safeguarding one's own country from "cultural penetration" meant continuing to speak the nation's language and preventing television and radio from the neighboring country from getting in on a mass scale. It even meant getting one's own media into bordering countries. Those semiabandoned lands, those "virgin terrains," were seen in terms of endless fragility and risk.

Bridges

In lands where rivers divide countries and provinces, river beds are supposedly what separate and only bridges can unite. But once again it is societies that construct the meanings not only of geography and its features but also of what society itself produces.

254

en 1945 se habilitara un puente entre Uruguayana y Paso de los Libres y que el siguiente puente —el de Iguazú— debiera aguardar cuatro décadas nada tiene de casual. Fueron décadas de floreciente imaginación militar acerca de los modos en que los vecinos iban a invadir o podían ser invadidos.

También floreció la erótica de las metáforas bélicas fronterizas. Resguardar el propio país de la «penetración cultural» significaba continuar hablando la lengua nacional y que no ingresaran masivamente la televisión y la radio del país vecino; es más: lograr ingresar con los propios medios de comunicación en los países colindantes. Esas tierras semiabandonadas, esas «tierras vírgenes», eran percibidas a partir de nociones de un sufrimiento constante de fragilidad y riesgo.

Puentes

En esas tierras donde los ríos dividen países y provincias, supuestamente los lechos de agua separan y sólo los puentes pueden unir. Pero, nuevamente, son las sociedades las que construyen los sentidos no sólo de los accidentes naturales sino también de sus propias producciones.

Una frontera triple, un escenario de divergencias móviles, de convergencias perecederas. Los desarrollos nunca se imaginaron como regionales, siempre se adjetivaban como nacionales. Pero los ríos, que con obras faraónicas podían proveer la energía que el desarrollismo postulaba, paradójicamente se ubicaban en las fronteras. Las gigantescas represas de Itaipú y Yacyretá repre-

A triple frontier: a setting of mobile divergences and of lasting convergences. Development was never envisioned as regional, but rather as national. But rivers which, pursuant to monumental works, could provide the energy that developmentalism advocated were paradoxically located on borders. The enormous Itaipú and Yacyretá dams represented moments and locations in that competitive daydream. But, like so many other bridges, the Friendship Bridge (which joins Brazil and Paraguay) was the strange consequence of those same projects, paradoxes of a nationalism that had to use bridges to pay for its aspirations of development.

Of course, history is not linear. "Border integration" seems to have a sole meaning until its complexity is revealed in all its depth. The armies that unconstitutionally lay siege to the governments of these countries also spoke of "integration," but to refer to transnational efforts to coordinate macabre political persecutions. Iguazú has been the site of meetings of presidents on more than one occasion. Perhaps when democratically elected presidents inaugurated bridges geared to weakening the divides between their countries, they were putting into effect a project that had been decided on years earlier, when military presidents had agreed to construct a viaduct as the culmination of old clashes and the celebration of unspeakable integrations.

Zones of diverse traffics, negotiations and wars both declared and hidden. The Triple Alliance is also present in the Triple Frontier insofar

255

sentaron momentos y lugares de esa ensoñación competitiva. Pero el Puente de la Amistad (que une Brasil con Paraguay), así como muchos otros, fueron consecuencias extrañas de esos mismos proyectos, paradojas de un nacionalismo que debía pagar con puentes sus pretensiones de desarrollo.

Se sabe que las historias no son lineales. «Integración fronteriza» parece tener un solo significado hasta que se devela el espesor de su complejidad. Los ejércitos que ocupaban inconstitucionalmente los gobiernos de los países también se referían a «integración», pero para aludir a coordinaciones trasnacionales de persecuciones políticas macabras. Iguazú fue lugar de encuentro de presidentes en más de una oportunidad: pudo suceder que cuando los recientes presidentes constitucionales inauguraban puentes que indicaban nuevos rumbos destinados a debilitar las fronteras entre los países, estuvieran habilitando una obra acordada varios años atrás, cuando los presidentes militares acordaban la construcción del viaducto como culminación de los viejos enfrentamientos y celebraban otras integraciones inenarrables.

Zona de tráficos, negociaciones y guerras diversas, abiertas y soterradas. También la Triple Alianza está presente en la Triple Frontera, en el sentido de que han quedado marcas indelebles en el lenguaje cotidiano de los paraguayos. Los argentinos son llamados «curepí», supuestamente en alusión a las polainas de cuero de cerdo que llevaban los soldados que invadían Paraguay antes de 1870. «Curepí» no es una rareza difícil de descubrir, impregna el habla cotidiana de los paraguayos.

as it has left indelible marks on the everyday language of Paraguayans. Argentines are called *curepí*, supposedly in reference to the pig-skin chaps worn by the soldiers who invaded Paraguay before 1870. The word *curepí* is by no means uncommon; it is everywhere in Paraguayans' daily speech.

So bridges—over which persons and goods are trafficked, on which customs and immigration institutions are clustered—are by no means automatic instruments of unification; they have, rather, been the site of countless conflicts. If in the years under the siege of the military imaginary each country had plans to blow up the viaducts should the oft-dreaded invasion by a neighbor actually come to pass, the auspicious silencing of those paranoid voices did not bring with it the harmony of the declared integration.

Unjustified revisions, institutionalized humiliations and dogged stigmas became even more telling alongside rhetoric of brotherhood and of a union that never actually took hold, at least not for vast sectors of the populations who could hardly take part in formalized foreign trade policies in a region with a long history.

Ants

Body leaning forward, arms carrying a package on shoulders, tired face, legs moving at a constant pace: a more and more common image in the world of containers, of the broadening of the Panama Canal, of

256 Alejandro Grimson/Liminality, Interculturality

Por ello, los puentes, con su canalización de los tráficos de personas y mercaderías, con su condensación de instituciones aduaneras y migratorias, lejos están de ser automáticamente lazos de unión. Han constituido espacios en los cuales se han desarrollado innumerables conflictos. Si en los años dominados por la imaginería militar cada país contaba con planes disponibles para volar por los aires los viaductos en el caso (reiteradas veces temido) de una invasión vecina, cuando esas sirenas auspiciosamente acallaron sus voces paranoicas, los conflictos no llegaron a la armonía de la proclamada integración.

Revisiones injustificadas, humillaciones institucionalizadas y estigmas persistentes se tornaban más elocuentes al convivir con retóricas de hermandad y de una unión que no acababa de concretarse, al menos para las mayorías que difícilmente podían acoplarse a los regímenes formalizados del comercio exterior en una región de larga historia.

Hormigas

El cuerpo inclinado hacia delante, los brazos cargando el bulto en los hombros, el rostro cansado, las piernas a ritmo constante: una imagen que se multiplica en el mundo de los *containers*, de la ampliación del Canal de Panamá, de la multiplicación del comercio internacional, de la abolición de las fronteras y en pleno corazón geográfico del Mercosur, que ha integrado definitivamente a los países de la región.

the expansion of international trade, of the end of borders and at the geographical heart of Mercosur which has integrated the countries of the region once and for all.

In the Triple Frontier they are called *sacoleiros*; in the Uruguay River region they are *pasadores*; on the border near Posadas they are *paseras*. In the mid-20th century, when due to the scarcity of flour President Perón banned its export from "the breadbasket of the world," *farinheiras* began to appear on the only bridge connecting Brazil and Argentina at that time. *Farinheiras* were Brazilian women who, due to the flour they were carrying concealed in their clothing, appeared to be not only pregnant but also well endowed in certain zones of the female body as they went through customs and crossed the Uruguay River. Perhaps in this erotics of contraband in which scores and scores of women would walk towards Uruguayana, leaving bits of flour on the city streets, lies the origin of the image of the petty smuggling known in Spanish as "ant smuggling."

Each term (*farinheira, sacoleiro*) is dense in implication of nation and gender, though with no variation in class. Who are the people who cross over? From and to which country? Carrying what and how? In the times of the *farinheiras*, there were not many cars and they existed alongside horse-drawn carriages; the current *sacoleiros*, meanwhile, are in and of themselves an undeniable facet of so-called "globalization."

En la Triple Frontera se los llama *sacoleiros*; en la zona del Río Uruguay son los *pasadores*; en la frontera de la zona de Posadas son las *paseras*. A mediados del siglo XX, cuando en el «granero del mundo» el presidente Perón prohibió las exportaciones de harina debido a su escasez, en el único puente que existía entonces entre Brasil y Argentina surgieron las *farinheiras*, mujeres brasileñas que cargaban harina dentro de sus ropas y cruzaban la aduana y el río Uruguay pareciendo no sólo embarazadas, sino prominentes en las zonas más femeninas del cuerpo. En ese erotismo del contrabando, cuando decenas y decenas de mujeres caminaban hacia Uruguayana dejando restos de harina en las calles de la ciudad, puede haber surgido la imagen del «contrabando hormiga».

En cada término (*farinheira, sacoleiro*) hay una condensación de implicancias de nacionalidad y género, sin variaciones de clase. Quiénes son los que cruzan, de qué país a qué otro, transportando qué y cómo. Cuando había *farinheiras*, los automóviles eran escasos y convivían con los carros de caballo, mientras que los *sacoleiros* actuales son ellos mismos una faceta innegable de la llamada «globalización».

Interculturalidad

La antropología clásica, que se construyó a sí misma desarrollando una crítica científica del concepto de raza, opuso a esa biologización de los seres humanos la idea de cultura. Esta idea, que implicó comprender que lo aprendido en la vida social es un elemento

Interculturality

Classical anthropology, which was based on a scientific criticism of the notion of race, opposed the biologicalization of human beings with the idea of culture. This idea, which implied an understanding that what is learned in social life is a constitutive part of men and women, also contributed to replacing one imagination about the distribution of the human race with another. The world's territories were no longer divided into a black and a white continent, into yellow regions or lands of red skins. The chromatic metaphor so dear to the naturalization of differences was replaced by the idea that in each territory there is a community that bears a culture. And so the world came to be conceived as an archipelago of cultures.

The Triple Frontier is one of the contemporary spaces that invite us to reflect on the arbitrary nature of that vision. It is not the result, as the insular imagination might suppose, of three islands, each with a life of its own, that have come into contact. It is, rather, a laboratory of interculturality where people migrate and move about for commerce and other reasons. And even when people stay in their place (is there a place for each of us?), symbols and messages circulate relentlessly.

These crossings do not entail negating the fact of the border; borders are not blurred by crossings, be they physical or symbolic. Physical crossing always involves an apparatus of procedures: getting ready, heading towards, expounding sound reasons to travel, showing

constitutivo de los hombres y las mujeres, también contribuyó a sustituir una imaginación sobre la distribución del género humano por otra. Los territorios del mundo ya no estaban divididos en un continente negro y otro blanco, en regiones amarillas o en tierras de pieles rojas. La metáfora cromática, tan cara a la naturalización de las diferencias, fue reemplazada por la idea de que en cada territorio hay una comunidad que porta una cultura. Así, el mundo fue concebido como un archipiélago de culturas.

La Triple Frontera es uno de los espacios contemporáneos que nos invita a reflexionar acerca de la arbitrariedad de esa perspectiva. La Triple Frontera no resulta, como la imaginación insular presupone, de tres islas con vida independiente que se han encontrado. Por el contrario, se trata de un laboratorio de la interculturalidad donde la gente migra y se traslada por el comercio o por otros motivos. Y cuando la gente permanece en su lugar (¿hay un lugar de cada quien?), de todos modos los símbolos y mensajes circulan de manera incesante.

Esos cruces no suponen la negación de la frontera. Las fronteras no se desdibujan con los tránsitos materiales o simbólicos. El cruce material implica, siempre, un dispositivo de procedimientos: prepararse, dirigirse, tener certezas, mostrar documentaciones, bolsos, rostros; ingresar. En ese acto se ponen en juego saberes y sentimientos. El fronterizo tiene un *know how* acerca de lugares, tiempos, personas, resquicios, opciones. El extranjero —el no fronterizo— sufrirá de otro modo las redes tendidas: por más que se proclame el Mercosur, uno debe salir

documents, contents of bags, faces, entering. This act deploys forms of knowledge and feeling. The border dweller has knowhow about places, times, people, hideaways, options. The foreigner, on the other hand, experiences these newly laid networks differently. Regardless of the formal existence of Mercosur, one leaves his or her country behind and enters another, of which one is not a citizen. But the border dweller, who carries noodles, t-shirts, soft drinks, "global knickknacks," to use Gustavo Lins Ribeiro's expression, is by no means immune to the fact that this integration was designed for containers and customs clearances, for large shipments and scale economies; for the daily life of the border dwellers, integration is still under construction.

In the Tripe Frontier, there are many more boundaries than those between three countries. There are international immigrants and domestic migrants, as well as tourists from many different places. Guarani, Portuguese and Spanish are spoken alongside languages and accents brought over from the Middle East and the world's northern regions. Cultural diversity is not divided into three spaces; diversity is processed in each country, and the Triple Frontier is itself a zone of contact.[2] It is a space of encounter and creativity but also of conflicts, ones that a perspective that focuses on limits would be compelled to aggravate but that, by means of an intercultural imagination that makes use of an array of minor inequalities, it is possible to overcome.

[2] The expression "zone of contact" was coined by Pratt, Mary Louise, *Ojos imperiales*, Buenos Aires: Fondo de Cultura Económica, 2011. (English title: *Imperial Eyes: Travel Writing and Transculturation*.)

 Alejandro Grimson/Liminalidad, interculturalidad

de su país y entrar en otro, en el cual ya no es ciudadano. Pero el fronterizo, que carga sus fideos, sus remeras, sus gaseosas, sus «chucherías globales» (la expresión es de Gustavo Lins Ribeiro), de ningún modo queda indemne al hecho de que la integración fuera diseñada para *containers* y despachos de aduana, para grandes cargas y economías de escala; para la vida cotidiana de los fronterizos, aún está en construcción.

En la Triple Frontera hay muchos más límites que tres países. Hay migrantes internacionales y migrantes internos, turistas de orígenes múltiples. Se habla guaraní, portugués y castellano junto a lenguas y acentos que llegan de Oriente Medio y de los nortes del mundo. La diversidad cultural no está separada en tres espacios; la diversidad se procesa en cada país y la Triple Frontera es ella misma una zona de contacto.[2] Un espacio de encuentro y creatividad. Pero también de conflictos que, si bien una perspectiva que refuerce los límites no podría más que acentuar hasta la gravedad, también una imaginación intercultural que promueva por vías múltiples inequidades menores puede socavar.

Los dilemas de la Triple Frontera son los del mundo que habitamos: cómo lograr la comprensión mutua sin pretender disolver diversidades; cómo rearticular la diversidad para que sea mucho más que una traducción de las desigualdades. En fin, cómo desanudar las relaciones entre las culturas y los poderes para que, a través de significados divergentes, existan consensos acerca de qué significan derechos y ciudadanía, y dónde y cómo pueden reunirse las formas de la igualdad con las formas de la diferencia.

[2] La expresión «zona de contacto» es de Pratt, Mary Louise, *Ojos imperiales*, Buenos Aires, Fondo de Cultura Económica, 2011.

The dilemmas of the Triple Frontier are the dilemmas of the world in which we live: how to obtain mutual understanding without dissolving differences; how to rearticulate diversity so that it becomes more than a translation of inequalities. In sum, how to unravel the relationships between cultures and powers so that, on the basis of different meanings, an array of consensuses about what rights and citizenship mean might emerge along with an understanding of where and how forms of equality can converge with forms of difference.

 Alejandro Grimson/Liminality, Interculturality

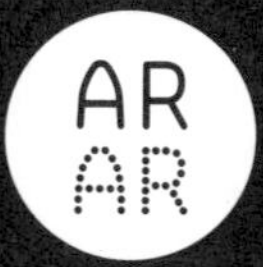

ARTISTS
ARTISTAS
Kyong Park (KR)
A History of Multinational State,
at the End of Nation-States
Historia de un Estado multinacional,
sobre el final de los Estados-nación
The "City of One Percenters"
La «Ciudad del Uno por Ciento»

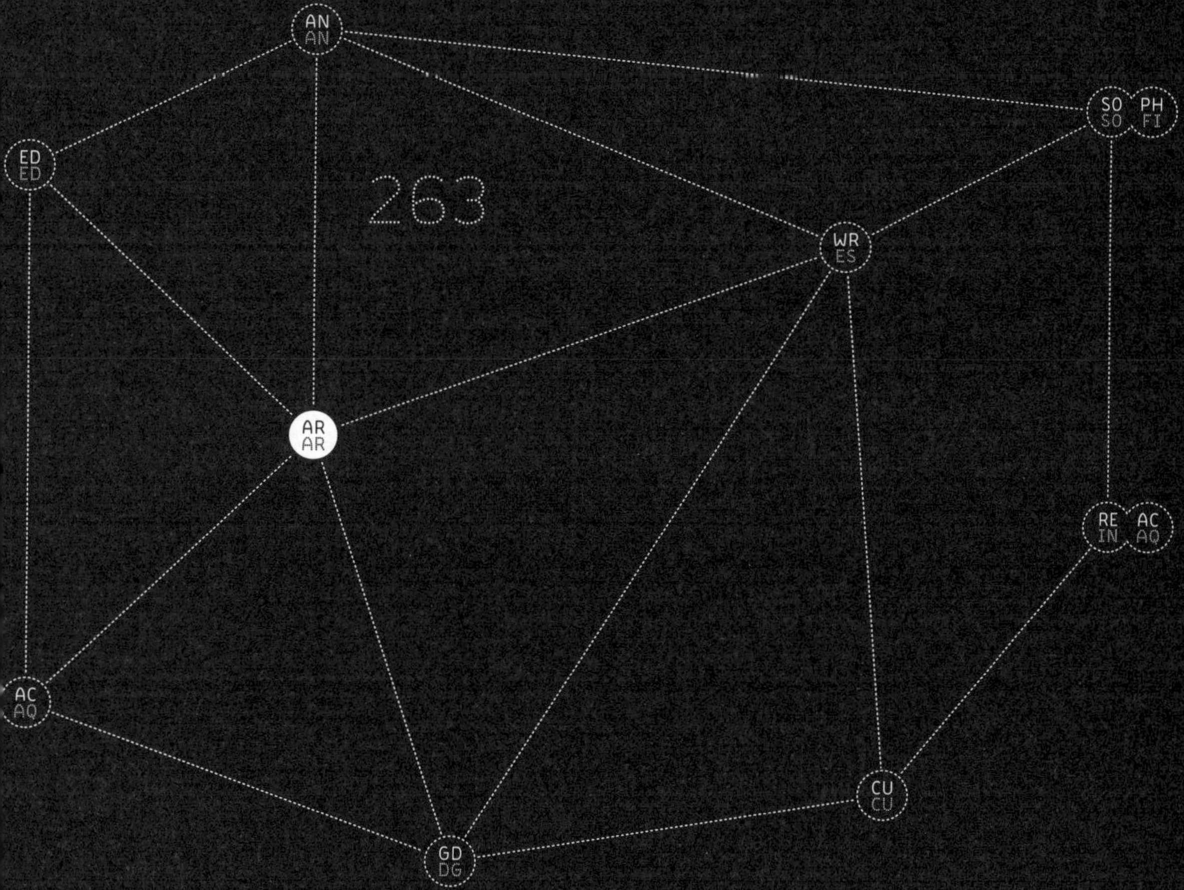

263

A History of Multinational State, at the End of Nation-States

From the success and dominance of the multinational corporations ever since the founding of the Dutch East India Company in 1602, it was inevitable that even the nation-states themselves would eventually become multinational too. Foreign direct investment, along with other outsourcing forms of global finances, has gradually come to replace costly military occupations and political colonialism as the new geopolitical instruments. Consequently, it became unsustainable to maintain the absolute territorial integrity over citizenship, taxations, defense, along with other numerous laws and clauses of the dictatorial sovereignty of nation-states. The movements of capital and labor simply overran the territorial borders of the Westphalian nation-state.

Historia de un Estado multinacional, sobre el final de los Estados-nación

A partir del triunfo y dominio de las corporaciones multinacionales, desde la fundación de la Compañía Neerlandesa de las Indias Orientales en 1602, era inevitable que hasta los propios Estados-nación se convirtieran en entes multinacionales. Poco a poco, la inversión extranjera directa, junto con otras formas derivadas de las finanzas globales, fueron reemplazando las costosas ocupaciones militares y el colonialismo político como nuevos instrumentos geopolíticos. En consecuencia, se volvió insostenible mantener la integridad territorial absoluta sobre la ciudadanía, los impuestos y la defensa y seguir imponiendo un gran número de leyes y cláusulas de la soberanía dictatorial de los Estados-nación. Simplemente, los movimientos del capital y del trabajo sobrepasaron los límites territoriales del Estado-nación westfaliano.

The transformative condition of statehood was already being
forced upon by the ever escalating migrations of unprecedented
amount and speed of financial and cultural movements across state
borders. Moreover, they were further amplified by the immigration
and emigration of increasingly nomadic populace who found their
singular allegiance to one state utterly impractical and unreasonable,
both in economic and legal terms. The ethnic homogeneity of each
nation-state was being overrun by foreign immigrants from other
nations, and their cultures—the United States becoming dominated
by Latin Americans and Asian Americans, both demographically and
politically, or the Dutch being outnumbered by their ex-colonial citizens in the Netherlands—where the previous history or culture of any
nation-state could no longer claim the exclusive territoriality of their
own land.

The first real attempt to accommodate the flows of capital and labor
was the creation of supranational states such as the former European
Union, or the more recent success of the East Asian Federation (EAF)
that spanned from Japan to Singapore, or the Greater Islamic Brotherhood (GIB) that stretched from North Africa to Indonesia. The migratory pattern and nomadic practices by most people of the globe began
to exceed the services from, or servitude to, one single nation-state.
Tensions along the borders of nation-states skyrocketed in the late
2010s, critically tested by explosions of border disputes and military

La condición del Estado ya se estaba viendo obligada a hacer
cambios debido a una migración cada vez mayor —de hecho, en
cifras sin precedentes—, así como a unos movimientos financieros
y culturales cada vez más veloces que atravesaban las fronteras
estatales. Esta situación se veía agravada por la inmigración y
emigración de crecientes poblaciones nómades, cuya lealtad hacia
un único Estado no resultaba en absoluto práctica ni razonable,
tanto en términos económicos como legales. Los inmigrantes de
otras naciones y sus culturas socavaban la homogeneidad étnica
de cada Estado-nación: Estados Unidos se encontraba dominado
por latinoamericanos y asiático-americanos, tanto demográfica
como políticamente; Holanda alojaba una población mayor de
ciudadanos de sus ex colonias que de personas nacidas en los
Países Bajos mismos. La historia y la cultura previas de cualquier
Estado-nación ya no podían reclamar el dominio territorial exclusivo sobre su propio suelo.

El primer intento real de ordenar los flujos de capital y de trabajo fue la creación de Estados supranacionales, como la antigua
Unión Europea, o el éxito más reciente de la Federación del Este
Asiático, que abarcaba desde Japón hasta Singapur, o la Gran Hermandad Islámica, que iba desde el norte de África hasta Indonesia.
El patrón migratorio y las prácticas nómades de la mayoría de los
pueblos del mundo comenzaron a exceder los servicios de un único
Estado-nación, o la lealtad a éste. Las tensiones en las fronteras
de los Estados-nación se dispararon hacia finales de la década de
2010, una situación que se volvió crítica con la explosión de con-

actions at the border cities between the United States and Mexico, especially the exclusionary and deportation measures by the State of Arizona that heightened in 2015. The radicalized attempt to maintain totalitarian sovereignty of the nation-state was foreseen by the "Fortress Europe," that began to deport the so-called *Gastarbeiters* from the northern European nation-states since the late 1990s, especially the Romanis.

The rise of multinational states was thus inevitable, with the first of its kind taking root at the border between the United States and Mexico. A massive uprising occurred at the former San Ysidro Port of Entry in Tijuana, when thousands of Mexican workers who waited for their daily entry into the United States were blocked out by white American demonstrators led by radicalized politicians of European Americans who feared the loss of their ethnic majority. Refusing to turn back, the dayworkers began to protest with sit-ins at the entry points, not dissimilar to the brief but popular Occupy Wall Street movements in 2011. At the Congress's request in Washington, the Mexican government began to build a second border directly south of the San Ysidro Port of Entry, to contain the people of sit-in, which by this time swelled to tens of thousands. With months of sit-in extending into years of settlement, a new informal city emerged there as more and more people joined this movement, even from outside of the United States and Mexico. This new territory without state kept on enlarging along the

 Kyong Park/A History of Multinational State, at the End of Nation-States

flictos limítrofes y acciones militares en las ciudades fronterizas entre Estados Unidos y México, especialmente con las medidas de exclusión y deportación del estado de Arizona, que alcanzaron su punto álgido en 2015. La «Fortaleza Europa» fue un primer intento radical de mantener la soberanía totalitaria sobre el Estado-nación, con una medida que, desde finales de la década de 1990, comenzó a deportar a los así llamados *Gastarbeiters* de los Estados-nación del norte del continente, sobre todo a los rumanos.

El surgimiento de Estados multinacionales era, así, inevitable, y el primero de ellos echó raíces en la frontera entre Estados Unidos y México. En el antiguo puerto fronterizo Tijuana-San Ysidro tuvo lugar una revuelta masiva en la cual miles de trabajadores mexicanos (que, como todos los días, esperaban para entrar a Estados Unidos) se vieron bloqueados por manifestantes blancos norteamericanos cuyos líderes eran políticos europeo-norteamericanos radicalizados que temían perder la mayoría étnica. Negándose a dar marcha atrás, los jornaleros comenzaron a protestar y realizaron piquetes para obstruir los puntos de ingreso de manera similar a los movimientos efímeros pero populares de Occupy Wall Street en 2011. Por una petición del Congreso en Washington, el gobierno mexicano comenzó a construir una segunda frontera justo al sur del puerto fronterizo San Ysidro para contener a las personas que participaban de los piquetes, que para entonces ya se contaban por decenas de miles. Los meses de piquetes se transformaron en años de asentamiento y emergió una nueva ciudad informal a medida que más y más gente se unía a este

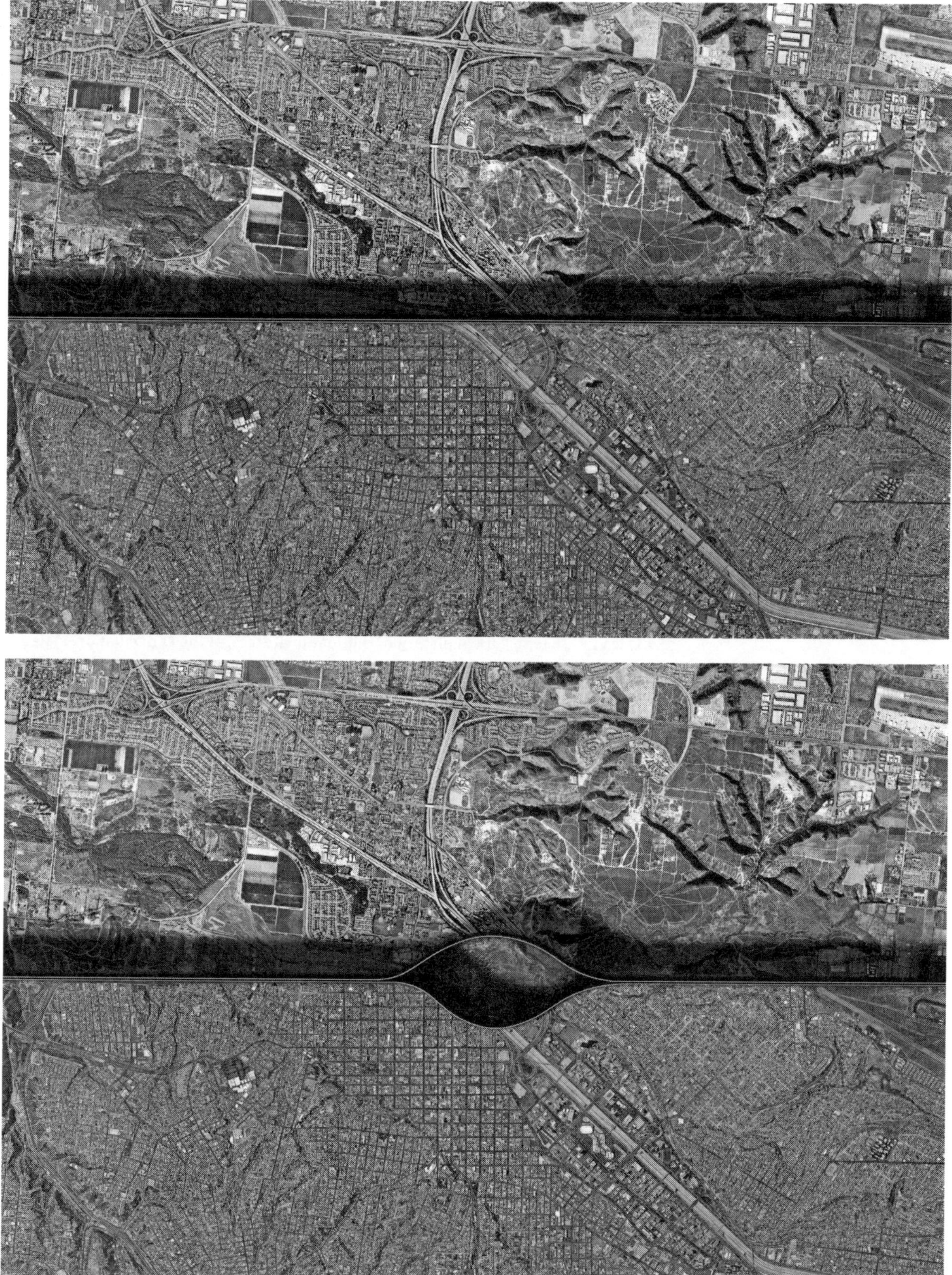

border. The result was like unzipping the one original border into two separate border lines, with this non-state in-between.

Influenced by the French Revolution and Marxism-based socialism, including American independence from the British, the settlement began to construct its own political system. Included in its constitution was the freedom to allow anyone, regardless of their national or ethnic origin, to enter to live and work within this new territory. They were not required to have any documents—passport or visa—to become active and productive members of this new multinational state, leading to the naming of this multinational nation as UMEX. However, they would need such documents if they were to enter either the United States and Mexico, or any other nation-states, thus not changing then existing international laws. Unlike the now defunct supranational states that tried to make multiple states into one state, UMEX is a multinational state from its beginning, while allowing multiple statehoods to flourish within it.

In occupying the port of entry, the goods in trade between the United States and Mexico had to go through this multinational state, producing a condition of piracy similar to the hi-jacking of cargo ships on international water that was rampant in the 2000s, or the more complex negotiated condition of exchanges of materials between borders during the siege of cities, such as St. Petersburg during the Second World War or Sarajevo during the Yugoslav War in the 1990s. The

268

movimiento, incluso desde fuera de Estados Unidos y México. Este nuevo territorio sin Estado siguió agrandándose a lo largo de la frontera. La frontera original quedó dividida en dos, como si se hubiese hecho una incisión a lo largo de ella, con este no-Estado en el medio.

Influido por la Revolución Francesa y el socialismo marxista, así como por el movimiento de la independencia norteamericana, el asentamiento comenzó a construir su propio sistema político. Incluyó en su constitución la libertad para que cualquiera, sin importar su origen étnico o nacional, pudiese ingresar a vivir y trabajar dentro de este nuevo territorio. No hacía falta presentar ningún documento —ni pasaporte ni visa— para volverse un miembro activo y productivo de este nuevo Estado multinacional, una especie de nueva nación multinacional a la que se denominó «UMEX». Sin embargo, si uno quisiera entrar a Estados Unidos, México o cualquier otro Estado-nación, necesitaría esos documentos, de manera que no se modificaron las leyes internacionales existentes. A diferencia de los ahora difuntos Estados supranacionales, que intentaron hacer de muchos Estados uno solo, UMEX es un Estado multinacional desde sus comienzos, al mismo tiempo que permite que muchos otros Estados florezcan en su interior.

Al ocupar el puerto de entrada, los bienes comercializados entre Estados Unidos y México debían atravesar este Estado multinacional, produciendo un nivel de piratería similar a los robos de barcos de carga en aguas internacionales, desenfrenados en la década de 2000, o la más compleja y negociada condición de

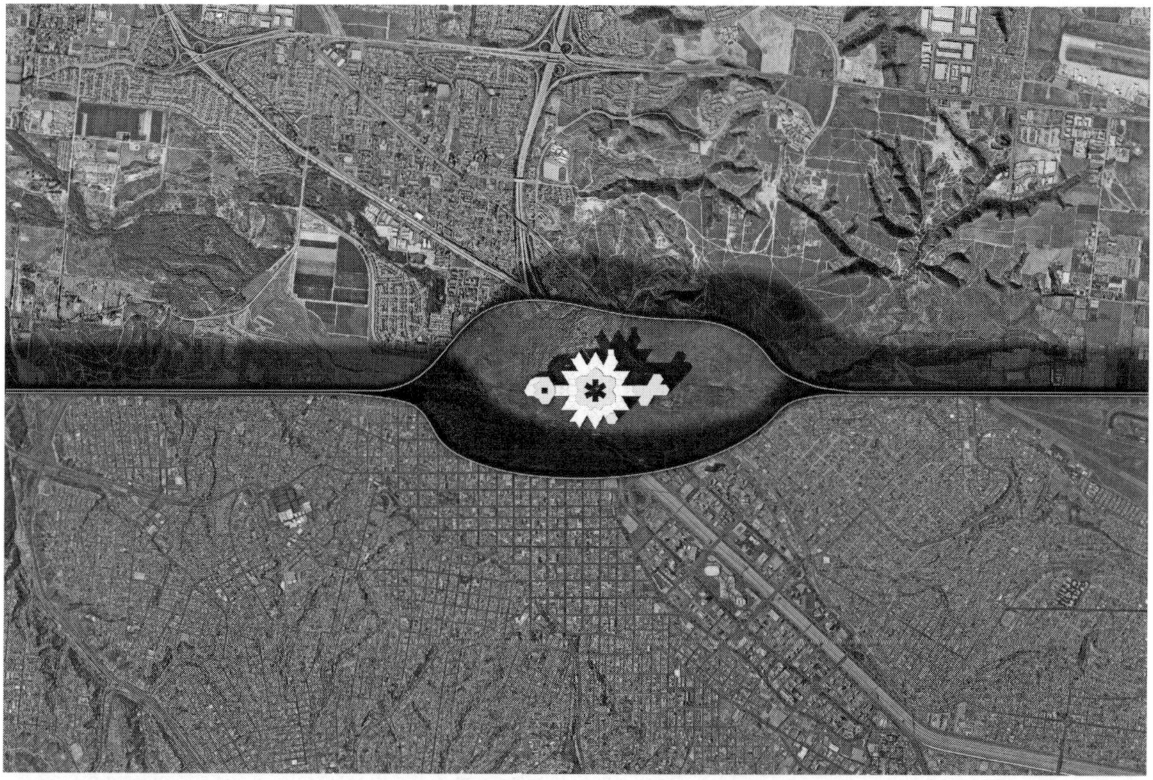

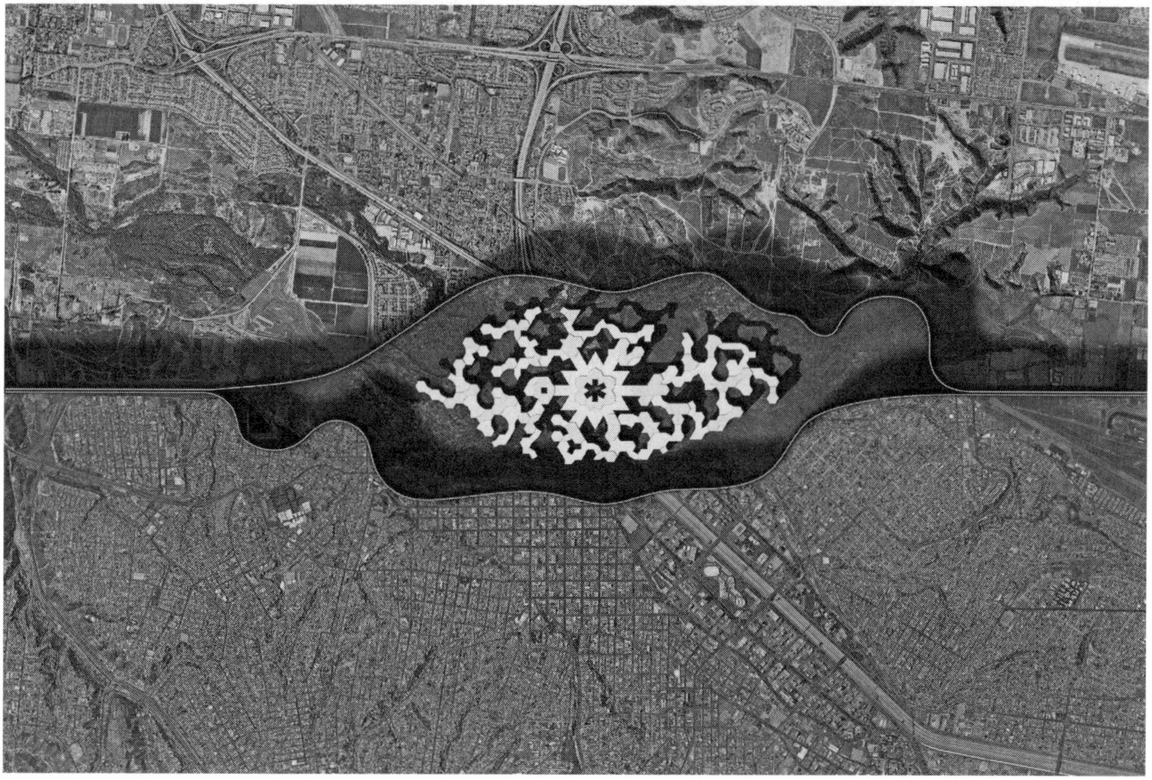

more peaceful comparison would be the mutual economic benefits across the border between Hong Kong and Shenzhen that transformed the latter from a town of 30,000 inhabitants in 1979 into a megalopolis of more than 10 million people by 2010, with the former providing international capital and the latter giving cheap labor for the globalized exporting of manufactured goods from the Pearl River Delta. With the economy of this multinational state rising exponentially—in the era of global depression that entrenched for decades after the collapse of the European Union—people migrated by thousands each day to become residents in it, rather than to enter either the United States or Mexico. With similar actions developing at the ports of entry of other twin border cities that previously strung along the border between the United States and Mexico, they eventually merged together to form a bigger multinational state that currently stretches from the Pacific Ocean to the Gulf of Mexico. Almost immediately, the unemployed people from the United States and Mexico began to immigrate massively into this multinational state, including those who fled mismanagement and corruption at the politics of their nation-states.

Against the fluctuating behavior of the unregulated and unsustainable capitalist regime that thrived from ever-widening income inequalities between different areas and people, a new constitution was formulated on the belief of parity between nature and humans. Inspired by the then fledgling Tijuana Estuary Project, that attempted

Kyong Park/A History of Multinational State, at the End of Nation-States

intercambio de materiales entre fronteras durante el sitio de ciudades como San Petersburgo, durante la Segunda Guerra Mundial, o Sarajevo, durante la guerra de los Balcanes, en los años 90. La comparación más pacífica sería con los mutuos beneficios económicos en la frontera entre Hong Kong y Shenzhen, que hicieron que la segunda pasara de ser en 1979 un pueblo de treinta mil habitantes a una megalópolis de más de diez millones de personas en 2010. Hong Kong proveía capital internacional y Shenzhen entregaba mano de obra barata para la exportación globalizada de bienes manufacturados desde el delta del río Perla. A medida que la economía de este Estado multinacional crecía exponencialmente —en la era de la depresión de la economía mundial, que se instaló por décadas después del colapso de la Unión Europea—, la gente emigraba de a miles por día para convertirse en residentes de ese nuevo Estado, en vez de intentar ingresar a Estados Unidos o México. Como se llevaron a cabo acciones similares en los puertos de entrada de otras ciudades gemelas fronterizas que antes se encadenaban a lo largo de la frontera entre Estados Unidos y México, con el tiempo todas ellas se fusionaron para formar un Estado multinacional más grande, que se extiende desde el océano Pacífico hasta el golfo de México. Casi de inmediato los desempleados de Estados Unidos y México comenzaron a inmigrar en masa a este Estado multinacional, incluidos aquellos que huían de la incompetencia y la corrupción en la política de sus propios Estados-nación.

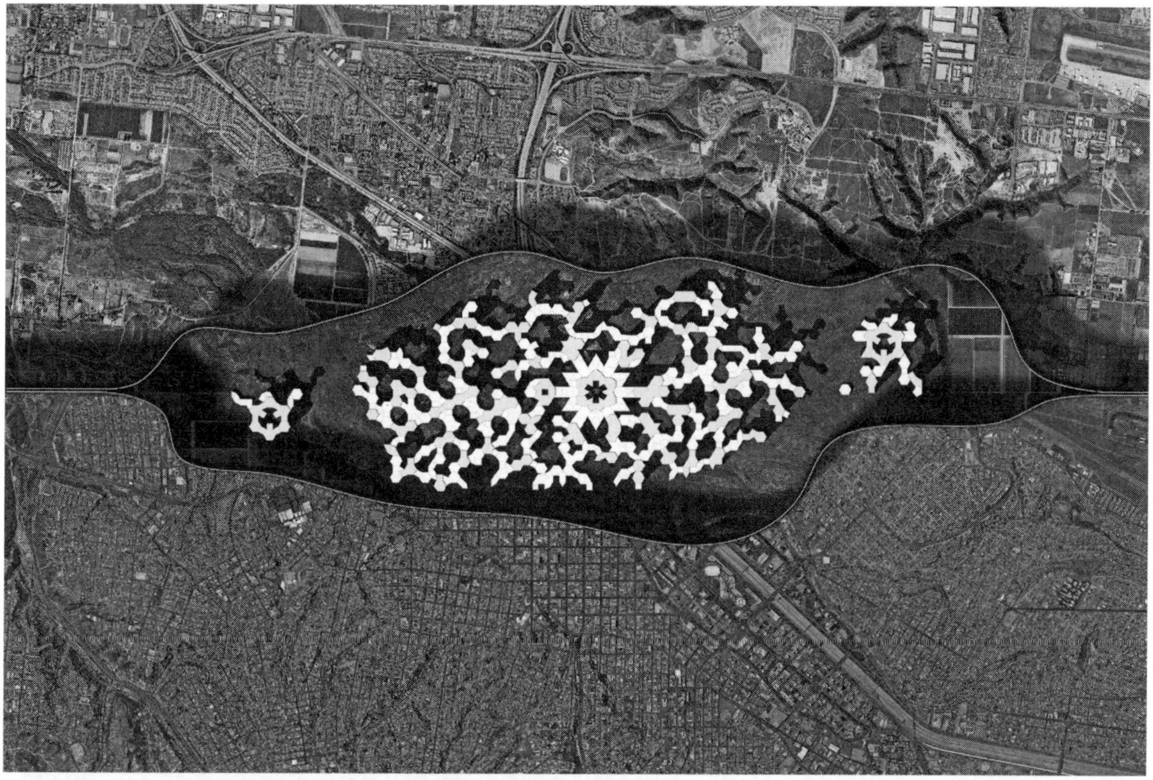

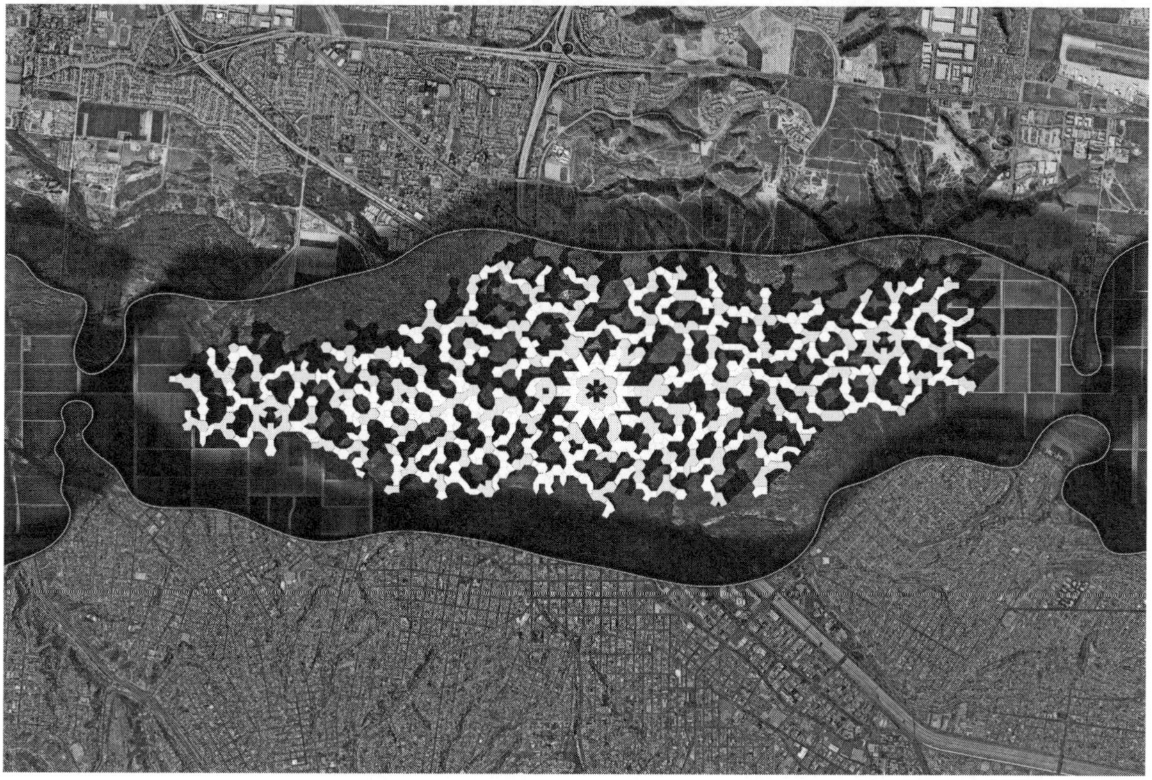

to remediate then polluted Tijuana River, which flowed across the two nation-states, the building of the cities of this multinational state was guided by environmental determination to bring the land to its native condition. The existing cities, such as Tijuana, were literally recycled—torn down to create new hybrid construction materials—to build the new cities above the ground, on massive sky-scraping towers in which people lived. Spread out like a forest, these towers were then connected at their very top with linear bridges that functioned as roads and parks, while the factories and offices were tucked underside of them. Thus the land below was once again free to return to its natural state—as it had already happened following the decay of Detroit—or to be farmed to feed the cities above.

The result is a city-state of multinational dimension, one that began to reflect the flexible sociocultural order, a network without any hierarchy where everyone at every location became equally important. There is no difference between cities and state, or between different cultures and ethnicities in UMEX. As it was organically constructed without a centrally dictated master plan, UMEX is without a center, able to endlessly expand and devour the adjacent nation-states. Capitalism and socialism were hybridized into a more efficient economy, where the idea of "everyone getting equally rich" began to replace the "American Dream," that was only realized by few. UMEX proved that border is not a division of differences, but rather a spine that integrates difference.

Contra la conducta fluctuante de un régimen capitalista desregulado e inestable que se nutría de una desigualdad de ingresos cada vez mayor entre distintas áreas y personas, se formuló una nueva constitución basada en la creencia de la paridad entre la naturaleza y el ser humano. Inspirada por el entonces naciente proyecto Estuario de Tijuana —que intentó sanear el por entonces contaminado río Tijuana, que fluía a través de los dos Estados-nación—, la construcción de las ciudades de este Estado multinacional fue guiada por la determinación medioambiental de devolver la tierra a su estado original. Las ciudades ya existentes, como Tijuana, fueron recicladas literalmente, es decir, se demolieron para crear nuevos materiales híbridos de construcción, y con ellos se levantaron las nuevas ciudades por encima del suelo, sobre los gigantes rascacielos en los que la gente vivía. Extendidas como un bosque, estas torres luego se conectaron en su punto más alto por medio de puentes lineales que funcionaban como calles y parques, mientras que las fábricas y oficinas se construyeron en su parte inferior. De esta forma, el suelo, allí abajo, era de nuevo libre para regresar a su estado natural —como ya había sucedido luego de la decadencia de Detroit— o para ser cultivado, generando alimentos para las ciudades que se ubican sobre él.

El resultado es una ciudad-estado de dimensión multinacional que comenzó a reflejar un orden sociocultural flexible; una red sin jerarquía alguna en la que todos, desde cualquier punto, se vuelven igualmente importantes. En UMEX no hay diferencia entre ciudades y Estado o entre diferentes culturas y etnias. Como fue

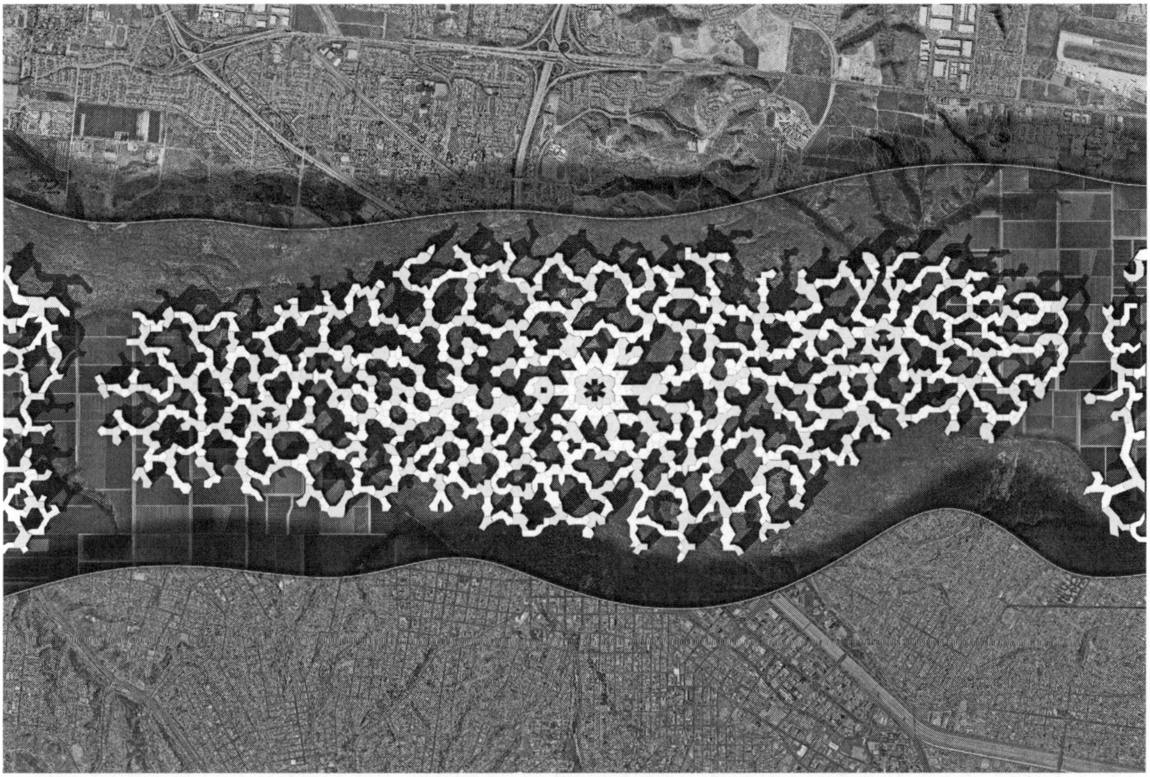

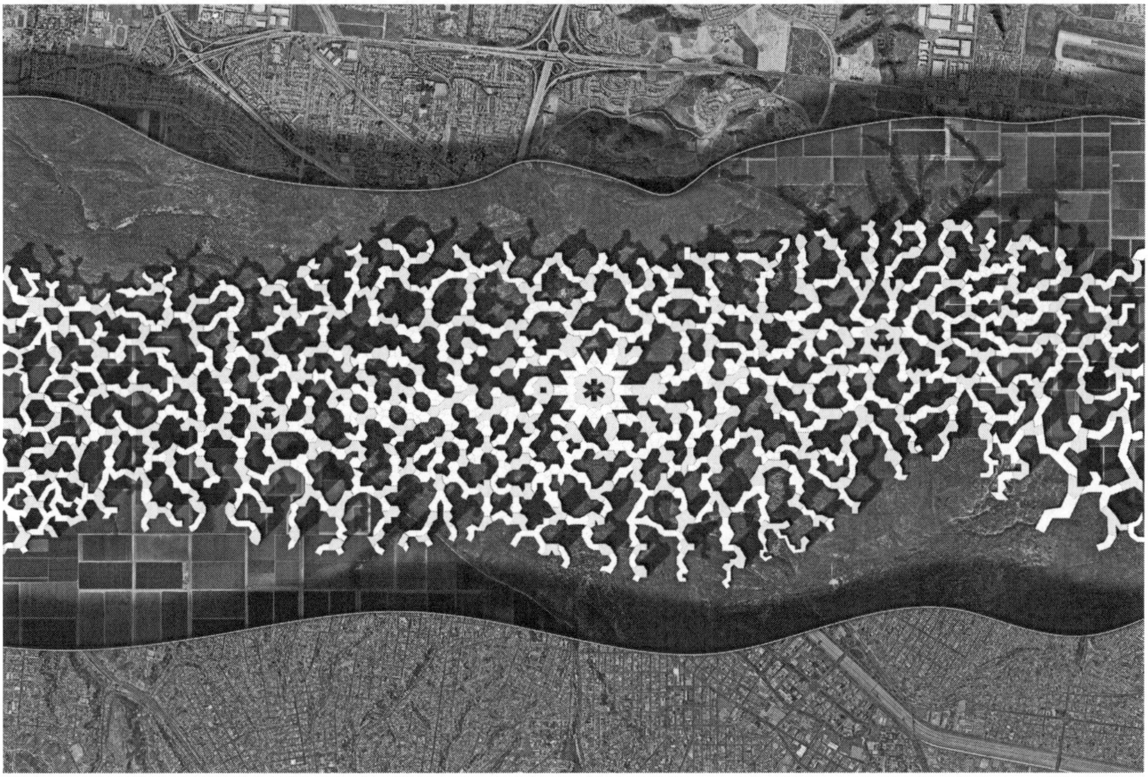

construida de manera natural, sin un plan superior dictado cen-
tralmente, UMEX es capaz, al no tener un centro, de expandirse sin
cesar y devorar los Estados-nación adyacentes. Se hibridaron
capitalismo y socialismo para dar con una economía más eficiente,
en la cual la idea de que «todos se vuelvan igualmente ricos»
comenzó a reemplazar el «sueño americano», que sólo unos pocos
lograban. UMEX demostró que la frontera no es una división de
diferencias, sino, más bien, una columna vertebral que integra la
diferencia.

The "City of One-Percenters"

Off the coast of Myanmar, an artificial island was created to accommodate the economic elites of Asia. An existing volcanic mountain was leveled off, creating gentle slopes all around, to form a larger island in an oval shape 15 km wide and 20 km long. Upon it a new city was built, exclusively for the so-called "One-Percenters." Entirely comprised of expatriates—who have immigrated from eighteen cities that formed the New Silk Roads in Asia—the island emulated the city-states of Italian Renaissance, including the colonial entrepots such as Hong Kong, Singapore or Jakarta.

The re-emergence of the city-state came forth due to the various economic and social conflicts that rose at the beginning of the 21st century, the new era of neo-feudalism world-wide. Under the economic globalization, ruled by the relentless pursuit of the neoliberal politics, in collusion with the multinational corporations, pre-Marxist class hierarchy was reconstituted in all its reaches around the world. An example would be the utter extinction of the industrialized middle

La «Ciudad del Uno por Ciento»

Frente a la costa de Myanmar se creó una isla artificial para alojar a las elites económicas de Asia. Se niveló una montaña volcánica preexistente, creando a su alrededor suaves pendientes, para configurar una isla más grande, de forma ovalada, de unos quince kilómetros de ancho y veinte de largo. Sobre ella se construyó una nueva ciudad, exclusiva para el llamado «Uno por Ciento». Compuesta enteramente de expatriados, inmigrantes de las dieciocho ciudades que formaban las Nuevas Rutas de la Seda en Asia, la isla emula las ciudades-Estado del Renacimiento italiano, así como factorías coloniales como Hong Kong, Singapur o Yakarta.

El resurgimiento de la ciudad-Estado se produjo debido a los numerosos conflictos económicos y sociales que se sucedieron a principios del siglo XXI, cuando una nueva era del feudalismo se impuso a escala mundial. En el contexto de la globalización económica, regida por la búsqueda implacable de las políticas neoliberales y el dominio de las corporaciones multinacionales, se reconstituyó en todo el mundo, y en todo su alcance, la jerarquía de clases premarxista. Un ejemplo de esto podría ser la extinción total de la clase media industrializada, un extraño fenómeno de

class, an odd phenomenon of the second half of the 20th century. For instance, the income disparity in the United States, where the top 1% accounted for 24% of all incomes already by 2007, was even more polarized than that of England in the late 17th century, or Germany in 15th to 16th centuries, where top 5% income group disposed of 25% of national income. Exceeding the seigniorial system of serfdom in Europe during the Middle Ages, the bottom 99% of the population was being deprived of increasing amounts of land, through urbanization and gentrification, causing the world-wide spread of uprisings by rural peasants and urban proletariat soon after the spectacular burst of the Great Bubble of China in 2017.

The idea of making a city of "One-Percenters" rose out from the simple realization that financial control could now be achieved without a great territorial possession, similar to the success of the small merchant states such as Genoa, Amsterdam and other miniscule territories that controlled most of European trades around the Mediterranean, including the Atlantic Ocean and the Black Sea, during the Renaissance period. A compromise was reached at the Treaty of Yangon in 2020, by which the economic elite would retain their financial supremacy while the rest of the world population would regain control of their land. The result was a new seigniorial structure where new city-states were allowed to develop, while a new supra-state, modeled after now defunct European Union, was to be inhabited by the rest of the world population.

la segunda mitad del siglo XX. Por ejemplo, la brecha distributiva en Estados Unidos—donde ya hacia 2007 el uno por ciento de la población percibía el veinticuatro por ciento del total de los ingresos—era incluso más pronunciada que la de Inglaterra a finales del siglo XVII, o la de Alemania de los siglos XV a XVI, donde el cinco por ciento más rico de la población disponía del veinticinco por ciento de los ingresos nacionales. Era peor aún que el sistema señorial de servidumbre de la Europa medieval, donde el noventa y nueve por ciento de la población contaba con cada vez menos tierras debido a la urbanización y la *gentrificación*. Esto provocó que, poco después del impresionante estallido de la Gran Burbuja China en 2017, se difundieran por el mundo entero levantamientos de campesinos y obreros.

La idea de construir una ciudad para el «Uno por Ciento» surgió de la simple constatación de que el control financiero ahora podía lograrse sin contar con grandes posesiones territoriales, algo similar a lo sucedido durante el Renacimiento con el éxito de estados mercantiles como Génova, Ámsterdam y otros territorios minúsculos que controlaban la mayor parte del comercio europeo en el Mediterráneo, el océano Atlántico y el mar Negro. Con el Tratado de Yangon, en 2020, se llegó a un acuerdo a través del cual la elite económica retendría su supremacía financiera, mientras que el resto de la población mundial recobraría el control de sus tierras. El resultado fue una nueva estructura señorial en la que se permitía que las nuevas ciudades-Estado se desarrollaran, mientras que el resto de la población mundial residiría en un

The condition was that they would produce and provide the necessary agricultural and industrial products to the city-states, which would retain the global financial system. This arrangement has been dubbed as the "New Cold War," a division of the world into two economic zones, one under the principle of capitalism, based on its hierarchical structure, the other under the re-emergence of socialism.

The inspirations for the "City of One-Percenters" were the artificial islands of The World and the Palm Jumeirah of Dubai, the once proud edifice of a city that now is submerged under the Persian Gulf, due to the global warming. Along with its exclusive developments for the ultra-wealthy and its system of forever accumulating capitals, Dubai's demographic condition of massively imported laborers at the service of the minority in power was extended by the more decisive physical separation of them. Thus, the "City of One-Percenters" is "off-shored," connected to the mainland only by a few bridges that bring in the goods and services from the "slums of the mass." The "City of One-Percenters" is fully occupied by expatriates from eighteen globally ambitious cities in Asia, making it truly 100% non-native. And the airport, floating farther away from the mainland than the island itself, is only used by the citizens of the "City of One-Percenters," making it the largest private airport in the world. The physical isolation of this powerful city-state was designed to distance the despicable, uneducated and unappreciative "commoners" who have turned against the

 Kyong Park/La «Ciudad del Uno por Ciento»

nuevo supra-Estado, modelado a partir de la entonces difunta Unión Europea. La condición era que produjeran y proveyeran los productos agrícolas e industriales necesarios para las ciudades-Estado, que mantendrían el control del sistema financiero global. Este acuerdo se llegó a llamar la «Nueva Guerra Fría»: una división del mundo en dos zonas económicas, una bajo el principio del capitalismo y basada en su estructura jerárquica, y la otra bajo el resurgimiento del socialismo.

Las fuentes de inspiración para la «Ciudad del Uno por Ciento» fueron las islas artificiales El Mundo y la Palma Jumeirah de Dubái, construcciones que supieron ser el orgullo de una ciudad que ahora se halla sumergida en el golfo Pérsico debido al calentamiento global. Con desarrollos inmobiliarios exclusivos para los ultrarricos y un sistema de acumulación de capital permanente, en las islas se hizo más profunda la condición demográfica de Dubái (trabajadores importados en masa para servir a una minoría poderosa), pero en este caso, con una separación física aún más decisiva. Así, la «Ciudad del Uno por Ciento» es una ciudad *off-shore*, conectada al continente apenas por unos puentes por los que llegan los bienes y servicios desde las «ciudades miseria de la masa». La «Ciudad del Uno por Ciento» está enteramente poblada por expatriados de dieciocho ciudades asiáticas con ambiciones globales, de forma que su población es, en verdad, no nativa en su totalidad. Los ciudadanos de la «Ciudad del Uno por Ciento» son los únicos que usan el aeropuerto (que flota incluso a mayor distancia del continente que la propia isla), convirtiéndolo

victorious capitalists over the communists on the eve of the last century. Since then, history has suggested that the diligent capitalists and unmotivated masses could, and shall, no longer live together, and their separation, which previously had been in a checkerboard configuration, geographically, could now become more concrete, and without political correctness. Property, the grounds of the struggle of human existence, thus has taken "private" mandate over "public" domain, precisely, with the "City of One-Percenters."

In economic terms, the hierarchy, the primary tenon to the power of capitalism, is well inscribed upon the "City of One-Percenters." The island is "segregated" into three concentric rings, with the outer zone for the millionaires, the middle zone for billionaires, and the center for the zillionaires. Between them are stupendous ring roads that service each zone but, more importantly, separate them unmistakably into the new feudal system—economically determined only—where the diversities of religions, cultures, languages and ethnicity are allowed, similar to the Ottoman empire. In celebration of the economic prowess of hierarchy, the iconic statue of Fernand Braudel—the great proponent of the "world system theory"—is located in the center of the city, with the words "Utopian societies are hierarchical, and even the gods of Olympus had a hierarchy" inscribed on it.

Another interesting feature of the "City of One-Percenters" is the accommodation of the heritage of each and every immigrated culture.

 Kyong Park/The "City of One-Percenters"

así en el aeropuerto privado más grande del mundo. El aislamiento físico de esta poderosa ciudad-Estado fue diseñado para mantener a distancia a los despreciables, maleducados y desagradecidos «plebeyos», que se pusieron en contra de los capitalistas que habían logrado triunfar sobre los comunistas hacia finales del siglo pasado. Desde entonces, la historia ha sugerido que los capitalistas laboriosos y las masas apáticas no podrían —ni deberían— seguir conviviendo y su separación —que antes se había dado geográficamente en una configuración con forma de tablero de ajedrez— podía ahora volverse más concreta, sin corrección política. De esta manera, la propiedad, base de la lucha de la existencia humana, se apropió del mandato «privado» por encima del dominio «público», precisamente con la «Ciudad del Uno por Ciento».

En términos económicos, la jerarquía, sostén principal del poder capitalista, está bien inscrita en la «Ciudad del Uno por Ciento». La isla está «segregada» en tres círculos concéntricos, de los cuales la zona más apartada se reserva para los millonarios, la zona del medio para los billonarios y el centro para los multibillonarios. Entre ellos se ubican espléndidas calles circulares que sirven de acceso para cada zona, pero, lo más importante, a la vez las dividen para no dar lugar a confusiones en la formación de este nuevo sistema feudal —determinado sólo por cuestiones económicas— donde se tolera la diversidad religiosa, cultural, lingüística y étnica, como en el Imperio otomano. A modo de celebración del poder económico de la jerarquía, la estatua icónica de Fernand Braudel —el gran defensor de la «teoría del sistema-

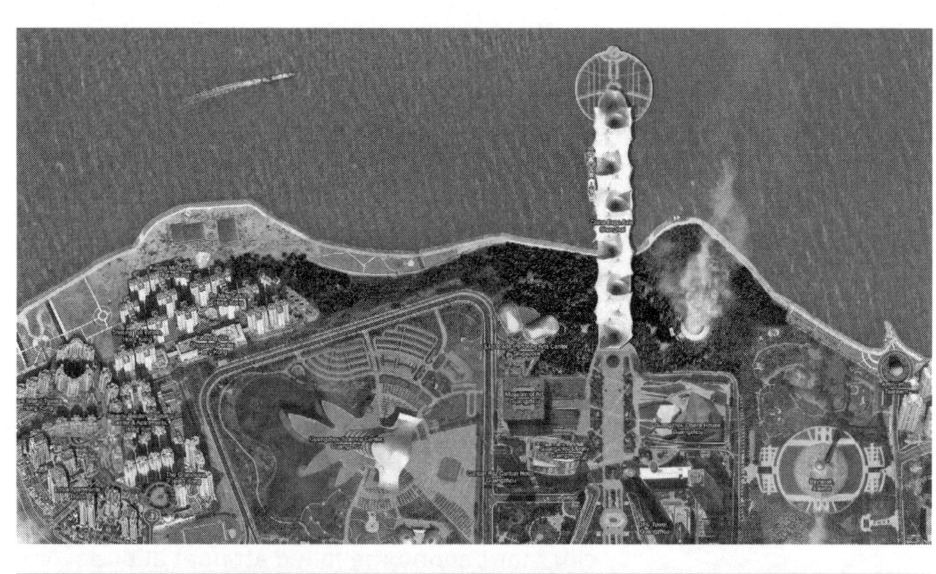

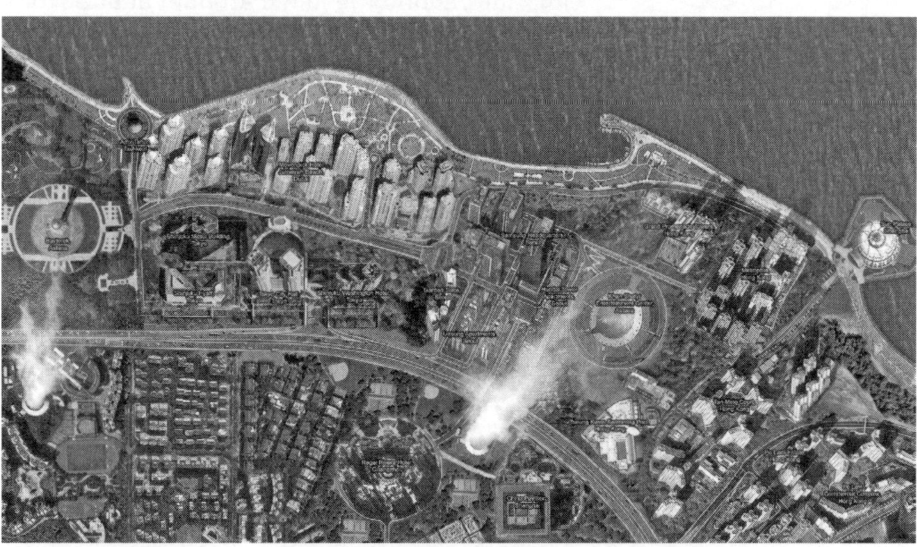

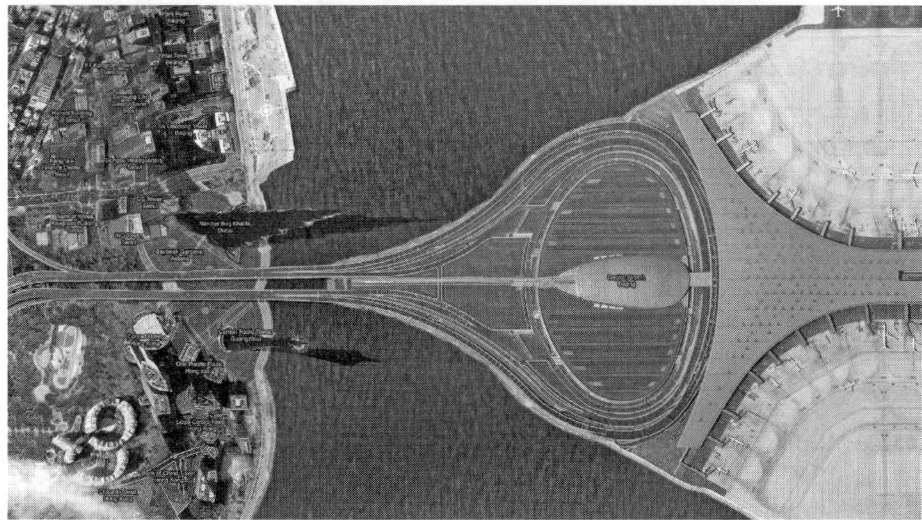

The globalized sections of the cities from which they came from were accurately rebuilt, nail to nail. A quilted collage of their previous communities, the "City of One-Percenters" is, thus, a collection of various "Chinatowns," if you will, and far beyond the now demolished "Window of the World" theme park in Shenzhen, China, that once replicated 130 of the most famous tourist attractions from different continents. The replication of their "homes" in the "City of One-Percenters" is poignant once we understand that the globalized sections of any "global cities" were already different and disconnected from the rest of their cities and, at the same time, became more similar and connected to the globalized sections of other cities. The "City of One-Percenters" is simply the realization of the inevitable, an affirmation of the economic, even cultural, assimilation of these globalized sections, joined by their economic supremacy. At the same time, the increasing level of disdain from the "Ninety-nine-percenters," which constantly threatened the wealth of the elites, has led to the justified separation from them. The result is the largest and wealthiest "gated city," far beyond the failed attempt at Dubai or Celebration, Florida, which, by the way, was already being defined as "neo-feudalism" in the late 20th century.

Developed upon a semi-active volcanic island, the "City of One-Percenters" takes full advantage of its natural resource. Underground are geothermal generators, utilizing the island's largely internal

 Kyong Park / The "City of One-Percenters"

mundo»— está emplazada en el centro de la ciudad y lleva inscritas las siguientes palabras: «Las sociedades utópicas son jerárquicas; hasta los dioses del Olimpo tenían una jerarquía.»

Otra característica interesante de la «Ciudad del Uno por Ciento» es el lugar que recibe el legado de cada una de las culturas inmigrantes. Los sectores globalizados de las ciudades de las que provienen los inmigrantes fueron reconstruidos con precisión, punto por punto, dando como resultado una especie de mosaico de las comunidades previas a ella. La «Ciudad del Uno por Ciento» es, por ende, una colección de numerosos «barrios chinos», si se quiere, que va mucho más allá del parque temático Window of the World («La ventana del mundo») de Shenzhen, China, ahora demolido y que en su momento replicó ciento treinta famosas atracciones turísticas de distintos continentes. La réplica de los «hogares» de los habitantes de la «Ciudad del Uno por Ciento» se vuelve contundente una vez que entendemos que los sectores globalizados de las «ciudades globales» de antes ya eran bien distintos de las demás zonas de dichas ciudades, y hasta estaban desconectados de ellas. Pero al mismo tiempo, esos sectores se parecían cada vez más entre sí, con un grado de interconexión cada vez mayor. La «Ciudad del Uno por Ciento» es simplemente la realización de lo inevitable, la afirmación de la asimilación económica —e incluso cultural— de dichos sectores globalizados, acompañada por su superioridad económica. En simultáneo, el nivel cada vez más alto de desdén del «Noventa y Nueve por Ciento», que permanentemente amenazaba la riqueza de las elites, servía para justificar

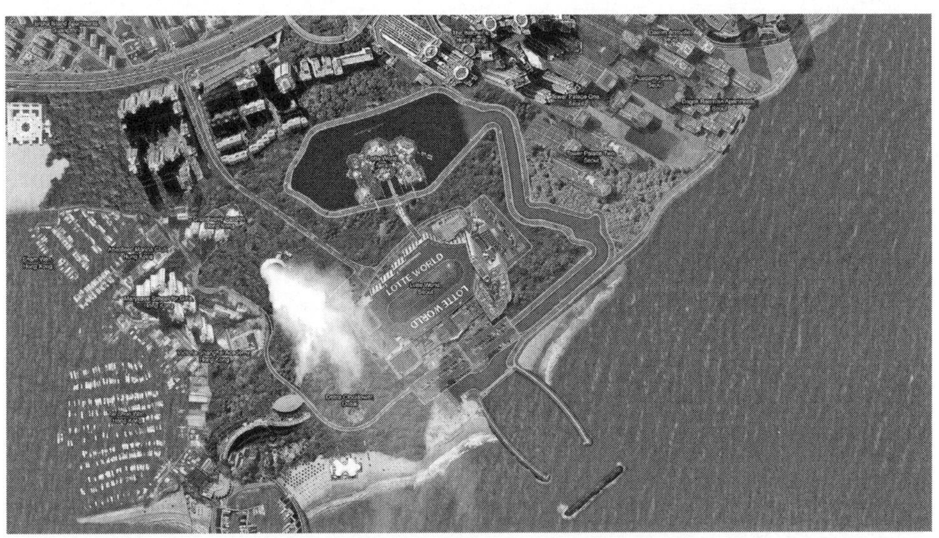

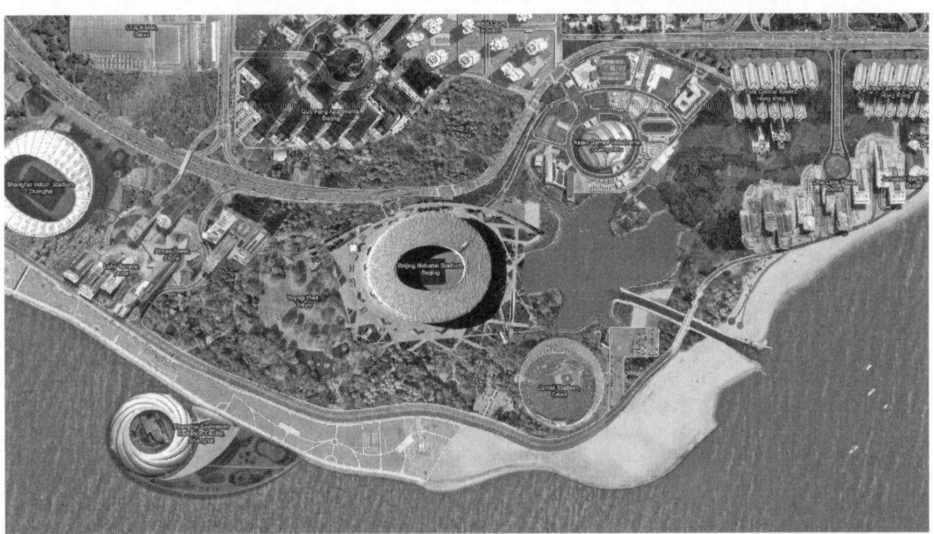

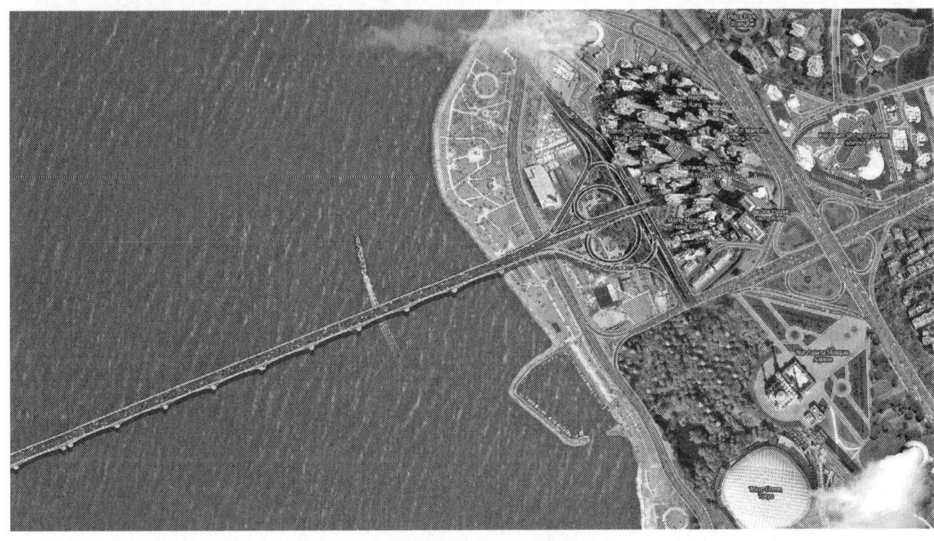

volcanic actions, completely independent from the dependency of importing fossil-based fuel sources, and environmentally friendly. The only noticeable deterioration of its air quality is the steam coming out of the numerous towers above the generators that produce electricity that powers all buildings and vehicles. The risk of unexpected volcanic eruptions parallels the risk-driven culture of the global financial system, embodying the joy of unpredictability in the crusades to the unimaginable profits of the "free market."

282 Kyong Park/The "City of One-Percenters"

esa separación. El resultado es el surgimiento de la «ciudad blindada» más grande y rica de todas, mucho más que el fallido intento de Dubái o Celebration, en Florida, la cual, por cierto, ya era definida como «neofeudalismo» a finales del siglo XX.

Construida sobre una isla volcánica semiactiva, la «Ciudad del Uno por Ciento» aprovecha al máximo sus recursos naturales. Hay, bajo tierra, generadores geotérmicos que utilizan la intensa actividad volcánica interna de la isla, lo que permite a la ciudad no depender de la importación de combustibles fósiles y hace posible un desarrollo sustentable. El único deterioro perceptible del aire se debe al vapor que sale de las numerosas torres ubicadas sobre los generadores, las cuales producen la electricidad que alimenta los edificios y vehículos. El riesgo de erupciones volcánicas inesperadas acompaña a la cultura del riesgo del sistema financiero global, encarnando la alegría de lo impredecible en las cruzadas por las ganancias inimaginables del «libre mercado».

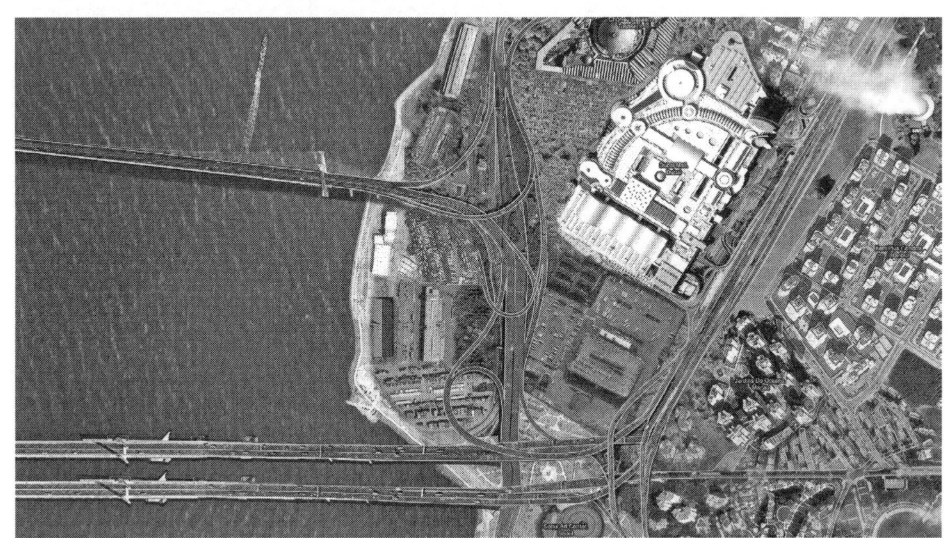

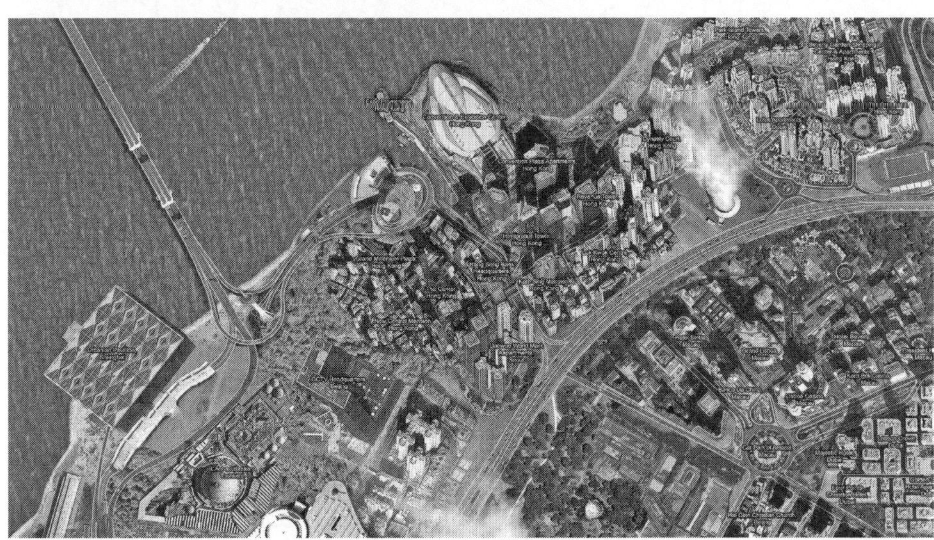

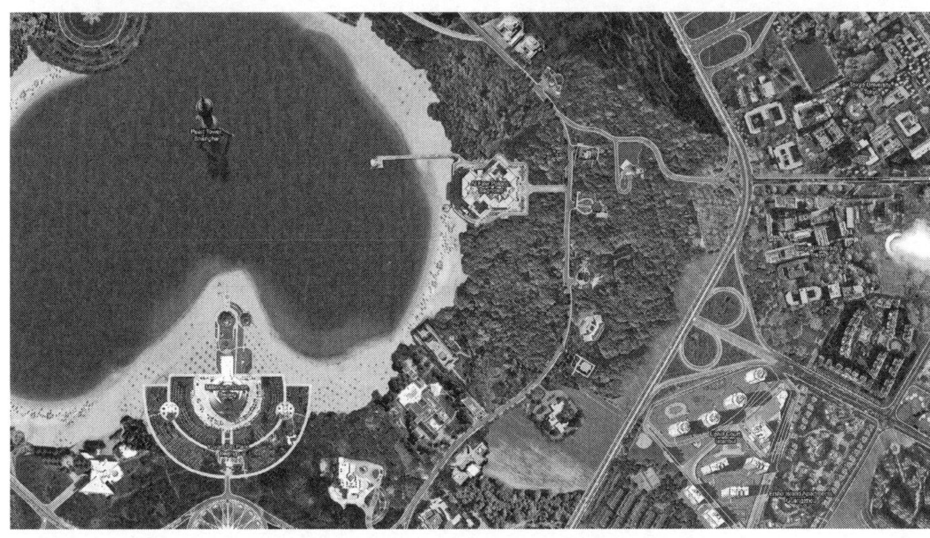

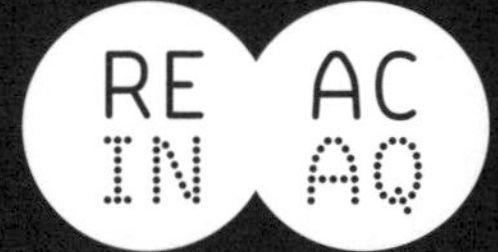

INVESTIGADORES & ARQUITECTOS
Valentina Montero Peña & Vanina Hofman (CL/AR)
Mobile Borders: Art, Science and Technology
Fronteras móviles: arte, ciencia y tecnología

285

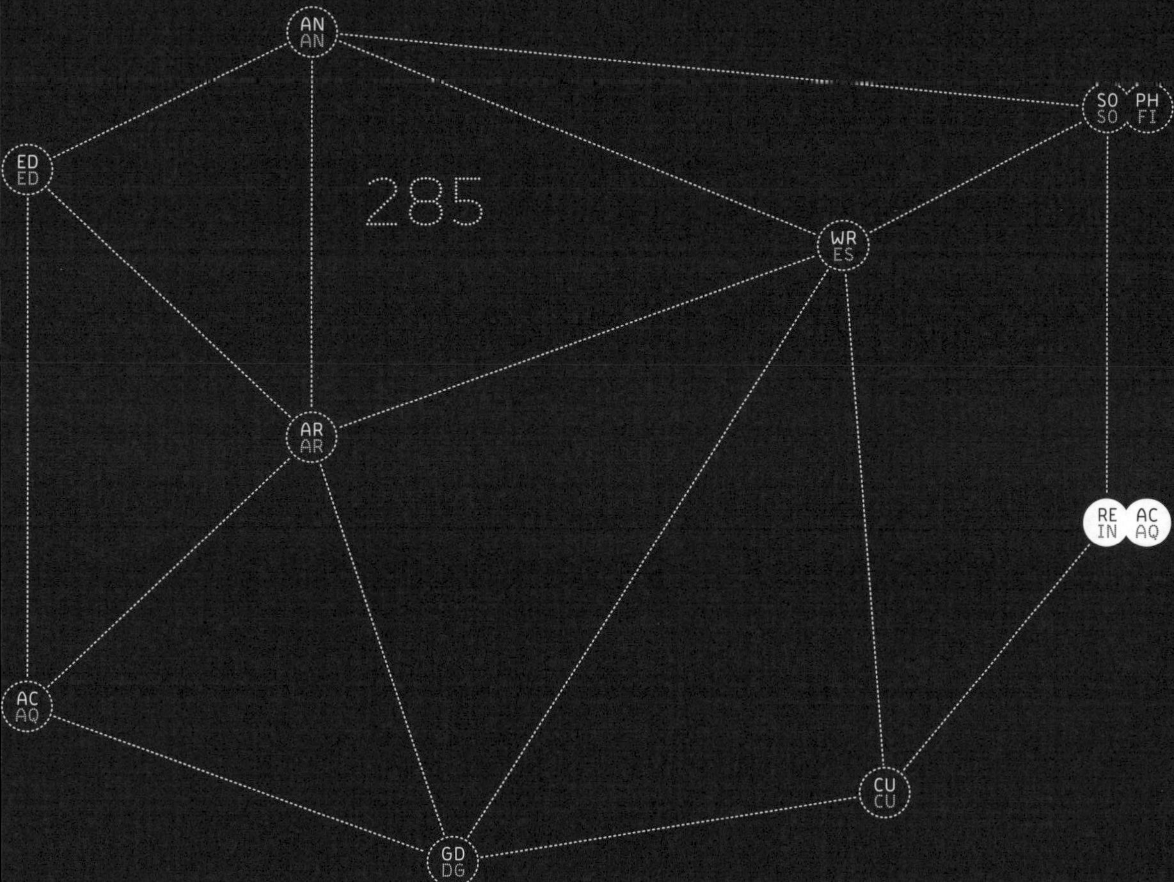

Mobile Borders:
Art, Science
and Technology

Premise: Borders are meant to be crossed, with permission or without.

Even when the broken line on the map that divides one territory from another is fragile and illusory, the physical and material barriers with which we delimit geographical areas often seem insurmountable; we forget that their origin is almost always arbitrary, random or even capricious. If territorial boundaries, which fragment space and render the map a puzzle, are forced and irrelevant, the boundaries between disciplines, which divide fields of knowledge, are even more so. As cultural beings, we naturalize concepts, revere taxonomies as if they had been revealed to us by gods, forgetting that we are the ones who invented those concepts and taxonomies, and even those gods.

That's why when something seems to challenge an established order, to exceed a dictionary definition or to mix apples and wires, so

 Valentina Montero Peña & Vanina Hofman/Mobile Borders…

Fronteras móviles:
arte, ciencia
y tecnología

Premisa: Las fronteras están ahí para traspasarlas, con permiso o sin él.

Aun cuando la línea punteada que separa un territorio de otro es de naturaleza frágil, ilusoria, las barreras físicas y materiales con que delimitamos zonas geográficas parecieran muchas veces infranqueables, y olvidamos que su aparición casi siempre ha sido de origen arbitrario, azaroso o antojadizo. Si las fronteras territoriales, esas que fragmentan el espacio y convierten el mapa en un rompecabezas irregular, se evidencian forzadas e impertinentes, las fronteras disciplinares, las que separan los saberes, nos lo parecen aún más. Como seres culturales, naturalizamos los conceptos, reverenciamos las taxonomías como si nos hubieran sido reveladas por los dioses, olvidando que hemos sido nosotros quienes los hemos inventado a ellos: a los conceptos, a las taxonomías y a los dioses mismos.

Por eso, cuando algo parece desafiar un orden establecido, desbordar una definición de diccionario o juntar cables con man-

to speak, we are slightly shaken, seized by a sense of uneasiness that, depending on our nature, we find exciting or scandalous. "Scandalizing is a right, being scandalized a pleasure … whoever refuses this pleasure is but a moralist," said Pier Paolo Pasolini in one of the last interviews he gave before being murdered. In his work, the filmmaker dared to go beyond the limit of the screen with an excess of reality: the reality of people in flesh and blood, not characters; the reality of the desiring body and the body in pain with its howls and excretions. Pasolini demolished the border of mainstream cinema whereby the space of representation was understood as fiction and constriction of vital experience. He also messed with Marxism, mocking its dogmas though he himself was a Marxist. In his militant atheism, he turned the figure of Jesus into a revolutionary.

The possibility of crossing borders, of mixing fields of knowledge might seem new. But if we adjust our rearview mirror, we will find that objects may be further away than they appear.

This text will describe cases that evidence the meeting of fields of knowledge and of production—such as art, science and technology[1]—that for a long time seemed divergent, and how their meeting has incited a rewriting of the meaning of art as well as its role in our society.

[1] Though the idea of technology can be understood as any system of creation or even of cultural learning (language itself can be viewed as a technology), here we use the concept of technology in a more limited sense to refer to information and communication technologies, and electronic and digital media.

zanas, nos recorre un cosquilleo, un desasosiego que, dependiendo del carácter, nos entusiasma o nos escandaliza. «Escandalizar es un derecho y ser escandalizado un placer, y quien no acepte ese placer es un moralista», dijo Pier Paolo Pasolini en una de las últimas entrevistas que dio antes de ser asesinado. El cineasta se atrevió a desbordar el límite de la pantalla con un exceso de realidad: la realidad de personas de carne y hueso y no personajes, la realidad del cuerpo deseante y doloroso con sus aullidos y excreciones. Pasolini derribó la frontera que nos tenía acostumbrados a que el cine dominante era el espacio de la representación entendida como ficción y constricción de la experiencia vital; también se metió con el marxismo: siendo él un marxista, ironizó con sus dogmas, e incluso desde su ateísmo militante convirtió la figura de Jesús en un revolucionario.

La posibilidad de traspasar fronteras, de indisciplinar saberes, pareciera algo novedoso. Pero si acomodamos nuestro espejo retrovisor, veremos que los objetos pueden estar más lejos de lo que sugieren.

En este texto describiremos algunos ejemplos que dan cuenta del encuentro de campos de pensamiento y producción que por mucho tiempo parecían distantes: el arte, la ciencia y la tecnología,[1] y de cómo su encuentro ha significado la reescritura del significado y el rol que el arte desempeña en nuestra sociedad.

[1] Si bien se puede entender el concepto de tecnología como cualquier sistema de creación o incluso de aprendizaje cultural (el propio lenguaje como una tecnología), en este texto lo usamos en un sentido más acotado, para referirnos a dispositivos de información y comunicación y a soportes electrónicos y digitales.

The borders between art, science and technology

These borders are not as longstanding as we might think. Different human practices have not always been divided according to the current structure where art, on the one hand, and scientific-technological endeavors, on the other, seem to occupy such removed, even opposite, places. The current division is due, in part, to historiography itself, which has failed to study sufficiently the multiple connections between art, science and technology (henceforth AST).[2] This "unsettled debt" of art history has become particularly relevant in recent times, not only due to a pressing inclination—or passing trend—to revisit forgotten spheres of the past, but mostly because, starting in the 1960s, production, thought and education in the field of AST have expanded and grown stronger.

In antiquity, the notion of art (*ars*) named any activity associated with a technique (*techné*), regardless of its nature. Metalwork, medicine, horseback riding and painting were all considered techniques, and those who engaged in them "artisans" or "masters." Interestingly, pursuant to Platonic thought, for much of the ancient period a person who engaged in a technique that entailed the representation of images—a sculptor or a painter (*eidolon, demiurgos*)—was at the bottom of the hierarchy of artisans because his tactics were imitational in nature (*imitatio*). In the 5th century, the notion of the mechanical arts was developed to refer to arts that "produce things,"[3] the liberal

[2] Shanken, Edward A., in Grau, Oliver (ed.), *Media Art Histories*, Cambridge, MA: MIT Press, 2006.
[3] Debray, Régis, *Vida y muerte de la imagen. Historia de la mirada en Occidente*, Barcelona: Paidós, 1994.

 Valentina Montero Peña & Vanina Hofman/Mobile Borders…

La frontera entre arte, ciencia y tecnología

Esta frontera no es tan vieja como podríamos suponer. La separación que hacemos actualmente de las diferentes prácticas humanas no siempre ha tenido la misma estructura, que pareciera dejar en sitios lejanos, y a veces opuestos, al arte y al quehacer científico-tecnológico. Esto se debe, entre otros factores, a la propia historiografía, que no ha estudiado suficientemente las múltiples relaciones del encuentro arte, ciencia y tecnología (a partir de ahora ACT).[2] Esta «deuda pendiente» de la historia del arte cobra especial relevancia en los últimos tiempos no sólo gracias a la pulsión, o moda, de revisar zonas olvidadas de nuestro pasado, sino sobre todo porque a partir de la década de los sesenta la producción, el pensamiento y la formación en el campo del ACT se han consolidado y expandido considerablemente.

Desde la antigüedad, el concepto arte (*ars*) designaba cualquier actividad asociada al dominio de una técnica (*techné*), sin que importara su tipo. La orfebrería, la medicina, la equitación o la pintura eran consideradas técnicas y a quienes las ejecutaran se les consideraba «artesanos» o «maestros». Resulta curioso que durante buena parte de ese período, a instancias del pensamiento platónico, aquel que desarrollara una técnica de representación de imágenes —escultor, pintor (*eidolon, demiurgos*)— fuera considerado de un rango menor por sus tácticas imitativas (*imitatio*) y que, por tanto, ocupara el último lugar en la jerarquía de los artesanos de la época. En el siglo V se consolida la noción de artes mecánicas para referirse a las artes que «producen cosas»[3] de las

[2] Shanken, Edward A., en Grau, Oliver (ed.), *Media Art Histories*, Cambridge, Mass., MIT Press, 2006.
[3] Debray, Régis, *Vida y muerte de la imagen. Historia de la mirada en Occidente*, Barcelona, Paidós, 1992.

arts, in turn, encompassed grammar, rhetoric, dialectics, arithmetic, geometry, music and astronomy. Later, in the early 9th century, the liberal arts were divided into Trivium, which covered the first three, and Quadrivium, which covered the last four.

But the concept of art or fine art as we understand it today did not take shape as an autonomous sphere distinct from other fields of production until the 17th century. According to Lalande's Dictionary (1926), the aim of art was "aesthetic," the aim of science "logical," and that of techniques "practical." On the basis of this conception, in the 18th and 19th centuries practices like metalwork, ceramics, embroidery and woodworking came to be called "the minor arts" because they had a specific use. This was how, in the course of the 18th century, the terms "artisan" and "artist" were separated. The artisan, whose labor is manual and material in nature, would be considered of a lesser order, surpassed by the artist, who required not only mastery of a trade, but also intellectual and aesthetic knowledge, and specific traits that separated him from the masses. Ingenuity, intuition and authorship would be the components of the "Artist" (in capital letters and between quotation marks), and his function, steeped in the Hegelian idealism most clearly reflected in Romanticism, would give visual, sculptural, musical and literary endeavors a metaphysical quality.

Changes in the conditions surrounding economic production meant that, at certain historical moments, attempts were made to

289

artes liberales, que englobaban la gramática, la retórica, la dialéctica, la aritmética, la geometría, la música y la astronomía. Posteriormente, a comienzos del siglo IX, dentro de las artes liberales se distinguirá el Trivium, que agrupaba a las tres primeras, del Quadrivium, que reunía a las cuatro últimas.

Pero el concepto de arte o bellas artes tal como lo entendemos hoy no fue definido hasta el siglo XVII como una esfera autónoma y separada de otros campos de producción. Según el Diccionario de Lalande (1926), el arte tendría una «finalidad estética»; la ciencia, una finalidad «lógica»; y la técnica, una finalidad «práctica». Es a partir de esta concepción que desde los siglos XVIII y XIX se denominará «artes inferiores» a prácticas como la orfebrería, la cerámica, el bordado, la ebanistería, etc., por tener una utilidad concreta. Así, en el curso del siglo XVIII, los términos «artesano» y «artista» se divorcian. El artesano, cuya labor es la ejecución manual y material, será considerado de segundo orden, superado por el artista, a quien se le exigirá no sólo el dominio de un oficio, sino también conocimientos intelectuales estéticos y cualidades particulares específicas que lo alejarán del vulgo. La genialidad, la intuición, la autoría serán los ingredientes del «Artista» (con mayúsculas y entrecomillado), cuya función, empapada del idealismo hegeliano reflejado en el romanticismo como más evidente ejemplo, impondrá un sesgo metafísico al quehacer plástico, escultórico, musical, literario.

En el transcurso de la historia los cambios en las condiciones de producción económica intentarán reconciliar otra vez las dis-

bring the disciplines back together. In the late 19th century, the value of the "minor" arts was reassessed, and that derogatory term was replaced by the phrase "decorative arts" at the precise moment that industrial development began to encourage the convergence of the aesthetic and the functional. Photography and film emerged, making way for new forms of aesthetic and critical experimentation in which science, art and technology seemed to grow closer. But it was not until the 20th century that the meeting of these three areas would become more explicit and common. In their attempt to narrow the gap between art and life, the early avant-garde movements also sought to bring together fields of knowledge that seemed diametrical. Clearly influenced by his interest in science (especially the X-ray), new optical technologies (photography and film), and non-Euclidian geometry, Pablo Picasso scandalized the art world in 1907 with his *Les Demoiselles d'Avignon*. Obsessed with representing movement, the futurists based their practices on the machine and speed. "A roaring motor car which seems to run on machine-gun fire is more beautiful than the Victory of Samothrace," wrote a breathless Marinetti in his 1909 manifesto. George Seurat shared his chromatic experiments with researcher Charles Henry, foreseeing in his pointillist pictorial procedures later developments in digital image technology (RGB). Robert Delaunay attended lectures in which Auguste Rosenstiehl explained his research on the science of color, and so forth. The experimentation of Russian

 Valentina Montero Peña & Vanina Hofman/Mobile Borders…

ciplinas. Por un lado, hacia finales del siglo XIX surgirá una revalorización de las que fueron consideradas artes «menores», reemplazando este despectivo apellido por el de artes «decorativas», justo en el momento en que comienza a fomentarse la integración de aspectos estéticos y utilitarios en relación con el desarrollo industrial. Al mismo tiempo, la aparición de la fotografía y el cine permite abrir campos de experimentación estética y crítica en que ciencia, arte y tecnología parecen acercarse. Pero no será sino a partir del siglo XX cuando la convergencia entre estas tres áreas se presente a nivel explícito de manera más frecuente. Las primeras vanguardias, en su intento de adelgazar la frontera entre arte y vida, también se propusieron reunir otra vez campos del conocimiento que parecían opuestos. En 1907 Pablo Picasso escandaliza al ambiente artístico con sus *Señoritas de Avignon*, fuertemente influenciado por su interés por la ciencia (particularmente los rayos X), las nuevas tecnologías ópticas de su época (fotografía y cine) y la geometría no euclidiana; los futuristas, obsesionados por representar el movimiento, depositan en la máquina y la velocidad el eje de sus prácticas: «Un automóvil rugiente, que parece correr sobre la metralla, es más bello que la Victoria de Samotracia», escribía un hiperventilado Marinetti en su manifiesto de 1909. George Seurat compartía sus experimentaciones cromáticas con el investigador Charles Henry, anticipando con sus procedimientos pictóricos puntillistas posteriores desarrollos de imagen a nivel digital (RGB); Robert Delaunay asistía a las conferencias de Auguste Rosenstiehl, quien investigaba sobre la ciencia del color, etc. Pode-

constructivists like Tatlin and Rodchenko, for whom scientific abstraction had to be put to the test of (socialist) reality, provide other interesting examples, as do the contributions of Lev Sergeyevich Termen, a Russian physicist and musician who created the theremin, one of the first electronic musical instruments, in 1919. Kasimir Malevich wrote in *The Suprematist Mirror* in 1923, "Science and art have no boundaries because what is comprehended infinitely is innumerable,"[4] thus establishing a connection between the scope of the two disciplines. Dalí was not only steeped in psychoanalysis, but also interested in the fourth dimension and quantum theory, which led him to perform experiments with stereoscopic devices; Vasarely studied Gestalt to develop what would become the basis of Op Art; and in 1935 Marcel Duchamp made his *Rotoreliefs*, a series of metal disks that create optical illusion when they spin. This work was first presented at the Paris *Salon des Inventions*, rather than an art gallery or museum.

Starting in the 1960s, the timid contact between art, science and technology turned into closer collaboration between artists, scientists and engineers, giving rise to deeper exchange between humanist and techno-scientific cultures in pursuit of holistic models for the production of knowledge. The need to rebuild the understanding that the different aspects of humanity constitute a single whole must be understood in a context lacking in communication between the humanities and the sciences, and the subsequent excessive specialization of

[4] Argan, Giulio Carlo, *El arte moderno*, Barcelona: Akal, 2004.

mos encontrar otros interesantes ejemplos en las experimentaciones de los constructivistas rusos como Tatlin o Rodchenko, para quienes las abstracciones científicas tenían que ponerse a prueba en la realidad (socialista), así como en las aportaciones de Lev Serguéievich Termen, físico y músico ruso creador del theremín, uno de los primeros instrumentos musicales electrónicos (1919). En 1923, Kasimir Malevich escribe en *El espejo suprematista*: «La ciencia y el arte no tienen límites, ya que lo que se conoce es ilimitado e innumerable»,[4] estableciendo un vínculo entre los alcances de ambas disciplinas. Dalí no sólo se nutría del psicoanálisis sino que, también interesado por la cuarta dimensión y la teoría cuántica, experimenta con dispositivos estereoscópicos; Vasarely estudiaba la Gestalt para desarrollar lo que serían las bases del Op Art y Marcel Duchamp realiza en 1935 sus *Rotorrelieves*, una serie de discos metálicos que al girar crean ilusiones ópticas, trabajo que inicialmente no fue presentado en una galería artística o en un museo, sino en el Salón de Inventores de París.

A partir de la década de los sesenta, del coqueteo que suponía la aproximación del arte a la ciencia y la tecnología se pasó a un trabajo de colaboración más cercano entre artistas, científicos e ingenieros que produjo un profundo acercamiento de las culturas humanística y tecnocientífica en busca de modelos que abrazaran una perspectiva holística de la producción de conocimiento. La necesidad de recomponer la comprensión de las diferentes dimensiones de lo humano como una totalidad se entiende sólo como la contracara de un contexto de incomunicación entre las

[4] Argan, Giulio Carlo, *El arte moderno*, Barcelona, Akal, 2004.

disciplines that has led to the fragmentation of knowledge.[5] This phenomenon is today called the "two cultures" approach.

The idea of "two cultures" was formulated by Charles Percy Snow in a lecture given in 1959 entitled "The Two Cultures and the Scientific Revolution." In it, Snow analyzes the split between these spheres of knowledge, which can be traced back to the early 17th century, when science "won" the battle against religion as the repository of the world's truths. Due to the growing secularization of society in the context of the Industrial and Scientific Revolutions, science became a synonym for truth, the only source of credible and objective knowledge. Snow concludes that the languages and perspectives of humanities and the arts, on the one hand, and sciences, on the other, are so disparate that they cannot grasp one another. This assertion gave rise to a debate that continues into the present, one that has led researchers, artists and scientists to reflect on and produce at the intersection of these fields, enabling a new humanism or a third culture. The figure of Leonardo da Vinci was restored in this context as symbol and source of inspiration. But things have changed since Leonardo's time, and each discipline has generated so much information that no isolated individual can grasp it all. If in the 19th century only a pact with Mephistopheles, like the one entered into by Dr. Faust in Goethe's novel, would assure mastery of the full range of knowledge and skills of the period, the idea of the "Renaissance Man" is even less viable in the 21st century.

[5] Sommerer, Christa, and Mignonneau, Laurent (eds.), *Art@science*, Vienna-New York: Springer, 1998.

 Valentina Montero Peña & Vanina Hofman/Mobile Borders…

humanidades y las ciencias y la posterior hiperespecialización de las disciplinas que ha llevado a la fragmentación del conocimiento.[5] Este fenómeno es lo que hoy se conoce como el acercamiento de las «dos culturas».

La idea de las «dos culturas» planteada por Charles Percy Snow surge en 1959 con la conferencia «The Two Cultures and the Scientific Revolution», en la cual el autor analiza la escisión de estas esferas del conocimiento, cuestión que se puede rastrear en los inicios del siglo XVII, cuando la ciencia «le ganó» la batalla a la religión como repositorio de las verdades del mundo. La creciente secularización de la sociedad en el contexto de la Revolución Industrial y la Revolución Científica posicionó a la ciencia como sinónimo de la verdad, como único proveedor del conocimiento creíble y objetivo. Snow concluye que las humanidades y las artes por un lado, y las ciencias por otro, desarrollaron perspectivas y lenguajes tan diferentes que no se comprenden las unas a las otras. Esta afirmación ha dado pie a un debate que se extiende al día de hoy y que ha fomentado que investigadores, artistas y científicos reflexionen y produzcan en la intersección de estos campos y construyan la posibilidad de un nuevo humanismo o una tercera cultura. En esta línea, la figura de Leonardo da Vinci se recupera como un símbolo y un modelo de inspiración. Pero las cosas han cambiado desde su época, y cada disciplina ha generado tanta información que un individuo aislado no es capaz de asirla. Si en el siglo XIX sólo un pacto con Mefistófeles, como el que hizo el doctor Fausto en la novela de Goethe, aseguraría el dominio

[5] Sommerer, Christa, y Mignonneau, Laurent (eds.), *Art@science*, Viena-Nueva York, Springer, 1998.

Although there are no modern-day *Leonardos* at the individual level, that ideal has reemerged in the form of interdisciplinary and transdisciplinary knowledge and in the notion of collaborative work. In recent decades, a great many venues and projects geared to encouraging the relationship between artists and scientists have emerged in the context of cultural and educational institutions, as well as scientific laboratories.

Seminal experiences in the field of AST
Though, as stated above, there were precursors, it was not until the 1960s that the interest of artists (mainly) and scientists (to a lesser degree) in putting into practice the fruits of their greater collaboration grew exponentially. In 1966, Swiss engineer Billy Klüver, a member of the Bell Telephone Laboratories, invited Robert Rauschenberg to participate in the event *Nine Evenings. Art and Engineering,* in which artists and engineers did a series of performances in an electronic environment. This experience gave rise to Experiments in Art and Technology (E.A.T.), the first space for complex collaboration between artists, engineers, researchers and scientists. This was a pioneering project in a vague terrain of collaboration, and an essential point of reference.

Also in the 1960s, British artist and theorist Roy Ascott began exploring cybernetics and telematics, eventually becoming a pioneer

293

de la totalidad de los conocimientos y habilidades propios de la época, la idea del «Hombre Renacentista» en el siglo XXI es aún más inviable. Sin embargo, aunque no existen nuevos leonardos como individuos, podríamos pensar que resurge como ideal a alcanzar a través de los acercamientos interdisciplinarios y transdisciplinarios y en la noción de trabajo colaborativo. Así es como en las últimas décadas han surgido una gran cantidad de espacios y proyectos destinados a promover la relación artistas-científicos, tanto desde las instituciones culturales y educativas como desde los laboratorios de ciencias.

Experiencias fundacionales en el campo del ACT
Tal como hemos mencionado líneas más arriba, si bien existen experiencias precursoras, es recién a partir de la década de los sesenta cuando crece de forma exponencial el interés de artistas (principalmente) y científicos por poner en práctica el producto de su acercamiento y colaboración. En 1966 el ingeniero suizo Billy Klüver, integrante del Laboratorio de Telefonía Bell, invita a Robert Rauschenberg a realizar trabajos entre artistas e ingenieros, organizando el evento *Nine Evenings. Art and Engineering,* que consistía en una serie de performances desarrolladas en un entorno electrónico. De esa experiencia surge Experiments in Art and Technology (E.A.T), el primer espacio de colaboración compleja entre artistas, ingenieros, investigadores y científicos. Es éste, tal vez, uno de los proyectos pioneros e ineludibles de mención en este territorio difuso.

in both those fields. His work revolves around the relationships between art, technology and consciousness, for which he coined the term *technoetic aesthetic* (technoethic = technology + mind). According to Ascott, consciousness is the major challenge facing the avant-garde today, whether in the field of science or technology: "The mystery of consciousness may be the final frontier for both science and art, as well as their point of convergence."[6] In addition to his work as an artist, Ascott founded the CAiiA (Center for Advanced Inquiry in the Interactive Arts) in 1994, which after a number of different phases turned into the prestigious Planetary Collegium, an international platform for research into the field of AST and its interrelationship with consciousness in the context of post-biological culture.

Latin America has its own history in this field, one that, though sometimes behind in terms of research and experimentation, encompasses pioneering experiences. In Argentina, works by Marta Minujín and artists associated with the Instituto Di Tella are a paradigmatic example of an artistic vision that came to embrace other fields of knowledge due to its conceptual and aesthetic concerns. *Minuphone* (1967), one of Minujín's early projects, consisted of a telephone booth that would produce different effects according to the number dialed.[7] Another important precedent in Latin American art is Gyula Kosice's vast production, including hydro-kinetic works, works that made use of light, and most importantly his *Ciudad hidroespacial* [The Hydro-

[6] Popper, Frank, *From Technological to Virtual Art*, Cambridge, MA: MIT Press, 2007.
[7] This work was reconstructed recently (in 2012) at Fundación Telefónica in Buenos Aires.

 Valentina Montero Peña & Vanina Hofman/Mobile Borders…

También en los sesenta, el artista y teórico británico Roy Ascott comienza su trayectoria incursionando en la cibernética y la telemática, convirtiéndose en un pionero de estos campos. Su trabajo se centra en las relaciones entre arte, tecnología y conciencia, para las cuales ha acuñado el término *technoetic aesthetic* (*technoethic = technology + mind*). Según Ascott, la conciencia es actualmente el gran desafío de vanguardia, tanto en el campo de la ciencia como en el de la tecnología: «El misterio de la conciencia puede ser la frontera final para ambos, ciencia y arte, y, posiblemente, su punto de convergencia».[6] Paralelamente a su trabajo artístico, Ascott fue fundador de CAiiA (Center for Advanced Inquiry in the Interactive Arts) en 1994, que luego de distintas etapas culminó en el prestigioso The Planetary Collegium, plataforma internacional dedicada a la investigación de ACT y su interrelación con la conciencia en el contexto de la cultura postbiológica.

En Latinoamérica —que cuenta con una historia propia, a veces postergada en investigaciones y experimentaciones en este campo— encontramos algunas experiencias pioneras. En Argentina, los trabajos de Marta Minujín y la ola de artistas del Instituto Di Tella conforman un ejemplo paradigmático de la búsqueda conceptual y estética desde una mirada artística extendida hacia otros campos del conocimiento. Uno de sus primeros proyectos, el *Minuphone*, de 1967, consistía en una cabina telefónica capaz de desatar variados efectos según el número con el cual intentáramos comunicarnos.[7] También sienta un precedente importantísimo en la escena artística latinoamericana el trabajo inagotable de Gyula

[6] Popper, Frank, *From Technological to Virtual Art*, Cambridge, Mass., MIT Press, 2007.
[7] Esta pieza ha sido recientemente reconstruida (2012) en la Fundación Telefónica de Buenos Aires.

spatial City], which even today, thanks to the Kosice Biennial, furthers contemporary-technological art.

In 1969, Waldemar Cordeiro—who since the 1950s had participated in the Brazilian avant-garde art scene as one of the most important theorists of Concrete Art—collaborated with kinetic artist Abraham Palatnik and Giorgio Moscati on the project *Derivadas de una imagen* [Derivatives of an Image], the first work of computer art ever made in Brazil. In 1971, Cordeiro organized *Arteônica,* an international exhibition whose catalogue explains the need for art to expand through technology in order to promote democracy and social change. That same year, Mexican painter Manuel Felguérez, who was known for his Constructivist and Cubist inclinations, began to use a computer to do research on geometry, statistics and aesthetics. Felguérez's studies were, at the beginning, very precarious: they depended on a computer at the Universidad Nacional Autónoma de México to which he had access just one hour a week. But, thanks to a grant, he ended up at Harvard, using what was then state-of-the-art technology to develop, in conjunction with a systems engineer, a program for artistic creation that eventually led to the book *La máquina estética.*

One important if little known case in Chile is that of engineer Carlos Martinoya, who published "The Chromatic Abstractoscope,"[8] prototype of an optical piece, in MIT's prestigious journal *Leonardo*. The piece was presented in December 1960 at an outdoor art fair in Chile. Just

[8] Martinoya, Carlos, and Joël, Nahum, "The *Chromatic Abstractoscope:* An Application of Polarized Light," *Leonardo,* vol. 1, no. 2, April 1968, pp. 171–173.

Kosice, con sus obras lumínicas, hidrocinéticas y, fundamentalmente, con su *Ciudad hidroespacial,* que aún hoy, a través de la Bienal Kosice, sigue promoviendo la obra contemporáneo-tecnológica.

En 1969, Waldemar Cordeiro —quien desde los años cincuenta participaba de la escena de vanguardia brasileña como uno de los principales teóricos del arte concreto— desarrolla junto al artista cinético Abraham Palatnik y Giorgio Moscati el proyecto *Derivadas de una imagen,* la primera pieza de *computer art* realizada en Brasil. En 1971 Cordeiro organiza la exposición internacional *Arteônica,* en cuyo catálogo describe la necesidad de que el campo artístico se expanda a través de la tecnología con un objetivo democratizador y de cambio social. En el mismo año, el pintor mexicano Manuel Felguérez, reconocido por sus filiaciones constructivistas y cubistas, comienza una investigación sobre geometría, estadística y estética mediante el uso de la computadora. Sus investigaciones, que se iniciaron de manera muy precaria usando el ordenador que le prestaban una hora a la semana en la UNAM, concluyeron en la Universidad de Harvard gracias a una beca que le permitió trabajar con un ingeniero de sistemas y utilizar tecnología de punta de la época para desarrollar un programa de creación artística, experiencia que plasmó en su libro *La máquina estética.*

En Chile, un ejemplo importante y poco reconocido es el caso del ingeniero Carlos Martinoya, quien publicó en la prestigiosa revista *Leonardo* del MIT[8] el prototipo de una pieza óptica, el «abs-

[8] Martinoya, Carlos, y Joël, Nahum, «*The Chromatic Abstractoscope:* An Application of Polarized Light», *Leonardo,* vol. 1, n° 2 (abril 1968), pp. 171-173.

a few years later, in 1964, Matilde Pérez, a member of the Grupo Rectángulo, presented her first optical-kinetic projects with engines and electrical circuits. Meanwhile, in the United States, Chilean Enrique Castro Cid did a series of optical investigations using the computer in which he attempted to undermine conventional notions of Euclidian space in pictorial representation. Castro Cid also created installations like *Robot with Flying Number*, exhibited in 1965 at the Richard Feigen gallery. Though ignored in Chile, in the United States these works were described as an attempt to "herald the future."[9] In New York, in the 1970s, Chilean artist and architect Juan Downey, in conjunction with the magazine *Radical Software*, used media like video, computer and radio to study notions of invisible energy, telematics and its discursive and epistemological potential in order to establish relationships between society, history, the environment, and identity. Through Downey's connection to the North American avant-garde, he took part in projects like *Plato Now*. That event, which was held at the Everson Museum of Art in Syracuse in 1973, consisted of nine participants (among them artist Bill Viola and curator David Ross) who were meditating with their backs to viewers; their faces could be seen on screens connected by closed-circuit television while the bodies of the viewers cast shadows on the walls. Each participant was equipped with sensors that measured their brains' alpha waves. When a certain level of neuron energy was reached, the sensors activated pre-recorded tapes

[9] Bethell, Leslie, *The Cambridge History of Latin America, Ideas, Culture and Society*, Cambridge: Cambridge University Press, vol. 10, 1995, p. 431.

 Valentina Montero Peña & Vanina Hofman/Mobile Borders...

tratoscopio cromático», presentado en diciembre de 1960 en una feria de arte al aire libre en Chile. Pocos años después Matilde Pérez, perteneciente al Grupo Rectángulo, presentaba en 1964 sus primeros proyectos óptico-cinéticos utilizando motores y circuitos eléctricos. Mientras, en Estados Unidos, el chileno Enrique Castro Cid realiza una serie de investigaciones ópticas a partir de la computadora, intentando transgredir las nociones convencionales del espacio euclidiano en la representación pictórica. Además, desarrollará instalaciones como el *Robot with Flying Number*, presentado en 1965 en la galería Richard Feigen, trabajos que, mientras eran ignorados en Chile, en Estados Unidos eran descritos como un intento por «anunciar el futuro».[9] En la década de los setenta Juan Downey, artista y arquitecto, trabaja desde Nueva York, asociado a la revista *Radical Software*, investigando a través de los medios (video, computadora, radio) ideas sobre la energía invisible, la telemática y sus posibilidades discursivas y epistemológicas, buscando establecer relaciones entre sociedad, historia, medio ambiente e identidad. Su vinculación a la vanguardia artística norteamericana le permitiría desarrollar proyectos como *Plato Now*. Este evento, llevado a cabo en 1973 en el Everson Museum of Art in Syracuse, tenía como protagonistas a nueve participantes (incluido el artista Bill Viola y el conservador David Ross), quienes estaban en actitud de meditación, de espaldas a la audiencia, pero cuyos rostros se podían observar en unas pantallas conectadas por circuito cerrado de televisión mientras las sombras del público se proyectaban en las paredes. Cada partici-

[9] Bethell, Leslie, *The Cambridge History of Latin America, Ideas, Culture and Society*, Cambridge, Cambridge University Press, vol. 10, pág. 431, 1995.

with excerpts from Plato's *Dialogues*, which were played in the headsets worn by each participant, generating an experience at once neuro-psychic, historical and sensory.

After the digital revolution
Growing access to digital tools and to the Internet, which is now available on a mass scale, as well as years of research on the transdisciplinary, have given rise to an explosion in the development, production and display of AST and its practices.

There are currently a good many venues for research, production and communication related to these practices, such as the Zentrum für Kunst und Medientechnologie (ZKM) in Germany; the MIT Medialab in Boston, the United States; the Ars Electronica Futurelab in Linz, Austria; the Ludwig Boltzmann Institute for Media.Art, also in Austria; the Banff Centre in Canada; the SymbioticA Lab in Australia; V2 (Organization Institute for the Unstable Media) in Rotterdam, the Netherlands; programs like Artists in Labs in Switzerland and, since 2011, the artists' residency at the CERN particle accelerator called Collide@CERN whose slogan is "Great Arts for Great Science." These are just a few of a great many programs and institutions, far too many for us to mention here. Founded in 1995, the Alta Tecnología Andina (ATA) is a non-profit, non-governmental cultural organization whose aim is to further the development, use and expansion of electronic media in Peru and

297

pante estaba provisto de sensores que permitían monitorear las ondas alfa generadas por su actividad cerebral. Cuando se lograba testear un cierto nivel de energía neuronal, los sensores activaban audios pregrabados con citas de los *Diálogos* de Platón a los auriculares usados por cada intérprete, generando así una experiencia neuropsíquica, histórica y sensorial.

A partir de la revolución digital
La creciente accesibilidad a herramientas digitales, la masificación de Internet y los años de investigación acumulada en torno a la transdisciplinariedad dan lugar a una explosión en lo que a desarrollo, producción y exhibición de prácticas de ACT se refiere.

Hoy en día encontramos espacios de investigación, producción y difusión como el Zentrum für Kunst und Medientechnologie (ZKM), en Alemania; el MIT Medialab, en Boston, Estados Unidos; el Ars Electronica Futurelab, en Linz; el Ludwig Boltzmann Institute for Media.Art, también en Austria; el Banff Centre, en Canadá; el SymbioticA Lab, en Australia; V2 (Organization Institute for the Unstable Media), en Rotterdam, Holanda; y programas como Artists in Labs, en Suiza, o desde 2011 el programa de artistas en residencia en el acelerador de partículas CERN denominado Collide@CERN, con el lema *Great Arts for Great Science*, entre tantos otros programas e instituciones que lamentamos no poder nombrar. En Latinoamérica, desde 1995 existe el centro de Alta Tecnología Andina (ATA), organización cultural no gubernamental, sin fines de lucro, fundada con el objetivo de contribuir al desarrollo, utilización y

Latin America in general. In Argentina, the Universidad Maimónides has created that country's first BioArt laboratory, which is geared to development, research, education and criticism of artworks related to the biological sciences. According to its website, the laboratory is characterized "by the use of wet biology's techniques and procedures [to study], living organic matter like cells, bacteria or plants. While the aim of these productions is strictly artistic, aesthetic questions linked to ethics, ecology and dissemination arise within this framework."

Around the globe, educational institutions geared to AST have proliferated in the last twenty years. In the United States, for example, the University of California's Art|Sci Center, directed by Victoria Vesna, James K. Gimzewski and Adam Z. Stieg, encourages exchange between artists working in new media and researchers studying nanotechnology at the NanoSystems Institute (CNSI). The center also runs a summer school for high school students called NanoLab and organizes symposia, lectures and exhibitions that attempt to inspire artists, scientists and the community at large about the possibilities opened up by the interrelation of art and science on the quantum level.

Finally, local and international symposia, conferences, meetings and festivals—many of them longstanding—are becoming more and more important. Large-scale events include festivals like *Ars Electronica* (Austria), whose first edition was held in 1979, and the Brazilian

expansión de los medios electrónicos en Perú y América Latina. En Argentina, la Universidad Maimónides ha creado el primer laboratorio de Bioarte en ese país dedicado al desarrollo, la investigación, la educación y la crítica de obras de arte vinculadas a las ciencias biológicas. El laboratorio se caracteriza «por la utilización de técnicas y procedimientos de las ciencias biológicas (*wet biology*) sobre material orgánico vivo como células, bacterias o plantas. El fin de estas producciones es meramente artístico, no obstante se manifiestan dentro de este marco estético cuestiones ligadas a la ética, la ecología y la divulgación», según explican en su propio sitio web.

Asimismo, las instituciones de educación en el área de las ACT se han multiplicado en los últimos veinte años alrededor del globo. Sólo a modo de ejemplo, en Estados Unidos, dependiente de la Universidad de California, encontramos el Art|Sci Center, dirigido por Victoria Vesna, James K. Gimzewski y Adam Z. Stieg. Este centro promueve el encuentro entre artistas de los nuevos medios e investigadores de nanotecnología del NanoSystem Institute (CNSI). Además, acoge la escuela de verano NanoLab, dirigida a estudiantes de secundaria; realiza simposios, conferencias y exhibiciones que buscan inspirar a artistas, científicos y comunidad en general acerca de las posibilidades de la interrelación entre arte y ciencia a nivel cuántico.

Finalmente, los simposios, congresos, encuentros y festivales nacionales e internacionales también van cobrando cada vez más importancia, y muchos de ellos ya se erigen sobre una sólida

Festival Internacional de Linguagem Eletrônica (FILE); the *International Symposia on Electronic Art* (ISEA), which will hold its 19th edition in 2013; conferences like *Media Art Histories*, a platform for the histories of media art, science, and technology; and so many more. Other events are more closely associated with "hacktivism," which makes use of low technology and collaborative practices. LabSurLab and Dorkbot, along with many local events, attempt to generate spaces for debate and/or production in an inter- and trans-disciplinary field that is more and more professionalized, one that finds spaces in which to expand both within the confines of cultural and academic institutions and beyond.

The eccentric relative
Upon closer look, it is evident that very few of the institutions and projects mentioned are in the mainstream of contemporary art. This suggests that rather than a convergence of disciplines, this transdisciplinary field of scientists and artists making use of electronic and digital technologies and of experimental methodologies constitutes an autonomous space, one that traditional contemporary art witnesses from a distance and perhaps even with askance. It is as if it were an unwanted child or an eccentric cousin who insists on staying with you.

299

trayectoria. Hablamos de grandes eventos, entre los cuales podemos nombrar festivales como *Ars Electronica* (Austria), cuya primera edición data de 1979, o FILE —*Festival Internacional de Linguagem Eletrônica*— (Brasil); simposios como ISEA, que en 2013 cumplirá su 19ª edición; conferencias como *Media Art Histories*, plataforma para las historias del *media art*, la ciencia y la tecnología; y tantos otros. Pero también nos referimos a eventos más vinculados al «hacktivismo», la utilización de baja tecnología y de prácticas colaborativas, como LabSurLab o Dorkbot, y los eventos locales, que permanentemente buscan generar espacios para el debate y/o la producción en esta área inter y transdisciplinar que cada vez está más profesionalizada y que encuentra dentro y fuera de las instituciones culturales y de la academia espacios hacia donde expandirse.

El pariente excéntrico
Si observamos bien, veremos que prácticamente ninguna de las instituciones y proyectos listados se vincula de manera directa con el *mainstream* del arte contemporáneo. Esto parece indicar que, más que una convergencia de disciplinas, la aparición de un campo transdisciplinar entre científicos y artistas que utilizan tecnologías electrónicas y digitales y metodologías experimentales se ha configurado como otro espacio autónomo, visto con distancia e incluso sospecha por el arte contemporáneo tradicional. Como si se tratase del hijo no deseado o el primo excéntrico que insiste en alojarse en casa.

Claire Bishop's article "Digital Divide: Contemporary Art and New Media,"[10] published in the longstanding magazine *Artforum*, attests to this. The text, which discusses the divide between contemporary art and what is known as "new media art," unleashed intense and far-reaching debate. Bishop argues that, with a few exceptions that only serve to prove the rule, "new media art" is an isolated and specialized field that rarely intersects or converges with mainstream contemporary art (commercial galleries, the Venice Biennale, etc.). Bishop not only affirms the existence of two distinct spheres but also—and this is what sparked the debate—denies the historical significance of "new media art," as well as its contribution to art (and to science). She curtly calls "new media art" a passing trend: "While many artists use digital technology, how many really confront the question of means to think, see, and filter affect through the digital? I find it strange that I can count on one hand the works of art that do seem to undertake this task..." Bishop, as if honoring the meaning of her last name, acts as a clergyman, pontificating about subjects she seems to know little about or to have contempt for. She even suggests that "new media art" or digital art could constitute a threat to the endurance of contemporary art (yet another case of the death of art): "At its most utopian, the digital revolution opens up a new dematerialized, deauthored, and unmarketable reality of collective culture; at its worst, it signals the impending obsolescence of art itself."

[10] This article was published in the special anniversary edition of *Artforum* (no. 50, September 2012), dedicated to art and the new media (see http://tinyurl.com/mpfday2).

 Valentina Montero Peña & Vanina Hofman/Mobile Borders...

Ejemplo claro de ello lo tenemos con el artículo «Digital Divide: Contemporary Art and New Media»,[10] de Claire Bishop, publicado en la histórica revista *Artforum*. El texto que da cuenta de este proceso de escisión entre el arte contemporáneo y el conocido como *new media art* desató una intensa y prolífica polémica. Bishop plantea que, con contadas excepciones que confirman la regla, el *new media art* es un campo especializado en sí mismo que raramente se solapa o converge con el arte contemporáneo dominante (ej.: galerías comerciales, la Bienal de Venecia, etc.). Y afirma la existencia de estos caminos divergentes —y he ahí la chispa que encendió el debate— omitiendo la importancia histórica, ignorando los aportes al campo del arte (y de la ciencia) y etiquetando al *new media art*, en pocas palabras, como una moda pasajera: «Mientras que muchos artistas usan las tecnologías digitales, ¿cuántos se enfrentan realmente a la cuestión de lo que significa pensar, ver y filtrar intereses a través de lo digital? Me parece extraño que pueda contar con los dedos de una mano las obras de arte que parecen llevar a cabo esta tarea». Bishop, casi haciendo honor al significado de su apellido (obispo), actúa como un sacerdote, pontificando sobre temas que pareciera desconocer o despreciar. Incluso deja entrever que el *new media art* o arte digital podría constituir una amenaza para la perdurabilidad del arte contemporáneo (una vez más, la muerte del arte... y seguimos): «Lo más utópico que puede suceder es que la revolución digital abra una nueva realidad desmaterializada, sin autores ni mercantilización posible de la cultura colectiva; lo peor que

[10] Artículo presente en el especial de aniversario nº 50 de la revista *Artforum*, dedicado al arte y nuevos medios, publicado en septiembre de 2012 (véase http://tinyurl.com/mpfday2).

In recent decades, significant numbers of researchers, creators and artists have been working at the borders between fields of knowledge, stretching the limits of those fields, enriching and questioning them. Like photography, film and video at other times—all of which made use of industrial processes and materials, as well as "relational" practices that have subsequently been accepted and included (and even banalized) by traditional art—these new practices currently occupy a marginal place. Bear in mind, though, that the road from the periphery of the art "kingdom" to its center and even to the art market takes time. But this marginal role that, over the course of history, has been played by emerging practices is what enables the development of new strategies and aesthetics, ones less burdened by the canons entrenched in the field of the arts. To paraphrase Georg Simmel, the fact that art has a history at all is due to the life drive that leads us to challenge forms that have grown ossified.

Artists and artworks currently active in the AST field
It is beyond the scope of this essay to systematize or categorize all the artistic formulations that the field of AST currently encompasses. But mentioning certain projects allows us to grasp the breadth of proposals that have emerged from this convergence of disciplines.

The artists that form part of the world of AST make use of heterodox materials and usually work in contexts at a remove from what we

301

puede pasar es que señale la inminente obsolescencia de las artes visuales».

En las últimas décadas, son significativos los investigadores, creativos, artistas que se instalan en las fronteras de los saberes disciplinados para desbordarlos, enriquecerlos y ponerlos en tela de juicio. Ocupan hoy el rol marginal que otrora les tocó desempeñar a prácticas como la fotografía, el cine o el video, tendencias que se valían de procesos y materiales industriales o ciertas prácticas «relacionales» que hoy por hoy ya han sido aceptadas e incluidas —hasta su banalización incluso— en el campo artístico tradicional. Cabe recordar, sin embargo, que el camino desde la periferia del «reino» del arte hasta su inclusión y mercantilización ha requerido bastante tiempo. Pero es este papel marginal que cíclicamente en la historia les toca cumplir a las prácticas emergentes el que posibilita el desarrollo de estrategias y estéticas nuevas, menos lastradas por los cánones que cada cierto tiempo se instalan en el campo de las artes. Parafraseando a Georg Simmel, esta pulsión de la vida por desafiar las formas que han quedado cristalizadas es el último motivo por el cual el arte tiene una historia.

Obras y artistas que operan hoy en el campo de las ACT
Intentar sistematizar o agrupar todas las propuestas de artistas que hoy estén trabajando en ACT es una tarea que excede el contexto de este relato. Pero bien vale la pena mencionar algunos proyectos que nos permitan apreciar la extensa diversidad de

generally consider the art field. Unlike the modern artist working alone in his studio splashing paint in the style of Jackson Pollock, the stereotypical image of this artist is of a person in a white smock working in a lab or the public space, whether real or virtual.

Of this sort of production, one of the most polemic works is *GFP Bunny,* or *Alba,* the famous fluorescent rabbit that Eduardo Kac made in 2000. *Alba* is the product of putting the GFP protein from the genetic code of jellyfish into a rabbit, which causes it to shine when lit by a specific sort of blue light. Alba is, in the words of the artist, a transgenic, unique and chimerical being.

Intervention in genetic code can be seen as a link in a historical chain of actions geared to creating artificial life, a recurring obsession or, to use Erkki Huhtamo's term, a *topoi,* in the human enterprise. If the imagination of literature and art has always been peopled with human-made monsters (Dracula, Frankenstein, the Chilote Imbunche), so far this millennium some of the artists working in the sphere of AST have attempted to contribute to this project, engendering their own bestiaries. In the collective Bioteknica, Montreal artists Jennifer Willet and Shawn Bailey created their own *teratoma,* a sort of cancerous tumor with a monstrous appearance. On the basis of the *Teratological Prototypes,* which they created by cultivating and intervening on the mouse *teratoma* (P19), from 2000 to 2007 the collective produced a series of installations and art actions geared to inciting reflection on

 Valentina Montero Peña & Vanina Hofman/Mobile Borders…

enfoques que surgen de esta convergencia de disciplinas.

Los artistas que se sumergen en el mundo del ACT trabajan con materiales heterodoxos y generalmente en contextos apartados del campo artístico al que estamos acostumbrados. Frente a la imagen paradigmática del artista moderno que trabajaba solo en su taller, salpicado de pintura al estilo Pollock, se nos presenta otro estereotipo: un artista de bata blanca trabajando en un laboratorio y en el espacio público, ya sea real o virtual.

Uno de los proyectos más discutidos dentro de este tipo de producciones es *GFP Bunny,* o *Alba,* el famoso conejo fluorescente realizado por Eduardo Kac en el año 2000. *Alba* es producto de la integración de la proteína GFP de las medusas en el código genético de la coneja, la cual permite que ésta brille cuando es iluminada con una luz azul específica. Es un ser transgénico y único, un ser quimérico, en palabras del artista.

La posibilidad de intervenir en el código genético se puede entender como un eslabón más dentro de la historia de acciones en pos de crear vida artificial. Por cierto, una obsesión recurrente, un *topoi,* en términos de Erkki Huhtamo, en el quehacer de la humanidad. Si desde siempre la literatura y el arte han poblado nuestro imaginario de monstruos creados por el ser humano (Drácula, Frankenstein, el Invunche chilote), en lo que va de este milenio algunos artistas de las ACT también han querido contribuir a ello, engendrando sus propios bestiarios. Los artistas de Montreal Jennifer Willet y Shawn Bailey, reunidos en el colectivo Bioteknica, creaban sus propios *teratomas,* una clase de tumores

the ethical implications and transformative possibilities of science. Subsequently, Willet has developed the concept of "bioremediation" in lectures and workshops, using bio-pirating to investigate the intersections of new technological developments and their possible critical reconfiguration. After all, the different experiences and productions that have taken shape in this hybrid territory of AST attempt not only to understand and describe the world, but also to transform it by questioning the order of things (in the environment and nature, as well as the spheres of social change, consumerism and others) and to formulate possible imaginaries.

SymbioticA Laboratory in Australia is a project that uses art to call attention to research in the field of the life sciences. *Disembodied Cuisine*, one of the laboratory's many projects, consists of generating edible steaks without killing animals. In a broader sense, this is a project that reflects on the social configuration of food in different cultures and on the clearly shifting borders and frontiers of what can and cannot be eaten. One by no means trivial anecdote tells how one of the students involved in the project, a vegetarian, formulated to the group the possibility of overcoming his aversion to eating meat when he realized that it could be made without hurting a living being. He went so far as to suggest that he himself could do the biopsy necessary to produce the cells for the cloning of the steak, thus yielding a plate of his own flesh. "The questions that arose are not about whether

303

cancerígenos de apariencia monstruosa. A partir de la creación de sus *Teratological Prototypes*, conseguidos a raíz del cultivo e intervención del teratoma del ratón P19, realizaron entre 2000 y 2007 una serie de instalaciones, acciones artísticas, con el fin de estimular a las audiencias a reflexionar sobre las implicaciones éticas y las posibilidades transformadoras de la ciencia. Posteriormente, Willet ha desarrollado a través de conferencias y talleres el concepto de *bioremediation*, investigando a través de la biopiratería las encrucijadas de los nuevos desarrollos tecnológicos en la sociedad y su posible reconfiguración crítica. Y es que las distintas experiencias y producciones que se han generado en este territorio promiscuo e híbrido de arte, ciencia y tecnología, apuntan ya no sólo a entender y describir el mundo, sino también a transformarlo, desde el cuestionamiento al orden de cosas (referido a temas como medio ambiente, naturaleza, cambios sociales, consumo, etc.) hasta la propuesta concreta de imaginarios posibles.

En esta misma línea que busca llamar la atención a través del arte sobre las investigaciones en el campo de las ciencias de la vida, se encuentra el laboratorio SymbioticA, en Australia. De sus múltiples proyectos cabe mencionar *Disembodied Cuisine*, que, en pocas palabras, consta de la posibilidad de crear bifes comestibles sin la necesidad de sacrificar animales. En un sentido más amplio, es un proyecto de reflexión sobre la configuración social de la alimentación en las distintas culturas y sobre los márgenes y las fronteras de lo que puede y lo que no puede ser comestible,

or not this is an unnatural practice …, humans have practiced cannibalism before …, but rather about biological security and other issues; thus, a rhetoric will inevitably be found to address this concept."[11]

Japanese artist Sputniko addressed gender issues when, in 2010, she created a device that induces the symptoms of menstruation. The *Menstruation Machine* contains a blood-dispensing mechanism that, by means of electrodes that stimulate the lower abdomen, simulate pain and bleeding similar to what is experienced during a five-day menstrual period. The project questions the androcentric nature of society as reflected in science and the pharmaceutical industry, which intervenes in women's biology without ever threatening certain hetero-normative hierarchical structures.

We are aware that when we speak of "science," we usually refer to biology, chemistry, physics and mathematics, to the exclusion of the social and human sciences to which artists are at least as connected as to the never-more-vaguely-defined field of "hard sciences." Some recent projects, like *Transborder Immigrant Tool* (2009), use the GPS technology found in cell phones to facilitate crossing the border between the United States and Mexico. The project, which is directed by Ricardo Domínguez, cofounder of EDT (The Electronic Disturbance Theater), addresses sociological issues pertinent to immigration policy while also offering a poetic image. The *Transborder Immigrant Tool* not only provided illegal immigrants with information about

[11] Alsina, Pau, *Arte, ciencia y tecnología*, Barcelona: UOC, 2007.

 Valentina Montero Peña & Vanina Hofman/Mobile Borders…

que se evidencian absolutamente fluctuantes. A modo de anécdota, pero sin ser nada trivial, uno de los estudiantes involucrados en este proyecto, vegetariano, planteó al grupo la superación de su aversión por la carne animal al ver que podría producirse sin herir a ningún ser vivo. Incluso sugirió la posibilidad de realizarse él mismo la biopsia necesaria para obtener las células para la clonación del bife. Esto daría por resultado un plato de su propia carne. «Las preguntas que surgieron no son acerca de si se trata de una práctica contra natura […] los humanos ya hemos practicado canibalismo antes […], sino de las razones de seguridad biológica y más cosas; de esta manera inevitable la retórica será utilizada por nuestra sociedad para habérselas con semejante concepto».[11]

Desde un enfoque de género, la artista japonesa Sputniko desarrolló en 2010 un dispositivo que ofrece la posibilidad de experimentar los síntomas de la menstruación. La *Menstruation Machine* incorpora un mecanismo de dispensación de la sangre que, con electrodos que simulan la parte inferior del abdomen, estimulan el dolor y sangrado como si se tratase de un período menstrual de cinco días. El proyecto parte del cuestionamiento al carácter androcéntrico de la sociedad reflejado en la ciencia y su industria farmacológica asociada, que interviene en la biología de las mujeres pero sólo hasta el punto de mantener ciertas estructuras jerárquicas heteronormativas.

Por otro lado, somos conscientes de que habitualmente, cuando se habla de «ciencia», en general se hace referencia al campo

[11] Alsina, Pau, *Arte, ciencia y tecnología*, Barcelona, UOC, 2007.

routes, meeting points, sources of drinking water, shelters and friendly places, but also sent poems and messages of support for the roughest moments of the crossing.

With permission or without

Practices in the field of AST advocate fissuring or demolishing the borders between the realm of technology and science, on the one hand, and the arts and humanities, on the other. At stake is a reformulation of the definition(s), place and value of each in society. These practices also wear away at the limits between artist-researcher, scientist-researcher, and the notion of the artist as sole creator, replacing it instead with the conception of audience as co-creator or "prosumer" (producer and consumer). A figure like Nikola Tesla, for instance, could today be considered a new media artist. This collapse of borders demands, therefore, new critical criteria for understanding and valorizing this field of production. This is the art of these times, in keeping with information and communication technologies, life sciences, genetic engineering, robotics, and telecommunications. The potential and scope of this new poetics and its technological implications open up an unforeseen field; traditional categories are rendered useless before the provocations of these artists.

We may well be disconcerted or scandalized by these times and what they bring: Eduardo Kac's fluorescent rabbit, a Mexican immigrant

científico biológico, químico, físico o matemático, obviando las ciencias sociales y humanas a las que los artistas se acercan tanto o más que a las nunca peor definidas como «ciencias duras». Algunos proyectos recientes, como *Transborder Immigrant Tool* (2009), utilizan la tecnología GPS de los teléfonos celulares para facilitar el cruce de la frontera que divide Estados Unidos y México. El proyecto, dirigido por Ricardo Domínguez, cofundador del grupo EDT (The Electronic Disturbance Theater), intenta abordar problemáticas de orden sociológico, afectando las políticas migratorias y ofreciendo paralelamente una imagen poética. El *Transborder Immigrant Tool* no sólo entregaba al inmigrante ilegal información sobre rutas, puntos de encuentro, fuentes de agua potable, refugios y sitios amigables, sino que también enviaba poemas y mensajes de consuelo para los momentos más duros de la travesía.

Con permiso o sin él

Las prácticas en ACT abogan por fisurar o derribar las fronteras entre las esferas técnico-científica y artístico-humanística, llevando a un replanteamiento de la(s) definición(es), el lugar y el valor de cada una de ellas en la sociedad y diluyendo también los límites entre artista-investigador, científico-investigador, el artista como creador y el público como cocreador o *prosumer* (productor y consumidor). Un personaje como Nikola Tesla hoy en día podría ser considerado un artista de los nuevos medios, por ejemplo. Esta demolición de fronteras exige, por tanto, la generación de nuevos criterios críticos desde los cuales entender y

receiving poems in his or her cell phone while looking for shelter on the other side of the border, the evolution of a teratoma, the possibility of eating our own flesh, or the idea that a man can put on a belt in order to "menstruate." All of this undermines our inherited, deeply rooted and therefore naturalized notions of art. These projects contain a seed, the potential to enable the ongoing reinvention of the concept of "art."

valorar este campo de producción. Son el arte de nuestro tiempo, en sintonía con las tecnologías de la información y la comunicación, las ciencias de la vida, la ingeniería genética, la robótica, las telecomunicaciones. Las posibilidades y alcances de sus poéticas y de sus implicancias técnicas abren un campo insospechado donde las categorías tradicionales quedan inútiles ante las diferentes provocaciones que nos ofrecen los artistas.

Así, ser contemporáneos del conejo fluorescente de Eduardo Kac, pensar la imagen de un inmigrante mexicano recibiendo poemas en su celular en el momento de buscar un refugio al otro lado de la frontera, contemplar la evolución de un teratoma, alimentarnos de nuestra propia carne o saber que un hombre se ha puesto un cinturón que le permite «menstruar» nos puede mover al desconcierto o al escándalo. Tocan nuestras concepciones de arte heredadas, arraigadas y, por eso mismo, naturalizadas. Radica en estos proyectos la semilla, la potencialidad, para que el concepto «arte» pueda seguir reinventándose.

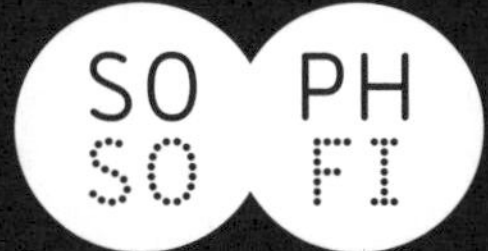

SOCIOLOGISTS & PHILOSOPHERS
SOCIÓLOGOS & FILÓSOFOS

Sandro Mezzadra (IT)
Transformations of a Furrow.
Land and Borders
Metamorfosis de un surco.
Tierra y confines

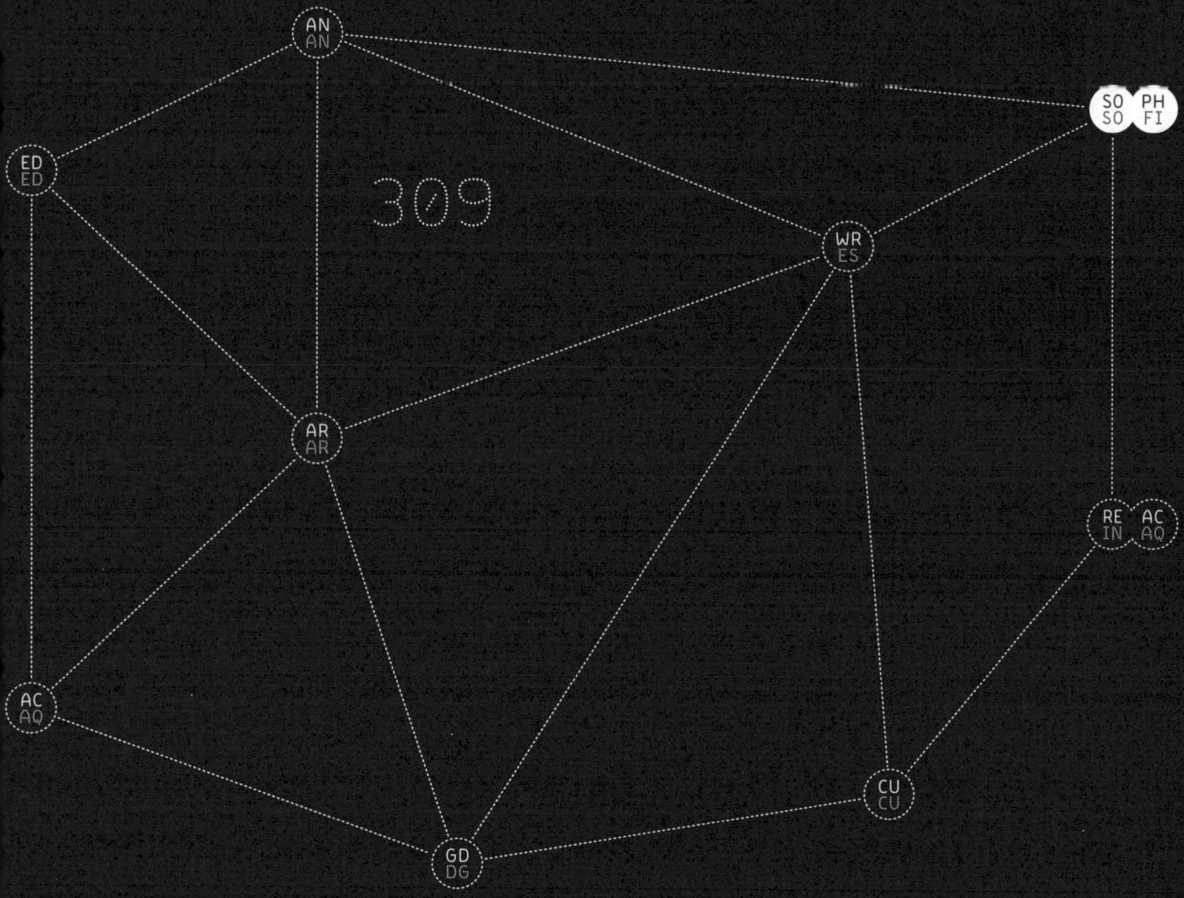

Transformations of a Furrow. Land and Borders

[1] Translated from the original version.
[2] Cf. Zanini, P., *Significati del confine. I limiti naturali, storici, mentali*, Milan: Bruno Mondadori, 1997, pp. 5–8. For a first introduction to this subject we can also add to this book—among other unlimited bibliography—"Frontiera" (by B. Zientara), *Enciclopedia Einaudi*, vol. VI, Turin: Einaudi, 1977, pp. 403–414; Cella, G.P., *Tracciare confine. Realtà e metafore della distinzione*, Bologna: Il Mulino, 2006, and, for the subjects dealt with in the first paragraph, Sordi, M. (ed.), *Il confine del mondo classico*, Milan: Vita e Pensiero, 1987.

1. Background

"Man has always sought to become powerful on Earth,"[1] as Carlo Donolo writes in his introduction to the issue of the Italian journal *Parolechiave* where this essay was originally published. "His first task is to achieve supremacy on the earth as land or surface. For this he needs to set borders and then try to expand them." This shows in just a few words the importance of the topic of this article. Our interest is in the present days, although a quick scan over past events may be useful in order to establish a few points. The "rooting" of the border in the land is verified from an etymological angle by many Indo-European languages, which relate it to the origins of sedentary agriculture, to the furrow made with a plough.[2] Through this furrow, resuming Donolo, a series of transformations of the earth begin to take place, through which it becomes land, territory, space and landscape, as well as many

Metamorfosis de un surco. Tierra y confines

1. Antecedentes

«Sobre la tierra», escribe Carlo Donolo en su introducción al número de la revista italiana *Parolechiave* en el que se publicó originalmente este ensayo, «el hombre quiso ser poderoso. Su primera tarea es adquirir el dominio sobre la tierra como suelo o superficie. Para lograrlo, es necesario fijar confines y luego extenderlos». Aquí tenemos, en pocas palabras, la relevancia del tema al cual dedicamos este artículo. Nuestra atención se focaliza sobre el presente, pero puede ser útil un rápido análisis de los tiempos lejanos, para poder establecer algunos puntos. La radicación del «confín» en la tierra está demostrada desde el punto de vista etimológico en muchos idiomas indoeuropeos, que la relacionan con los orígenes de la agricultura sedentaria, con el surco trazado por el arado.[1] Con este surco comienzan —citando nuevamente a Donolo— las metamorfosis de la tierra, que se convierte en suelo, territorio, lugar, paisaje, y muchas cosas más. Podemos, entonces, determinar un primer punto importante: el confín, cada vez que

[1] Cfr. Zanini, P., *Significati del confine. I limiti naturali, storici, mentali*, Milán, Bruno Mondadori, 1997, pp. 5–8. Para una primera introducción al tema, se pueden agregar a este libro —dentro de una literatura muy amplia (interminable)— Zientara, B., «Frontiera», *Enciclopedia Einaudi*, vol. VI, Turín, Einaudi, 1977, pp. 403–414; Cella, G.P., *Tracciare confini. Realtà e metafore della distinzione*, Bolonia, Il Mulino, 2006, y —para las temáticas del primer párrafo— Sordi, M. (ed.), *Il confine nel mondo classico*, Milán, Vita e Pensiero, 1987.

other things. We can hence conclude one first important point: every time we trace borders they transform the land they are affecting, conferring it a different meaning. Tracing borders is therefore a *productive*—and even a creative—action.

The amount of images related to borders in classical European times is literally fantastic, and we can fully understand the reasons behind this if we bear in mind the "creative" nature of their tracing. We are in a field that does not distinguish between sacred and profane, where priests and wise men appear before kings and technical specialists. The land surveyor (*finitor, mensor*) in archaic Rome was after all an *augur,* a wise and priestly figure that fulfilled a *sacred* function, that thus went back to the domain of "'that which is due to a divinity', also in the sense of 'that which can be killed' and is therefore 'cursed', as Festo well explains."[3] We can still see a trace of this origin in the Kafkian castle that looms over K.! More generally, it's the Indo-European *rex,* as Émile Benveniste informs us, who moves in the indistinct boundary between sacred and profane in which, in a totally material sense, the *regula* is used, that is, the "'instrument that traces the straight line' that establishes the *regola*" (and, hence, the measure of that which is right, also in the sense of just). It is best to let Benveniste's text speak in its own words:

[3] Schiavone, A., *Ius. L'invenzione del diritto in Occidente,* Turin: Eiunaudi, 2005, p. 53. Translated from the original version.

es marcado, transforma la tierra que hiende, le atribuye un significado diferente. En fin, trazar confines es un gesto *productivo*, hasta digamos creativo.

La colección de imágenes vinculadas al confín en el mundo clásico europeo es literalmente fantástica. Y se entienden bien sus razones, si consideramos la naturaleza «creativa» del gesto que lo traza. Nos encontramos en un ámbito caracterizado por una especie de indistinción entre lo sagrado y lo profano, donde se juntan sacerdotes y sabios, mucho antes que reyes y técnicos. De hecho, el agrimensor (en latín, *finitor, mensor*), en la antigua Roma, era un *augure,* un sabio sacerdote que ejercía una función, justamente, *sagrada,* es decir, que pertenecía al dominio de «"lo que se debe a una divinidad", también en el sentido de "lo que se puede matar" y, por lo tanto, es "maldito", como bien explica Festo».[2] ¡Es posible distinguir una huella de este origen en el Castillo kafkiano que se cierne sobre K.! Pero, en general, es más el *rex* indoeuropeo, como nos informa Émile Benveniste, el que se mueve en la zona de indistinción entre lo sagrado y lo profano en la que, materialmente, se utiliza la *regula*, «la "herramienta para trazar una línea recta" que fija la *regla*» (y, en consecuencia, la medida de todo lo que es recto, también en el sentido de «justo»). Es importante recordar las palabras de Benveniste:

Hay que empezar desde esta noción —completamente material en su origen, pero lista para desarrollarse en sentido moral— para entender bien la formación de *rex* y del verbo *regere*. Esta

[2] Schiavone, A., *Ius. L'invenzione del diritto in Occidente,* Turín, Einaudi, 2005, p. 53.

We need to start at the beginning from this completely material concept, which soon develops in a moral sense, in order to properly understand the formation of *rex* and of the verb *to rule*. This double notion can be observed in the important expression *regere fines*, religious act, preliminary act of construction, *regere fines* literally means "to trace borders in a straight line." It is what the great priest does in order to build a temple or a city, and which consists of delimiting the sacred area on a territory. The magic in this operation is evident: it delimits what is inside from what is outside, the rule of the sacred from the rule of the profane, national territory from foreign territory. This tracing is carried out by the person who holds maximum power, the *rex*.[4]

What can we deduce from this proximity of the border to the monarchy and to the sacred? Others would argue about the theological-political dimension of the border. Instead we only highlight another important point for our analysis, less impressive but nonetheless not less important: born as a furrow drawn on the earth, the border is automatically loaded with essential *symbolic* meaning.

Around this furrow, furthermore, blood flows. The "most famous" version of the legend of the foundation of Rome, described by Livio (I, 7), tells that Remus *novos transiluisse muros* (had climbed over the recently built walls) and was killed by his brother Romulus, who said

[4] Benveniste, E., *Il vocabulario delle istituzioni indoeuropee* [1969], trans. it., Torino: Einaudi, 1976, p. 295. Translated from the original version. The "moral" development of the *regula* will re-emerge dramatically in Orazio's famous words: *Est modus in rebus, sunt certi denique fines/Quos ultra citraque nequit consistire rectum* (Satire, 1, 1, 106–107). It is pointless to argue that we could discuss for long this significance of *fines* with regard to *modus* and a *rectum...*

doble noción está presente en la importante expresión *regere fines*, acto religioso, acto preliminar de la construcción; *regere fines* significa literalmente «trazar las fronteras en línea recta». Es la operación que cumple el gran sacerdote para la construcción de un templo o de una ciudad, y que consiste en indicar sobre el terreno el espacio consagrado. Operación en la cual se refleja su evidente identidad mágica: se trata de delimitar el interior y el exterior, el reino de lo sagrado y el reino de lo profano, el territorio nacional y el territorio extranjero. Este trazado es realizado por aquella persona que ostenta el máximo poder, el *rex*.[3]

¿Qué podemos deducir de esta proximidad del confín con la figura de la realeza y el ámbito de lo sagrado? Algunos podrían sacar conclusiones sobre la dimensión teológico-política de aquél. Nosotros nos limitamos a señalar un segundo punto relevante para nuestro análisis, menos pomposo pero, sin embargo, no de menor importancia: nacido como surco trazado en la tierra, el confín se carga inmediatamente de significados *simbólicos* esenciales.

Por otra parte, alrededor de aquel surco corre la sangre. La versión «más conocida» de la leyenda de la fundación de Roma, narrada por Livio (I, 7), cuenta que Remo *novos transiluisse muros* (saltó los muros recién erigidos) y fue asesinado por su hermano Rómulo, que agregó unas palabras, destinadas a ser repetidas una infinidad de veces en la Historia: *«Sic deinde, quicumque alius transiliet moenia mea»* (así, de ahora en adelante, muera aquel

[3] Benveniste, E., *Il vocabolario delle istituzioni indoeuropee* [1969], trad. it., Turín, Einaudi, 1976, p. 295. El desarrollo «en sentido moral» de la *regula* surgirá nuevamente en los célebres versos de Horacio: *«Est modus in rebus, sunt certi denique fines/Quos ultra citraque nequit consistere rectum»* (Satire, 1, 1, 106-107). Es inútil recordar que se podría discutir por mucho tiempo sobre este significado de *fines* en cuanto referencia a *modus* y a *rectum...*

5 *Inde lupae fulvo nutricis termine laetus/Romulus excipiet gentem et mavortia condet/Moenia Romanosque suo de nomine dicet./His ego nec metas rerum nec tempora pono,/imperium sine fine dedi…* (Aen. I, 275-279). The translations of Livio's texts are all done in editions with facing page translations *Storia di Roma*, books I-II, ed. G. Reverdito, Milan: Garzanti, 1990, p. 29. A book rich in suggestions with regard to this topic is the one by Serres, M., *Rome. Le Livre des fondations*, Paris: Grasset, 1983 (in particular, pp. 190 et seq., which insist on the "porosity" of Rome's walls and on its consequent mobility, analyzed in classical texts by Benveniste, of the border between "hospitality" and "hostility"). The reference to barbed wire was suggested to me by the (noticeably impressive) small book by Razac, O., *Storia politica del filo spinato. La prateria, la trincea, il campo di concentramento* [2000], trans. it., Verona: Ombre Corte, 2001.

these words that were meant to be repeated over and over in history: *Sic deinde, qui cum que alius transiliet moenia mea* (this is how, from now on, anybody who dares climb my walls will die). *Ita*, Livio's narration continues, *solus potitus imperio Romulus; condita urbs conditoris nomine appellate* (thus, Romulus seized power on his own and the newly founded city took the name of his founder). Around the furrow palisades and fortifications rise, walls (*muros* and *moenia*) climb to foreshadow the true architecture of the border, an integral part of what we may call its *logistics*: barbed wire still didn't exist, although we can imagine Romulus would have liked it. Having "his" city just been stained by his brother's blood, Livio continues his story, he committed himself to "fortify" the Palatine, *in quo ipse erat educatus* (where he himself had been educated). From these walls, which Virgil will call *mavortia* (warlike), an empire will emerge which—in Jupiter's words in the *Aeneid*—foretell a future of no borders, nor of power (and hence of space), nor of time.[5]

This is therefore a third point to bear in mind: borders are imprinted with violence (and by a tendency of the latter to repeat itself in an expansive dynamic). However, we need to classify this type of violence: at the borders, it is the *violence of foundation*. At this point it is worth re-reading from this perspective the famous words by Machiavelli (referring to the issue of borders, which is not directly mentioned in his text, *Liv.*, I, IX), regarding all those to whom "it might

que se atreva a sobrepasar mis muros). «*Ita* —así sigue el cuento de Livio— *solus potitus imperio Romulus; condita urbs conditoris nomine appellata*» (así Rómulo se apropió él solo del poder y la ciudad recién fundada tomó el nombre de su fundador). Alrededor de este surco nacen vallas y fortalezas; se yerguen muros y murallas (*muros et moenia*), prefigurando una verdadera arquitectura del confín, parte integrante de lo que podríamos llamar su *logística*; aún no existía el alambre de púas, pero podemos imaginar que Rómulo lo habría apreciado.

Luego de haber manchado el suelo de «su» ciudad con la sangre de su hermano —nos informa siempre Livio—, se dedicó a «fortificar» el Palatino, *in quo ipse erat educatus* (sobre el cual él mismo había sido educado). Desde estas murallas, que Virgilio llamará *mavortia*, surgirá aquel imperio, al cual las palabras de Júpiter —en la *Eneida*— profetizan un futuro sin límites de poderío (y, por consecuencia, de espacio) ni de tiempo.[4]

He aquí un tercer punto para tomar en cuenta: el confín se caracteriza por la violencia (y por la tendencia de ésta a repetirse en una dinámica expansiva). Sin embargo, es importante calificar esta violencia: la del confín es la *violencia de la fundación*. Es oportuno releer desde esta perspectiva (es decir, en referencia al tema del confín, que no está mencionado directamente en el texto) una celebérrima frase de Maquiavelo (*Liv.*, I, IX) sobre los muchos «*che per avventura giudicheranno di cattivo esempio che uno fondatore d'un vivere civile, quale fu Romolo, abbia prima morto un suo fratello, dipoi consentito alla morte di Tito Tazio*

4 «*Inde lupae fulvo nutricis tegmine laetus/Romulus excipiet gentem et mavortia condet/Moenia Romanosque suo de nomine dicet./His ego nec metas rerum nec tempora pono,/imperium sine fine dedi…*» (Aen., I, 275-279). Las traducciones de los versos de Livio son citadas de la edición con texto original *Storia di Roma*, Libri I-II, Reverdito, G. (ed.), Milán, Garzanti, 1990, p. 29. Rico de sugestiones es el libro de M. Serres *Rome. Le Livre des fondations*, Paris, Grasset, 1983 (especialmente las páginas 190 y ss., donde se insiste sobre la «porosidad» de las murallas de la ciudad de Roma y su consecuente movilidad, investigada en páginas clásicas por Benveniste, sobre el confín entre «hospitalidad» y «hostilidad»). La referencia al alambre de púa ha sido sugerida por este pequeño libro (muy recomendable) de Razac, O., *Storia politica del filo spinato. La prateria, la trincea, il campo di concentramento* [2000], trad. it., Verona, Ombre Corte, 2001.

seem of evil omen that the founder of a civil government like Romulus, should first have slain his brother, and afterwards have consented to the death of Titus Tatius the Sabine, whom he had chosen to be his colleague in the kingship." A paradigmatic figure of a "new prince," the "ferocious and bellicose" Romulus has killed in the foundation of a new social order, and this scene coincides with the institution of a border: and "it is he who does violence with intent to injure, not he who does it with the design to secure tranquility, who merits blame."[6]

Each time the border tightens around the bodies of men and women in motion, in the desert *borderlands* between Mexico and United States or in the sea that some time ago was called *nostrum* (and yes, nowadays borders also cut through the seas…), there is a background echo (distant or close) of the violence of its foundation. Let's bear it in mind, but let's not rush: there are yet other points that can be made regarding classical antiquity, and in particular of the vicissitudes of the border in Roman law and history—starting from its most remote period. As it has been aforementioned, it is in the violence of foundation where we find the primary relation (obfuscated by the mist of legend and enclosed by a sacred and magical aura) between the institution of the border and political power, which will later on be defined as *imperium* (a term that would immediately single out the meaning of the *limes* in Roman imperial expansion), *potestas* and final-ly, after an infinite number of changes and radical discontinuities,

[6] Machiavelli, N., *Il Principe e Discorsi sopra la prima deca di Tito Livio*, Bertelli, S. (ed.), Milan: Feltrinelli, 1960, pp. 153 et seq. (although the definition of Romulus as "ferocious and bellicose" is found in *Liv.*, I, XIX, p. 183). Translated from the original version.

Sabino, eletto da lui compagno nel regno».[5] Una figura paradig-mática de «príncipe nuevo», el «muy feroz y belicoso» Rómulo ha matado en la escena de fundación de un nuevo orden, y esta escena coincide con la institución de un confín: y «*colui che è violento per guastare, non quello che è per racconciare, si debbe riprendere».*[6]

Cada vez que el confín se ajusta sobre cuerpos de mujeres y hombres en movimiento, en las *borderlands* desiertas entre México y Estados Unidos o en el mar que en un pasado fue llamado *mare nostrum* (y sí, adelantémoslo: hoy los confines surcan tam-bién los mares…), en el fondo oímos un eco (cercano o lejano) de la violencia de su fundación. Tengámoslo presente, pero no nos apresuremos demasiado: se pueden establecer por lo menos un par de puntos más con referencia a la antigüedad y, en particular —alejándonos de los tiempos más remotos—, a las vivencias del confín en la historia y en el derecho romano. Hemos hablado de la violencia de la fundación: aquí tenemos la relación originaria (envuelta por las nieblas de la leyenda y rodeada por un aura mágica y sagrada) entre la institución del confín y el poder político, lo que en un segundo momento será llamado de varios modos: *imperium* (término que señala el significado del *limes* en la expan-sión imperial de Roma), *potestas* y, finalmente, a través de evolu-ciones infinitas y radicales discontinuidades, *soberanía*.

Sin embargo, el trabajo de los agrimensores no se limitaba a este ámbito, sino que tenía funciones esenciales también en el derecho civil; acompañaba y afianzaba el *dominium*, el señorío

[5] [Que tal vez juzguen como mal ejemplo que un fundador de una forma de vida cívica como Rómulo haya matado primero a su hermano y luego permitido la muerte de Tito Tazio Sabino, elegido por él mismo como su compañero en el reino (N. del T.)].

[6] [Digna de censura es la violencia que destruye, no la violencia que reconstruye (N. del T.)]. Maquiavelo, N., *Il Principe e Discorsi sopra la prima deca di Tito Livio*, ed. S. Bertelli, Milano, Feltrinelli, 1960, pp. 153 y ss. (pero la definición de Rómulo como «feroz y belicoso» se encuentra en *Liv.*, I, XIX, p. 183).

sovereignty. The point, however, is that the land surveyor's job was not limited to this field, but he also carried out essential functions in civil law, he accompanied and supported the *dominium,* the private lordship over things, in other words, *property.* The theoretical pair *imperium* and *dominium* was destined to re-emerge in completely different conditions in modern times: "Property belongs to the citizen; the empire belongs to the sovereign," as Portalis asserted in the height of the Napoleonic codification of civil law, of which he was to a great extent the architect. There is also a certain *mirroring effect* between both terms, in the sense which Andrea Bixio defines as "a tight tie between property, appropriation and sovereignty." Let's go back to Rousseau: "The first man, who, having enclosed a piece of ground, to whom it occurred to say *this is mine,* and found people sufficiently simple to believe him, was the true founder of civil society."[7]

Also in the origin of "civil society," or rather at the origins of private property, the merchants of barbed wire must have made good business. The Roman jurists were perfectly aware of this, given that there was a particular *actio* called *finium regundorum.* This "action to regulate borders," that has reached our days thanks to Justinian's Books and is now established in article 950 of the Italian civil code regarding "actions in the defense of property," was precisely referring to the problems that emerged between neighbors regarding fenced areas and palisades, or, in other words, regarding

[7] Rousseau, J.J., *Discorso sull'origine e i fondamenti dell'ineguaglianza* [1750], trans. it., in id., *Scritti politici,* Alatri, P. (ed.), Turin: Utet, 1970, p. 321. Translated from the original version. The quotation from Portalis came from Rodotà, S., *Il terribile diritto. Studio sulla proprietà privata,* Bologna: Il Mulino, 1990, p. 105. The reference by A. Bixio is from his *Proprietà e appropriazione. Individuo e sovranità nella dinamica dei rapporti sociali,* Milan: Giuffrè, 1988, p. 81.

Sandro Mezzadra/Metamorfosis de un surco. Tierra y confines

privado sobre los bienes, en fin, la *propiedad.* La pareja conceptual *imperium* y *dominium,* de hecho, estaba destinada a reemerger en condiciones completamente diferentes en la modernidad: «al ciudadano pertenece la propiedad, al soberano el imperio», afirmaba Portalis en el punto culminante del Código Napoleónico de Derecho Civil, del cual, en gran medida, fue artífice. Y, obviamente, existe más que una sospecha de que haya entre los dos términos una sustancial relación *especular,* que Andrea Bixio definió como «un estrecho vínculo entre propiedad, apropiación y soberanía». Leamos de nuevo, entonces, a Rousseau: «El primero que, luego de haber cercado un terreno, pensó en decir *esto es mío* —y encontró muchos ingenuos que le creyeron— fue el verdadero fundador de la sociedad civil».[7]

También en el origen de la «sociedad civil» —es decir, en el origen de la propiedad privada— los mercaderes de alambre de púa deben de haber hecho muy buenos negocios... Los juristas romanos se habían dado cuenta de ello perfectamente, si es verdad que una *acción jurídica* específica se llamaba *finium regundorum.* Esta acción de reglamentación de confines —que, a través de los libros de Justiniano, ha llegado hasta hoy para fijarse en el artículo 950 del Código Civil italiano, entre las «acciones en defensa de la propiedad»— se refería precisamente a los problemas que surgían entre vecinos sobre cercados y vallas, es decir, sobre la determinación de los confines entre bienes y poderes. Sin embargo, la *actio finium regundorum,* también en este caso, repetía en forma atenuada algo que en su origen —en el momento de la *limitatio*—

[7] Rousseau, J.J., *Discorso sull'origine e i fondamenti dell'ineguaglianza* [1750], trad. it., en id., *Scritti politici,* ed. P. Alatri, Turín, Utet, 1970, p. 321. La cita de Portalis está extraída de Rodotà, S., *Il terribile diritto. Studi sulla proprietà privata,* Bolonia, Il Mulino, 1990, p. 105. La referencia a A. Bixio pertenece a su *Proprietà e appropriazione. Individuo e sovranità nella dinamica dei rapporti sociali,* Milán, Giuffrè, 1988, especialmente p. 81.

[8] Bonfante, P., *Storia del diritto romano*, 2 vols., Milan: Giuffrè, 1958, vol. I, p. 193. Translated from the original version. This reference to the *actio finium regundorum* is thanks to a suggestion from my friend Pierangelo Schiera, whom I dearly thank. The recent discussions with him about the subject of borders have been a source of great inspiration for me. Going back to the afore-mentioned article 950 of the Italian civil code ("Actions to regulate borders"): "When the border between two territories is uncertain, each of the proprietors can ask to be established in court. All means of proof are admissible. In the absence of other elements, the judge will apply the border traced by the cadastral maps."

[9] More, T., *Utopia*, trans. it. by L. Firpo, Naples: Guida, 1990, p. 126. Translated from the original version.

the determination of the borders between farms. But the *actio finium regundorum,* also in this case, repeated in a complying manner things that were at their origin—at the time of the *limitatio*—carried out with a completely different intensity: an action of *appropriation* that logically precedes the institution of private property. The Roman law historian reminds us that "fields were solemnly delimited in a specific period in history and, moreover, property rose in a territory that was previously public." Let's use the words in Pietro Bonfante's fragment: "This subject, it cannot be denied, has a certain importance,"[8] regarding the discussion over the initial collective property in Roman history. It is also important for us because it allows us to establish a fourth important point: the constitutive relation between the institution of the border and private property, a relation that goes through *appropriation* processes of the type that several centuries later would be called in England by the name of *enclosure*. These were processes that were not exactly idyllic, if we recall what Thomas More wrote about sheep in the first book of *Utopia,* "usually so obedient," yet now "so famished and aggressive they devour even men."[9]

We must also add that, also in classical antiquity, "cultures" would confront, "assess themselves" and mix (today we would say they *hybridized)* on the *limes*. Think of the Nemrut Dagi, just to give one example, the mountain found where nowadays is Turkey, on which Antiochus I of Commagene ordered his shrine to be built and to be

debía de haberse desarrollado con otra intensidad: un gesto de *apropiación*, que lógicamente precede a la institución de la propiedad privada. El historiador del derecho romano nos recuerda que «sólo en una determinada fase de la historia los campos fueron delimitados de forma solemne y que, además, la propiedad surgió sobre un terreno que precedentemente había sido público». Hagamos nuestras las palabras que siguen en el texto de Pietro Bonfante: «Este tema, no se puede negar, tiene su peso».[8]

Lo tiene, para él, en referencia a la discusión sobre la propiedad colectiva originaria en la historia romana; lo tiene, sin lugar a dudas, también para nosotros, porque nos permite fijar un cuarto punto relevante: la relación constitutiva entre la institución del confín y la propiedad privada, relación que pasa por procesos de *apropiación* como los que varios siglos después, en Inglaterra, serían definidos mediante el término «*enclosure*». Procesos que, una vez más, no fueron precisamente idílicos, si recordamos lo que Tomás Moro escribía en el primer libro de su *Utopía* sobre las ovejas, «generalmente tan mansas» y ahora «tan hambrientas y agresivas que devoran hasta a los seres humanos».[9]

Es necesario agregar que, también en la antigüedad clásica, se enfrentaban, se «medían» y se mezclaban (se «hibridaban», diríamos hoy) en el *limes* las «culturas». Por ejemplo, pensemos en el Nemrut Daği, la montaña en la actual Turquía sobre la cual Antíoco I Theos de Comagene hizo construir su sagrario y, después de su muerte, se hizo sepultar. Unas gigantescas estatuas de dioses griegos, romanos y persas —distribuidas en dos terrazas que

[8] Bonfante, P., *Storia del diritto romano*, 2 vols., Milán, Giuffrè, 1958, vol. I, p. 193. Debo la referencia sobre la *actio finium regundorum* a una indicación de mi amigo Pierangelo Schiera, que agradezco enormemente: las discusiones recientes con él sobre las temáticas del confín, de hecho, han sido para mí una fuente de gran inspiración más allá de este contexto específico. Transcribo el texto del citado artículo 950 del Código Civil italiano («Acciones de reglamentación de confines»): «Cuando el confín entre dos propiedades es incierto, cada uno de sus propietarios puede pedir que sea establecido por un juez. Todo medio de prueba es permitido. Si faltan otros elementos, el juez hará referencia al confín delimitado por los mapas de catastro».

[9] Moro, T., *Utopia*, trad. it., ed. de L. Firpo, Nápoles, Guida, 1990, p. 126.

buried there when he died. Gigantic statues of Roman-Greeks and Persians, spread along the two terraces that looked respectively West and East, were the crown for the celebration of the Hellenized Zoroastrianism of Antiochus, who brought Commagene to Rome's sphere of influence, establishing the conditions for its transformation into a sort of *buffer state* over the Eastern *limes*.

Even at this point they battled for long. The territories in the borders were the place where exchanges would take place and where more or less respectable merchants, smugglers and pirate envoys would operate. Ever since the "chattel slavery" ("that is, slaves that could be bought and sold an unlimited number of times as any other good, or as animals, 'vocal instruments'") became widespread in Rome—around the 3rd century BC—on a scale that "soon shadowed all other slave societies of antiquity," we could mostly find bodies in chains when crossing the *limes*. These were not necessarily "docile bodies," using Michael Foucault's formula in a completely different context. In at least one case, if we trust the recent reconstruction of the revolt by Spartacus proposed by Aldo Schiavone, slavery brought to the heart of Rome violence and the threat of the *border struggles*: an "Asian" warlord, the gladiator from Thrace felt assigned with the mission of carrying out the prophecies that had been circulating for long (on the borders) between East and West, according to which the end of Rome would come from the East. And we like believing that the "mystical background of

miraban hacia Oriente y Occidente—coronaban la celebración del zoroastrismo helenizado de Antíoco, que llevó a Comagene hacia el ámbito de influencia de Roma, sentando las condiciones para su transformación en una especie de «reino colchón» (*buffer state*, diríamos hoy) sobre el *limes* oriental.

De hecho, aquí también se siguió combatiendo por largo tiempo. Los territorios fronterizos eran escenario de intercambios en los que intervenían mercaderes más o menos respetables, contrabandistas y esbirros de piratas. Desde que, alrededor del siglo III a.C., la «esclavitud/mercadería» (es decir, esclavos comprables y vendibles de forma ilimitada como cualquier otra mercadería, o como animales, «herramientas vocales») se había difundido en Roma en una escala que «oscureció muy pronto el ejemplo de cualquier otra sociedad esclavista de la antigüedad», eran sobre todo los cuerpos encadenados los que cruzaban el *limes*. No siempre se trataba de «cuerpos dóciles», citando una expresión utilizada en otro contexto por Michel Foucault. Por lo menos en un caso—si damos crédito a la reciente reconstrucción histórica de la revuelta de Espartaco propuesta por Aldo Schiavone—, la trata de esclavos llevó al corazón de Roma la violencia y la amenaza de las *luchas fronterizas*. Condotiero «asiático», el gladiador de la región de Tracia se habría sentido investido con la misión de realizar las profecías que desde hacia tiempo circulaban en el confín entre Oriente y Occidente, según las cuales el fin del Imperio Romano llegaría desde el Este. Nos gusta creer que «el fondo místico y enigmático de su religiosidad», madurado a través de la cercanía

[10] Schiavone, A., *Spartaco. Le armi e l'uomo*, Turin: Einaudi, 2011, pp. 52 (for this last point), 48 et seq. (for the "chattel slavery"), 43 (on the prophecies circulating between East and West) and 22 (on Spartacus' partner). Translated from the original version.

[11] The subject of the border has been central for several years in my work on migrations and in my contrast with post-colonial critique. On this topic, see Mezzarda, S., *Diritto di fuga. Migrazioni, cittadinanza, globalizzazione*, Verona: Ombre Corte, 2006, and id., *La condizione postcoloniale. Storia e politica nel presente globale*, Verona: Ombre Corte, 2008. But the main reference is now to Mezzarda, S. and Neilson, B., *Border as Method, or, The Multiplication of Labour*, Durham, NC: Duke University Press, 2013.

his religiousness," grown by the influence of his partner (a priestess "devoted to Dionysus"), at least flashed on Spartacus the idea that his conquest plan could be linked to the worship of Dionysus which had been harshly punished by a Senatus consultum in 186 BC for the "subversive inebriation" it nourished among the popular masses. The cultural hybridization typical of the *limes* would thus be revealed, at the center of the Empire, in an attempt to weld together a "culture of slaves in revolt" and the "Dionysus religiousness" of the Southern rural masses.[10]

2. Lines

Quantum mutates abillo, we could say of our furrow, to continue playing with classical references! It is, however, the moment to interrupt the exploration that had been announced, carried out with poor, amateur means (some literature), scholastic reminiscences and (regarding the Nemrut Dagi) some travel notes. It has not been a futile exercise, however: it has, in fact, allowed me to bring to light some aspects of the borders on which I have been working for several years (both individually or with an Australian friend and colleague, Brett Neilson) regarding the contemporary transformations of this institution.[11]

Let us return to the points introduced by the analysis in the prior sections. The action that traces a border, as simple as it may appear, is from the start a *productive* action. The ploughshare that incises a

a su compañera (una sacerdotisa «consagrada a Dionisio», «una bacante»), haya dado a Espartaco la idea de vincular su proyecto de conquista a los cultos dionisíacos, que, en 186 a.C., un senadoconsulto había sancionado severamente, por las «ebriedades subversivas» que alimentaba entre las masas populares. La hibridación cultural típica del *limes* se habría así manifestado —en el corazón del imperio— en un intento de «soldadura» entre la «cultura de los esclavos revoltosos» y «la religiosidad dionisíaca» de las masas rurales del Sur.[10]

2. Líneas

¡*Quantum mutatus ab illo*[11] nuestro surco!, podríamos decir, citando nuevamente a los clásicos. Sin embargo, ha llegado el momento de interrumpir esta exploración, conducida con medios pobres y diletantes (algunas lecturas), memorias escolares y, por lo que se refiere al Nemrut Daği, algunas notas de viaje. Sin embargo, este ejercicio no ha sido inútil: me ha permitido resaltar algunas dimensiones del confín, sobre el cual trabajo desde hace algunos años (de forma individual y con un amigo australiano, Brett Neilson), con referencia a las transformaciones contemporáneas de este elemento.[12]

Resumamos los puntos propuestos por el análisis de las páginas anteriores. El gesto que traza un confín, por más simple que pueda parecer, es desde el comienzo un gesto *productivo*: la reja que marca un surco en la tierra, arrastrada por el arado, implica complejas metamorfosis, que atribuyen nuevos significados a la misma

[10] Schiavone, A., *Spartaco. Le armi e l'uomo*, Turín, Einaudi, 2011, pp. 52 (sobre este último punto), 48 y ss. (sobre la «esclavitud-mercadería»), 43 (sobre las profecías circulantes entre Oriente y Occidente) y 22 (sobre la compañera de Espartaco).

[11] [Cuánto ha cambiado desde entonces (N. del T.)].

[12] El tema del confín es central desde hace años en mis trabajos sobre las migraciones y mi comparación con la crítica poscolonial: véanse en este sentido Mezzadra, S., *Diritto di fuga. Migrazioni, cittadinanza, globalizzazione*, Verona, Ombre Corte, 2006, e id., *La condizione postcoloniale. Storia e politica nel presente globale*, Verona, Ombre Corte, 2008. Pero la principal referencia es actualmente Mezzadra, S. y Neilson, B., *Border as Method, or, The Multiplication of Labor*, Durham, NC, Duke University Press, 2013.

furrow into the earth, pulled by the plough, initiates complex trans-formations, which assign new meanings to the land itself (or, in other words, to the portions of land that start to be incised in this manner). The border, together with its irreducible materiality, is thus charac-terized by essential *symbolic* dimensions. To continue with its evolu-tion means to engage in walls, palisades and barbed wire (and also bridges and boardwalks): in short, with the architecture and the logis-tics of the border. To furthermore continue with this transformation takes us a bit everywhere: to analyze the borders between "cultures," "ethnic groups," "civilizations," "identities" and "languages"—and deviating until we reach the limit between the human and the non-human. We have then looked at the close relation between the border and the *violence of foundation:* the mythical tale of the birth of the *urbs* in a border stained with fratricide blood throws a somber light on the "cut" from which the public order of an "us" is born, meanwhile the imperial destiny thereby announced reminds us that the violence at the origin accompanies any expansion of borders. Otherwise, this initial action of separation that links the tracing of a border with the birth of an order which we will define as political is also repeated in the appearance of *private property,* also literally "carved out" from communal land: and the "regulation of the borders" is an essential procedure among those which the civil code still today places as "property rights." We have also seen that on the Roman *limes* certain

 Sandro Mezzadra/Metamorfosis de un surco. Tierra y confines

tierra (o, mejor, a las porciones de tierra que comienzan a ser delimitadas). El confín, junto con su irreductible materialidad, se caracteriza, en consecuencia, por dimensiones *simbólicas* esen-ciales. Seguir las evoluciones de la primera significa enfrentar muros, vallas y alambres de púa (y también puentes y pasarelas); es decir, la arquitectura y la logística del confín. Seguir las meta-morfosis de las segundas lleva a todas partes: analizar los confines entre «culturas», «etnias», «civilizaciones», «identidades» e «idio-mas» —y así sucesivamente, hasta llegar al límite entre lo humano y lo no humano—.

Hemos visto, además, la muy estrecha relación entre el confín y la *violencia de la fundación:* el relato mítico del nacimiento de la *urbs* en torno de un confín manchado de sangre fratricida oscu-rece aquel «corte» desde el cual nace el orden político del «noso-tros», mientras el destino imperial que se anuncia desde aquel momento nos recuerda que la violencia del origen acompaña toda expansión de fronteras. Por otro lado, este gesto originario de separación que vincula el trazado de un confín al nacimiento de un orden —que definiríamos como político— se repite también en el surgimiento de la *propiedad privada,* ella también literal-mente «recortada» sobre un terreno común: y el «reglamento de límites» es un procedimiento esencial entre aquellos que el Código Civil aún hoy define como «defensa de la propiedad». Pero hemos visto también que en el *limes* romano se determinaban procesos de *hibridación* cultural; que los confines eran atravesados (legal e ilegalmente) por mercaderías de todo tipo; que las guerras y los

12 The "thesis of the frontier," presented for the first time in 1893 by historian Frederick Jackson Turner, is very famous. It says that the border experience is egalitarian in its origin, with a spirit of liberty and an attitude ("pioneer") of innovation which characterize, according to the author, both the "character" and the institutional system of United States. See Turner, F.J., *La frontiera nella storia americana*, trans. it., Bologna: Il Mulino, 1975.

13 See in general Grossi, P., *L'ordine giuridico medievale*, Rome-Bari: Laterza, 1995, to which we must add, for a classical reference, Febvre, L., "Frontière: le mot et la notion" [1927], in id., *Pour une histoire à part entière*, Paris: Sevpen, 1962. For a systematic analysis on transformations of the German border throughout history, see Demandt, A. (Hg.), *Deutschlands Grenzen in der Geschichte*, Munich: Beck, 1993.

14 The reference is obviously to chapter 9 ("The decline of the nation state and the end of

processes of cultural *hybridization* took place, that the borders were permeable (both legally and illegally) to merchandise of all types, that wars and conflicts provided a basin for new supplies of slaves, and that Spartacus' revolt can be read as a transposition of the *border struggles* at the heart of the Empire. Several centuries later, the *limes* would be crushed by those who at school we learned to call "Barbarian invasions," but that in Germany our peers studied as "great migrations of people."

It is almost redundant to add that the "selection" of images was guided by my research interests, and that in their presentation—especially when recapitulating—I have consciously used terms and concepts (from border logistics to hybridization) that are today at the center of *border studies*. I have done it consciously, thus avoiding the dangers of "anachronism." The absolute discontinuity in *modern* history of borders is moreover evident if we only pay attention to the representation of the border which is still today natural for us (or at least, which is for me): in other words, the border as an *abstract geometrical line* that separates on a map *discrete* national territories, distinguished by different colors. This cartographic representation of the border is for us so natural that we forget how recent its history is: born from a furrow carved into the land, the border quickly took leave of its "linear" origin and gained space; it widened until it anticipated what in many modern experiences we would call *frontier* (the

 Sandro Mezzadra/Transformations of a Furrow. Land and Borders

conflictos hacían del límite una zona de abastecimiento de esclavos y, finalmente, que la revuelta de Espartaco puede ser interpretada como transposición de las *luchas fronterizas* al corazón del imperio. Muchos siglos después, el *limes* sería arrasado por aquellas que, en nuestras escuelas, habíamos aprendido a llamar «invasiones bárbaras», pero que en Alemania nuestros coetáneos estudiaban como «grandes migraciones de pueblos».

Es casi superfluo agregar que la «selección» de las imágenes ha sido influida por mis intereses de investigación y que, al presentarlas —y, especialmente, al resumirlas—, he usado conscientemente términos y conceptos (desde la logística del confín hasta la hibridación) que están hoy en día en el centro de los llamados *border studies*. Lo he hecho de forma consciente, distanciándome de tal modo de los peligros del «anacronismo». La absoluta discontinuidad en la historia *moderna* del confín resulta, por otra parte, evidente si simplemente analizamos la representación del confín que aún hoy es para nosotros (por lo menos, lo es para mí) más natural: el definido como *línea geométrica abstracta* que separa en el mapa territorios nacionales *discretos*, caracterizados por colores diferentes. Esta representación cartográfica del confín es para nosotros tan natural que nos hace olvidar cuán reciente es, en realidad, su historia: nacido de un surco marcado en la tierra, se alejó rápidamente de su origen «linear» y ganó espacio, ampliándose hasta prefigurar lo que en muchas experiencias modernas (la más conocida es, por supuesto, la estadounidense) sería definido como *frontera*.13 Para mencionar sólo el caso de

13 Muy famosa es la «tesis de la frontera», presentada por primera vez en 1893 por el historiador Frederick Jackson Turner, según el cual justamente la experiencia de la frontera se encontraría en el origen del particular igualitarismo, el espíritu de libertad y la actitud («pionera») hacia la innovación que caracterizan, según él, el «carácter» y el sistema institucional de Estados Unidos; véase Turner, F.J., *La frontiera nella storia americana*, trad. it., Bolonia, Il Mulino, 1975.

14 [Zonas del reino ubicadas en los límites de éste. (N. del T.)]. Véase, en general, Grossi, P., *L'ordine giuridico medievale*, Roma-Bari, Laterza, 1995, al cual se puede agregar, para una referencia clásica, Febvre, L., «Frontière: le mot et la notion» [1927], en *id.*, *Pour une histoire à part entière*, Paris, Sevpen, 1962. Un análisis sistemático de las transformaciones de los confines de Alemania a lo largo de la historia es ofrecido por Demandt, A. (ed.), *Deutschlands Grenzen in der Geschichte*, Múnich, Beck, 1993.

human rights") by Arendt, H., *Le origini del totalitarismo* [1951], trans. it., Milan: Comunità, 1996, pp. 372–419. On this text, which has already become a canonical text (especially in the interpretation by Agamben, G., *Homo sacer. Il potere sovrano e la nuda vita*, Turin: Einaudi, 1995) in contemporary studies on refugees, we find the balanced analysis by Possenti, I., *L'apolide e il paria. Lo straniero nell'opera di Hannah Arendt*, Rome: Carocci, 2002. For a first recognition of the historical development of the "Balcan borders," cf. Jesné, F., "Les frontières balkaniques: frontières européennes ou frontière de l'Europe," in Pécout, G. (ed.), *Penser les frontières de l'Europe du XIXe au XXIe siècle*, Paris: PUF, 2004, pp. 159–178.

[15] Galli, C., *Spazi politici. L'età moderna e l'età globale*, Bologna: Il Mulino, 2001, p. 51. Translated from the original version. Galli's book, for the aforementioned reasons, should be read together

most obvious is, of course, the United States).[12] In the case of Europe, the characteristic pluralism of the medieval legal order corresponded to a radically different geography from modern geometrical geography; a "multilevel" geography, with infinite and overlapping axes, in which strips and areas in the frontier would prevail, *marche*.[13] It is worth pointing out that the corresponding term in Slavic languages is *krajina*, which invites us to re-read, from the perspective of spaces and borderlines, Hannah Arendt's famous analysis on the failure of Versailles in Central and Eastern Europe (and also the wars that followed, during the 1990s, the dissolution of Yugoslavia).[14]

The radical geometrical simplification from which modern political spaces are born was brought back by Carlo Galli from the deep discontinuity determined by Hobbes' doctrine, which he reinterpreted not as the "theory of the absolute state," but as the "absolute theory of the modern state."[15] Here we find, as part of a process which was influenced by the birth of modern cartography, the conditions that make a reorganization of European territory possible (or indeed necessary!) along linear borders. The Peace of Westphalia was obviously a fundamental historic milestone in this sense, although two more centuries were needed in order to reassert (always "imperfectly") that political geography on European territory: in the meantime, the state territories (and, hence, the borders) became "national," and the violence of their foundation often demanded its blood toll. All this

 Sandro Mezzadra/Metamorfosis de un surco. Tierra y confines

Europa, el pluralismo típico del orden jurídico medieval correspondía a una geografía completamente distinta de la moderna, de carácter geométrico; una geografía «multinivel», con infinitos encajes y yuxtaposiciones, donde prevalecían espacios y zonas de frontera, *marche*.[14] Es importante recordar que el término correspondiente en los idiomas eslavos es *krajina*, para poder abrir una perspectiva de análisis que nos invita a releer desde punto de vista de espacios y líneas de confín el famoso análisis de Hannah Arendt sobre la derrota del orden de Versalles en la Europa central y oriental (pero también las guerras que siguieron, en los años 90, al desmembramiento de la ex Yugoslavia).[15]

La radical simplificación geométrica de la cual nacen los modernos espacios políticos ha sido llevada por Carlo Galli a la profunda discontinuidad determinada por la doctrina de Hobbes, releída por el autor no como la «teoría del Estado absoluto», sino más bien como «la teoría absoluta del Estado moderno».[16] Aquí tenemos ——en el marco de un proceso al que el nacimiento de la cartografía moderna contribuyó de manera esencial—— las condiciones de posibilidad (¡necesidad!) para la reorganización de los territorios europeos en torno del confín lineal.

La Paz de Westfalia constituyó un pasaje histórico fundamental en este sentido; sin embargo, se necesitaron un par de siglos más para afirmar (y siempre de manera «imperfecta») aquella geografía política sobre suelo europeo. Mientras tanto, los territorios estatales (y, en consecuencia, sus confines) se convertirían en territorios «nacionales», y la violencia de su fundación requeriría con

[15] La referencia es obviamente al capítulo 9 («El atardecer del Estado-nación y el fin de los derechos humanos») de Arendt, H., *Le origini del totalitarismo* [1951], trad. it., Milán, Comunità, 1996, pp. 372–419. Sobre este texto, convertido en un punto de referencia canónico (sobre todo en la interpretación propuesta por Agamben, G., *Homo sacer. Il potere sovrano e la nuda vita*, Turín, Einaudi, 1995) en los estudios contemporáneos sobre los refugiados, véase el equilibrado análisis de Possenti, I., *L'apolide e il paria. Lo straniero nell'opera di Hannah Arendt*, Roma, Carocci, 2002. Para una primera investigación del desarrollo histórico de los «confines balcánicos», véase Jesné, F., «Les frontières balkaniques: frontières européennes ou frontière de l'Europe», en Pécout, G. (ed.), *Penser les frontières de l'Europe du XIXe au XXIe siècle*, París, PUF, 2004, pp. 159–178.

[16] Galli, C., *Spazi politici. L'età moderna e l'età globale*, Bolonia, Il Mulino, 2001, p. 51. El libro de Carlo Galli, por las razones que sólo se mencionan en el texto, pero

with many other texts on the origins of modern cartography which have been released in these past few years: just to mention a couple, see Pickles, J., *A History of Spaces. Cartographic Reason, Mapping, and the Geo-Coded World*, London-New York: Routledge, 2004, and Farinelli, F., *Crisi della ragione cartografica*, Turin: Einaudi, 2009.

[16] "Every state is a portion of humanity and a portion of territory. We cannot think of the human being without the territory, let alone man's greatest work on our planet, the State" (Ratzel, F., *Politische Geographie* [1897], 3. Aufl., durchgesehen und ergänzt von E. Oberhummer, Oldenbourg, Munich-Berlin, 1923, p. 2). Among the recent studies on Ratzel, we highlight the essay by Farinelli, F., "Friedrich Ratzel and the Nature of (Political) Geography", in *Political Geography*, no. 19, 2000, pp. 943–955.

occurred—bear in mind—on European land. Outside, in the spaces divided and organized by the "global lines" analyzed by Schmitt in *The Nomos of the Earth*, another story had been unfolding since the beginning of the conquests of the "new world": the expansion of the European powers followed the continuous expansion of frontier spaces (where genocide and extraction of resources took place), instead of tracing linear borders. We need to wait until the decolonization processes for a globalization of the nation-state and for the expansion to the whole planet of the political geography of the linear border. But since the Great War and Versailles (again according to Arendt's analysis) began a crisis in Europe at the same time in which the height of the nation-state seemed to have been reached, its globalization also gave place to a different history (and *another geography*) at world level.

The state border (later national), due to its abstract and geometrical nature, is linked in a twofold manner to a particular transformation of the land: that which configures both politically and legally a "portion" of earth (I use the term in the sense proposed at the end of the 19th century by the German geographer Friedrich Ratzel[16]) as a state (and national) *territory*. Between the 19th and 20th centuries, the great German Public Law doctrine legally constructed the modern concept of territory by placing it (together with Georg Jellinek) as the outcome of a historic movement of political, admin-

regularidad su tributo de sangre derramada. Todo esto, nótese, tenía lugar en territorio europeo. Fuera de él, en los espacios divididos y organizados por las «líneas globales» analizadas por Schmitt en el *El nomos de la Tierra*, se desarrollaba, desde el comienzo de la conquista del «Nuevo Mundo», otra historia en la cual la expansión de las potencias europeas se realizaba más en nombre de la continua apertura de los espacios fronterizos —que eran espacios de genocidio y extracción de recursos— que del trazado de confines lineales. Sería necesario esperar el proceso de descolonización para asistir a la globalización de la forma Estado-nación y a la extensión de la geografía política del confín lineal a todo el planeta. Sin embargo (siempre según el análisis de Arendt), así como la Primera Guerra Mundial y el Tratado de Versalles habían inaugurado la crisis en Europa justo en el momento que parecía señalar el apogeo de la forma Estado-nación, su globalización estaba dando inicio a otra historia (y *otra geografía*) a nivel mundial.

El confín estatal (y luego nacional) —por su misma naturaleza abstracta y geométrica— está vinculado con un doble hilo a una metamorfosis específica de la tierra. Una metamorfosis que define política y jurídicamente una «porción» (utilizo este término en el sentido propuesto hacia finales del siglo XIX por el geógrafo alemán Friedrich Ratzel[17]) como un *territorio* estatal y nacional. Entre los siglos XIX y XX, la gran doctrina iuspublicista alemana construyó jurídicamente el moderno concepto de territorio, presentándolo (con Georg Jellinek) como el resultado de un movimiento

que merecerían mucho más desarrollo, debería ser leído junto con los muchos otros trabajos sobre los orígenes de la cartografía moderna publicados en los últimos años: véanse, por lo menos, para citar sólo dos títulos, Pickles, J., *A History of Spaces. Cartographic Reason, Mapping, and the Geo-Coded World*, Londres-Nueva York, Routledge, 2004, y Farinelli, F., *Crisi della ragione cartografica*, Turín, Einaudi, 2009.

[17] «Cada Estado es una porción de humanidad y una porción de territorio. El hombre no se puede pensar sin la tierra, y menos aún sin su más insigne obra sobre nuestro planeta, es decir, el Estado» (Ratzel, F., *Politische Geographie* [1897], 3. Aufl., Durchgesehen und Ergänzt von E. Oberhummer, Oldenbourg, Múnich-Berlín, 1923, p. 2). Entre los estudios recientes dedicados a Ratzel, recordamos el ensayo de Farinelli, F., «Friedrich Ratzel and the Nature of (Political) Geography», en *Political Geography*, 19, 2000, pp. 943-955.

istrative and jurisdictional centralization, which led to a territorialization of law (law is on the first place the law *of* and *over* a territory) and simultaneously to a juridification of the territory (the territory is defined by the fact that it constitutes what Hans Kelsen would later denominate "the sphere of spatial validity" of a legal order).[17] I think we understand well how this concept of territory immediately raises the problem of the essential significance of the border: in simple words, *the territory cannot exist without being delimited by its borders.* However, if we read the works by the jurists (predominantly German, but not only) that constructed the "general doctrine of the state" at the turn of the century, we get the impression that the border has become a taken for granted assumption of public order; that it is assumed (and *neutralized*) as a "natural" and thus relegated element also in conceptual terms of the *marginal* position in which cartographers have placed it on the map. Nobody would have doubted that the control and defence of the borders was a fundamental competence of sovereignty. But returning to Hobbes, it is not a mere coincidence (actually, it is symptomatic both of Hobbes' awareness of the implication of the border in the scene defined by the formula "violence at foundation," as well as of the beginning of the neutralization process of this scene) that the most significant reference to borders appears in the *Leviathan* on chapter XIII, the one dedicated to the "human natural condition."[18]

histórico de centralización política, administrativa y jurisdiccional que había llevado a una territorialización del derecho (el derecho es, ante todo, *de y sobre* un territorio) y, al mismo tiempo, a una construcción jurídica del territorio (éste se define por constituir lo que Hans Kelsen luego llamaría «el ámbito de validez» espacial de un ordenamiento jurídico).[18]

Este concepto de territorio plantea el problema de la importancia esencial del confín: en pocas palabras, *el territorio no puede existir sin haber sido delimitado por confines.* Y, sin embargo, si se leen los textos de los juristas (en primer lugar los alemanes, pero no solamente ellos) que crean la «doctrina general del Estado» entre los dos siglos, tenemos la impresión de que el confín se ha convertido en un presupuesto dado por sentado en el orden político; que es pensado (y *neutralizado*) como un elemento «natural» y relegado también conceptualmente a la posición *marginal* en la que los cartógrafos lo habían colocado en sus mapas. Nadie habría dudado de que el control y la defensa de los confines fueran competencias fundamentales de la soberanía. Pero, volviendo a Hobbes, no es casualidad que la referencia más importante a los confines aparezca en el *Leviatán*, en el capítulo XIII, dedicado a la «condición natural de la humanidad». Es decir, es sintomático tanto de la conciencia hobbesiana sobre las consecuencias del confín en la escena definida mediante la fórmula «violencia de la fundación» como del comienzo del proceso de neutralización de esta escena.[19]

Otros personajes, durante aquellos años, se interrogaban sobre los confines, sobre su esencia de ser «condición de existencia del

During that same period there were others—coming from other disciplines and, above all, with a solid experience in the colonial world (for example, it is from Lord Curzon, none other than the viceroy of India, that we find the expressions in quotation marks)—who began to ask themselves about borders, as a "condition of existence of the state" and at the same time the razor blade on which modern issues of war and peace lie."[19] At this point, among border disputes, the balance of power was being redefined at a world scale and the "geo-bodies" of new nations were being born: far from being a mere "margin," borders celebrated once again their productive and "creative" nature (of new territories, of new associations, of new symbolic matrices).[20]

3. Land and sea

"Just as the earth, the firm and solid ground (*fester Grund und Boden*), is a precondition of the principle of family life, so is the sea the natural element for industry, whose relations with the external world it enlivens." The comment by Carl Schmitt in these opening words of §247 of *Elements of the Philosophy of Right* by Hegel is very well known: in the postscript of 1981 of *Land and Sea* (1942), a very important block in "international" studies that after the end of the war would culminate in *The Nomos of the Earth*, we read that Schmitt's attempt was to develop Hegel's words "in the same manner" in which the paragraphs preceding

[19] Lord Curzon, *Frontiers [The Romanes Lecture 1907]*, Oxford: Clarendon Press, 1908, p. 7.
[20] The essential reference here is to the fundamental work by Winichakul, Thongchai, *Siam Mapped. A History of the Geo-Body of a Nation*, Honololu: University of Hawaii Press, 1994.

 Sandro Mezzadra/Transformations of a Furrow. Land and Borders

---

Estado» y, al mismo tiempo, «el filo de la navaja» sobre el cual están suspendidas las cuestiones modernas de la guerra y la paz».[20] Estas figuras procedían de otras disciplinas y, sobre todo, poseían una gran experiencia (en el caso de Lord Curzon, del que cito las frases entre comillas, como virrey de la India) en el mundo de las colonias. En aquellos territorios y alrededor de luchas fronterizas se redefinían los equilibrios de poderes a nivel mundial y nacían los «geo-cuerpos» de nuevas naciones. Lejos de ser un simple «margen», el confín volvía a celebrar su naturaleza productiva y «creativa» (de nuevos territorios, de nuevas pertenencias, de nuevas matrices simbólicas).[21]

3. Tierra y mar

«Así como para el principio de la vida familiar es condición la tierra, *base* y *terreno* estable (*fester Grund und Boden*), para la industria el elemento natural que la anima hacia el exterior es el *mar*». Es conocido el comentario de Carl Schmitt al íncipit del párrafo 247 de los *Rasgos fundamentales de la filosofía del derecho* de Hegel: en el epílogo de 1981 a *Tierra y mar* (1942), elemento importante de los estudios «internacionalistas» que desembocarían, tras el fin de la guerra, en *El nomos de la Tierra*, leemos que su intento fue desarrollar las palabras de Hegel «de la misma manera» en la que los parágrafos precedentes de la *Filosofía del derecho* (los que hablan de la sociedad civil y burguesa) «han sido desarrollados por el marxismo».[22] ¡Singular anticipación, podríamos decir, del «materialismo geográfico» configurado en los últimos años por

[20] Lord Curzon, *Frontiers* [*The Romanes Lecture, 1907*], Oxford, Clarendon Press, 1908, p. 7.
[21] La referencia esencial aquí es al importante libro de Winichakul, Thongchai, *Siam Mapped. A History of the Geo-Body of a Nation*, Honolulu, University of Hawaii Press, 1994.
[22] Schmitt, C., *Terra e mare* [1942], trad. it. de A. Bolaffi, Milán, Giuffrè, 1986, p. 61. La cita de Hegel está tomada de la vieja traducción de F. Messineo de los *Lineamenti di filosofia del diritto*, Roma-Bari, Laterza, 1979, p. 232 (con algún ajuste estilístico).

[21] Schmitt, C., *Terra e mare* [1942], trans. it. by A. Bolaffi, Milan: Giuffrè, 1986, p. 61. The quotation from Hegel is found in the old translation by F. Messineo in *Lineamenti di filosofia del diritto*, Rome-Bari: Laterza, 1979, p. 232 (with a few stylistic retouches). Translated from the original version.

[22] Schmitt, C., *Il nomos della terra nel diritto internazionale dello "Jus publicum Europaeum"* [1959], trans. it. by E. Castrucci, Milan: Adelphi, 1991, pp. 81 et seq. Translated from the original version. On this book, and in general on all "internationalistic" books by Schmitt on the Second World War, the notes by C. Galli are exquisite, *Lo sguardo di Giano. Saggi su Carl Schmitt*, Bologna: Il Mulino, 2008, chapter V, which prevents us from rushed "updates" of the Schmittean categories.

in *Philosophy of Right* (about civil/bourgeois society) "have been developed by Marxism."[21] A singular preview, we should say, of the "geographical materialism" developed in these past years by the so-called spatial turning point in human and social sciences, by postcolonial studies (especially after the publication of *Culture and Imperialism* by E.W. Said) and by the critical geography of Marxist origin! On the other hand, however clearly you trace the context in which it was produced (Nazi Germany's expansion policies in Central-Eastern Europe), *The Nomos of the Earth* is a magnificent reconstruction of the origins of global space and of modernity.

From our point of view, as we have already mentioned even if marginally, it is a very important book since it enables us to highlight the original intertwining between the tracing of linear borders in Europe and the "global lines" traced in order to regulate the European global expansion in the aftermath of the "spatial revolution" determined by the "discovery of the new world."[22] But we must immediately add, in order to understand the "geometrical" complexity of this issue, a third type of lines of demarcation: the one traced by the *enclosures* of the communal lands due to the particular changes in the food habits of the sheep during the 16th century in England. It is worth reading Schmitt and Marx simultaneously to reconstruct the origins of modernity also from the perspective of the transformations of our furrow! This way we can easily see the determining functions in the processes

 Sandro Mezzadra/Metamorfosis de un surco. Tierra y confines

el así llamado vuelco espacial en las ciencias humanas y sociales, por los estudios poscoloniales (a partir, sobre todo, de la publicación de *Cultura e imperialismo*, de E.W. Said) y por la geografía crítica marxista! Por otro lado, por más que lleve consigo las huellas del contexto en que se originó (las políticas de expansión de la Alemania nazi en la Europa centro-oriental), *El nomos de la Tierra* es una reconstrucción a su manera imponente de los orígenes del espacio global en el que se ubicó, desde su comienzo, la modernidad.

Desde nuestra perspectiva —como ya se ha adelantado—, se trata de un libro muy importante, porque nos permite subrayar el vínculo originario entre la historia del confín lineal en Europa y las «líneas globales» utilizadas para reglamentar la expansión global europea luego de la «revolución espacial» ocurrida con el «descubrimiento del Nuevo Mundo».[23] Sin embargo, para ilustrar la complejidad «geométrica» de este acontecimiento, es necesario agregar un tercer tipo de líneas de demarcación, las trazadas por las *enclosures* de las tierras comunes, ya mencionadas a propósito del singular cambio de las costumbres alimenticias de las ovejas en la Inglaterra del siglo XVI. ¡Merece la pena leer al mismo tiempo a Schmitt y a Marx, para reconstruir —también desde el punto de vista de las metamorfosis de nuestro surco— los orígenes de la modernidad! De esta forma es posible vislumbrar de manera sencilla las funciones decisivas en los procesos de «acumulación originaria». Acumulación no sólo del capital, sino también de las condiciones materiales y epistémicas de las diferentes posibili-

[23] Schmitt, C., *Il nomos della terra nel diritto internazionale dello «Jus publicum Europaeum»* [1950], trad. it. de E. Castrucci, Milán, Adelphi, 1991, pp. 81 y ss. Sobre este libro, y en general sobre los trabajos «internacionalistas» de Schmitt sobre la Segunda Guerra Mundial, son invalorables las indicaciones de Galli, C., *Lo sguardo di Giano. Saggi su Carl Schmitt*, Bolonia, Il Mulino, 2008, capítulo V, quien alerta sobre «actualizaciones» demasiado apresuradas de las categorías de Schmitt.

of "original accumulation" not only of capital, but also of the material and epistemic potential conditions of the global space inside which we find both the European system of states, with its law, and the European and "Western" colonial expansion.[23] We only need to turn the page when reading *Philosophy of Right* by Hegel in order to find §248, about "colonization."

The balance between land and sea described by Schmitt from a dim perspective can be considered equivalent to what Giovanni Arrighi and other exponents of the "world system theory" have defined in terms of a specific combination of "territorial logic" and market dynamics of "historical capitalism."[24] We cannot discuss here the theory of the "systemic accumulation cycles," each one characterized by the hegemony of a specific world power, elaborated in particular by Arrighi; it is sufficient to underline how each cycle and each hegemony have produced and articulated in different ways the global space of capitalism, and how the passage from the 19th to the 20th century —where we had stopped our reconstruction in the previous section— was marked by the crisis of British hegemony and by an increasingly more open fight for its succession.

Bearing in mind these circumstances enables us to understand better the meaning of the emergence, during these same years, of a new "scientific" discourse which deeply changed the representation and the category itself of the border: *geopolitics*. The history of this

[23] See in this sense Walker, G., "Primitive Accumulation and the Formation of Difference: On Marx and Schmitt," in *Rethinking Marxism*, 23/3 (Summer 2011). I have proposed a new interpretation of chapter 24 of the first book of *Capitale* in Mezzarda, S., *La condizione postcoloniale*, op. cit., pp. 127–154 ("Appendix").

[24] See the discussion in G. Arrighi's (unfortunately) last work, *Adam Smith in Beijing. Lineages of the Twenty-First Century*, London: Verso, 2007, chapter 8 (pp. 211–249).

 Sandro Mezzadra/Transformations of a Furrow. Land and Borders

dades del espacio global en el cual se desarrollan tanto el sistema europeo de los Estados, con su derecho, como la expansión colonial europea y «occidental».[24] Con sólo dar vuelta la página, leyendo la *Filosofía del derecho* de Hegel, encontramos el párrafo 248, dedicado a la «colonización».

El equilibrio entre tierra y mar descrito por Schmitt con su mirada crepuscular puede ser considerado equivalente a lo que Giovanni Arrighi y otros exponentes de la «teoría del sistema mundial» definieron en términos de una combinación específica de «lógica territorial» y dinámicas de mercado en el «capitalismo histórico».[25] No es posible discutir aquí la teoría de los «ciclos sistémicos de acumulación», cada uno caracterizado por la hegemonía de una potencia específica, teoría desarrollada especialmente por Arrighi; cabe destacar, sin embargo, cómo cada uno de estos ciclos y cada una de estas hegemonías produjeron y articularon de forma diferente el espacio global del capitalismo, y cómo el pasaje del siglo XIX al XX (donde habíamos interrumpido nuestro análisis en el párrafo anterior) fue marcado por la crisis de la hegemonía británica y por la lucha cada día más abierta por la sucesión.

Considerar estas circunstancias nos permite comprender mejor el significado del surgimiento, durante aquellos mismos años, de un nuevo discurso «científico», que modificó profundamente la representación y la categoría misma del concepto de confín: la *geopolítica*. La historia de esta «disciplina» es muy conocida y no es necesario reconstruirla aquí.[26] Baste decir que su

[24] Léase, en este sentido, a Walker, G., «Primitive Accumulation and the Formation of Difference: On Marx and Schmitt», en *Rethinking Marxism* 23/3 (verano de 2011). He propuesto una nueva lectura del capítulo 24 del primer libro del *Capital* en Mezzarda, S., *La condizione postcoloniale*, op. cit., pp. 127-154 («Apéndice»).

[25] Léase la discusión de la que fue lamentablemente la última obra de G. Arrighi, *Adam Smith in Beijing. Lineages of the Twenty-First Century*, Londres, Verso, 2007, capítulo 8 (pp. 211-249).

[26] Véanse los ensayos de Colombo, A.; Chiantera-Stutte, P.; Chiaruzzi, M.; Castellin, L.G. y Golub, Ph. reunidos en la sección monográfica dedicada a la geopolítica (ed. de C. Galli y V.E. Parsi), en *Filosofia Politica*, XXV, 2011, 1.

"discipline" is very well known, so it is not necessary to reconstruct it here nor to draw a quick outline.[25] It is enough to say that its quick development and the huge success it found especially in Germany, England and United States can be easily interpreted as symptoms of the increasing awareness of the crisis of one specific arrangement of international order. In other words, of that order which was centered on the nation-state in Europe (and the West) and on colonialism on the "other" spaces; this was the framework (under the name of "territorial logic") for capitalist development during the previous centuries. To give the most obvious example, a concept like "large space" underlined precisely this crisis, with its corresponding new potential mobility of borders (both in Europe as well as in a global scale). In their own ways, two anti-fascists became aware of this towards the end of the Second World War (when the concept itself of "great space" (*Großraum*) came to be directly associated to the extermination war carried out by Nazi Germany in Central-Eastern Europe): when writing the *Ventotene Manifesto* (the first draft was in 1941), Ernesto Rossi and Altiero Spinelli brought light to the urgency and the *realism* of the European federal project, since the German conquest policies of "vital space," even placing themselves in a line of continuity with the idea of the "absolute sovereignty of nation states," were destined to destroy the essential assumption of the *plurality* of the states themselves. According to Rossi and Spinelli, the "will of supremacy," which was according

[25] In this sense, see the essays by Colombo, A.; Chiantera-Stutte, P.; Chiaruzzi, M.; Castellin, L.G., and Golub, Ph., found in the monograph section dedicated to geopolitics (edited by C. Galli and V.E. Parsi) in *Filosofía Política*, XXV, 2011, 1.

rápido desarrollo y el enorme éxito que tuvo en países como Alemania, el Reino Unido y los Estados Unidos pueden ser interpretados como síntomas de la creciente conciencia de la crisis en la configuración del orden internacional, o sea, de aquel orden, centrado en la forma Estado-nación en Europa (y en el mundo occidental) y en el colonialismo en otros espacios, que había enmarcado (bajo el perfil de la «lógica territorial») el desarrollo capitalista de los siglos anteriores.

Para dar sólo el ejemplo más obvio, el concepto de «gran espacio» demostraba, precisamente, esta crisis, acompañada por una nueva potencial movilidad de los límites (en Europa y a nivel mundial). Se habían dado cuenta de ello, a su manera, dos antifascistas confinados durante la Segunda Guerra Mundial, cuando ya el concepto mismo de «gran espacio» se asociaba directamente a la guerra de exterminio llevada a cabo por la Alemania nazi en la Europa centro-oriental. Durante la redacción del *Manifiesto de Ventotene* (la primera versión es de 1941), Ernesto Rossi y Altiero Spinelli confirmaban la urgencia y el *realismo* del proyecto federal europeo: las políticas alemanas de conquista del «espacio vital» —si bien en una línea de continuidad con la idea de «soberanía absoluta de los Estados nacionales»— estaban destinadas a destrozar el presupuesto esencial de *pluralidad* de los Estados mismos. La «voluntad de dominación», cuya expresión era, según ellos, el concepto de «espacio vital», «podría calmarse solamente en la hegemonía del Estado más fuerte sobre todos los demás Estados sometidos».[27]

[27] He tomado la cita de la edición digital de *Il Manifesto di Ventotene* (http://tinyurl.com/oqfa373).

to them the meaning of "vital spaces," "would not be silenced but by the hegemony of the strongest state over all the others subdued."[26]

Rossi's and Spinelli's political federal imagination captured an essential point of the crisis of national sovereignty, which was obviously also a crisis of the European political cartography, organized around the generalization of the geometrical, linear border. And if it is true that as an aftermath of the war this map, redesigned at Yalta, was frozen in a way by the Cold War, then it is also true that the process of European integration (even if oriented in a sense which was very different to what the *Ventotene Manifesto* hoped for) began to modify the meaning of European borders during the 1950s (in the shade of the big demarcation between East and West), in the first place from the perspective of the movement of goods and capitals in the new Atlantic space of the "common market." The U.S.-American hegemony and the clash between blocs determined thereon a progressive freezing of the borders, also at world scale, even if we recall that the conclusion of the war and the beginning of the decolonization processes—with India's independence—coincided however with the *partition* catastrophe, in other words, with the institution of a new border between India and Pakistan (and with disturbing consequences in terms of human lives and of the eradication of parts of the population, which were repeated in 1971 with the war of independence of Bangladesh).[27]

[26] The quotation comes from the online edition of the *Manifesto di Ventotene* (http://tinyurl.com/oqfa373). Translated from the original version.

[27] The memory of the *partition* is obviously well present in Indian *border studies*: see, for example, just to mention one representative text of this intense field of study, Samaddar, R., *The Marginal Nation. Transborder Migration from Bangladesh to West Benghal*, New Delhi-London: Sage, 1999.

La imaginación política federal de Rossi y Spinelli captaba un punto esencial sobre la crisis de la soberanía nacional, que era también, obviamente, la crisis del mapa geográfico europeo organizado en torno de la generalización del confín geométrico y lineal. Si es verdad que al día siguiente de la guerra ese mapa —dibujado nuevamente en Yalta— se congelaría de alguna forma a causa de la Guerra Fría, también lo es que el proceso de integración europea (aunque orientado de manera muy diferente de como fue deseado en el *Manifiesto de Ventotene*) comenzaría ya en los años 50 (a la sombra de la gran separación entre Este y Oeste) a modificar el significado de los confines europeos; en primer lugar, desde el punto de vista de los movimientos de bienes y capitales en el nuevo espacio atlántico del «mercado común». La hegemonía de Estados Unidos y la contraposición entre los dos bloques determinaron, además, un progresivo congelamiento de los confines también a escala mundial, aunque no podemos olvidar que la conclusión de la guerra y el comienzo de la descolonización —con la independencia de la India— coincidieron con la catástrofe de la *partition*, es decir, con la institución de la nueva frontera entre la India y Pakistán (y con consecuencias impresionantes en términos de vidas humanas y de erradicación de poblaciones, que se repitieron en 1971 con la guerra de la independencia de Bangladesh).[28]

Los desarrollos tecnológicos durante los largos años de la Guerra Fría enriquecieron, de todos modos, las dimensiones del espacio en el cual se desarrollaban las luchas políticas, abriendo nuevos campos potenciales sobre los cuales trazar confines. Si las dos

[28] La memoria de la *partition* está obviamente muy presente en los *border studies* de la India: léase, por ejemplo, para citar un único texto representativo de este sector de estudios, Samaddar, R., *The Marginal Nation. Transborder Migration from Bangladesh to West Benghal*, Nueva Delhi-Londres, Sage, 1999.

The technological developments during the long decades of the Cold War enriched the dimensions of the space in which political contests took place, creating new potential fields in which borders could be traced: if both world wars, as Schmitt noted in his "internationalist" works, signaled the strategic significance of the submarine space (of a space within which in recent years modern land surveyors would reshape, in yet another transformation of the original furrow, portions of ocean floor from which to exclusively extract resources) and of air space, planting a flag on the moon in 1969 seemed to reactivate the mirage of a frontier to colonize—a mirage that had been cultivated during the 1950s from a critical perspective towards American politics and society by a great science fiction writer like Philip K. Dick.[28] "Geopolitics" then seemed, especially in the United States, the remains of a hateful past. The geographic imagination that supported the hegemony of the United States within the West had really taken shape from a specific confrontation with a geopolitical concept like "vital space," re-elaborated especially in the works of the geographer Isaiah Bowman from a perspective that highlighted its *economic* nature, rather than political (and military). From Bowman's perspective (very influential if we bear in mind that he was one of the founders in 1921 of the Council of Foreign Relations and that he collaborated during the war with the State Department as a "territorial advisor"), the "American *Lebensraum*" was different from the German *territorial* version due

[28] See in particular Ph.K. Dick's first novel, *Lotteria nello spazio* [1955], Rome: Fanucci, 2005. I owe my friend Gigi Roggero that he highlighted the significance of this book.

guerras mundiales —como Schmitt subrayaba en sus trabajos «internacionalistas»— habían señalado la importancia estratégica del espacio submarino (un espacio en el que, en años más próximos al presente, nuestros modernos agrimensores recortarían porciones de fondos marinos, para extraer recursos con exclusividad) y del espacio aéreo, una bandera incrustada en el suelo lunar en 1969 parecía reavivar el espejismo de una nueva frontera para colonizar. Un espejismo que había sido alimentado de forma crítica respecto de la política y la sociedad estadounidenses de los años 50 por un gran escritor de ciencia ficción, Philip K. Dick.[29]

La «geopolítica» parecía ya —sobre todo en los Estados Unidos— una reliquia de un pasado execrable. La imaginación geográfica que sostenía la hegemonía estadounidense en el contexto occidental, en realidad, había tomado forma desde un enfrentamiento con el concepto geopolítico de «espacio vital», reelaborado sobre todo en los trabajos del geógrafo Isaiah Bowman en una perspectiva que destacaba su naturaleza *económica*, más que político-militar. Desde el punto de vista de Bowman (muy influyente, si pensamos que en 1921 fue uno de los fundadores del Council of Foreign Relations y que colaboró durante la guerra con el Departamento de Estado en calidad de «consejero territorial»), el «*Lebensraum* norteamericano» se distinguía del sueño *territorial* alemán justamente por la naturaleza económica de su racionalidad expansiva, que lo predisponía a un destino tendencialmente *global*.[30]

[29] Léase en particular la primera novela de Ph.K. Dick, *Lotteria nello spazio* [1955], Roma, Fanucci, 2005. Debo a mi amigo Gigi Roggero la indicación de la relevancia de este libro.

[30] Léase a este propósito Smith, N., «After the American Lebensraum. "Empire", Empire, and Globalization», en *Interventions*, 5, 2003, 2, pp. 249-270.

to the economic nature of its expansive rationale, which prepared it for an increasingly *global* destiny.[29]

It is evident, it seems, how a similar geographic imagination constitutes a re-elaboration, in very different historical conditions and with a spatial projection of different scale, of the myth of the "American frontier," and how it maintains a relation which is anything but simple with a territorial concept of border, such as the one that according to Bowman had brought splendor to German geopolitics. After the war, however, the global space of American expansion would also be subject to new partitions: a new set of borders (both geographical and cognitive) subdivided it into *areas* within which the political and military strategies of the United States were reallocated, the economic influence of the large *corporations* was redirected, and different academic disciplines, the *area studies*, were developed.[30]

4. Contemporary layout

We have thus arrived to the doorstep of our present days. The end of Cold War bipolarity has evidently began some sort of melting of the borders, which in Europe have resumed their movement in a particular way: the decomposition and recomposition processes of the political spaces that have been taking place in Europe after the collapse of "really existing socialism" have determined new border layouts, precisely whilst the Schengen Agreement (1984) was setting the bases for

[29] See in this sense Smith, N., "After the American *Lebensraum*. 'Empire,' Empire, and Globalization," in *Interventions*, 5, 2003, 2, pp. 249–270.

[30] See in this sense, among the multiple texts that could be listed, Chow, R., *Il mondo nel mirino* [2006], trans. it., Rome: Meltemi, 2007.

 Sandro Mezzadra/Transformations of a Furrow. Land and Borders

Es evidente cómo semejante imaginación geográfica constituye una reelaboración —en condiciones históricas muy cambiadas y con una proyección sobre escalas espaciales muy diferentes— del mito de la «frontera norteamericana», y mantiene una relación no sencilla con un concepto de confín definido en sentido territorial, como aquel que, según Bowman, había «celebrado su triunfo» en la geopolítica de matriz alemana. Sin embargo, durante el período de posguerra, el espacio global de la expansión norteamericana fue objeto de nuevos ejercicios de partición: un conjunto de nuevos confines (al mismo tiempo geográficos y cognitivos) lo dividió en *áreas* en las cuales se ubicaron las estrategias político-militares de Estados Unidos, se definió la influencia económica de las grandes corporaciones y se desarrollaron disciplinas académicas específicas, los llamados *area studies*.[31]

4. Trazados contemporáneos

Hemos llegado así a los umbrales de nuestro presente. El fin del orden bipolar de la Guerra Fría ha iniciado, evidentemente, una especie de deshielo de los confines que, especialmente en Europa, se han puesto de nuevo en movimiento. Los procesos de descomposición y nueva composición de los espacios políticos que siguieron a la caída del «socialismo real» han determinado nuevos trazados fronterizos, justo mientras el Acuerdo de Schengen (1984) sentaba las bases para el aniquilamiento progresivo de las fronteras internas del espacio europeo y, al mismo tiempo, para el surgimiento de un nuevo tipo de fronteras, las «externas» a la

[31] Véase, entre muchos textos que se podrían citar, Chow, R., *Il mondo nel mirino* [2006], trad. it., Roma, Meltemi, 2007.

the progressive weakening of internal borders in European space and simultaneously to the emergence of a new type of border, that is, the European Union's "external" borders. The catastrophic dissolution of Yugoslavia has later thrown a somber light on both processes; on the one hand, reactivating the connection between borders and violence at the foundation of new states; on the other hand, imprinting a mark of impotence at the birth of the European Union.

In any case, the revival of a geopolitics that was repolished from the shadows of the past, that has accompanied in the aftermath of 1989 the renewed mobility of European borders, was destined to remain an ephemeral phenomenon, at least from the perspective of the development of the disciplines that study borders (the matter is different regarding the success of journals that have redirected towards a "mainstream" audience, of which in Italy we can mention the example of *Limes*). During the last twenty years, undoubtedly, there was a significant growth of attention and research on issues related to borders, which has led to the configuration of a field of study that is greatly expanding at a global level, the so-called *border studies* we have already mentioned. Geopolitics (however it is defined) plays however a marginal role within this field: the influence of, for example, theoretical, literary and artistic practices has been more enduring, as well as forms of activism which were given shape during the 1980s regarding the borders between United States and Mexico, as can be

Unión Europea. El catastrófico desmembramiento de Yugoslavia echó una sombra sobre ambos procesos: por un lado, reactivando el vínculo entre confín y violencia en la fundación de nuevos Estados; por el otro, imprimiendo un sello de impotencia sobre el nacimiento de la Unión Europea.

De todos modos, el *revival* de una geopolítica depurada de las sombras del pasado —que acompañó en el período posterior a 1989 la renovada movilidad de los confines europeos— estaba destinado a ser un fenómeno efímero, por lo menos desde el punto de vista de los planteamientos de disciplinas que estudian los confines (distinto es el discurso de las revistas que apuntan a un público «general», como la italiana *Limes*). Durante los últimos veinte años, se ha producido, sin lugar a dudas, un incremento de la atención y de las investigaciones sobre temáticas vinculadas al tema del confín, que ha creado un ámbito de estudios en expansión a nivel global: los llamados *border studies*, que hemos mencionado anteriormente. Sin embargo, la geopolítica (de cualquier forma que se la defina) desempeña un rol marginal en ese campo: las prácticas teóricas, literarias y artísticas, por ejemplo, han tenido una influencia más importante, así como algunas formas de activismo desarrolladas en los años 80 en la frontera entre Estados Unidos y México, que han sido bien representadas en la obra *Borderlands/La frontera*, de la teórica feminista y poetisa chicana Gloria Anzaldúa.[32] Temáticas como las dinámicas de «hibridación» cultural surgidas desde un confín presentado como una «herida abierta» (como escribe Anzaldúa, pasando bruscamente al caste-

[32] Anzaldúa, G., *Terre di confine/La frontiera* [1987], trad. it., Bari, Palomar, 2000 (la cita *infra* se encuentra en la página 29). Sobre la influencia de Anzaldúa en los *border studies* contemporáneos, ver Zaccaria, P., «Border studies», en Cometa, M., *Dizionario degli studi culturali*, ed. de R. Coglitore y F. Mazzara, Roma, Meltemi, 2004, pp. 86-96.

seen in the work by the feminist theorist and *chicana* poet Gloria Anzaldúa, *Borderlands/La frontera*.[31] Topics like the dynamics of cultural "hybridization" germinated by a border presented as an "open wound" (*herida abierta,* as Anzaldúa writes switching sharply into Spanish in the middle of a phrase she had begun in English), in which "the Third World grates against the first and bleeds," have influenced the study of borders beyond the specific *location* of Anzaldúa's discourse. Anthropology and ethnography, sociology and critical geography, political theory and literary studies have in all cases contributed to make contemporary *border studies* a truly multidisciplinary field, in which not only different theories are mixed, but also the *borders* between themselves are challenged.

The beginning of the globalization processes, on the other hand, has been also accompanied by the dissemination of discourses of a completely different type (and of greater influence over the social sciences) with respect to those of "geopolitical" approach. The "cartographic illusion" was criticized at the beginning of the 1990s not only by a global manager such as Kenichi Omahe, who announced the crumbling of the nation-state and of a geography organized around traditional political borders, but also by Bertrand Badie, who titled one of his books in 1995 *The End of Territories*.[32] Going back to a pair of concepts proposed a few years before by Gilles Deleuze and Félix Guattari, the global space in formation was broadly defined as a

[31] Anzaldúa, G., *Terre di confine/ La frontiera* [1987], trans. it., Bari: Palomar, 2000 (the quotation is on p. 29). On Anzaldúa's influence on contemporary *border studies,* cf. Zaccaria, P., "Border studies," in Cometa, M., *Dizionario degli studi culturali,* ed. by R. Coglitore and F. Mazzara, Rome, Meltemi, 2004, pp. 86–96.

[32] Cf. Omahe, K., *La fine dello Stato-nazione* [1995], trans. it., Milan: Baldini & Castoldi, 1996, and Badie, B., *La fine dei territori* (1995), trans. it., Trieste: Asterios, 1996.

llano en una frase empezada en inglés), en la cual «el Tercer Mundo choca con el primero y sangra», han influido en el estudio del confín mucho más allá de la ubicación geográfica específica del discurso de Anzaldúa. Antropología y etnografía, sociología y geografía crítica, teoría política y estudios literarios han contribuido, en todo caso, a la transformación de los *border studies* contemporáneos en un ámbito verdaderamente transdisciplinario, donde no sólo se enfrentan saberes heterogéneos, sino también se ponen en discusión los *confines* mismos entre ellos.

El comienzo de los procesos de globalización, por otro lado, ha sido acompañado también por la difusión de discursos totalmente diferentes (y con mayor impacto en las ciencias sociales), en comparación con los de orientación «geopolítica». La «ilusión cartográfica» había sido criticada en los primeros años 90 no sólo por un mánager global como Kenichi Omahe —que anunciaba el desmembramiento del Estado-nación y de la geografía organizada en torno de los tradicionales confines políticos—, sino también por Bertrand Badie, que titulaba uno de sus libros, de 1995, *El fin de los territorios*.[33]

Retomando (no siempre, en verdad, de forma controlada) una pareja de conceptos propuestos algunos años atrás por Gilles Deleuze y Félix Guattari, el espacio global en formación era definido como un «espacio liso» de *flujos* (M. Castells) y, de este modo, opuesto al «espacio estriado» de los confines.[34] De esta manera, la posmodernidad global parecía haberse liberado de la pesadez de la tierra y de los surcos trazados sobre ella, mientras análisis tanto

[33] Véanse Omahe, K., *La fine dello Stato-nazione* [1995], trad. it., Milán, Baldini & Castoldi, 1996, y Badie, B., *La fine dei territori* [1995], trad. it., Trieste, Asterios, 1996.

[34] Véase, por ejemplo, Castells, M., *La nascita della società in rete* [1996], trad. it., Milán, Egea, 2008. Sobre los conceptos de espacio liso y espacio estriado, véase Deleuze, G. y Guattari, F., *Mille piani. Capitalismo e schizofrenia* [1980], trad. it., Roma, Istituto dell'Enciclopedia Italiana, 1987, pp. 513–618 (capítulo 12).

"smooth space" of *flows* (M. Castells) and thus contrasts with the "striated space" of the borders.[33] Global postmodernity seemed thus to be liberated from the heaviness of the land and the furrows drawn on it, while both apologetic analyses as well as critical analyses presented the triumphant capitalism as emancipated not only from its links to the class struggle, but also from those to territorialism. These were the years when "American hegemony" seemed undisputed and representations of the global space like the one elaborated many decades before by Isaiah Bowman celebrated their magnificence.

It is more than evident that the path of globalization, and with it its image, have deeply changed during the last decade. The rhetoric of the "new American century," of the "solitary superpower," has been replaced some time ago (first with the military failure in Afghanistan and Iraq, and then with the start of the global financial crisis) by the one of the "decline of U.S. hegemony." This is not the place to discuss this rhetoric and the reality to which it applies. More importantly, from our point of view, is to underline that in the new phase of globalization (imprinted by the crisis we are enduring) the processes of multiplication of the borders (and at the same time of radical transformation), which were already visible at the beginning of the 1990s, are becoming even more evident: the image itself of the "flows," for a long time as aforementioned dominant in the representation of the global space, was—to say the least—integrated to a new focus on the "channels"

[33] See, for example, Castells, M., *La nascita della società in rete* [1996], trans. it., Milan: Egea, 2008. On the concepts of smooth space and striated space, cf. Deleuze, G. and Guattari, F., *Mille piani. Capitalismo e schizofrenia* (1980), trans. it., Rome: Istituto dell'Enciclopedia Italiana, 1987, pp. 513–618 (chapter 12).

333

apologéticos como críticos presentaban el capitalismo triunfante como emancipado no sólo de los vínculos de la lucha de clases, sino también de los del territorialismo. Eran los años en los que la «hegemonía norteamericana» no se ponía en discusión y representaciones del espacio global como la desarrollada muchas décadas antes por Isaiah Bowman celebraban sus éxitos.

Es bastante evidente que la globalización, y con ella su imagen, han cambiado profundamente durante los últimos diez años. Desde hace tiempo, las retóricas de la «declinación» de Estados Unidos sustituyeron —con la derrota militar en Afganistán e Iraq, y luego con el comienzo de la crisis financiera global— a las del «nuevo siglo norteamericano» y la «superpotencia solitaria». No es éste el lugar para discutir estas retóricas y la realidad a la cual se aplican. Desde nuestro punto de vista, es más importante destacar que en la nueva fase de globalización —marcada por la crisis que estamos viviendo— se volvieron aún más evidentes los procesos de multiplicación (y, al mismo tiempo, de radical transformación) de los confines que, en realidad, ya eran visibles a principios de los años 90: la misma imagen de los «flujos», dominante durante mucho tiempo en la representación del espacio global, ha sido, cuando menos, integrada en una nueva atención hacia los «canales» por los cuales pasan los flujos, por los *enclaves* surgidos en los mismos procesos globales y por las tecnologías de *zoning* que aíslan dentro de territorios formalmente unificados espacios de excepción remodelados por la racionalidad económica neoliberal (piénsese, por ejemplo, en las zonas económicas especiales sobre

along which the flows travel, on the *enclaves* reshaped by the global processes themselves and by the *zoning* technologies that isolate, within formally unified territories, exception spaces remodeled by neoliberal economic rationale (for example, the special economic zones around which the formidable development of China has rotated during the last decades).[34] It is evident, it seems, how—as opposed to the ones of the flows—these images bring us much closer to the furrow from which we started.

While Saskia Sassen has shown that the contemporary global processes do not determine, from a political and legal point of view, the end of the nation-state, but are instead disaggregation and recombination processes of their structures within new "global assemblies" of authority, territory and rights,[35] it would be deeply erroneous to see in the multiplication of the borders a demonstration of the merely rhetoric (ideological) nature of globalization. Borders are, on the contrary, a privileged perspective from which to study the *real ongoing global processes*: but this is possible provided that we use a concept of border that, aware of its semantic density and its historical depth, is not unilaterally shaped by the experience of modern states and by the representations offered by the different sciences that have done their utmost to construct it. The determination of the borders that has been presented at the start of this essay, through a consciously anachronistic use of the lens of the classical world, points precisely in this direction.

[34] Cf., respectively, Tsing, A.L., "The Global Situation," in *Cultural Anthropology*, XV [2000], 3, pp. 327–360; Ferguson, J., *Global Shadows. Africa in the Neoliberal World Order*, Durham, NC–London: Duke University Press, 2006, and Ong, A., *Neoliberalism as Exception. Mutations in Citizenship and Sovereignty*, Durham, NC–London: Duke University Press, 2006.

[35] Sassen, S., *Territorio, autorità, diritti: assemblaggi dal Medioevo all'età globale* [2006], trans. it., Milan: Bruno Mondadori, 2008.

las cuales se fundó el desarrollo económico de China en los últimos decenios).[35] Es evidente, me parece, cómo estas imágenes, a diferencia de la de los flujos, vuelven a estar mucho más cercanas al concepto de surco del cual hemos partido.

Pero, así como Saskia Sassen demostró que los procesos globales contemporáneos no determinan, desde el punto de vista político y jurídico, el fin del Estado-nación, sino más bien procesos de desagregación y recombinación de sus estructuras en nuevos «ensamblajes globales» de autoridad, territorio y derechos,[36] sería completamente equivocado ver en la multiplicación de los confines la demostración de la naturaleza puramente retórica (ideológica) de la globalización. Los confines constituyen, en cambio, un punto de vista privilegiado desde el cual indagar los *procesos reales en acto*; pero esto es posible si se trabaja con un concepto de confín que ——consciente de su densidad semántica y de su profundidad histórica—— no sea unilateralmente creado desde la experiencia de la estatalidad moderna y las representaciones ofrecidas por las ciencias que intentaron construirlo. Las determinaciones del confín que se han presentado en la primera parte de este ensayo, a través de una mirada conscientemente anacrónica sobre el mundo clásico, van justamente en este sentido.

Étienne Balibar, que en los últimos años ha hecho un aporte fundamental a la discusión sobre los confines, ha señalado un aspecto muy importante de las transformaciones contemporáneas, afirmando:

[35] Véanse, respectivamente, Tsing, A.L., «The Global Situation», en *Cultural Anthropology*, XV, 2000, 3, pp. 327–360; Ferguson, J., *Global Shadows. Africa in the Neoliberal World Order*, Duhram, NC–Londres, Duke University Press, 2006, y Ong, A., *Neoliberalism as Exception. Mutations in Citizenship and Sovereignty*, Durham, NC–Londres, Duke University Press, 2006.

[36] Sassen, S., *Territorio, autorità, diritti: assemblaggi dal Medioevo all'età globale* [2006], trad. it., Milán, Bruno Mondadori, 2008.

Étienne Balibar, who has contributed in a fundamental manner in the past years to the critical debate on borders, understood a very important aspect of contemporary transformations when he wrote:

Whereas traditionally, and in conformity with both their juridical definition and "cartographical" representation as incorporated in national memory, they should be seen at the edge of the territory, marking the point where it ends, it seems that borders and the institutional practices corresponding to them have been transported into the middle of political space.[36]

This *mobility of borders* has been critically studied by Balibar in reference to the changes in the regime that controls migratory movements in Europe, which have determined processes of actual *de-territorialization* of the borders. The latter, going back to the analysis by Paolo Cuttitta, bend towards the inside of the European space following the migrants and inscribing themselves onto the very fabric of citizenship and of the labor market structure; but they also project themselves to the outside involving neighboring and even remote countries in the control regime of European borders, designing a variable geometry of differentiated levels of internity and externity that substitutes the clear-cut separation between "inside" and "outside."[37] We know the intolerable human costs of this border control regime: the Mediterranean,

[36] Balibar, É., *Nous, citoyens d'Europe? Les Frontières, l'État, le Peuple*, Paris: La Découverte, 2001, p. 175. Translated from the original version.
[37] Cf. Cuttitta, P., *Segnali di confine. Il controllo dell'immigrazione nel mondo-frontiera*, Milan: Mimesis, 2006.

Sandro Mezzadra/Metamorfosis de un surco. Tierra y confines

...mientras los confines deberían ubicarse tradicionalmente *en los márgenes del territorio*, de acuerdo con su definición jurídica y con la representación «cartográfica» incorporada en el imaginario nacional, parece que hoy en día los confines y las prácticas institucionales a ellos asociadas se han desplazado hacia *el centro del espacio político*.[37]

Esta *movilidad de los confines* ha sido analizada críticamente por Balibar en referencia a los cambios del régimen de control de los movimientos migratorios en Europa, que han determinado procesos de verdadera *desterritorialización* de los confines. Estos últimos, retomando los términos del análisis de Paolo Cuttitta, se adentran en el espacio europeo, siguiendo a los migrantes e incorporándose al tejido de la ciudadanía y a la estructura del mercado laboral, pero se proyectan también hacia el exterior, involucrando a países fronterizos y no fronterizos en el control de los confines europeos, diseñando una geometría variable de grados diferenciados de interioridad y eternidad que sustituye la separación neta entre el «adentro» y el «afuera».[38] Conocemos los intolerables costos humanos del funcionamiento de este régimen de control de los confines: el Mediterráneo, espacio privilegiado de su ejercicio, se ha convertido en un gigantesco cementerio. Desde 1988 han muerto 16.265 personas en las «fronteras exteriores» de la Unión Europea.[39] Sin embargo, me parece que esta imagen de la «Fortaleza Europa», por más que pueda parecer eficaz para denunciar esta verdadera guerra de baja intensidad

[37] Balibar, É., *Nous, citoyens d'Europe? Les Frontières, l'État, le Peuple*, Paris, La Découverte, 2001, p. 175.
[38] Cuttitta, P., *Segnali di confine. Il controllo dell'immigrazione nel mondo-frontiera*, Milano, Mimesis, 2006.
[39] Léase el blog de Gabriele Del Grande, esencial fuente de información constantemente actualizada sobre este tema: http://tinyurl.com/o4otfuq (los datos citados corresponden al 13 de abril de 2011).

a privileged space for this regime, has become a gigantic cemetery; since 1988, there have been at least 18,673 deaths at the "external borders" of the European Union.[38] And yet it seems to me that the image of the "European Fortress," however effective it may be in denouncing this true low intensity war against migrants, may be misleading from an analytic perspective since it suggests a fixedness in the borders that clashes with the actual way the control policies and systems work, which are not less lethal simply because they are increasingly more de-territorialized. Moreover, the image of the fortress fixes our eye on only one function of the border: that of *exclusion*; and it risks overshadowing the multiple forms of *differential inclusion* that characterize migratory policies (and, therefore, the control of borders), not only in Europe.[39] Finally, it seems that the emphasis on the fortress and on the control might make us lose sight of the intensity of the *border struggles*, the set of practices and actions with which the border is daily challenged and crossed (at the price we know) by women and men who are moving. For the rest, it is the same border, as Pablo Vila wrote summarizing years of ethnographic research on the border between United States and Mexico, which constitutes itself as a field of tension between a set of actions (social, cultural, institutional, political, economic, etc.) that distribute themselves around two extremes of *border crossing* and *border reinforcement*.[40]

The elasticity of the territory seems to be a general characteristic

[38] See the blog by Gabriele Del Grande, a fundamental source of information which is continuously updated: http://tinyurl.com/o4otfuq (the data provided is from May 28th, 2013).

[39] Mezzarda, S. and Neilson, B., "Frontières et inclusion différentielle," in *Rue Descartes*, 67, 2010, pp. 102–108.

[40] Vila, P., *Crossing Borders, Reinforcing Borders: Social Categories, Metaphors, and Narrative Identities on the U.S.-Mexico Frontier*, Austin: University of Texas Press, 2000.

 Sandro Mezzadra/Transformations of a Furrow. Land and Borders

en contra de los migrantes, puede llegar a ser engañosa bajo el perfil analítico, porque sugiere una fijeza de los confines que no existe en el funcionamiento concreto de las políticas y los sistemas de control, que no son menos letales por el hecho de ser cada vez más desterritorializados. Además, la imagen de la fortaleza fija nuestra mirada sólo en una de las funciones del confín, la de la *exclusión*, ocultando las múltiples formas de *inclusión diferencial* que caracterizan, no solamente en Europa, a las políticas migratorias (y, en consecuencia, a las de control fronterizo).[40] Finalmente, me parece que el énfasis puesto sobre el concepto de fortificación y control puede hacer perder de vista la intensidad de las *luchas de confín*, el conjunto de prácticas con las cuales cada día el límite es desafiado y atravesado (al precio que conocemos) por mujeres y hombres en movimiento. Es, por otra parte, el mismo confín —como ha escrito Pablo Vila, sintetizando años de investigación etnográfica sobre la frontera entre Estados Unidos y México— el que se constituye en campo de tensión entre conjuntos de prácticas (sociales, culturales, institucionales, políticas, económicas, etc.) que se distribuyen alrededor de los dos polos del *border crossing* y del *border reinforcement*.[41]

La elasticidad del territorio parece ser un carácter general de la geografía de la globalización; el resultado de poderosos procesos de *paso de fronteras* que ponen continuamente en tensión particiones consolidadas, como las del norte y el sur del mundo, las del centro y la periferia. A pesar de esta revolución espacial permanente, los confines no han perdido su función de

[40] Mezzadra, S. y Neilson, B., «Frontières et inclusion différentielle», en *Rue Descartes*, 67, 2010, pp. 102–108.

[41] Vila, P., *Crossing Borders, Reinforcing Borders: Social Categories, Metaphors, and Narrative Identities on the U.S.-Mexico Frontier*, Austin, University of Texas Press, 2000.

of globalized geography, an outcome of strong processes of *de-bordering* that continuously challenge and tense consolidated partitions, as that between the North and the South of the world, between center and periphery. In this constant spatial revolution, borders have however still not lost their function of articulating and producing the joints between a deeply renewed capitalism and the logic of political rule and legal normative, whose territorial configuration becomes increasingly more multilevel. It is the emerging global law itself (illustrated, yet not completely, by the *lex mercatoria*) that is characterized by legal orders that seem to have abandoned the logics of territorial rooting: their spatiality seems closer to that of intertwined networks.[41] In these conditions, the borders widen and restrict their range of action, they become mobile and elusive, they become sometimes porous, other times impermeable, they are always selective when discriminating the passage of flows, things and individuals. A *dynamic* concept of border such as the one defined around the tension between heterogeneous crossing and reinforcement practices presents the advantage of capturing the complete set of these movements, which also correspond to a continuous process of decomposition and recomposition of the different dimensions of the border, today far from coinciding around the demarcation line of the territories of two sovereign states. Above all, it restores the centrality of the *border struggles*, around which essential fights are taking place nowadays for the future of concepts like equality and liberty.

[41] See, for example, within a very vast literature, Ferrarese, M.R., *Diritto sconfinato. Inventive giuridica e spazi nel mondo globale*, Rome-Bari: Laterza, 2006; Teubner, G. and Fischer-Lescano, A., *Regime-Kollisionen. Zur Fragmentierung des globalen Rechts*, Frankfurt am Main: Suhrkamp, 2006, and Bussani, M., *Il diritto dell'Occidente. Geopolitica delle regole globali*, Turin: Einaudi, 2010.

articulación y producción de vínculos entre un capitalismo profundamente renovado y las lógicas del comando político y la producción normativa jurídica, cuya configuración territorial se vuelve cada día más «multinivel».

El derecho global en proceso de formación (representado, aunque no excusivamente, por la *lex mercatoria*) se caracteriza por reglas que parecen haberse alejado de una radicación territorial específica: su espacialidad parece estar más próxima a la de las redes, con cuyo desarrollo, por otra parte, se cruzan.[42] En estas condiciones, los confines ensanchan y encogen su espacio de acción; se hacen móviles y elusivos; se vuelven ora permeables, ora impenetrables; son siempre selectivos en discriminar el pasaje de flujos, bienes e individuos. Un concepto tan *dinámico* de confín como el que está basado en la tensión entre prácticas heterogéneas de cruce y fortalecimiento tiene la ventaja de captar el conjunto de estos movimientos, que corresponden también a un proceso continuo de descomposición y recomposición de las diferentes dimensiones del confín, hoy en día muy lejos de coincidir con la línea de demarcación de los territorios entre dos Estados soberanos. Y, sobre todo, este concepto restituye la centralidad a las *luchas de confín*, en torno de las cuales se juegan actualmente partidas esenciales para el futuro de conceptos como igualdad y libertad.

[42] Véanse, por ejemplo, en el marco de una literatura muy amplia, Ferrarese, M.R., *Diritto sconfinato. Inventiva giuridica e spazi nel mondo globale*, Roma-Bari, Laterza, 2006; Teubner, G. y Fischer-Lescano, A., *Regime-Kollisionen. Zur Fragmentierung des globalen Rechts*, Fráncfort del Meno, Suhrkamp, 2006, y Bussani, M., *Il diritto dell'Occidente. Geopolitica delle regole globali*, Turín, Einaudi, 2010.

339

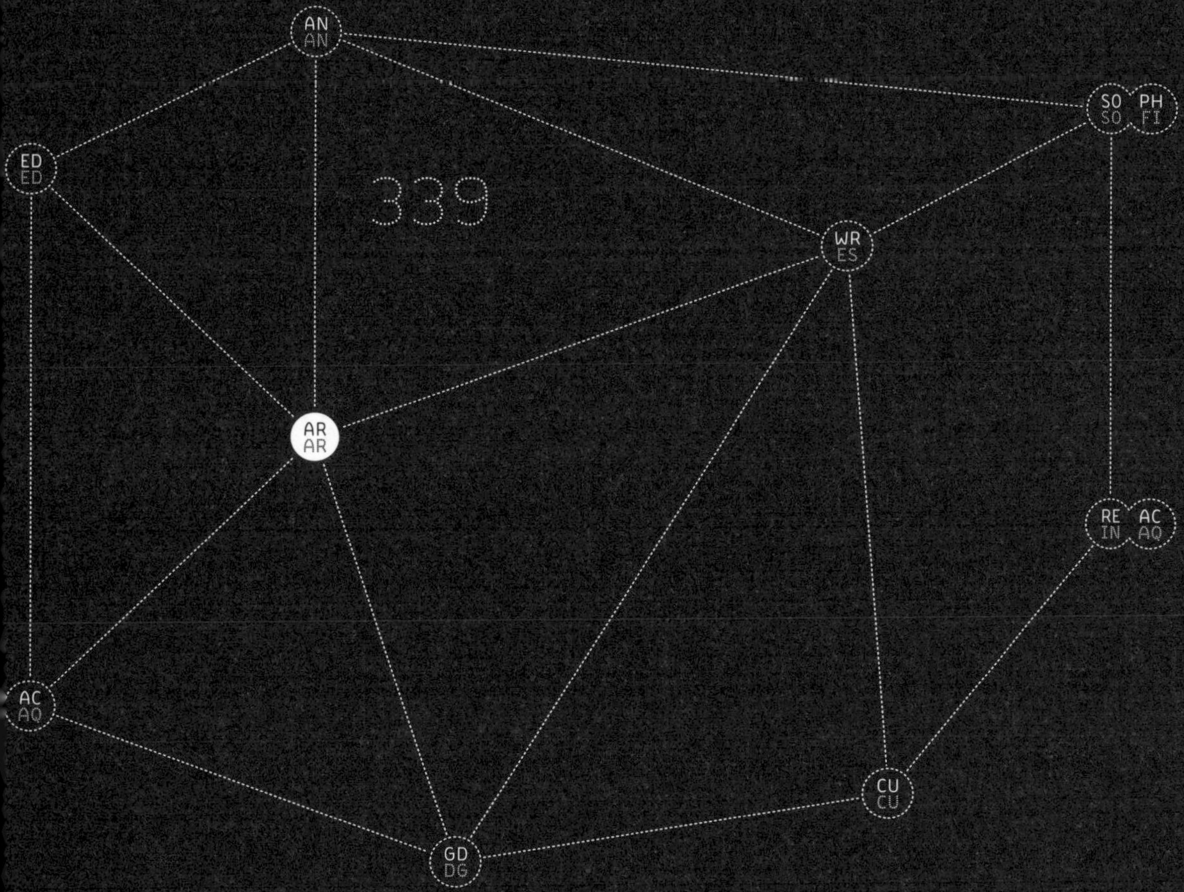

This work consists of a selection of oil paintings that Jenny Holzer made starting in 2006. It portrays the war in Iraq through the different operational phases that form a fundamental part of the overarching strategy of destruction and occupation.

Holzer's work also sheds light on some of the procedures used to reduce the enemy. *Wish List* (2006) reveals some features of the interrogation method—"coercive techniques" that "cause no permanent harm to the subject"—endorsed for use by the North American forces on prisoners in Iraqi territory. The repertoire of suggested techniques includes confinement in small spaces, sleep deprivation, slapping, and others.

In this work, Holzer uses United States government documents to provide a clear and schematic vision of the mechanisms employed in the invaded country. Sparse and minimalistic, this series of graphic works shifts the intent of war to a representational space that stands in stark contrast with the reality that the operations unleash. By means of repeated "operations," "actions" and "deployments," Holzer exposes the abolition of the territorial and human reality that the invading army effects.

Unlike earlier works by Holzer—who is known around the world for LED panels with messages in motion and for phrases projected on public spaces—the verbal content of these paintings includes no personal references. The messages in these maps hold specific

340

El presente trabajo de Jenny Holzer representa una selección de las pinturas al óleo realizadas por la artista a partir de 2006, donde aparece retratada la guerra de Irak a través de las distintas fases operativas programadas como parte central de la estrategia de destrucción y ocupación del territorio.

Su trabajo también saca a la luz algunos de los procedimientos empleados en la reducción del enemigo. Su *Wish List* de 2006 (Lista de deseos) expone algunos rasgos del método de interrogatorio —«técnicas coercitivas que no suponen un daño permanente al sujeto»— promovido en territorio iraquí para el tratamiento de los prisioneros en manos de fuerzas norteamericanas. El uso de confinamiento en espacios reducidos, la privación de sueño, los golpes con la mano abierta, etc., forman parte del repertorio sugerido.

El material empleado por la artista está formado por documentos del gobierno de los Estados Unidos y permite tener una idea clara y esquemática del mecanismo impuesto sobre las condiciones del país invadido. Al mismo tiempo, la limpieza y el minimalismo de esta serie gráfica trasladan la intención de guerra hacia un espacio representativo que contrasta profundamente con la realidad de las operaciones que desencadenan. Mediante esta reiterada serie de «operaciones», «acciones» y «despliegues», la propuesta de Holzer realza la supresión de la realidad territorial y humana que pone en juego el ejército invasor.

instructions: "destroy," "defeat," "degrade," "kill," and "eliminate."
These words, once exposed, provide a cold vision of the intent that
underlies the army's strategies: the elimination of the other, the
annihilation of the territory, the eradication of understanding.

Pedro Donoso

341   Jenny Holzer/ MAP Painting Series

A diferencia de los trabajos precedentes de la artista, mun-
dialmente conocida por sus paneles de LED con mensajes en movimiento o sus frases proyectadas en lugares públicos, Holzer, en
sus pinturas, se abstiene de introducir cualquier elaboración
personal en el contenido verbal. Los distintos mensajes que acom-
pañan a estos mapas ya contienen instrucciones concretas, como
«conquistar, destruir, atrapar, suprimir, reducir...». Basta con su
exposición para mirar fríamente la intención albergada por los
estrategas del ejército: la supresión del otro, la anulación del territorio, la erradicación del entendimiento.

Pedro Donoso

Alternative Interrogation Techniques (Wish List)
4[Th] Infantry Division, ICE

Open Hand Strikes (face and midsection) (no distance greater than 24 inches)

Fairly self-explanatory.

Pressure Point Manipulation

Manipulation of specific points on the human body can cause acute temporary pain but cause no long term effects or damage.

Close Quarter Confinement

Confinement of subject in extremely close quarters. Discomfort induces compliance and cooperation.

White Noise Exposure

Overexposure of subject to noise found to be meaningless and many times monotonous to subject. Often used in conjunction with Sleep Deprivation.

Sleep Deprivation

An initial period of total deprivation (usually 12 to 24 hours) followed by regular and irregular sleep patterns over several days.

Stimulus Deprivation

The human mind requires stimulation, however small, to maintain resistance to suggestion, mental and emotional manipulation and self will. Subject is deprived of this stimulation for 12 to 24 hours during initial stages. Effects on subject's resistance are monitored with short intense interrogations (15-60 minutes at most). Subject's resistance will usually rapidly decay after 36 to 48 hours. This technique requires no physical pressure to be applied. However, subject must be carefully monitored.

***There are a number of "coercive" techniques that may be employed that cause no permanent harm to the subject. These techniques, however, often call for medical personnel to be on call for unforeseen complications. They include but are not limited to the following:**

Phone Book Strikes
Low Voltage Electrocution
Closed-Fist Strikes
Muscle Fatigue Inducement

EXHIBIT D

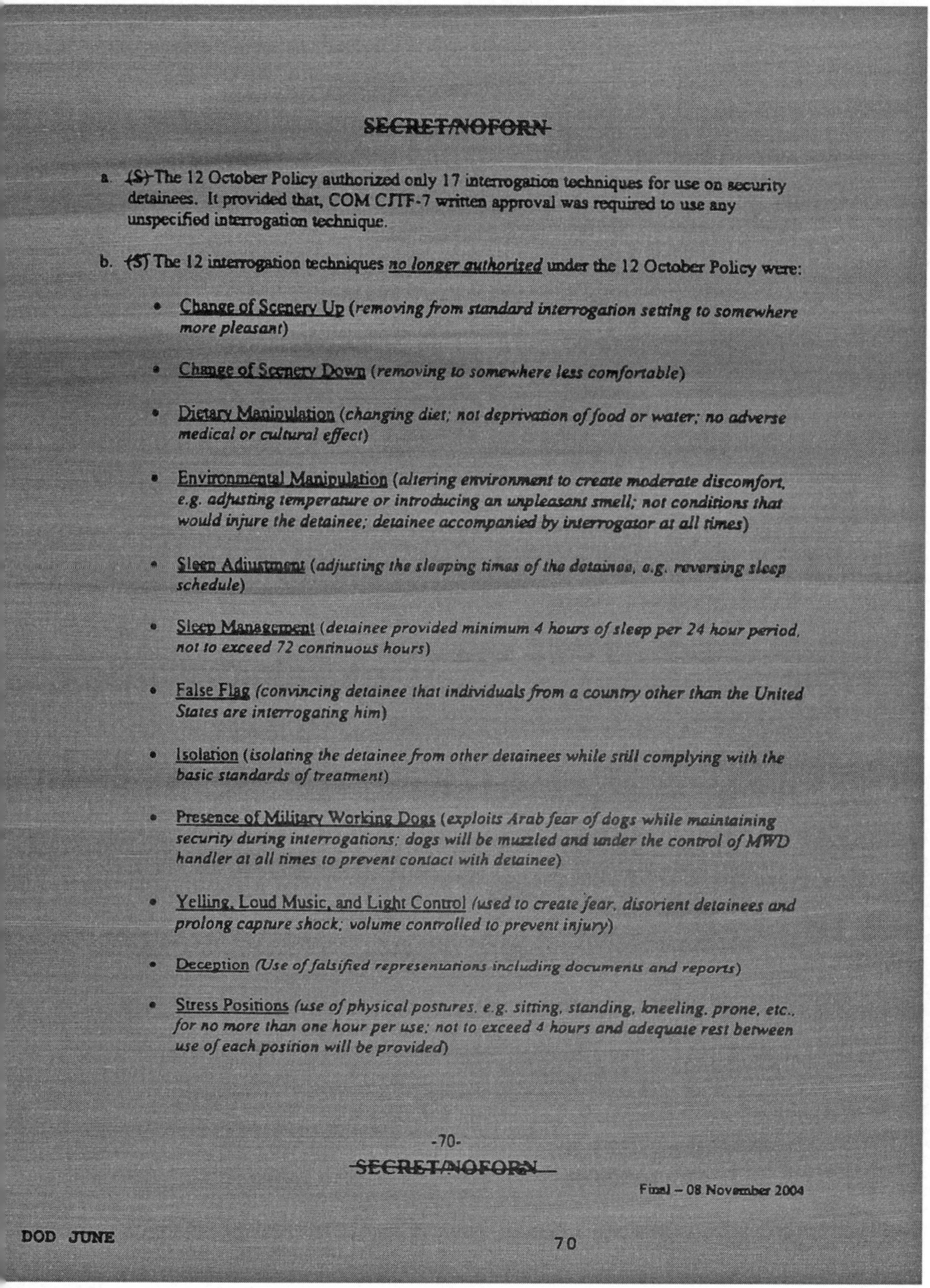

a. (S) The 12 October Policy authorized only 17 interrogation techniques for use on security detainees. It provided that, COM CJTF-7 written approval was required to use any unspecified interrogation technique.

b. (S) The 12 interrogation techniques *no longer authorized* under the 12 October Policy were:

- Change of Scenery Up (*removing from standard interrogation setting to somewhere more pleasant*)

- Change of Scenery Down (*removing to somewhere less comfortable*)

- Dietary Manipulation (*changing diet; not deprivation of food or water; no adverse medical or cultural effect*)

- Environmental Manipulation (*altering environment to create moderate discomfort, e.g. adjusting temperature or introducing an unpleasant smell; not conditions that would injure the detainee; detainee accompanied by interrogator at all times*)

- Sleep Adjustment (*adjusting the sleeping times of the detainee, e.g. reversing sleep schedule*)

- Sleep Management (*detainee provided minimum 4 hours of sleep per 24 hour period, not to exceed 72 continuous hours*)

- False Flag (*convincing detainee that individuals from a country other than the United States are interrogating him*)

- Isolation (*isolating the detainee from other detainees while still complying with the basic standards of treatment*)

- Presence of Military Working Dogs (*exploits Arab fear of dogs while maintaining security during interrogations; dogs will be muzzled and under the control of MWD handler at all times to prevent contact with detainee*)

- Yelling, Loud Music, and Light Control (*used to create fear, disorient detainees and prolong capture shock; volume controlled to prevent injury*)

- Deception (*Use of falsified representations including documents and reports*)

- Stress Positions (*use of physical postures, e.g. sitting, standing, kneeling, prone, etc., for no more than one hour per use; not to exceed 4 hours and adequate rest between use of each position will be provided*)

Final – 08 November 2004

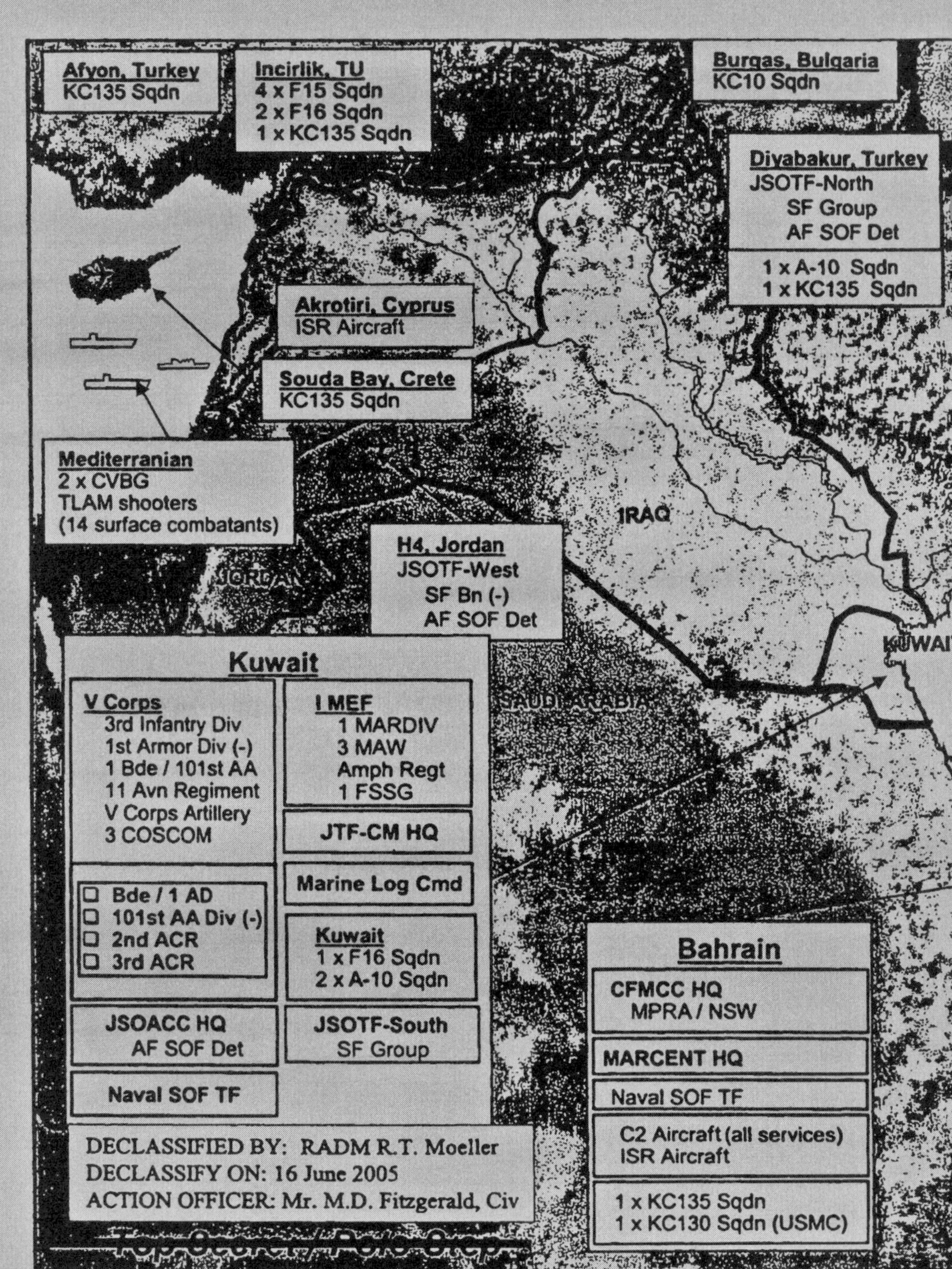

Afyon, Turkey
KC135 Sqdn

Incirlik, TU
4 x F15 Sqdn
2 x F16 Sqdn
1 x KC135 Sqdn

Burgas, Bulgaria
KC10 Sqdn

Diyabakur, Turkey
JSOTF-North
SF Group
AF SOF Det
1 x A-10 Sqdn
1 x KC135 Sqdn

Akrotiri, Cyprus
ISR Aircraft

Souda Bay, Crete
KC135 Sqdn

Mediterranian
2 x CVBG
TLAM shooters
(14 surface combatants)

IRAQ

JORDAN

H4, Jordan
JSOTF-West
SF Bn (-)
AF SOF Det

KUWAIT

SAUDI ARABIA

Kuwait

V Corps
3rd Infantry Div
1st Armor Div (-)
1 Bde / 101st AA
11 Avn Regiment
V Corps Artillery
3 COSCOM

I MEF
1 MARDIV
3 MAW
Amph Regt
1 FSSG

JTF-CM HQ

Marine Log Cmd

Bde / 1 AD
101st AA Div (-)
2nd ACR
3rd ACR

Kuwait
1 x F16 Sqdn
2 x A-10 Sqdn

JSOACC HQ
AF SOF Det

JSOTF-South
SF Group

Naval SOF TF

Bahrain

CFMCC HQ
MPRA / NSW

MARCENT HQ

Naval SOF TF

C2 Aircraft (all services)
ISR Aircraft

1 x KC135 Sqdn
1 x KC130 Sqdn (USMC)

DECLASSIFIED BY: RADM R.T. Moeller
DECLASSIFY ON: 16 June 2005
ACTION OFFICER: Mr. M.D. Fitzgerald, Civ

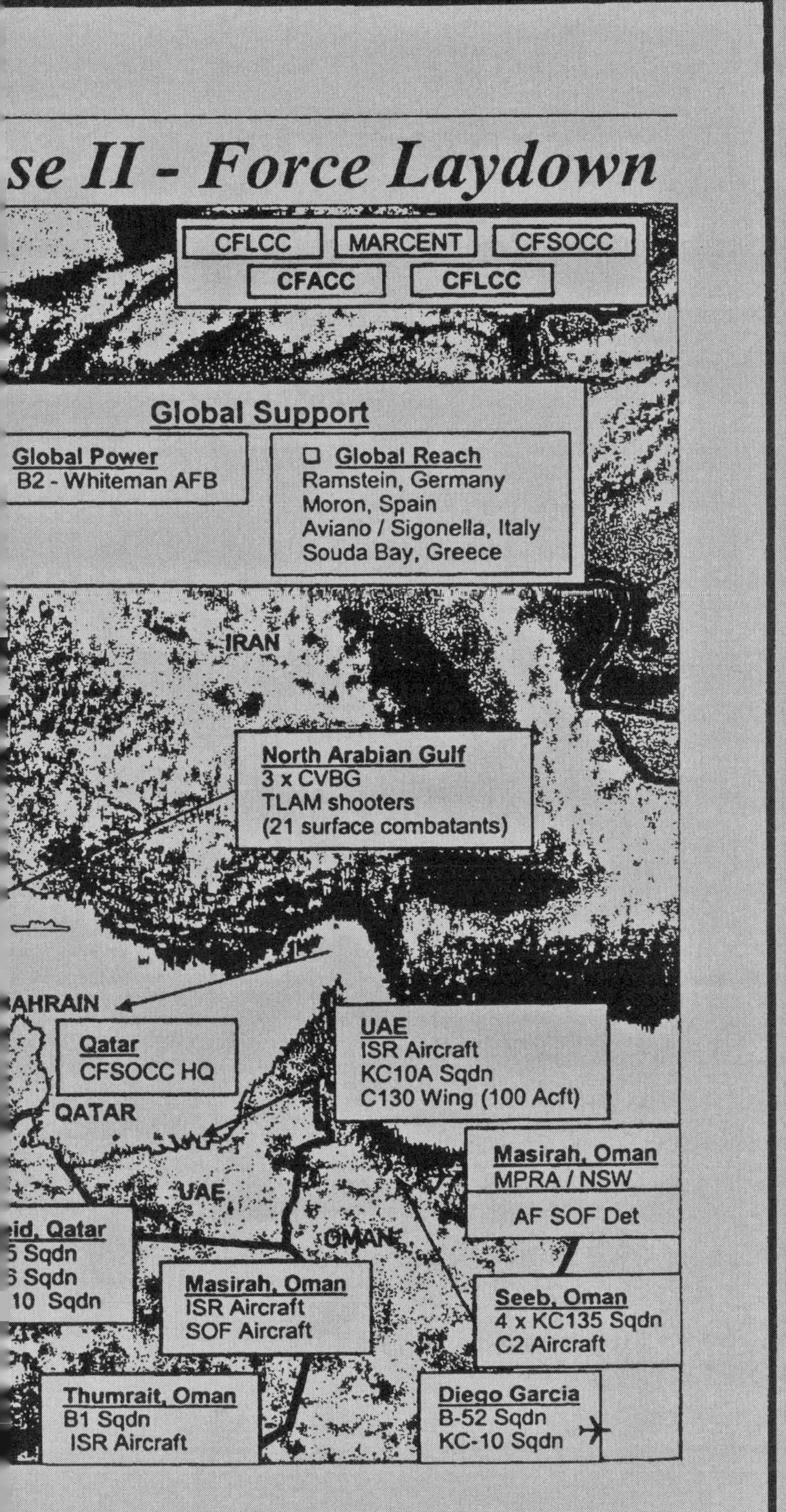

Phase II - Force Laydown pewter,
2007
Oil on linen
79×102.25 in./200.7×259.7 cm
Text: U.S. government document
© 2007 Jenny Holzer, member
Artists Rights Society (ARS), NY,
©2013, ProLitteris, Zurich

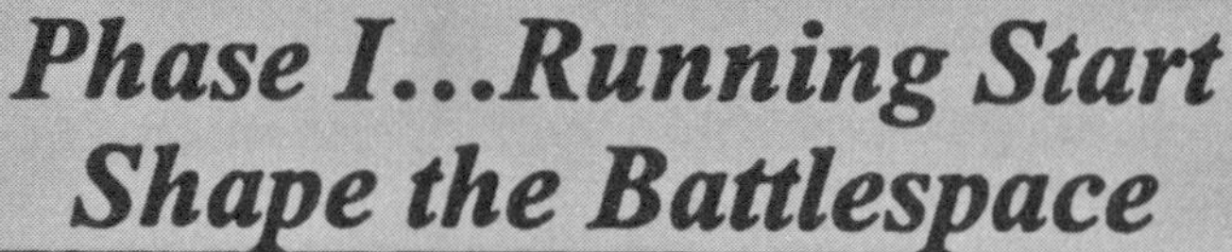

GROUND OPERATIONS

- Deploy forces to AOR (leveraging APS / MPS)
- Prepare for Decisive Offensive Operations

JSOTF-north
(in-place by C-Day)

JSOTF-west
(in-place by C+5)

AIR / NAVAL OPERATIONS

- Execute Desert-Series CONOP, then...
- Execute 'pulsed strikes' as additional forces arrive to strike initial target sets, including:
  - Destroy / Degrade Iraqi Regime Leadership
  - Degrade Iraqi security forces
  - Destroy / Degrade Iraqi WMD delivery and production capability
  - Destroy Iraqi forces

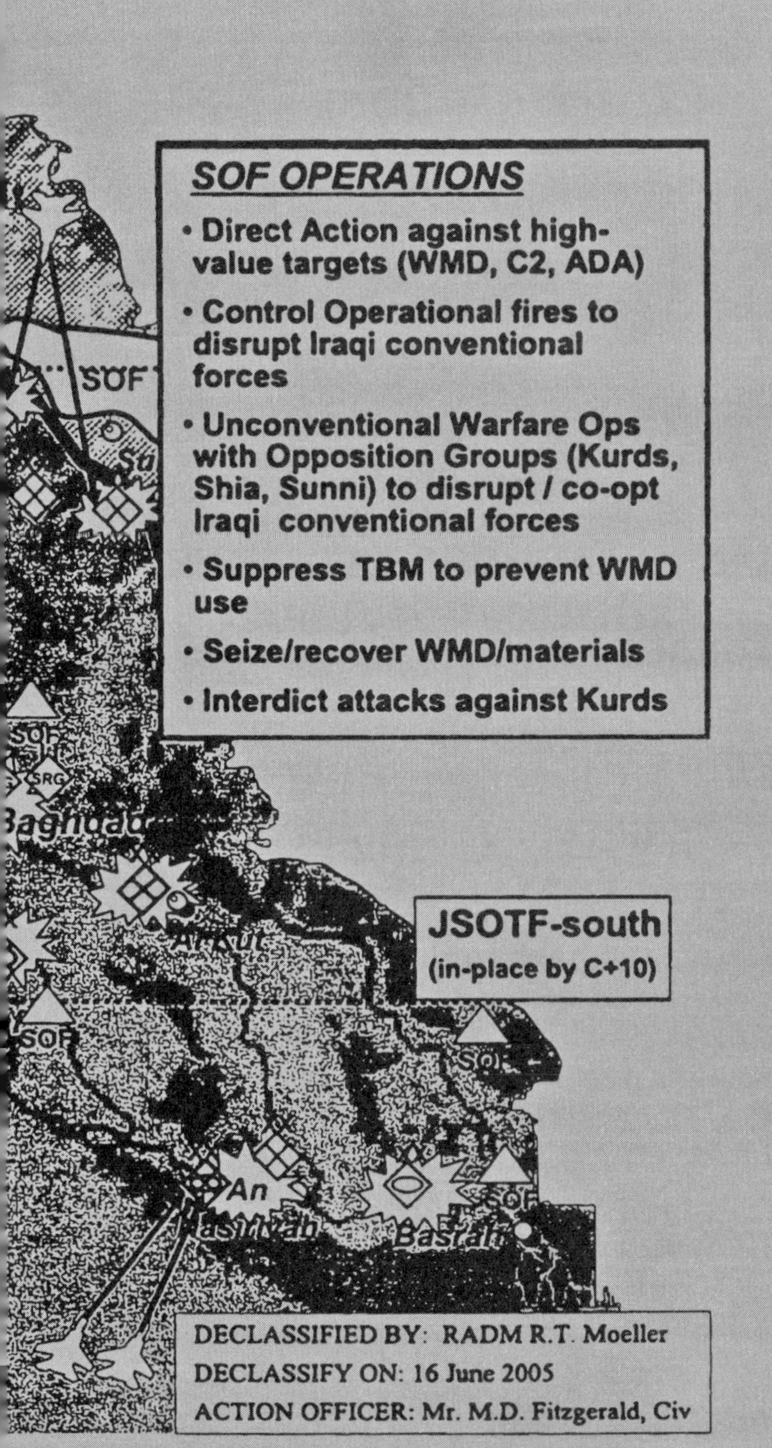

Phase I…Running Start Shape the Battlespace pewter, 2007
Oil on linen
79×102.25 in./200.7×259.7 cm
Text: U.S. government document
© 2007 Jenny Holzer, member
Artists Rights Society (ARS), NY,
©2013, ProLitteris, Zurich

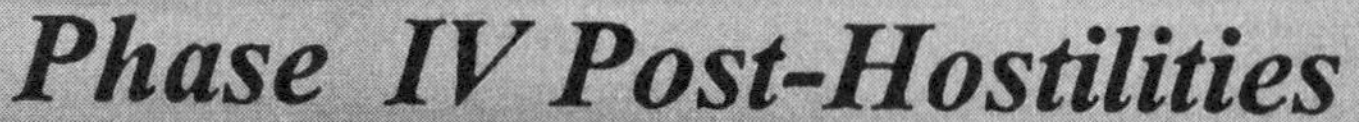

Phase IV Post-Hostilities

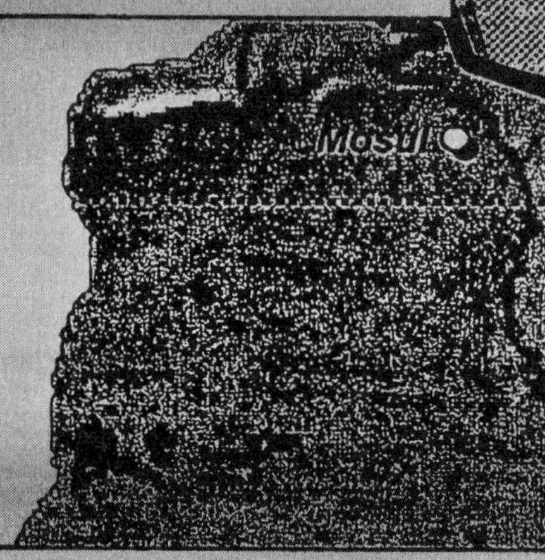

1. SUPPORT THE ESTABLISHMENT OF IRAQI MILITARY FORCES
2. SUPPORT THE ESTABLISHMENT OF A PROVISIONAL/PERMANENT IRAQI GOVERNMENT
3. ENSURE THE TERRITORIAL INTEGRITY OF IRAQ
4. TRANSITION CMO ACTIVITIES TO INTERNATIONAL ORGANIZATIONS / NON-GOVERNMENTAL ORGANIZATIONS / HOST NATION
5. ENSURE WMD CAPABILITY DESTROYED, REMOVED OR TRANSITIONED TO COMPETENT AUTHORITY
6. GATHER INTELLIGENCE DETAIN TERRORISTS AND WAR CRIMINALS FREE INDIVIDUALS UNJUSTLY DETAINED
7. RE-DEPLOY FORCES

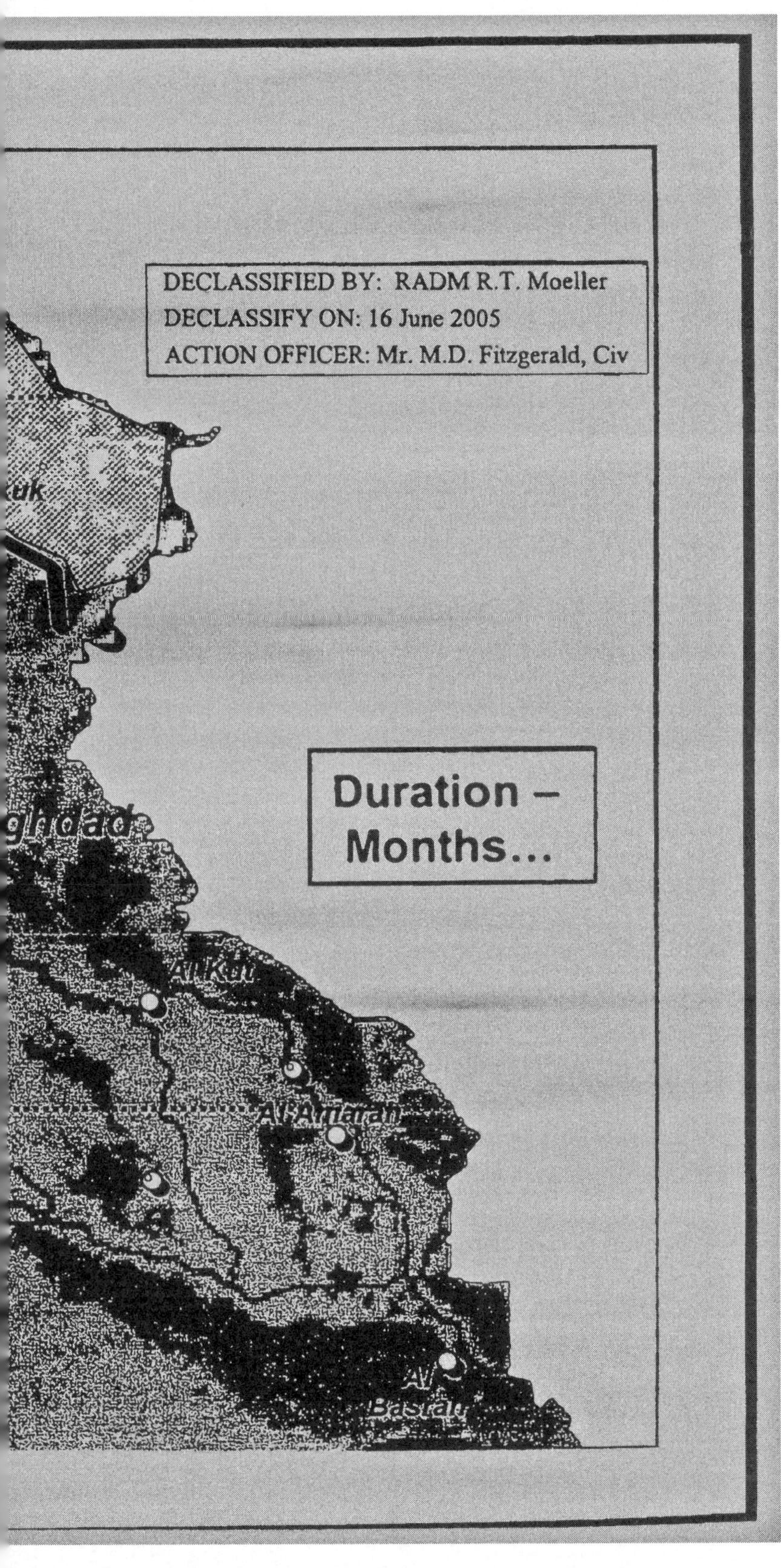

Phase IV Post-Hostilities pewter,
2007
Oil on linen
79×102.25 in./200.7×259.7 cm
Text: U.S. government document
© 2007 Jenny Holzer, member
Artists Rights Society (ARS), NY,
©2013, ProLitteris, Zurich

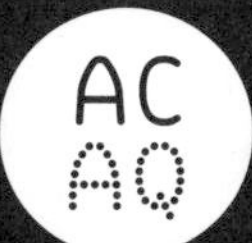

ARCHITECTS
ARQUITECTOS
Teddy Cruz (GT/US)
The Political Equator. Conversations
on Coexistence: Border
Neighborhoods as Sites of Production
El Ecuador político. Conversaciones
sobre coexistencia: barrios fronterizos
como espacios de producción

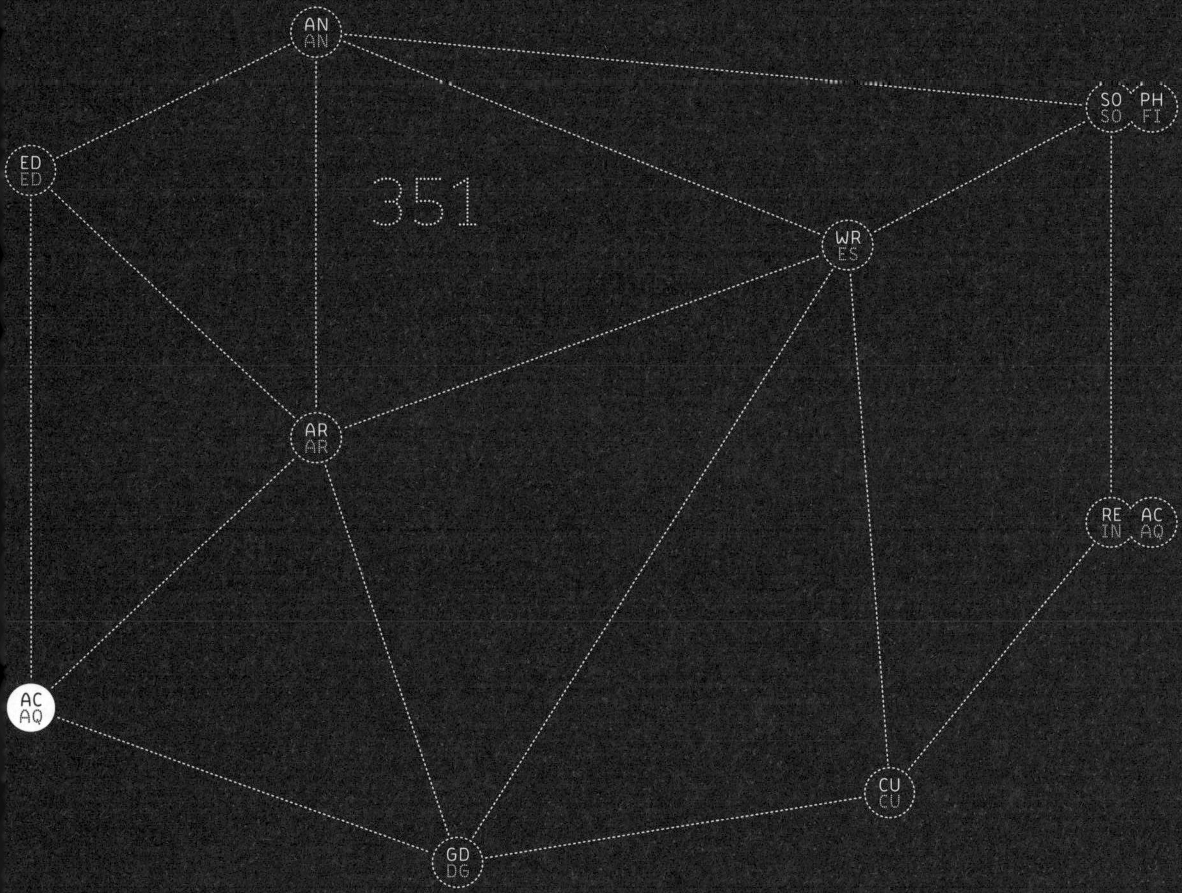

351

The Political Equator. Conversations on Coexistence: Border Neighborhoods as Sites of Production

It is obvious by now that the celebrated metropolitan explosion of the last years of economic boom also produced in tandem a dramatic project of marginalization, resulting in the unprecedented growth of slums surrounding major urban centers, exacerbating the socioeconomic and demographic conflicts of an uneven urbanization, an urban asymmetry which is at the center of today's crises. Not only the so-

El Ecuador político. Conversaciones sobre coexistencia: barrios fronterizos como espacios de producción

A estas alturas, es evidente que la famosa explosión metropolitana de los últimos años producto del *boom* económico también comportó un dramático proyecto de marginalización cuyo resultado ha sido un crecimiento sin precedentes de las barriadas pobres en los extrarradios de los principales centros urbanos. Eso ha exacerbado los conflictos socioeconómicos y demográficos provocados por una urbanización desigual, una asimetría urbana que está en el centro de la crisis que vivimos hoy. La llamada «ciudad global» no sólo se ha convertido en el epicentro del modelo

called global city, in fact, became the epicenter for the brand of greedy capitalism that caused this new version of the crisis, but it is here where we find the DNA of a selfish, oil-hungry urbanization that detonated an exclusionary sprawl, based on the privatization and erosion of public culture and resources worldwide.

The political economies of division produced by these global zones of mega-urban development, further polarizing enclaves of wealth and sectors of poverty, are ultimately amplified and physically inscribed in specific critical regional junctures such as the San Diego-Tijuana border territory, producing, in turn, local zones of conflict. These geographies of conflict serve as complex environments from which to re-contextualize the abstraction of globalization by engaging the specificity of the political inscribed in these physical territories, a *radicalization of the local*. Therefore, this border region has been one of the most productive zones for my research in the last years to reveal the conditions that have produced the current universal institutional crisis, while constructing a practice of intervention that engages the spatial, territorial and environmental conditions across critical thresholds, whether global border zones or the local sectors of conflict generated by discriminating politics of zoning and economic development in the contemporary city.

The forces of control across the San Diego-Tijuana border, the most trafficked checkpoint in the world, have provoked the small

353

de capitalismo codicioso causante de esta nueva versión de crisis, sino que además encontramos en ella el ADN de una urbanización egoísta y sedienta de petróleo cuyo fruto ha sido un adefesio que fomenta en todo el mundo la exclusión gracias a la privatización y la erosión de la cultura y los recursos públicos.

Las economías políticas de división producidas por estas zonas globales de megadesarrollo urbano, al extremar la polarización entre los enclaves de riqueza y los sectores pobres, encuentran un desarrollo definitivo, así como su adscripción física a coyunturas regionales críticas concretas, como el territorio fronterizo de San Diego-Tijuana, que a su vez produce zonas locales de conflicto. Dichas geografías del conflicto sirven como ambientes complejos desde los que recontextualizar la abstracción de la globalización al fijarnos en la especificidad de la política inscrita en estos territorios físicos: hablamos de una radicalización de lo local. Por lo mismo, esta región fronteriza se ha convertido en una de las áreas más productivas de mi investigación durante los últimos años y me ha permitido poner de manifiesto las condiciones detonantes de la crisis institucional universal que nos afecta en la actualidad. A su vez, me ha posibilitado construir una práctica de intervención que involucra las condiciones espaciales, territoriales y ambientales a través de una serie de umbrales críticos, ya sean zonas de frontera global o sectores locales de conflicto generados por las políticas discriminatorias de zonificación y desarrollo económico en la ciudad contemporánea.

border neighborhoods that surround it to construct alternative urbanisms of alteration and adaptation, generating, in turn, invisible transborder flows, which are physically manifested by the informal land use patterns and economies produced by migrant workers flowing from Tijuana into San Diego in one direction—altering the homogeneity of San Diego's neighborhoods. And in the oppossite direction, the "infrastructural waste" moving into Tijuana, as this city recycles the urban waste of San Diego to construct an insurgent, cross-border urbanism of emergency across the many slums that dot its periphery. This suggests a double urbanization of retrofit by which the recycling of fragments, resources and situations from these two cities can trigger different meanings of urban policy, housing and public infrastructure. While the global city became the privileged site of economic consumption and display in the last years, these local neighborhoods in the margins of such centers of economic power remained sites of cultural production.

Seeking to problematize these local-global correspondences, and imagine new conceptual frameworks to further engage geographic conflict as an operational artistic tool, I coined the *Political Equator* as a practice diagram for my work at the border. Considering the Tijuana-San Diego border region as a point of departure, the Political Equator traces an imaginary line along the United States-Mexico continental border and extends it directly across a world atlas, forming a corridor

   Teddy Cruz/The Political Equator. Conversations on Coexistence…

Las fuerzas de control a lo largo de la frontera entre San Diego y Tijuana, el paso fronterizo de mayor tráfico del mundo, han provocado el asentamiento de pequeños barrios fronterizos colindantes edificados como formas alternativas de urbanismo de alteración y adaptación. Al mismo tiempo, ello genera flujos transfronterizos que se manifiestan físicamente en modos informales de uso del suelo y de economía generados por los trabajadores migrantes que se desplazan desde Tijuana a San Diego y que terminan alterando la homogeneidad de los vecindarios de San Diego. Cuando el tráfico invierte la dirección, Tijuana recibe los «desechos de infraestructura», en la medida en que la ciudad recicla los restos urbanos de San Diego para construir un urbanismo transfronterizo insurgente de emergencia en las numerosas barriadas que se reparten por su periferia. Eso sugiere una doble urbanización de retroalimentación por la cual el reciclaje de fragmentos, recursos y situaciones de estas dos ciudades puede gatillar diferentes significados de lo que es una política urbana de vivienda e infraestructura pública. Si en los últimos años la ciudad global se ha convertido en el lugar privilegiado de consumo y despliegue económico, los barrios locales que crecen en los márgenes de dichos centros de poder económico no dejan de ser espacios de producción cultural.

Al problematizar esta correspondencia local-global e imaginar nuevos marcos conceptuales para profundizar en este conflicto geográfico como herramienta artística operativa, he acuñado el "Ecuador político" a modo de diagrama de práctica para mi trabajo

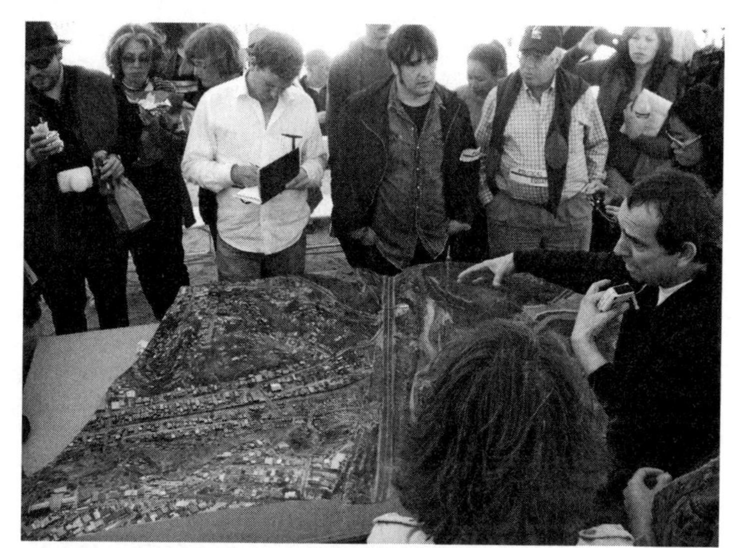

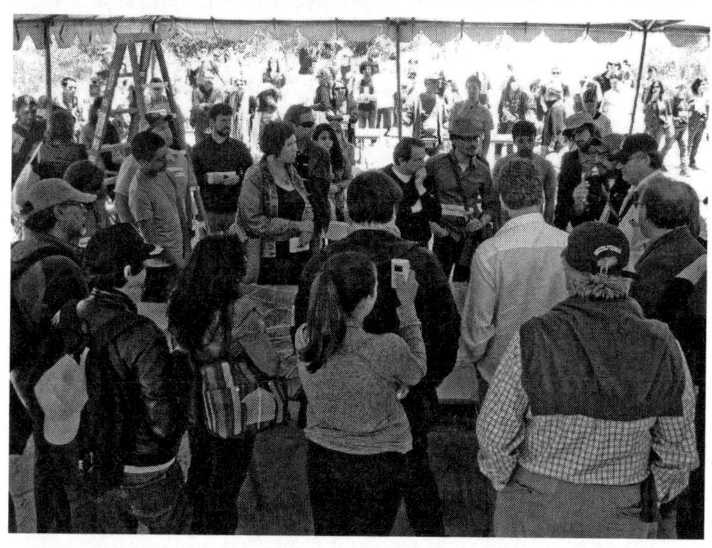

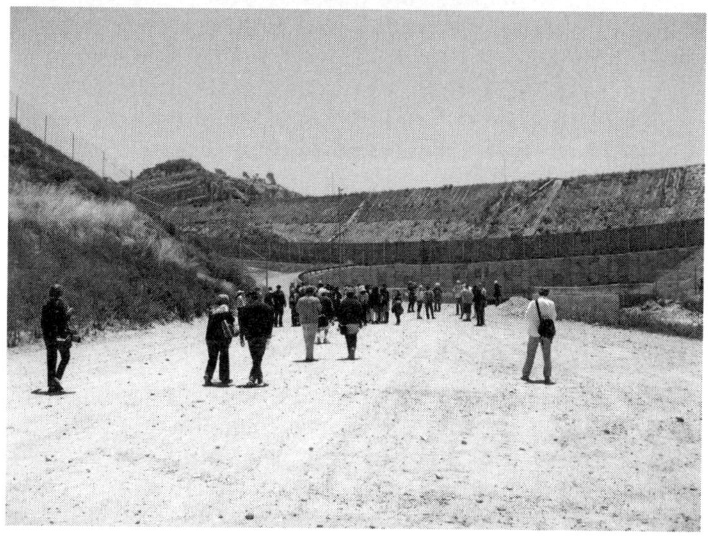

of global conflict between the 30 and 35 degrees north parallel. Along this imaginary border encircling the globe lie some of the world's most contested thresholds including: the United States-Mexico border at Tijuana-San Diego, the most intensified portal for immigration from Latin America to the United States; the Strait of Gibraltar, where waves of migration from North Africa flow into Europe; and the Israeli-Palestinian border that divides the Middle East.

But this global border, forming a necklace of some of the most contested checkpoints in the world, is ultimately not a "flat line" but an operative critical threshold that bends, fragments and stretches in order to reveal other sites of conflict worldwide where invisible trans-hemispheric sociopolitical, economic and environmental crises are manifested at regional and local scales. The Political Equator has been our point of entry into many of these radical localities, other marginal communities and neighborhoods distributed across the continents from which to imagine new forms of governance and urbanization, arguing that some of the most relevant projects forwarding socioeconomic inclusion and artistic experimentation will not emerge from sites of economic abundance but from sites of scarcity, in the midst of the conflicts between geopolitical borders, natural resources and marginal communities.

 Teddy Cruz/The Political Equator. Conversations on Coexistence…

en la frontera. Considerando la región fronteriza de Tijuana-San Diego como un punto de partida, el Ecuador político traza una línea imaginaria a lo largo de la frontera continental entre Estados Unidos y México y la extiende por todo el atlas mundial, dando forma a un corredor de conflicto global entre los 30 y 35 grados de latitud norte. A lo largo de esta frontera imaginaria que circunda el globo se ubican algunos de los enclaves más problemáticos, incluyendo la frontera entre Estados Unidos y México, el más intenso portal de movimientos migratorios desde Latinoamérica a Estados Unidos; el estrecho de Gibraltar, donde desembarcan las oleadas migratorias desde el norte de África a Europa; y la frontera entre Israel y Palestina, que separa el Medio Oriente.

Ahora bien, esta frontera global en forma de collar, con algunos de los controles fronterizos más cuestionados del mundo, no es una "línea plana",[1] sino un umbral operativo crítico que se retuerce, fragmenta y estira para sacar a la luz otros sitios conflictivos del mundo en donde se manifiestan crisis transhemisféricas invisibles a nivel sociopolítico, económico y ambiental, tanto a escala regional como local. El Ecuador político ha sido nuestro punto de entrada en muchas de estas localidades radicales, así como en otras comunidades y barrios marginales distribuidos en los distintos continentes. A partir de ahí hemos imaginado nuevas formas de gobernanza y urbanización, poniendo en cuestión la posibilidad de que algunos de los proyectos de inclusión socioeconómica y experimentación artística más importantes puedan surgir de los lugares de abundancia econó-

[1] *Flat-line:* línea plana de un monitor que muestra falta de actividad eléctrica. (N. del T.)

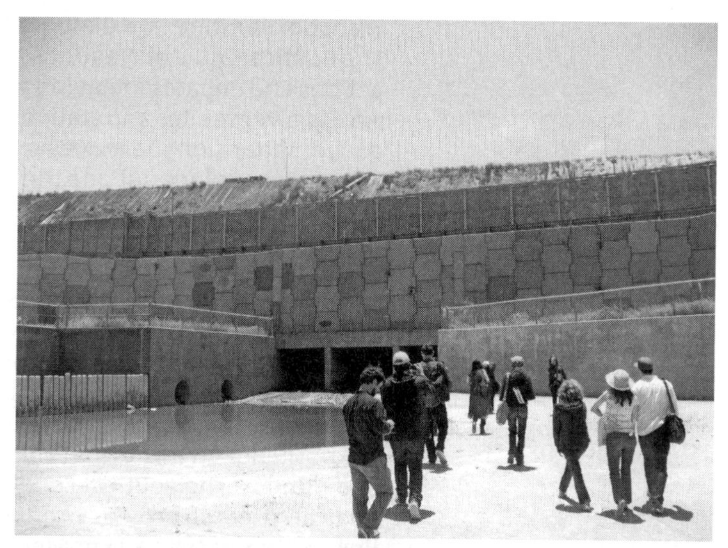

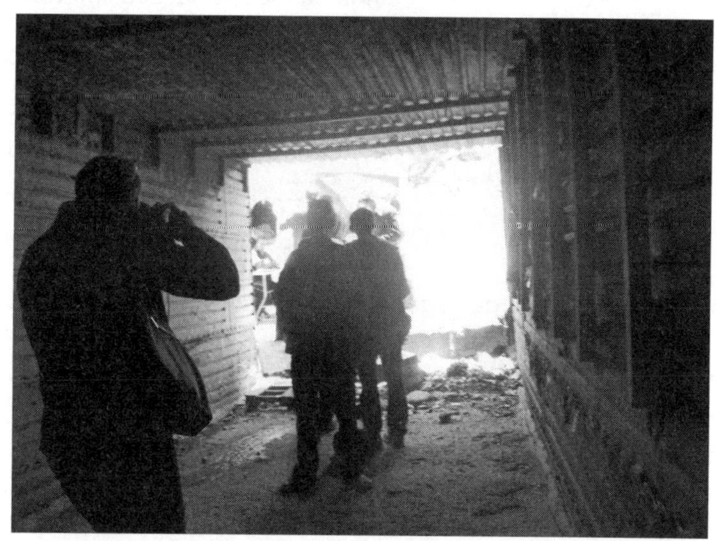

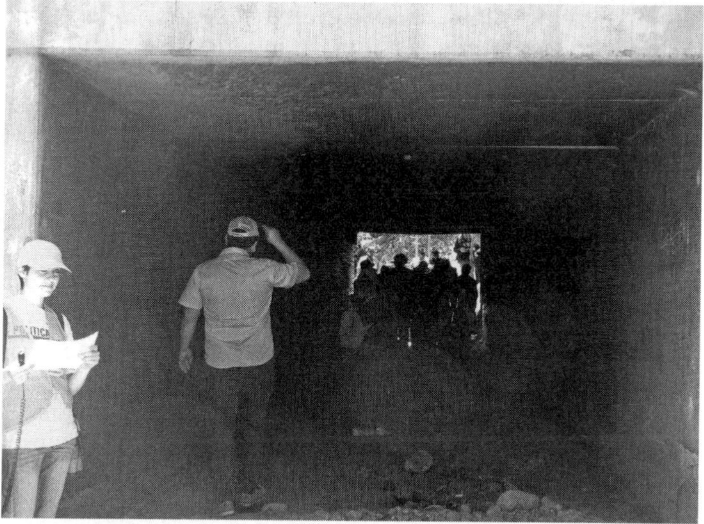

Transborder itinerant dialogues

The Political Equator Meetings have taken the form of nomadic urban actions and debates involving the public and communities, oscillating across diverse sites and stations between Tijuana and San Diego. These conversations on the move have proposed that the interdisciplinary debate takes place outside the institutions and inside the actual sites of conflict, enabling the audience to be both witness and participant. The meetings unfold around a series of public works, performances and walks traversing these conflicting territories and serve as evidenciary platforms to recontextualize debates and conversations among diverse publics.

Social Justice today cannot be only about the redistribution of resources, but must also engage the redistribution of knowledges. One of the most pressing problems today, in fact, pertains to a crisis of knowledge-transfer between institutions, fields of specialization and publics. The Political Equator takes the shape of an urban-pedagogical research project, producing corridors of knowledge exchange linking the specialized knowledge of institutions and the activist socio-economic and political intelligence embedded whitin communities. This implies the opening of the conference format as an experimental platform, researching new forms of knowledge, pedagogy and public participation, whose point of departure is the visualization of environmental and political conflict, bringing the audience to the sites.

 Teddy Cruz/The Political Equator. Conversations on Coexistence…

mica, en vez de de lugares con escasez, sumidos en conflictos relativos a fronteras geopolíticas, recursos naturales y comunidades marginales.

Diálogos itinerantes transfronterizos

Las reuniones del Ecuador político han tomado la forma de acciones y debates urbanos nómadas que han involucrado al público y a las comunidades, oscilando entre diversos sitios y estaciones entre Tijuana y San Diego. Estas conversaciones en movimiento han propuesto que el debate interdisciplinario tenga lugar fuera de las instituciones y dentro de los lugares reales de conflicto, permitiendo que la audiencia sea testigo y participante al mismo tiempo. Los encuentros se han desarrollado en torno a una serie de trabajos, performances y caminatas públicos a través de los territorios en conflicto y han servido como plataformas que aportan pruebas para recontextualizar los debates y conversaciones entre públicos diversos.

Hoy en día la justicia social no puede limitarse a la redistribución de recursos, sino que también debe comprometerse con la redistribución del conocimiento. De hecho, uno de los problemas más acuciantes de la actualidad está relacionado con una crisis en la transferencia de conocimientos entre instituciones, campos de especialización y los distintos públicos. El Ecuador político toma la forma de un proyecto de investigación urbano-pedagógica para producir canales de intercambio de conocimiento que vinculen el conocimiento especializado de las insti-

The Political Equator 3: Border-drain-crossing

The Political Equator 3 took place on June 3–4 of 2011. This time, the audience oscillated between two marginal neighborhoods on both sides of the San Diego-Tijuana border fence known as creative urban laboratories for re-imagining the border region. These communities, which flank the checkpoint and are adjacent to a United States protected estuary, now layered with home-land security militarization, were represented by their local community-based NGO's with whom I collaborate, Casa Familiar in San Ysidro, on the United States side, and Alter Terra in Laureles Canyon, in Mexico.

The most emblematic public action during the trajectory of PE3 was an unprecedented public border crossing through an existing drain, recently built by Homeland Security, enabling the audience to slip uninterrupted from San Diego into Tijuana—from the Tijuana River Estuary, an environmentally sensitive zone at the edge of the border wall on the United States side, into Los Laureles Canyon, a slum home to approximately 85,000 people that crashes against the fence on the Mexico side. This drain is a byproduct of the construction of a new highway of surveillance that runs parallel to the border wall, along a 150-feet-wide linear corridor that Homeland Security claimed as its own jurisdiction after 9-11. Along this corridor, Border Patrol has been systematically building a series of dirt-dams that truncate the many canyons that are part of the transborder watershed system.

tuciones con la inteligencia activista, en el plano socioeconómico y en el político, que se encuentra arraigada en las comunidades. Esto implica la apertura del formato de la conferencia hacia una plataforma experimental capaz de investigar nuevas formas de conocimiento, de pedagogía y de participación pública cuyo punto de partida es la visualización del conflicto ambiental y político, convocando a la audiencia a los lugares mismos.

El Ecuador político 3: cruce de fronteras a través de desagües

El Ecuador político 3 tuvo lugar los días 3 y 4 de junio de 2011. En esta ocasión, la audiencia oscilaba entre dos barriadas marginales situadas a ambos lados de la valla fronteriza entre San Diego y Tijuana que actúan como laboratorios urbanos creativos para el replanteamiento de la región fronteriza. Estas comunidades —que flanquean el punto de control y son adyacentes al estuario protegido actualmente según la militarización promovida por el Departamento de Seguridad— estaban representadas por sus ONG locales de base comunitaria con las que me correspondió colaborar: Casa Familiar, en San Ysidro, en el lado norteamericano, y Alter Terra, en Los Laureles Canyon, del lado mexicano.

La acción pública más emblemática durante la trayectoria de Ecuador político 3 fue el inédito cruce de la frontera por parte del público a través de un desagüe existente —obra reciente del Departamento de Seguridad Nacional—, lo que permitió que la audiencia se escurriese sin interrupciones desde San Diego a Tijuana por el estuario del río Tijuana, zona de protección ambien-

The public action was embedded inside this site of exception, as we sought to encroach into official institutional protocols and zones, requesting the designation of this specific generic drain beneath one of those dirt berms, as a temporary—but official—port of entry. This act of crossing resulted from a long process of discussions and negotiations with both Homeland Security and Mexican Immigration, that camouflaged this happening as an artistic performance while implicitly orchestrating the visualization of the collision between environmental zone, surveillance infrastructure and informal settlement.

As the audience moved southbound against the natural flow of wastewater coming from the slum, contaminating the estuary, it reached the Mexican Immigration officers who had set an improvisational tent on the south side of the drain inside Mexican territory, immediately adjacent to the flowing murky water. The strange juxtaposition of pollution seeping into the environmental zone, the stamping of passports inside this liminal zone and the passage from pristine estuary to slum under a culvert amplified the contradictions between natural security, environmentalism and the construction of citizenship.

As renewed investment in surveillance infrastructure along the United States-Mexico border has further marginalized the communities adjacent to the border fence, while compromising the transborder watershed systems that are essential to bio-regional sustainability, the contradiction is opened: the construction of imposed border walls

tal ubicada en un extremo del muro fronterizo, hasta alcanzar Los Laureles Canyon, una barriada que acoge a unas 85.000 personas abarrotadas contra la valla por el lado mexicano. Este desagüe es el resultado de la construcción de una nueva autopista de vigilancia que avanza en paralelo al muro de la frontera, a lo largo de un corredor lineal de cincuenta metros que el Departamento de Seguridad ha declarado bajo su propia jurisdicción tras el 11 de Septiembre. En toda la extensión de este corredor la policía de fronteras ha construido sistemáticamente una serie de represas de tierra que interrumpen los numerosos cañones que forman parte del sistema transfronterizo de la divisoria de las aguas.

La acción pública estaba inserta dentro de este espacio de excepción, donde intentamos traspasar las zonas y protocolos institucionales oficiales a través de la solicitud de convertir este desagüe emplazado bajo las represas de tierra en un puerto de entrada oficial, aunque temporal. Este acto de cruce fronterizo fue resultado de un largo proceso de discusión y negociación tanto con el Departamento de Seguridad como con Inmigración de México, logrando camuflar este *happening* como una performance artística que, al mismo tiempo, orquestaba la visualización del choque entre una zona de protección ambiental, de infraestructura de vigilancia y de asentamiento informal.

A medida que la audiencia se desplazó hacia el sur, en contra de la dirección natural de las aguas servidas provenientes de la barriada y que contaminan el estuario, alcanzó el puesto de los oficiales de inmigración mexicanos, que habían instalado una

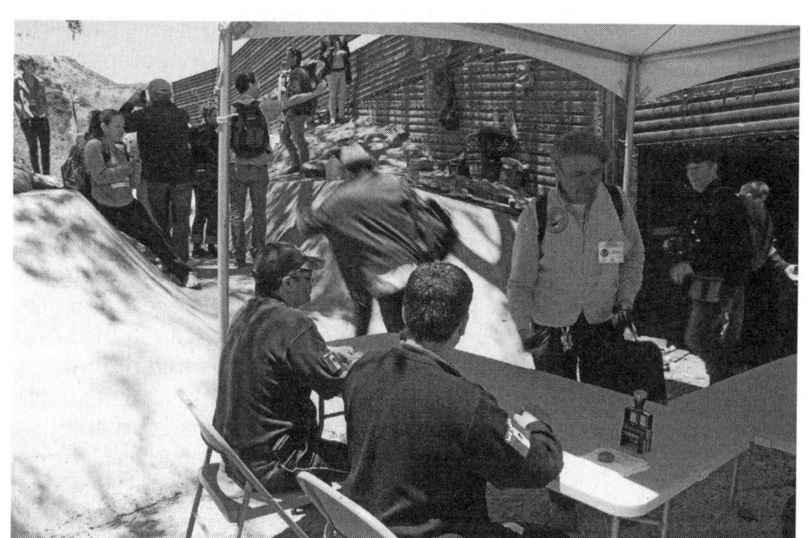

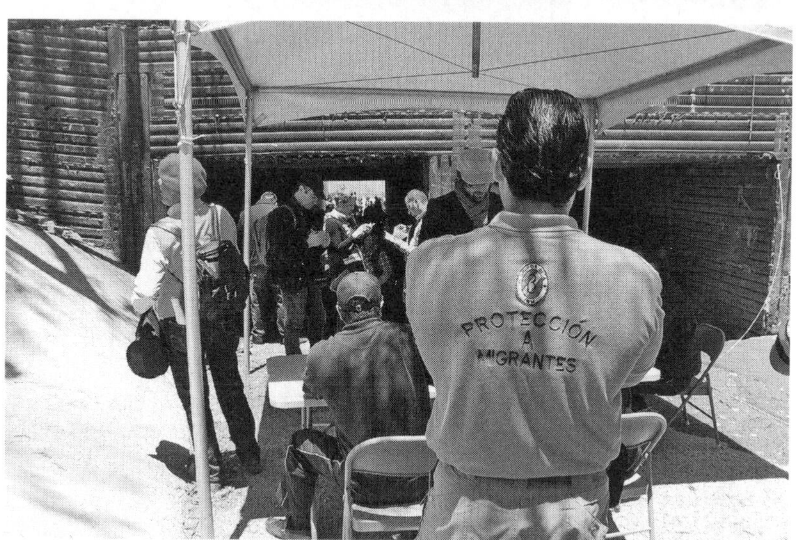

PROTECCIÓN
A
MIGRANTES

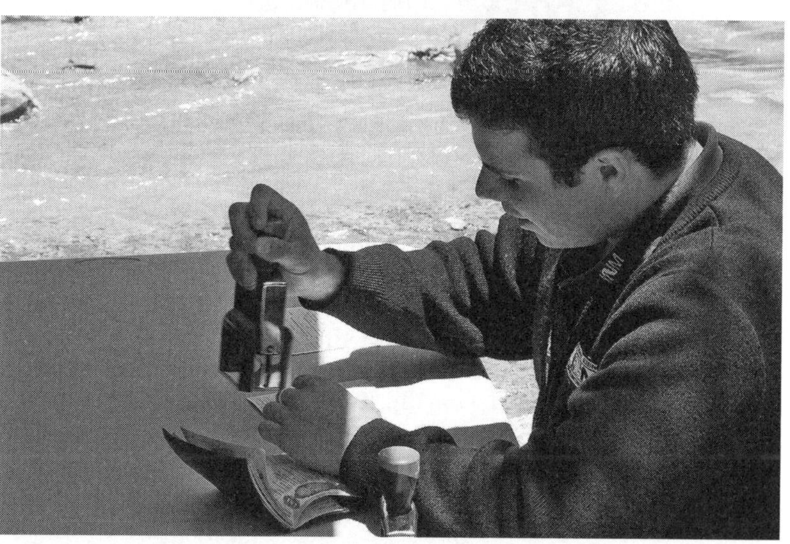

for the sake of security is only exacerbating insecurity, as these stupid logics of division only threaten to produce future environmental and socioeconomic degradation. By enabling the physical passage across this odd section of the binational territory, the Political Equator 3 not only exposed the dramatic collision between informal urbanization, militarization and environmental zones, but it also articulated the urgency for strategies of coexistence: *Can the Mexican informal settlement be the protector of the Tijuana River Estuary in the United States?*

The need to re-imagine the border through the logic of natural and social systems is the foremost challenge for the future of this binational region and of many other border regions across the globe. A community is always in dialogue with its immediate social and ecological environment; this is what defines its political nature. But when this relationship is disrupted and its productive capacity splintered by the very way in which jurisdictional power is instituted, it is necessary to find a means of recuperating its agency.

 Teddy Cruz/The Political Equator. Conversations on Coexistence...

tienda improvisada en el lado sur del desagüe en territorio azteca, inmediatamente adyacente a las aguas turbias. La extraña yuxtaposición de la polución que flotaba en el aire en la zona de protección ambiental, el sellado de pasaportes dentro de esta zona liminal y el paso de un estuario prístino a una barriada instalada junto a un alcantarillado sirvió para magnificar las contradicciones entre la seguridad natural, el ambientalismo y la construcción de la ciudadanía.

A medida que la inversión renovada en infraestructura de vigilancia a lo largo de la frontera entre Estados Unidos y México ha incrementado la marginación de las comunidades adyacentes a la valla fronteriza, comprometiendo el sistema de alcantarillado transfronterizo que resulta esencial para la sustentabilidad biorregional, la contradicción se mantiene abierta: la construcción de un muro fronterizo impuesto en favor de la seguridad no hace más que exacerbar la inseguridad, en la medida en que una lógica estúpida centrada en la división sólo consigue amenazar con una futura degradación ambiental y socioeconómica. Al permitir el paso físico a través de este inesperado conducto en territorio binacional, Ecuador político 3 no sólo pone en evidencia la dramática colisión entre la urbanización informal, la militarización y las zonas de protección ambiental, sino que también articula la urgencia de estrategias de coexistencia: ¿puede el asentamiento informal mexicano actuar como protector del estuario del río Tijuana en Estados Unidos?

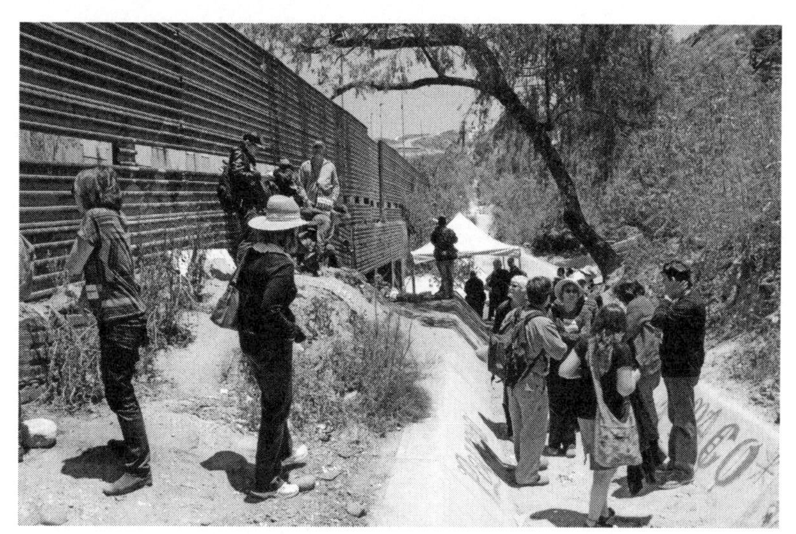

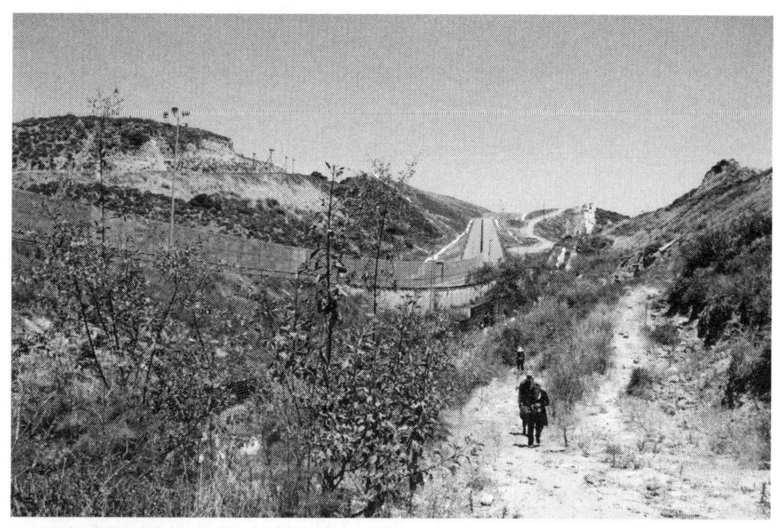

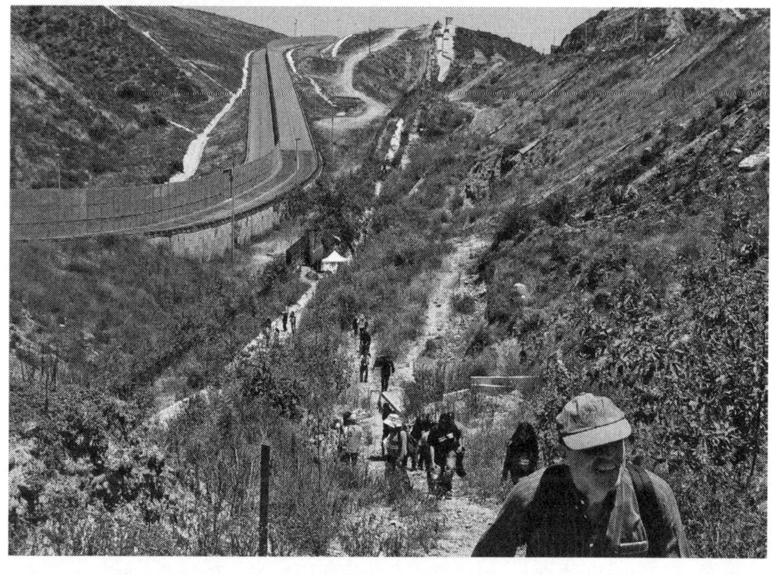

La necesidad de volver a imaginar la frontera bajo la lógica de los sistemas naturales y sociales es el desafío más acuciante para esta región binacional, así como en otras regiones fronterizas en todo el planeta. Una comunidad siempre está en diálogo con su ambiente social y ecológico inmediato: es lo que define su naturaleza política. Sin embargo, cuando esta relación se ve interrumpida y su capacidad productiva fragmentada por el modo mismo en el que es instituido el poder jurisdiccional, resulta necesario encontrar los medios para recuperar esta agencia.

p. 26
note/nota 9
http://salonkritik.net/09-10/2010/04/
nuevas_complejidades_en_las_ec.php

p. 28
note/nota 11
http://www.tate.org.uk/node/
237089/default.shtm

p. 28
note/nota 12
http://www.tate.org.uk/context-comment/
video/tateshots-doris-salcedo

p. 30
note/nota 14
http://www.um.es/tonosdigital/znum13/
secciones/estudios_Z_paulCelan.htm

p. 40
note/nota 26
http://www.nobelmuseum.se/sites/nobelmuseet.se/
files/page_file/An%20attempt%20at%20writing%20a%20%27
Compositionist%20Manifesto%27_0.pdf

pp. 42, 41
note/nota 27
http://actuable.es/peticiones/evitemos-el-meteorito-
el-chaco-sea-trasladado-alemania

pp. 42, 41
note/nota 28
www.fcaglp.unlp.edu.ar/~sixto/arqueo/w-6-ing.htm
http://d13.documenta.de/panorama/#/research/
research/view/el-chaco

pp. 102, 101
note/nota 8
http://www.amnesty.org/en/news-and-updates/report/
widespread-abuse-migrants-mexico-human-rights-crisis-2010-04-27

p. 102
note/nota 9
http://www.amnesty.org/en/library/asset/AMR41/014/
2010/en/8459f0ac-03ce-4302-8bd2-3305bdae9cde/
amr410142010eng.pdf

367   Links/Enlaces

pp. 103, 102
note/nota 10
http://www.terra.com.mx/articulo.aspx?
articuloId=1254730

p. 103
note/nota 11
http://www.informador.com.mx/jalisco/2012/406907/6/
graves-dos-centroamericanos-tras-caer-de-la-bestia.htm

pp. 104, 103
note/nota 12
http://www.proceso.com.mx/?p=317727

pp. 105, 104
note/nota 14
http://es.wikipedia.org/wiki/
Puente_Matute_Remus

pp. 108, 107
note/nota 16
http://www.redalyc.org/pdf/540/54012307.pdf

pp. 109, 108
note/nota 18
http://datos.bancomundial.org/indicador/
SM.POP.NETM

pp. 184, 185
note/nota 4
http://www.leaderu.com/aip/docs/scott.html
http://thenjournal.org/feature/116/

p. 187
http://scimaps.org/maps/map/a_chart_
illustrating_124/detail/

p. 189
http://informationesthetics.org/documents/
scienceMapPrintMockupEd2.jpg

pp. 192, 193
note/nota 9
http://senseable.mit.edu/copenhagenwheel/

p. 193
note/nota 10
http://senseable.mit.edu/trashtrack/

p. 300
note/nota 10
http://www.nettime.org/Lists-Archives/
nettime-l-1209/msg00027.html

pp. 328, 327
note 26/nota 27
http://www.altierospinelli.org/manifesto/
it/manifestoit_it.html

pp. 336, 335
note 38/nota 39
http://fortresseurope.blogspot.fr/

Marc Augé

Born in 1935 in Poitiers, France, Marc Augé
is a renowned and prolific cultural
theorist, ethnologist and anthropologist.
He has directed the École des hautes
études en sciences sociales (EHESS) in Paris
(1985–1995) and has also been research
director at the Centre national de la
recherche scientifique (CNRS). He is the
author of many books and essays, and is
well known for his theory of "supermodernity," which for him denotes an intensifica-
tion of certain elements of modernity in
the direction of both excess and homog-
enization. One of the distinguishing
characteristics of supermodernity is the
creation of an endless series of "non-
places," a phrase he coined in *Non-places:
An Introduction to the Anthropology of
Supermodernity* (1995) to refer to spaces
that have no discernable histories or
identities: they are merely interchange-
able and often temporary transit points
for travel, consumption and communica-
tive exchange (like a motorway, a hotel
room, an airport or a supermarket). Some
of his recent books are *A Sense for the
Other: The Timeliness and Relevance of
Anthropology*; *An Anthropology for
Contemporaneous Worlds*; *The War of
Dreams: Exercises in Ethno-fiction*; *In the
Metro*, and *Oblivion*.

Marc Augé

Nacido en 1935 en Poitiers, Francia, es un
renombrado y prolífico etnólogo,
antropólogo y teórico de la cultura. Fue
director de la École des hautes études
en sciences sociales (EHESS) de París
(1985-1995) y director de investigaciones
del Centre national de la recherche
scientifique (CNRS). Escribió numerosos
libros y ensayos, y es especialmente
conocido por su teoría de la «sobremodernidad», que, para él, denota una
intensificación de ciertos elementos
de la modernidad orientados al exceso
y la homogeneización. Una de las
características que distinguen a la
sobremodernidad es la creación de
interminables series de «no lugares»,
expresión que Augé acuñó en *Los no
lugares. Espacios del anonimato. Una
antropología de la sobremodernidad*
(1995), y que alude a espacios que
carecen de una historia o una identidad
discernibles; meros sitios de tránsito,
intercambiables y a menudo tempora-
rios, para los viajes, el consumo o la
comunicación (como las autopistas, los
cuartos de hotel, los aeropuertos o los
supermercados). Algunas de sus obras
recientes son *El sentido de los otros.
Actualidad de la antropología*; *Hacia una
antropología de los mundos contemporáneos*; *La guerra de los sueños:
ejercicios de etno-ficción*; *El viajero
subterráneo: un etnólogo en el metro*
y *Las formas del olvido*.

André Baldinger and Toan Vu-Huu
André Baldinger and Toan Vu-Huu started
their collaboration in 2008. Their first
common project for the new visual identity
of the École Estienne/Paris, an institute of
art and design, gained immediate
recognition. Their work for cultural
institutions, including editorial design,
artist's books, poster work, type design,
visual identities and signage systems, is
internationally published and exhibited on
a regular basis, and has been awarded on
a number of occasions: Type Directors Club
Exhibition - TDC (Tokyo and New York);
International Poster Triennial (Toyama);
International Biennial of Graphic Design
(Brno); Poster Triennial (Trnava), among
others. Recently, they received the Swiss
Federal Design Award in the competition
The Most Beautiful Swiss Books, for *L'Atlas
Mnémosyne,* by Aby Warburg and Roland
Recht, and were nominated for the German
Design Award. They both teach at the École
nationale supérieure des arts décoratifs
in Paris. André Baldinger teaches type
design at the Atelier National de Recherche
Typographique (ANRT) in Nancy and at
the Zurich University of the Arts. Baldinger
is the author of the graphic design for
the books *Toit du Monde* and *Of Bridges &
Borders I,* both edited by Sigismond
de Vajay.

Christian Boltanski
He was born in Paris in 1944. A largely
self-taught artist, he began making art at
the age of fourteen. The son of a Christian
mother and a Jewish father, his private
experience of memory and his work bear
traces of the Holocaust; on the basis of
autobiography and the sum of small
individual stories, his art addresses issues
of identity and the unique tension between
life and death. A concern with memory
and archive run through his productio and
his life. His work initially took place
in the French cultural scene, then the
broader European and the North American
cultural scenes to finally, in recent years,
cross other borders. Major recent projects
include the presentation of *Monumenta*
(2010) at the Grand Palais in Paris
and the French Pavilion at the 2011 Venice
Biennale, and, in 2012, the project
Boltanski, Buenos Aires, produced by
MUNTREF-UNTREF. That project consisted
of a system of shows and site-specific
interventions in four locations around the
city of Buenos Aires and its outskirts:
The Heart Archives (Tecnópolis), *Works*
(MUNTREF), *Flying Books – Homage to Jorge
Luis Borges* (former Biblioteca Nacional)
and *Migrants* (Hotel de Inmigrantes).

369 Biografías

André Baldinger y Toan Vu-Huu
André Baldinger y Toan Vu-Huu iniciaron
su trabajo en colaboración en 2008.
Su primer proyecto en común, que
consistió en la creación de una nueva
identidad visual para la École Estienne,
un instituto de arte y diseño con sede
en París, obtuvo un reconocimiento
inmediato. Su trabajo para instituciones
culturales, incluyendo proyectos de
diseño editorial, libros de artista,
pósteres, diseño tipográfico, identidades
visuales y sistemas de señalización,
ha sido publicado y exhibido internacionalmente y de manera regular, y
reconocido con numerosos premios: Type
Directors Club Exhibition – TDC (Tokio
y Nueva York), Trienal Internacional del
Póster (Toyama), Bienal Internacional del
Diseño Gráfico (Brno), Trienal del Póster
(Trnava), entre otros. Recientemente,
recibieron el Swiss Federal Design Award
en la competencia The Most Beautiful
Swiss Books, por *L'Atlas Mnémosyne,* de
Aby Warburg y Roland Recht, y fueron
nominados para el German Design Award.
Ambos son profesores en la École
nationale supérieure des arts décoratifs
de París. André Baldinger enseña
diseño tipográfico en el Atelier National
de Recherche Typographique (ANRT) de
Nancy y en la Zurich University of the Arts.
Baldinger es el autor del diseño gráfico
para los libros *Toit du Monde* y
Of Bridges & Borders I, ambos editados
por Sigismond de Vajay.

Christian Boltanski
Nació en París en 1944. Es, fundamentalmente, un autodidacta. Comenzó su
labor artística a los 14 años. Hijo de
madre cristiana y padre judío, la huella
del Holocausto forma parte de su
memoria y de su obra, centrada en
temas ligados a la identidad y a la
singular tensión entre vida y muerte,
tanto a partir de lo autobiográfico como
de la suma de pequeñas historias
individuales. Memoria y archivo son dos
de las coordenadas que atraviesan su
producción. Con esta consigna de vida y
de trabajo ha expuesto e intervenido en
la escena cultural francesa, primero,
y europea y norteamericana, luego, para
avanzar sobre otras fronteras en los
últimos años. Entre sus principales
intervenciones más recientes figuran las
presentaciones en *Monumenta,* en
el Grand Palais de París (2010), y en el
pabellón francés en la Bienal de Venecia
de 2011. En 2012 se exhibió, con la
producción del MUNTREF-UNTREF, el
proyecto *Boltanski, Buenos Aires,* un
sistema de muestras e intervenciones
site-specific, en cuatro sitios de la
ciudad y el conurbano bonaerense:
Los archivos del corazón (Tecnópolis),
Obras (MUNTREF), *Flying Books -
Homenaje a Borges* (ex Biblioteca
Nacional) y *Migrantes* (Hotel de
Inmigrantes).

Flavia Costa
Flavia Costa was born in Morón, Buenos
Aires province, Argentina. She is a
researcher at the Consejo Nacional de
Investigaciones Científicas y Técnicas
(CONICET) and a professor at the Universidad de Buenos Aires (UBA) School of Social
Sciences and at the Instituto de Altos
Estudios Sociales (IDAES) of the Universidad Nacional de San Martín (UNSAM),
Argentina. She has translated Giorgio
Agamben, Massimo Cacciari, Paolo Virno,
among others. She was an editor at the
literary supplement to *Clarín* newspaper
as well as its magazine Ñ. She is on the
editorial staff of the magazine *Artefacto*.
Pensamientos sobre la técnica and
a member of the Ludion collective (www.
ludion.com.ar). Her areas of research
include the relationship between art,
technology and society, as well as
the issue of biopolitics. In 2008, Adriana
Hidalgo Press published *Las anfibias*,
her first book of fiction.

Teddy Cruz
Teddy Cruz was born in Guatemala City.
He obtained a Master in Design Studies at
Harvard University in 1997. He has been
recognized internationally for his urban
research of the Tijuana-San Diego border,
advancing border immigrant neighborhoods as sites of cultural production, from
which to rethink urban policy, affordable
housing and civic infrastructure. In 1991
he received the prestigious Rome Prize
in Architecture and in 2005 he was the first
recipient of the James Stirling Memorial
Lecture on the City Prize, by the Canadian
Center of Architecture and the London
School of Economics. In 2008 he was
selected to represent the United States in
the Venice Architecture Biennale and in
2011 he was a recipient of the Ford
Foundation Visionaries Award. Teddy Cruz
is currently a professor in Public
Culture and Urbanism in the Visual Arts
Department at the University of California,
San Diego, where he founded the Center
for Urban Ecologies.

370 Biographies

Flavia Costa
Nació en Morón, provincia de Buenos
Aires, Argentina. Es investigadora
del Consejo Nacional de Investigaciones
Científicas y Técnicas (CONICET) y docente
en la Facultad de Ciencias Sociales
de la Universidad de Buenos Aires (UBA)
y en el Instituto de Altos Estudios
Sociales (IDAES) de la Universidad
Nacional de San Martín (UNSAM),
Argentina. Ha traducido, entre otros,
a Giorgio Agamben, Massimo Cacciari
y Paolo Virno. Ha sido redactora del
suplemento literario del diario *Clarín*
y editora de la revista Ñ, y es miembro
del grupo editor de la revista *Artefacto*.
Pensamientos sobre la técnica y del
colectivo Ludion (www.ludion.com.ar).
Sus áreas de investigación incluyen
las relaciones entre arte, tecnología
y sociedad, así como la cuestión
biopolítica. En 2008 la editorial Adriana
Hidalgo publicó su primer libro de
ficción, *Las anfibias*.

Teddy Cruz
Nació en la ciudad de Guatemala. En 1997
obtuvo su maestría en Estudios de Diseño
en la Harvard University. Reconocidas
internacionalmente, sus investigaciones
urbanísticas realizadas en el límite entre
Tijuana y San Diego presentan los
vecindarios fronterizos de inmigrantes
como sitios de producción cultural a
partir de los cuales repensar la política
urbana, la vivienda económica y la
infraestructura cívica. En 1991 recibió
el prestigioso premio Roma de Arquitectura, y en 2005 fue el primer galardonado
con el premio James Stirling Memorial
Lecture on the City por el Canadian
Center of Architecture y la London School
of Economics. En 2008 resultó elegido
para representar a los Estados Unidos
en la Bienal de Arquitectura de Venecia,
y en 2011 fue distinguido con el Ford
Foundation Visionaries Award. Actualmente, Teddy Cruz es profesor de Cultura
Pública y Urbanismo en el Departamento
de Artes Visuales de la University of
California, San Diego, donde ha fundado
el Centro para la Ecología Urbana.

Pedro Donoso

Pedro Donoso was born in Santiago, Chile, in 1970. He studied philosophy at the Pontificia Universidad Católica de Chile (PUC), and received a Master of Arts in Cultural Studies (Goldsmith College, London) and a Master of Philosophy in Comparative Literature (University of Cambridge). Since 2000, he has been a contributing critic to *El Mercurio* newspaper's magazine *Artes y Letras* and other cultural publications from Chile, Spain, Mexico, the United States, and the United Kingdom. As a translator, he works with an array of cultural institutions including La Casa Encendida (Madrid), the Museo Picasso (Barcelona), and the NAEMI Foundation (Miami). He is a professor at Finis Terrae and Alberto Hurtado universities in Santiago. In 2013, he collaborated on the international exhibition of contemporary art *Of Bridges & Borders* held in Valparaíso, Chile, and on *Proyecciones: Reflexiones, diálogos y prácticas en torno a Gordon Matta-Clark* (Museo Nacional de Bellas Artes, Santiago, Chile). He lives and works in Valparaíso and Santiago.

Marcos Giralt Torrente

Marcos Giralt Torrente was born in Madrid, Spain, in 1968. One of the most highly regarded writers in contemporary Spanish letters, his novels and collections of stories have won a number of awards, including the Herralde de Novela (for *París*), the Ribera del Duero de Narrativa Breve (for *El final del amor*), and the Nacional de Narrativa (for *Tiempo de vida*). His work has been translated into English, French, German, Portuguese, Italian, Greek, and Korean. He has been a writer-in-residence at the German Academic Exchange Service (DAAD), the Santa Maddalena Foundation, and the Academia de España in Rome.

371 Biografías

Pedro Donoso

Nació en Santiago de Chile en 1970. Cursó estudios de Filosofía en la Pontificia Universidad Católica de Chile (PUC), es Master of Arts en Estudios Culturales (Goldsmith College, Londres) y Master of Philosophy en Literatura Comparada (University of Cambridge). Desde 2000 trabaja como colaborador y crítico en la revista *Artes y Letras* del diario *El Mercurio* y en otras publicaciones culturales especializadas de Chile, España, México, Estados Unidos y el Reino Unido. Asimismo, desarrolla su trabajo en el área de la traducción en colaboración con instituciones culturales como La Casa Encendida (Madrid), el Museo Picasso (Barcelona) y la Fundación NAEMI (Miami). Actualmente se desempeña como docente en las universidades Finis Terrae y Alberto Hurtado (Santiago). Sus labores más recientes en el ámbito expositivo incluyen la muestra internacional de arte contemporáneo *Of Bridges & Borders* en Valparaíso, y *Proyecciones: Reflexiones, diálogos y prácticas en torno a Gordon Matta-Clark* (Museo Nacional de Bellas Artes, Santiago), ambas en 2013. Vive y trabaja en Valparaíso y Santiago.

Marcos Giralt Torrente

Nacido en Madrid, España, en 1968, es uno de los escritores más valorados de la literatura española actual. Autor de varias novelas y colecciones de cuentos, ha recibido galardones como el Herralde de Novela por *París*, el Ribera del Duero de Narrativa Breve por *El final del amor* y el Nacional de Narrativa por *Tiempo de vida*. Traducido al inglés, francés, alemán, portugués, italiano, griego y coreano, ha sido escritor en residencia de instituciones como el Servicio Alemán de Intercambio Académico (DAAD), la Santa Maddalena Foundation y la Academia de España en Roma.

Alejandro Grimson

Born in Buenos Aires, Argentina, Alejandro Grimson works in the field of cultural studies, combining research in social anthropology with reflection on Latin America. He has a doctorate in anthropology from the Universidade de Brasília and he studied communications at the Universidad de Buenos Aires. His work has revolved around questions of border zones, migratory processes, social movements, cultural politics, identity, and interculturality. His first book, *Relatos de la diferencia y la igualdad,* was awarded the FELALACS Prize for best thesis in the field of communications in Latin America. After publishing *La nación en sus límites* and *Interculturalidad y comunicación,* as well as compilations such as *La cultura y las crisis latinoamericanas,* he was awarded the Bernardo Houssay Prize given by the Argentine government. *Los límites de la cultura. Crítica de las teorías de la identidad* was awarded the Ibero-American Prize of the Latin American Studies Association. He has given lectures and seminars at numerous universities in Argentina and abroad. He is currently a research professor at the Instituto de Altos Estudios Sociales (IDAES) of the Universidad Nacional de San Martín (UNSAM), Argentina.

Juan Herreros

Juan Herreros was born in San Lorenzo de El Escorial, Spain. He is chairman and director of the Aula Fin de Carrera at the Escuela de Arquitectura, Madrid, and a full professor at Columbia University, New York. He has also taught at the École polytechnique fédérale de Lausanne (EPFL), the Architectural Association, London, the *Illinois Institute of Technology* (IIT), Chicago, and the Princeton University School of Architecture (SOA). In 1984, he and Iñaki Ábalos founded Abalos&Herreros. Together, they have written books such as *Le Corbusier: Rascacielos; Áreas de impunidad; Reciclando Madrid; Tower and Office,* and *Grand Tour.* Since 2005, his work has ensued in the context of Herreros Arquitectos (www.herrerosarquitectos.com), a collaborative structure that encompasses his professional projects, his teaching, and his research in publications like *Caducidad, educación y energía; Isla-ciudad; Palacios de la diversión,* and *Vivienda y espacio doméstico del siglo XXI.* He has received the International Fellowship Award of the Royal Institute of British Architects and the AD Architecture Prize; he was nominated for the medal given by the American Academy of Arts and Letters. His work as an architect has been awarded, exhibited, and published on a number of occasions. Herreros Arquitectos is currently working on projects in Spain, Norway, Morocco, Colombia, Panama, and Mexico.

372 Biographies

Alejandro Grimson

Nació en Buenos Aires, Argentina. Se dedica a los estudios culturales, combinando la investigación en antropología social con la reflexión sobre América Latina. Es doctor en Antropología por la Universidade de Brasília. Realizó estudios de comunicación en la Universidad de Buenos Aires, y desde entonces ha investigado zonas de frontera, procesos migratorios, movimientos sociales, culturas políticas, identidades e interculturalidad. Su primer libro, *Relatos de la diferencia y la igualdad,* ganó el premio FELALACS a la mejor tesis en comunicación de América Latina. Después de publicar *La nación en sus límites, Interculturalidad y comunicación* y compilaciones como *La cultura y las crisis latinoamericanas,* obtuvo el premio Bernardo Houssay, otorgado por el Estado argentino. *Los límites de la cultura. Crítica de las teorías de la identidad* mereció el Premio Iberoamericano de la Latin American Studies Association. Ha dictado conferencias y cursos en numerosas universidades del país y del extranjero. Actualmente es investigador profesor en el Instituto de Altos Estudios Sociales (IDAES) de la Universidad Nacional de San Martín (UNSAM), Argentina.

Juan Herreros

Nació en San Lorenzo de El Escorial, España. Es catedrático y director del Aula Fin de Carrera de la Escuela de Arquitectura de Madrid y profesor permanente de la Columbia University, Nueva York. Ha enseñado, además, en la École polytechnique fédérale de Lausanne (EPFL), la Architectural Association, Londres; el *Illinois Institute of Technology* (IIT), Chicago, y la Princeton University School of Architecture (SOA). En 1984 fundó con Iñaki Ábalos el estudio Abalos&Herreros. Juntos firmaron libros como *Le Corbusier: Rascacielos; Áreas de impunidad; Reciclando Madrid; Tower and Office* y *Grand Tour.* Desde 2005 opera como Herreros Arquitectos (www.herrerosarquitectos.com), una estructura colaborativa que reúne sus actividades profesionales, docentes y de investigación recogidas en títulos como *Caducidad, educación y energía, Isla-ciudad, Palacios de la diversión* y *Vivienda y espacio doméstico del siglo XXI.* Ha sido distinguido con el International Fellowship Award del Royal Institute of British Architects, el premio AD de Arquitectura y la nominación para la medalla de la American Academy of Arts and Letters. Su obra construida ha sido repetidamente premiada, expuesta y publicada. Herreros Arquitectos desarrolla en la actualidad proyectos en España, Noruega, Marruecos, Colombia, Panamá y México.

Vanina Hofman

Vanina Hofman was born in Buenos Aires, Argentina, in 1978. She is a researcher at the Information and Knowledge Society Program at the Internet Interdisciplinary Institute (IN3) in Barcelona, where she is working on her doctorate on the construction of memory in the media arts. She is the cofounder and director of *Taxonomedia*, a project geared to studying the conservation, documentation and archiving of art based on electronic and digital media and the challenges it presents. She has organized numerous meetings and workshops on these issues, including "Preservar el arte electrónico: ¿qué preservar y cómo preservarlo?" (Buenos Aires, 2008), "Conservar, documentar, archivar" (Buenos Aires, 2010), "Prácticas alternativas de documentación, archivo y acceso a proyectos artísticos basados en tecnologías inestables" (Gijón, 2011). Her work has been presented at international conferences including *Rewire* (Liverpool, 2010), *Innovaciones artísticas y nuevos medios: conservación, redes y tecnociencia* (Barcelona, 2012), and *Sociología de lo ordinario* (Madrid, 2013).

Jenny Holzer

For more than thirty years, Jenny Holzer (Gallipolis, Ohio, United States, 1950) has presented her astringent ideas, arguments, and sorrows in public places and international exhibitions, including the 7 World Trade Center, the Reichstag, the Venice Biennale, the Guggenheim Museums in New York and Bilbao, and the Whitney Museum of American Art. Her medium, whether formulated as a T-shirt, as a plaque, or as an LED sign, is writing, and the public dimension is integral to the delivery of her work. Starting in the 1970s with the New York City posters, and up to her recent light projections on landscape and architecture, her practice has rivaled ignorance and violence with humor, kindness, and moral courage. Holzer received the Leone d'Oro at the Venice Biennale in 1990 and the Crystal Award from the World Economic Forum in 1996. She holds honorary degrees from the Ohio University, the Williams College, the Rhode Island School of Design, The New School, and the Smith College. She received the Barnard Medal of Distinction in 2011. Holzer lives and works in New York.

373 Biografías

Vanina Hofman

Nacida en Buenos Aires, Argentina, en 1978, es investigadora del Programa sobre la Sociedad de la Información y el Conocimiento del Internet Interdisciplinary Institute (IN3) de Barcelona, en donde realiza su doctorado sobre los procesos de construcción de la memoria de las *media arts*. Es cofundadora y actual directora de proyecto *Taxonomedia*, dedicado a estudiar el desafío que suponen la conservación, documentación y archivo de las artes basadas en medios electrónicos y digitales. Ha organizado numerosos encuentros y talleres alrededor de estas temáticas, tales como «Preservar el arte electrónico: ¿qué preservar y cómo preservarlo?» (Buenos Aires, 2008), «Conservar, documentar, archivar» (Buenos Aires, 2010), «Prácticas alternativas de documentación, archivo y acceso a proyectos artísticos basados en tecnologías inestables» (Gijón, 2011). Ha presentado su trabajo en congresos internacionales, entre los que cabe mencionar *Rewire* (Liverpool, 2010), *Innovaciones artísticas y nuevos medios: conservación, redes y tecnociencia* (Barcelona, 2012) y *Sociología de lo ordinario* (Madrid, 2013).

Jenny Holzer

Por más de treinta años, Jenny Holzer (Gallipolis, Ohio, Estados Unidos, 1950) ha presentado sus ideas y argumentos punzantes y sus pesares en espacios públicos y exposiciones internacionales, incluyendo el 7 World Trade Center, el Reichstag, la Bienal de Venecia, los museos Guggenheim de Nueva York y de Bilbao y el Whitney Museum of American Art. Su medio de expresión, ya sea que se manifieste como una camiseta, una placa o una señal de LED, es la escritura, y la dimensión pública es esencial a la forma que asume su trabajo. Desde la década de 1970, con los pósteres de Nueva York, hasta sus recientes proyecciones de luces sobre paisajes y arquitecturas, su práctica se ha opuesto a la ignorancia y a la violencia a través del humor, la amabilidad y la valentía moral. Holzer recibió el Leone d'Oro en la Bienal de Venecia de 1990 y el Crystal Award, discernido por el Foro Económico Mundial, en 1996. Es doctora honoris causa por la Ohio University, el Williams College, la Rhode Island School of Design, la New School y el Smith College. En 2011 recibió la Barnard Medal of Distinction. Holzer vive y trabaja en Nueva York.

Ricardo Menéndez Salmón
Born in Gijón, Spain in 1971, Ricardo Menéndez Salmón studied philosophy. In addition to a unique book of traveling writings entitled *Asturias para Vera* (Imagine, 2010), he has published two volumes of short stories, *Los caballos azules* (Trea, 2005) and *Gritar* (Lengua de Trapo, 2007). The bulk of his production, though, consists of novels, thus far: *La filosofía en invierno* (KRK, 1999), *Panóptico* (KRK, 2001), *Los arrebatados* (Trea, 2003), *La noche feroz* (KRK, 2006; Seix Barral, 2011), *La ofensa* (Seix Barral, 2007), *Derrumbe* (Seix Barral, 2008), *El corrector* (Seix Barral, 2009), *La luz es más antigua que el amor* (Seix Barral, 2010), and *Medusa* (Seix Barral, 2012). His work has been translated into German, French, Dutch, Italian, Portuguese and Turkish.

Sandro Mezzadra
Sandro Mezzadra was born in Savona, Italy. He teaches political theory at the Università di Bologna and is adjunct fellow at the Institute for Culture and Society of the University of Western Sydney. He has been visiting professor and research fellow in several places, including the Humboldt Universität (Berlin), Duke University, Fondation Maison des sciences de l'homme (Paris), Univerza v Ljubljani (Slovenia), FLACSO Ecuador, and Universidad Nacional de San Martín (UNSAM, Buenos Aires province). In the last decade his work has particularly centered on the relations between globalization, migration and citizenship as well as on postcolonial theory and criticism. He is an active participant in the "post-workerist" debate and one of the founders of the UniNomade network (http://uninomade.org/). Among his works are *Diritto di fuga. Migrazioni, cittadinanza, globalizzazione* (Ombre Corte, 2006) and *La condizione postcoloniale* (Ombre Corte, 2008). With Brett Neilson, he is the author of *Border as Method, or, the Multiplication of Labor* (Duke University Press, 2013).

Ricardo Menéndez Salmón
Nacido en Gijón, España, en 1971, Ricardo Menéndez Salmón estudió Filosofía. Autor de un singular libro de viajes, *Asturias para Vera* (Imagine, 2010), ha publicado los volúmenes de relatos *Los caballos azules* (Trea, 2005) y *Gritar* (Lengua de Trapo, 2007). El grueso de su obra lo constituyen sus novelas, nueve hasta la fecha: *La filosofía en invierno* (KRK, 1999), *Panóptico* (KRK, 2001), *Los arrebatados* (Trea, 2003), *La noche feroz* (KRK, 2006; Seix Barral, 2011), *La ofensa* (Seix Barral, 2007), *Derrumbe* (Seix Barral, 2008), *El corrector* (Seix Barral, 2009), *La luz es más antigua que el amor* (Seix Barral, 2010) y *Medusa* (Seix Barral, 2012). Su obra ha sido traducida al alemán, el francés, el neerlandés, el italiano, el portugués y el turco.

Sandro Mezzadra
Nació en Savona, Italia. Enseña teoría política en la Università di Bologna y es miembro adjunto del Instituto para la Cultura y la Sociedad de la University of Western Sydney. Ha sido profesor visitante y becario de investigación en diversos lugares, incluyendo la Humboldt Universität (Berlín), la Duke University, la fundación Maison des sciences de l'homme (París), la Univerza v Ljubljani (Eslovenia), FLACSO Ecuador y la Universidad Nacional de San Martín (UNSAM, provincia de Buenos Aires). En la última década, su trabajo se ha centrado particularmente en las relaciones entre globalización, migración y ciudadanía, así como en la teoría y crítica poscoloniales. Es un participante activo en el debate «poslaboral» y uno de los fundadores de la red UniNomade (http://uninomade.org/). Entre sus obras se cuentan *Diritto di fuga. Migrazioni, cittadinanza, globalizzazione* (Ombre Corte, 2006) y *La condizione postcoloniale* (Ombre Corte, 2008). Con Brett Neilson, es coautor de *Border as Method, or, the Multiplication of Labor* (Duke University Press, 2013).

Valentina Montero Peña

Born in Santiago, Chile, in 1973, Valentina Montero Peña is a journalist, researcher, and curator of contemporary art specialized in photography and new media. She has worked as a cultural manager and curator for the Museo Nacional de Bellas Artes, the Bienal de Video y Artes Mediales (Chile); the Media Center d'Art i Disseny (MECAD) and the festival *Videoakt* (Spain); and Vision of Art (Germany). Since 2005, she has been a member of the Board of Directors of the Corporación Chilena de Video y Artes Electrónicas. She is currently working on a doctorate at the Universidad de Barcelona. She has participated in conferences and symposia in Chile, Argentina, Brazil, Mexico, Spain, the United Kingdom, Germany, Italy, and Portugal. Her research revolves around the relationship between art, gender, politics and technology.

Nashid Nabian

Nashid Nabian was born and raised in Tehran, Iran, and earned a Master in Architectural Engineering at Shahid Beheshti University. She pursued her postgraduate studies at the University of Toronto's Daniels Faculty of Architecture, Landscape and Design, where she earned a Master of Urban Design degree, and received the Toronto Association of Young Architects award for her thesis on the enhancement of the Toronto Waterfront. From 2003 to 2012, she was partner at Arsh Design Studio, a Tehran-based architecture office both nationally and internationally recognized for its projects: *Dollat II,* a residential apartment, has been short-listed for the 2010 cycle of the Agha Khan Architecture award, while *2 Offices/2 Brothers,* an office building, was short-listed for 2011 WAF award. In 2012, after Arsh Design Studio was divided into two separate offices, she co-founded [Shift] Process Practice with Rambod Eilkhani. She holds a Doctor of Design degree from the Harvard Graduate School of Design and she has been involved in various projects at MIT SENSEable City Lab as a part of her two-year postdoctoral fellowship at the Lab. As a faculty member at the Harvard Graduate School of Design, she collaborates on various research-driven projects at Harvard GSD Responsive Environments and Artifacts Lab (REAL). Particularly, she leads REAL's ongoing research on Smart[er] Cities with a focus on European context.

 Biografías

Valentina Montero Peña

Nació en Santiago de Chile en 1973. Es periodista, investigadora y curadora en arte contemporáneo, especializada en fotografía y nuevos medios. Ha trabajado como gestora cultural y curadora para el Museo Nacional de Bellas Artes y la Bienal de Video y Artes Mediales (Chile); el Media Center d'Art i Disseny (MECAD) y el festival *Videoakt* (España), y Visions of Art (Alemania). Desde 2005 integra el directorio de la Corporación Chilena de Video y Artes Electrónicas. Realiza sus estudios doctorales en la Universidad de Barcelona. Ha participado en congresos y conferencias en Chile, Argentina, Brasil, México, España, Reino Unido, Alemania, Italia y Portugal. Sus investigaciones giran en torno de las relaciones entre arte, género, política y tecnología.

Nashid Nabian

Nació y creció en Teherán, Irán, y obtuvo una maestría en Ingeniería Arquitectónica en la Shahid Beheshti University. Prosiguió sus estudios de posgrado en la Daniels Faculty of Architecture, Landscape and Design, University of Toronto, donde obtuvo una maestría en Diseño Urbano, y recibió el premio Toronto Association of Young Architects por su tesis sobre la revalorización de la zona de los muelles de Toronto. Desde 2003 hasta 2012 fue socia en el Arsh Design Studio, un estudio de arquitectura con base en Teherán, reconocido tanto a nivel nacional como internacional por sus proyectos: *Dollat II,* un complejo habitacional, fue seleccionado para el ciclo 2010 del premio Agha Khan de Arquitectura, y *2 Offices/ 2 Brothers,* un edificio de oficinas, para los premios WAF 2011. En 2012, después de que el Arsh Design Studio se dividiera en dos estudios diferentes, Nashid Nabian cofundó [Shift] Process Practice con Rambod Eilkhani. Es doctora en Diseño por la Harvard Graduate School of Design y ha participado en diversos proyectos del MIT SENSEable City Lab como parte de su beca de posdoctorado, de dos años de duración, en el Lab. Como miembro de la facultad de la Harvard Graduate School of Design, colabora en varios proyectos orientados a la investigación, como el Responsive Environments and Artifacts Lab (REAL). En particular, encabeza la investigación que el REAL lleva adelante actualmente sobre Ciudades [Más] Inteligentes, enfocada al contexto europeo.

Kyong Park

Born in Chung-mu, South Korea, Kyong Park moved to the United States at the age of twelve. He is professor of Public Culture at the University of California, San Diego, since 2007, and was the founding director of Storefront for Art and Architecture in New York (1982–1998), the International Center for Urban Ecology in Detroit (1998–2001), and the Centrala Foundation for Future Cities in Rotterdam (2005–2006). He was curator of the Gwangju Biennale (1997) and artistic director and chief curator of the Anyang Public Art Project 2010 in Korea. He has exhibited in Museo de Arte Contemporáneo de Castilla y León (León, Spain), Kunsthalle (Graz), Deichtorhallen (Hamburg), Kunst Werke (Berlin) and Nam June Paik Art Center (Seoul), and edited *Urban Ecology: Detroit and Beyond* (2005).

Carlo Ratti

Carlo Ratti was born in Turin, Italy. An architect and engineer by training, he practices in Italy and teaches at the Massachusetts Institute of Technology (MIT), where he directs the SENSEable City Lab. He graduated from the Politecnico di Torino and the École nationale des ponts et chaussées in Paris, and later earned his MPhil and PhD at the University of Cambridge, United Kingdom. Ratti has coauthored over 100 scientific papers and holds several patents. His work has been exhibited worldwide at venues such as the Venice Biennale, the Disseny Hub Barcelona, the Science Museum in London, the Gray Area Foundation for the Arts (GAFTA) in San Francisco and the Museum of Modern Art in New York. His *Digital Water Pavilion* at the 2008 World Expo was hailed by *Time* magazine as one of the best inventions of the year. He has been included in *Esquire* magazine's Best and Brightest list and in *Blueprint* magazine's 25 People Who Will Change the World of Design. Ratti recently served as the inaugural Innovator in Residence in Queensland, Australia.

Kyong Park

Nacido en Chung-mu, Corea del Sur, se radicó en los Estados Unidos a la edad de doce años. Desde 2007 es profesor de Cultura Pública en la University of California, San Diego, y fue el director fundador del Storefront for Art and Architecture de Nueva York (1982-1998), el International Center for Urban Ecology de Detroit (1998-2001) y la Centrala Foundation for Future Cities de Róterdam (2005-2006). Fue curador de la Bienal de Gwangju (1997) y director artístico y curador principal del Anyang Public Art Project 2010, en Corea. Ha expuesto en el Museo de Arte Contemporáneo de Castilla y León (León, España), en la Kunsthalle (Graz), en las Deichtorhallen (Hamburgo), en el Kunst Werke (Berlín) y en el Nam June Paik Art Center (Seúl). Editó el libro *Urban Ecology: Detroit and Beyond* (2005).

Carlo Ratti

Nació en Turín, Italia. Arquitecto e ingeniero de formación, ejerce en Italia y enseña en el Massachusetts Institute of Technology (MIT), donde dirige el SENSEable City Lab. Se graduó en el Politecnico di Torino y en la École nationale des ponts et chaussées de París, y más tarde obtuvo su licenciatura y su doctorado en la University of Cambridge, en el Reino Unido. Es coautor de más de cien artículos científicos y posee varias patentes. Su trabajo ha sido exhibido en todo el mundo, en lugares como la Bienal de Venecia, el Disseny Hub Barcelona, el Science Museum de Londres, la Gray Area Foundation for the Arts (GAFTA) de San Francisco y el Museum of Modern Art (MoMA) de Nueva York. Su *Digital Water Pavilion*, en la Exposición Mundial de 2008, fue elogiado por la revista *Time* como una de las mejores invenciones del año. Fue incluido en la lista de los Mejores y Más Brillantes de la revista *Esquire* y nombrado como una de las 25 Personas que Cambiarán el Mundo del Diseño en la revista *Blueprint*. Recientemente, fue el residente inaugural del programa Innovator in Residence, en Queensland, Australia.

Rossana Reguillo

Rossana Reguillo was born in Guadalajara, Mexico. After studying philosophy for a few years, she received a bachelor's and then a master's degree in communication from a humanist and pluridisciplinary perspective at the Instituto Tecnológico y de Estudios Superiores de Occidente (ITESO) at the Universidad Jesuita de Guadalajara. She went on to receive a doctorate in social sciences specializing in social anthropology from the Centro de Investigaciones y Estudios Superiores en Antropología Social (CIESAS). Her research focuses on youth culture, violence, and the socio-anthropology of emotion. She has been a visiting professor at different universities in Latin America, Spain and the United States. Her published books include *La construcción simbólica de la ciudad. Sociedad, desastre y comunicación* (ITESO, 1995) and *Culturas juveniles. Formas políticas del desencanto* (Siglo XXI, 2012). She has published over one hundred chapters in compilations and articles in magazines, and her work in progress is available at Viaductosur. blogspot.com. She is a research professor in the Socio-Cultural Studies Department of ITESO.

Saskia Sassen

Saskia Sassen was born in The Hague, Netherlands. She is the Robert S. Lynd Professor of Sociology and Co-Chair, The Committee on Global Thought, Columbia University (www.saskiasassen.com). Her recent books are *Territory, Authority, Rights: From Medieval to Global Assemblages* (Princeton University Press, 2008), *A Sociology of Globalization* (W.W. Norton, 2007), *Ciudad y globalización* (FLACSO, 2011)—a collection of her recent essays— and the fourth fully updated edition of *Cities in a World Economy* (Sage, 2012). Among older books is *The Global City* (Princeton University Press, 1991/2001). Her books are translated into over twenty languages. She is the recipient of diverse awards and mentions, ranging from multiple doctor honoris causa to named lectures and being selected as one of the 100 Top Global Thinkers of 2011 by *Foreign Policy* magazine. She was awarded the Premio Príncipe de Asturias de Ciencias Sociales 2013.

 Biografías

Rossana Reguillo

Nació en Guadalajara, México. Después de haber cursado algunos años de Filosofía, estudió una licenciatura y una maestría en Comunicación, con un enfoque humanista y pluridisciplinario, en el Instituto Tecnológico y de Estudios Superiores de Occidente (ITESO), de la Universidad Jesuita de Guadalajara, e hizo un doctorado en Ciencias Sociales, con especialidad en Antropología Social, en el Centro de Investigaciones y Estudios Superiores en Antropología Social (CIESAS). Sus principales líneas de investigación son las culturas juveniles, las violencias y la socioantropología de las emociones. Fue profesora invitada en distintas universidades de Latinoamérica, España y Estados Unidos. Entre sus libros publicados, se destacan especialmente *La construcción simbólica de la ciudad. Sociedad, desastre y comunicación* (ITESO, 1995) y *Culturas juveniles. Formas políticas del desencanto* (Siglo XXI, 2012). Es autora de un centenar de capítulos en obras colectivas y artículos en revistas, y publica su trabajo en proceso en su blog, Viaductosur. blogspot.com. Es profesora-investigadora en el Departamento de Estudios Socioculturales del ITESO.

Saskia Sassen

Nació en La Haya, Holanda. Es profesora de Sociología de la cátedra Robert S. Lynd y codirectora del Comité para el Pensamiento Global en la Columbia University (www.saskiasassen.com). Sus libros más recientes incluyen *Territorio, autoridad y derechos: Desde los ensamblajes medievales a los ensamblajes globales* (Buenos Aires-Madrid, Katz Editores, 2010), *Una sociología de la globalización* (Buenos Aires-Madrid, Katz Editores, 2007), *Ciudad y globalización* (FLACSO, 2011) –una colección de sus ensayos recientes– y la cuarta edición completamente revisada de *Cities in a World Economy* (Sage, 2012). Entre sus obras anteriores se encuentra *La ciudad global* (Buenos Aires, Ediciones de la Universidad de Buenos Aires, 1999). Sus libros han sido traducidos a más de veinte idiomas. Entre los diversos premios y distinciones que ha recibido se cuentan múltiples nombramientos de doctor honoris causa, así como la institución de distintas cátedras con su nombre, además de haber sido escogida como uno de los cien pensadores globales más importantes de 2011 por la revista *Foreign Policy*. En 2013 le fue otorgado el premio Príncipe de Asturias de Ciencias Sociales.

Luca Simeone

Luca Simeone's trajectory crosses design management, interaction design and design anthropology. He has published some 50 academic papers on organizational models behind constructive design research and participatory innovation and on strategies and technologies for publishing, especially within smart cities models. In 2009 he founded FakePress, a think tank exploring new publishing models and editorial projects, and in 2011 he was a research affiliate with the SENSEable City Lab at Massachusetts Institute of Technology (MIT) in Cambridge, Massachusetts. He is also the founder and managing partner of Vianet, a digital design agency focused on delivering advanced technology and design solutions based on ethnographic research methods. Vianet has created more than 500 high-impact and award-winning products for clients such as big corporations, NGOs, public institutions and SMEs all over the world. As from 2011, he is PhD candidate in Interaction Design at Malmö University in Sweden.

Graciela Speranza

Born in Buenos Aires, Argentina, Graciela Speranza is a critic, storyteller, and screenplay writer. She has a doctorate degree in literature from the University of Buenos Aires, where she teaches Argentine literature. She has been a professor at the Universidad Torcuato Di Tella's Art Program since 2009. Her published books include *Guillermo Kuitca. Obras 1982-1998*; *Manuel Puig. Después del fin de la literatura*; and two novels, *Oficios ingleses* and *En el aire*. In 2002, she was awarded a Guggenheim Fellowship to work on an essay published in 2006, entitled *Fuera de campo. Literatura y arte argentinos después de Duchamp*. From 2008 to 2012, she participated in the *Surrealism in Latin America* project at the Getty Research Institute in Los Angeles, and she edited, along with Rita Eder and Dawn Ades, the anthology *Surrealism in Latin America. Vivísimo muerto* (2012). Her most recent book, *Atlas portátil de América Latina. Arte y ficciones errantes* (2012), was a finalist for the Anagrama Essay Prize. She has contributed to the magazines *Crisis*, *Babel* and *adn Cultura*, and the newspapers *Página/12* and *Clarín*. Since 2003, she and Marcelo Cohen have directed *Otra Parte*, a journal on the arts and letters.

378 Biographies

Luca Simeone

La trayectoria de Luca Simeone atraviesa la gestión de diseño, el diseño de interacción y la antropología del diseño. Ha publicado unos 50 artículos académicos sobre los modelos de organización detrás de la investigación para el diseño constructivo y la innovación participativa, y sobre las estrategias y tecnologías de publicación, especialmente dentro de modelos de ciudad inteligente. En 2009 fundó FakePress, un *think tank* que explora nuevos modelos de publicación y proyectos editoriales, y en 2011 estuvo asociado, en calidad de investigador, con el SENSEable City Lab del Massachusetts Institute of Technology (MIT) en Cambridge, Massachusetts. Es también el fundador y socio gerente de Vianet, una agencia de diseño digital enfocada en la elaboración de tecnología avanzada y soluciones de diseño basadas en métodos etnográficos de investigación. Vianet ha creado más de 500 productos de alto impacto, galardonados con diversos premios, para grandes corporaciones, ONG e instituciones públicas, así como para pequeñas y medianas empresas de todo el mundo. Desde 2011, Simeone es doctorando en Diseño de Interacción por la Universidad de Malmö, Suecia.

Graciela Speranza

Nació en Buenos Aires, Argentina. Crítica, narradora y guionista de cine, se doctoró en Letras en la Universidad de Buenos Aires, donde enseña literatura argentina. Es profesora en el Programa de Artistas de la Universidad Torcuato Di Tella desde 2009. Entre otros libros, ha publicado *Guillermo Kuitca. Obras 1982-1998*; *Manuel Puig. Después del fin de la literatura*, y dos novelas, *Oficios ingleses* y *En el aire*. En 2002 recibió la beca Guggenheim para desarrollar un proyecto de ensayo publicado en 2006, *Fuera de campo. Literatura y arte argentinos después de Duchamp*. Entre 2008 y 2012 integró el proyecto *Surrealismo en América Latina* en el Getty Research Institute de Los Ángeles y editó, junto con Rita Eder y Dawn Ades, el volumen antológico *Surrealism in Latin America. Vivísimo muerto* (2012). Su último libro, *Atlas portátil de América Latina. Arte y ficciones errantes* (2012), resultó finalista en el premio Anagrama de Ensayo. Colaboró en las revistas *Crisis*, *Babel* y *adn Cultura* y en los diarios *Página/12* y *Clarín*, y desde 2003 dirige con Marcelo Cohen la revista de letras y artes *Otra Parte*.

Sigismond de Vajay
Artistic Director of the project,
Sigismond de Vajay (Paris, 1972) is a visual
artist who works from Buenos Aires,
Argentina, as well as Switzerland and
Spain, bridging Europe with Latin America.
Beside his work as an artist he is actively
involved in curating projects. From 1991
to 2002, he was the head of Toit du Monde,
a center for contemporary art in Vevey,
Switzerland. In 2004, he started KBB
(Kültur Büro Barcelona), an artist cultural
platform focused on developing collaborative projects from Spain together with
institutions in many countries (France,
Switzerland, Germany, Chile, Brazil,
Venezuela and Argentina, among others).
In 2011 he founded a new branch of KBB
in Buenos Aires and organized an international exhibition project presenting
over fifty local and international renowned
artists in different institutions in the city,
related to his latest book at the moment,
called *Of Bridges & Borders*. The same
year he published four important mono-
graphic books of Argentinean artists.
In March 2013, the exhibition *Of Bridges &
Borders* was readapted for Valparaíso in
Chile, presenting twenty artists in the city.
Sigismond de Vajay works with Xippas
Gallery, Paris/Athene/Montevideo/
Geneva/Punta del Este.

Fátima Vélez
Fátima Vélez was born in Manizales,
Colombia, in 1985. She studied literature
at the Universidad de los Andes and
received a master's degree in creative
writing from the Universidad Nacional
de Colombia. Since 2009, she has been
the cultural director of Residencia en la
Tierra (www.residenciaenlatierra.org),
a residency program for artists from the
rural region of Montenegro, Quindío,
Colombia. Since 2011, she has been a
professor of creative writing at LaSalle
College (Bogotá).

379 Biografías

Sigismond de Vajay
Director artístico del proyecto,
Sigismond de Vajay (París, 1972) es un
artista visual que trabaja en Buenos
Aires, Argentina, así como en Suiza y
España, tendiendo puentes entre Europa
y América Latina. En paralelo con su
trabajo artístico personal, está activamente involucrado como curador,
creando proyectos de exposiciones y
eventos. Desde 1991 hasta 2002 encabezó
Toit du Monde, un centro de arte contemporáneo en Vevey, Suiza. En 2004 inició el
KBB (Kültur Büro Barcelona), una plataforma de cultural enfocada a desarrollar
proyectos desde España, en colaboración
con instituciones de muchos países
(Francia, Suiza, Alemania, Chile, Brasil,
Venezuela y Argentina, entre otros).
En 2011 fundó una sucursal del KBB en
Buenos Aires y organizó un proyecto de
exposición —relacionado con su último
libro hasta ese momento, titulado
Of Bridges & Borders— que presentó a
más de cincuenta renombrados artistas
locales e internacionales en diferentes
instituciones de la ciudad. Durante el
mismo año publicó cuatro importantes
libros monográficos de artistas
argentinos. En marzo de 2013, la muestra
Of Bridges & Borders fue readaptada para
Valparaíso, Chile, ciudad en la que
presentó a veinte artistas. Sigismond de
Vajay trabaja con Xippas Gallery, París/
Atenas/Montevideo/Ginebra/ Punta del
Este.

Fátima Vélez
Nació en Manizales, Colombia, en 1985.
Realizó estudios de Literatura en la
Universidad de los Andes y una maestría
en Escritura Creativa en la Universidad
Nacional de Colombia. Desde 2009
es gestora cultural de Residencia en la
Tierra (www.residenciaenlatierra.org),
una residencia para artistas en la
zona rural de Montenegro, Quindío,
Colombia. Trabaja desde 2011 como
profesora de Escritura Creativa en LaSalle
College (Bogotá).

Simón Vélez

Born in Manizales, Colombia in 1949, Simón Vélez is known for his enormous architectural projects in bamboo-guadua. His hundreds of works around the world include the ZERI pavilion for Expo Hannover (2000); the Museo Nómada for the exhibition of the work of Gregory Colbert entitled *Ashes and Snow* held at the Zócalo (Mexico City , 2008-2009); the Crosswaters Ecolodge Hotel in the forest of the Nankun Shan mountain reserve in Guangdong province, China (2005), which in 2006 was given the American Society of Landscape Architects' Analysis and Planning Award; and the India pavilion at Expo Shanghai (2010), a joint project with architects Sanjay Prakash and Pradeep Sachdeva. In 2009, he was awarded the Prince Claus Award for his "innovative use of bamboo in creating monumental and beautiful structures."

Diana Wechsler

Diana Wechsler was born in Buenos Aires, Argentina. She has a master's degree in art history from the Universidad de Buenos Aires (UBA) and a doctorate from the Universidad de Granada, Spain. She received a post-doctorate grant from the Getty Foundation, Los Angeles (1999–2000). She is a researcher at the Consejo Nacional de Investigaciones Científicas y Técnicas (CONICET) and director of the Instituto de Investigaciones en Arte y Cultura "Dr. Norberto Griffa" at the Universidad Nacional de Tres de Febrero (UNTREF), Buenos Aires. She has curated numerous exhibitions in Argentina and abroad, including most recently: *Realidad y utopía. 200 Años de arte argentino. Una visión desde el presente* (2010, Akademie der Künste, Berlin), *Antonio Berni: la mirada intensa* (2010–2011, Fundación Picasso, Málaga), and *Boltanski. Buenos Aires* (2012, MUNTREF – Tecnópolis – Hotel de Inmigrantes – former Biblioteca Nacional, Buenos Aires). She is the author of *Papeles en conflicto. Arte y crítica entre la vanguardia y la tradición. Buenos Aires 1920-1930* (School of Philosophy and Literature, UBA, 2004), *Los surrealistas. Insurrectos, iconoclastas y revolucionarios en Europa y América* (with María Teresa Constantin, Longseller, 2005), as well as other books and essays.

Simón Vélez

Nació en Manizales, Colombia, en 1949. Es un arquitecto reconocido por sus megaestructuras construidas con bambú guadua. Entre sus cientos de obras en todo el del mundo, cabe destacar el pabellón ZERI para Expo Hannover (2000), el Museo Nómada para la exposición de la obra de Gregory Colbert *Ashes and Snow* en el Zócalo (Ciudad de México, 2008-2009), el hotel Crosswaters Ecolodge, en los bosques de la reserva de la montaña Nankun Shan, en la provincia de Guangdong, China (2005), proyecto que en 2006 recibió el premio honorario de Análisis y Planeación de la American Society of Landscape Architects, y el pabellón de la India en Expo Shanghai (2010), junto con los arquitectos Sanjay Prakash y Pradeep Sachdeva. En 2009 recibió el premio Príncipe Claus por su «uso innovador del bambú en la creación de bellas y monumentales estructuras».

Diana Wechsler

Nació en Buenos Aires, Argentina. Se licenció en Historia del Arte en la Universidad de Buenos Aires (UBA); se doctoró en la Universidad de Granada, España, y obtuvo una beca posdoctoral en la Getty Foundation, Los Ángeles, Estados Unidos (1999-2000). Es investigadora del Consejo Nacional de Investigaciones Científicas y Técnicas (CONICET) y directora del Instituto de Investigaciones en Arte y Cultura «Dr. Norberto Griffa» de la Universidad Nacional de Tres de Febrero (UNTREF), Buenos Aires. Ha curado numerosas muestras en la Argentina y en el exterior; entre las más recientes, *Realidad y utopía. 200 Años de arte argentino. Una visión desde el presente* (2010, Akademie der Künste, Berlín), *Antonio Berni: la mirada intensa* (2010-2011, Fundación Picasso, Málaga) y *Boltanski. Buenos Aires* (2012, MUNTREF – Tecnópolis – Hotel de Inmigrantes – ex Biblioteca Nacional, Buenos Aires). Es autora de *Papeles en conflicto. Arte y crítica entre la vanguardia y la tradición. Buenos Aires 1920-1930* (Facultad de Filosofía y Letras – UBA, 2004) y *Los surrealistas. Insurrectos, iconoclastas y revolucionarios en Europa y América* (con María Teresa Constantin, Longseller, 2005), entre otros libros y ensayos.

Lawrence Weiner

Born 10 February, 1942, Bronx, New York. He attended the New York public school system. The late 1950s and early 1960s were spent traveling throughout North America (USA, Mexico and Canada). The first presentation of the work was in Mill Valley, California, in 1960. Lawrence Weiner divides his time between his studio in New York City and his boat in Amsterdam. He participates in public and private projects and exhibitions in both the new and old world, maintaining that: Art is the empirical fact of the relationships of objects to objects in relation to human beings and not dependent upon historical precedent for either use or legitimacy.

Oliver Zybok

Born 1972, Zybok is a visual culture specialist, curator and publicist. He has been guest curator at the M.K. Ciurlionis National Museum of Art, Kaunas (Lithuania) (1997–1999); curator at the Museum Morsbroich, Leverkusen (1999–2001); the Museum für Angewandte Kunst, Cologne (2001–2002) and the Künstlerverein Malkasten, Düsseldorf (2002–2007); visiting professor of the theory of art at the University of Helsinki, Academy for Fine Arts (2003–2005); professor of the theory of 20th and 21st century art at the Hochschule für Bildende Künste, Braunschweig (2006–2009); curator of the Prague Triennale (2008); initiator and curator of the touring exhibition *Yüksel Arslan. Artures* at the Kunsthalle in Zurich, the Kunsthalle in Düsseldorf and the Kunsthalle in Vienna (2011–2013), and guest curator of the exhibition *Visions. An Atmosphere of Change* at the Marta Herford Museum (2012–2013). He is guest editor at the magazine *Kunstforum International* since 2004, and artistic director of the Galerie der Stadt Remscheid since 2007. He lives and works in Hamburg and Cologne.

Lawrence Weiner

Nació el 10 de febrero de 1942 en el Bronx, Nueva York. Asistió a la escuela pública de la ciudad de Nueva York. Pasó los tardíos años 50 y tempranos 60 viajando por toda Norteamérica (Estados Unidos, México y Canadá). La primera presentación de su obra tuvo lugar en Mill Valley, California, en 1960. Divide su tiempo entre su estudio en Nueva York y su barco en Ámsterdam. Participa en proyectos y exposiciones públicos y privados tanto en el nuevo como en el viejo mundo, y sostiene que el arte es el hecho empírico que relaciona unos objetos con otros y con los seres humanos, y que no depende de ningún precedente histórico en lo que respecta a su uso o a su legitimidad.

Oliver Zybok

Nacido en 1972, Zybok es especialista en cultura visual, curador y publicista. Ha sido curador visitante en el M.K. Ciurlionis National Museum of Art de Kaunas, Lituania (1997-1999); curador en el Museum Morsbroich de Leverkusen (1999-2001), el Museum für Angewandte Kunst de Colonia (2001-2002) y el Künstlerverein Malkasten de Düsseldorf (2002-2007); profesor visitante de Teoría del Arte en la Academia de Bellas Artes de la Universidad de Helsinki (2003-2005); profesor de Teoría del Arte de los Siglos XX y XXI en la Hochschule für Bildende Künste, Braunschweig (2006-2009); curador en la Trienal de Praga (2008); iniciador y curador de la exposición itinerante *Yüksel Arslan. Artures*, en la Kunsthalle de Zúrich, la Kunsthalle de Düsseldorf y la Kunsthalle de Viena (2011-2013), y curador invitado de la exposición *Visions. An Atmosphere of Change*, en el museo Marta Herford (2012-2013). Desde 2004 es editor invitado en la revista *Kunstforum International*, y desde 2007, director artístico de la Galerie der Stadt Remscheid. Vive y trabaja en Hamburgo y Colonia.

Of Bridges & Borders, vol. II

Has been made possible through the participation of the three coeditors, twenty-one authors and coauthors and their assistants, the translators, and proofreaders without whom this project would not have been realized. To all of them goes our sincere gratitude.
Ha sido posible gracias a la participación voluntaria de los tres coeditores, los veintiún autores y coautores y sus asistentes, así como de los traductores y correctores, sin los cuales este proyecto no hubiese visto la luz. A todos ellos, nuestros más sinceros agradecimientos.

Special thanks to
Agradecimientos especiales a

Philip Larratt-Smith, Franco Torchia, for their suggestions/por sus sugerencias; Gustavo Castagnino, Josefina Furlong, for assuring us resources/por asegurarnos recursos; Ellen Robinson, Adam Shäffer, Kerin Sulock, Erik Sumtion, for the time they took to help us out making sure Jenny's work can be part of/ por el tiempo que invirtieron para ayudarnos asegurándonos que las obras de Jenny estén incluidas; Graziella Antonini, Renate Buser, always ready to help/siempre dispuestas a ayudar; Lionel Bovier, Lukas Haller & Renata Catambas from/de JRP|Ringier; Johannes & Evelyne from/de Ineverread; Evelyn Braun, Sybille Feltrin from/de Art EDU & Avina Stiftung; Lawrence Weiner, for being the first one/por ser el primero; Ai Weiwei and his team for taking actively part to the project /y su equipo por participar activamente del proyecto;

382   Acknowledgements/Agradecimientos

Jorge Pereira from/de Muzzio Banner for his restless energy/por su incansable energía Pedro & Flavia, for believing in the project/por creer en el proyecto; Alicia & Arantxa, for being so careful in rereading/por ser tan cuidadosas a la hora de corregir; Jane, for being so patient/ por ser tan paciente; Katy, Kevin & Brad at/de sciencemap.com; Ramón Réverté & Gema Darbo from/de Editorial RM; Gepeto, César & Alana, for helping us out for this new book to come out/ por ayudarnos para que este nuevo libro pueda salir de imprenta.

The people involved in/La gente involucrada en KBB & Toit du Monde:
María Paoli, Ezequiel Hilbert, Jorge Macchi, Arturo Carvajal, Guadalupe Posse, Jorge Miño, Luciana Salvá, Tomas James, Marcos Schmidt, Martín Touzón, Angeles Caseres, Clara Caputo, Florencia, Juri, Maximo Jacoby, Iván Hernández, Carolina Olivares, Rigo Pex, Pedro Donoso, Jordi Ubanell, Sági Szabolcs, Ortrun Trog, Ángeles Moreno, Arantxa Martínez, Lucie Champagnac, Batolomeo Lizarraga, Nick Santos Pedro, Joaquín Barrientos, Cathy Lopez, Alain Urmi, Stéphane Scully.

And all the ones we may have forgotten.
Y a todos los que quizá olvidamos.

Special thanks for their financial support to *Of Bridges & Borders* in 2013
Agradecimientos especiales por el apoyo económico
a *Of Bridges & Borders* en 2013

ArteDU Stiftung, Pro helvetia – The swiss Arts Council, le service culturel de la ville de Genève, FMAC, Fonds cantonal d'art contemporain de Genève, La Loterie romande

JRP|Ringier publications are available
internationally at selected bookstores and
from the following distribution partners
Las publicaciones de JRP|Ringier están
disponibles internacionalmente en
una selección de librerías y a través de
los siguientes distribuidores:

Switzerland/Suiza
AVA Verlagsauslieferung AG,
Centralweg 16, CH-8910 Affoltern a.A.,
verlagsservice@ava.ch, www.ava.ch

Germany and Austria/Alemania y Austria
Vice Versa Distribution GmbH,
Immanuelkirchstrasse 12,D-10405 Berlin,
info@vice-versa-distribution.com,
www.vice-versa-distribution.com

France/Francia
Les presses du réel, 35 rue Colson,
F-21000 Dijon, info@lespressesdureel.com,
www.lespressesdureel.com

UK and other European countries/
Reino Unido y otros países europeos
Cornerhouse Publications,
70 Oxford Street, UK-Manchester M1 5NH,
publications@cornerhouse.org,
www.cornerhouse.org/books

USA, Canada, Asia and Australia/
EE.UU., Canadá, Asia y Australia
ARTBOOK|D.A.P., 155 Sixth Avenue, 2nd Floor,
USA-New York, NY 10013, orders@dapinc.com,
www.artbook.com

For a list of our partner bookshops or for
any general questions, please contact JRP|Ringier
directly at info@jrp-ringier.com, or visit
our homepage www.jrp-ringier.com for further
information about our program.
Para una lista de nuestras librerías asociadas,
o para cualquier otra información, no dude
en contactar directamente a JRP|Ringier, en
info@jrp-ringier.com, o visite nuestra
pagina web www.jrp-ringier.com para más
información sobre nuestro programa editorial.

Of Bridges & Borders vols. I and II are also available
from the following distribution partners/
Of Bridges & Borders vols. I y II también están
disponibles a través de los siguientes socios
distribuidores:

Mexico, Spain and Brazil/México, España y Brasil
Editorial RM, Loreto, 13–15, Local B,
08029, ES-Barcelona, info@editorialrm.com,
www.editorialrm.com

Argentina, Uruguay and other Latin American
countries/Argentina, Uruguay y otros países
latinoamericanos
KBB (Kültur Büro Barcelona/Buenos Aires),
Balcarce 1461, 1153, AR-Buenos Aires,
info@kbb.org.es, www.kbb.org.es

Project Director / Sigismond de Vajay
Co-editors/Coeditores / Flavia Costa
Pedro Donoso
Sigismond de Vajay

Graphic Designers/Diseñadores / Baldinger • Vu-Huu /Paris
Published by/Publicado por / JRP|Ringier
Photolithos/Fotolitos / Datatype, Roger Emmenegger
Translations/Traducciones / Jane Brodie
Hugo Salas/e-verba
Lucas Mertehikian/e-verba
Pedro Donoso
Nicolàs Gelormini
Dr. Michael Scuffil
Sabrina Espeleta
Deborah Dietl

Proofreading/Corrección / Alicia Di Stasio
Arantxa Martínez

Printing/Impresión / Indice SL
Fonts/Caracteres / AB BDot & AB BLine
www.abtypefoundry.com

Paper/Papel / Munken Pure 90g/m²
First edition/Primera edición / 2014
ISBN/ISBN / 978-3-03764-263-4

With the
support of/con
el apoyo de

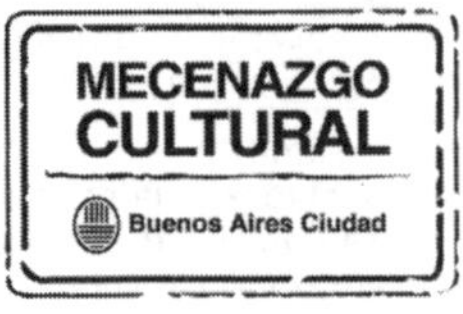

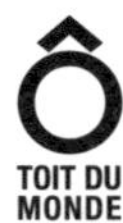

www.ofbridgesandborders.com
www.kbb.org.es